AF889871

पर्यावरण संरक्षण एवं कानून

पर्यावरण संरक्षण एवं कानून

मनोज शर्मा

इशिका पब्लिशिंग हाउस
जयपुर दिल्ली

इशिका पब्लिशिंग हाउस

ए -25, "गणेश सदन", गली न. 4, आदर्श बस्ती,
बी.एल. हाउस के पास, टोंक फाटक,
जयपुर-302018 (राजस्थान) भारत
फोन : 0141-2761280, Mob. 9887532741
Email: ishikapublishinghouse@yahoo.in

दिल्ली कार्यालय : 102, प्रथम मंजिल, 'सत्यम हाउस'
4324/3, अंसारी रोड़, दरियागंज, नई दिल्ली - 110 002
फोन : 011-45652440

© लेखक, 2023

ISBN: 9788189471200

प्रकाशन से पूर्व लिखित अनुमति प्राप्त किये बिना मात्रा उद्धरण के अतिरिक्त अन्य किसी भी उद्देश्य से इस ग्रन्थ के किसी भी अंश का किसी भी रूप में यांत्रिक, इलेक्ट्रोनिक, फोटोस्टेट, ध्वन्यालेखन अथवा अन्य किसी भी विधि से प्रतिलिपीकरण, प्रेषण अथवा अनुवाद सर्वत निषिद्ध है।

टाइपसेटिंग : बी.एस. कम्प्यूटर्स, जयपुर

मुद्रक : थॉमसन प्रेस, नई दिल्ली

भूमिका

भारतीय शास्त्रों प्रमुखतः वेदों, उपनिषदों, ब्राहाण ग्रंथो, पुराणों उपजीवीय धार्मिक ग्रंथों ने सदैव सूर्य, अग्नि, जल, वायु, इन्द्र, आदि की पूजा का प्रावधान रखा था। इतना ही नहीं पीपल, बड़, तुलसी के पेड़-पौधों को देवतुल्य समझकर उनकी आराधना एवं पूजा का प्रावधान है। कल्पवृक्ष तो सभी मनोकामनाओं एवं सिद्धि को प्राप्त करने का सहज साधन है, ऐसी मान्यता हिन्दू धर्म की रही है। अग्नि, जल, वायु, पृथ्वी को अर्ध्य देने से तथा यज्ञों के माध्यम से आहूति देने से इन्द्र देव प्रसन्न होकर प्रजन्म (वर्षात्) करते हैं जिससे प्रकृति विकसित, प्रस्फुटित, प्रफुल्लित होकर मानव मात्र की आवश्यकताओं की सम्पूर्ति करती है, जो मनुष्य मात्र के आवश्यक संसाधन है। हिन्दू धर्म ही क्यों इस्लाम धर्म में भी प्रकृति को संजोने, संवारने के कृत्य को प्रत्येक मुस्लिम को पुनीत माना है। ईसाई धर्म में तो प्रकृति को दैवी स्वरूप समझा है। प्रकृति की गोद मे बैठकर वर्ड्सबर्थ, कीट, शैले विश्व के महान् कवि बने। बौद्ध धर्म के उन्नायक व प्रवर्तक भगवान बुद्ध को बड़ के नीचे ही बौद्धिसत्व प्राप्त हुआ। जैन धर्म के समस्त साधु-साध्वियों के लिए प्राकृतिक पर्यावरण में ही बिहार करना परमावश्यक है क्योंकि जैन धर्म में किसी भी प्रकार की जीव हिंसा का निषेध है तथा प्राकृतिक पर्यावरण में बिहार करने से ही उस परम अलैकिक शक्ति का आभास हो सकता है। इस प्रकार हम देख सकते हैं कि हिन्दू, बौद्ध एवं ईसाई, जैन, इस्लाम तथा विश्व के सभी धर्मों में प्रकृति के संवर्द्धन-संरक्षण का प्रावधान किया गया है। फिर भला जिस प्रकृति की गोद में खेल कर हम पलते हैं, बड़े होते हैं उस प्रकृति का दोहन करना तथा पर्यावरण को प्रदूषित करना अपने पैरों पर कुल्हाड़ी मारना नहीं है तो क्या है?

पर्यावरण के विविध आयामों को कानून की परिधि में ब्रिटिश काल से ही रखा जाता रहा है। यद्यपि ब्रिटिश शासन के समय इंडियन पैनल कोड, 1860 की धारा 268, 290 ,291, 426, 430, 431 तथा 432 में पर्यावरणीय तथ्यों का विवरण है तथा धारा 277 'जल प्रदूषण' और 278 'वायु प्रदूषण' से सम्बन्धित है। इसी काल में मोटर वाहन एक्ट, 1938, इण्डियन फोरेस्ट एक्ट, 1927 में वनों को वर्गीकृत करने तथा वन्य जीवों के संरक्षण पर प्रभावी बल दिया गया है। भारत दुनिया के उन गिने-चुने देशों में सम्मिलित है, जिसके संविधान में देश की सृमद्ध वन्य सम्पदा का स्पष्ट विवरण है। संविधान के अनुच्छेद 48 (ए) में राज्य से अपेक्षा की गयी है कि वह पर्यावरण के संरक्षण और सुधार तथा देश के वनों व वन्य जीवों के संरक्षण का उत्तरदायित्व निभाएगा वर्तमान में पर्यावरण संरक्षण के प्रति भारत सरकार की चिन्ता विभिन्न पर्यावरण कानूनों के रूप में व्यक्त होती है। इनमें प्रमुख हैं, भारतीय वन अधिनियम 1927; वन्य जीवन (सुरक्षा) अधिनियम 1972 (1991 में संशोधित); पर्यावरण (सुरक्षा) अधिनियम 1986; वन (संरक्षण)अधिनियम 1980 (1988 में संशोधित); जल (प्रदूषण रोकथाम व नियंत्रण) अधिनियम 1974 (1988 में संशोधित); वायु (प्रदूषण रोकथाम व नियंत्रण)अधिनियम 1981 (1988 में संशोधित); तटीय नियमन क्षेत्र अधिसूचना 1991/ 1988 की राष्ट्रीय वन नीति तथा 1992 में प्रकाशित संरक्षण रणनीति व नीति का राष्ट्रीय व नीति का राष्ट्रीय वक्तव्य भी संरक्षण के प्रति

सरकार की चिन्ता की झलक देते हैं। एक दिलचस्प तथ्य यह है कि पर्यावरण संबंधी कानूनी ढ़ाचे को बदलती सामाजिक-आर्थिक परिस्थितियों के अनुरूप बनाने के ज्यादातर प्रयास 1986 के बाद ही हुए हैं। इनके अलावा पिछले वर्षों में पर्यावरण आदि मुद्दों पर अदालतों के जो फैसले आये हैं, उनसे भी प्रतीत होता है कि न्यायालयों का सोच भी पर्यावरण के पक्ष में झूक रहा है। सौभाग्य से, यह नयी वास्तविकता इस सदी के नये विकास से अधिक सकारात्मकता से जुड़ी है। अब हम विश्व में पहले की अपेक्षा सूचना व सामग्री का शीघ्रतर प्रेषण कर सकते हैं। हम संसाधनों का अल्प विनियोग करके अधिक अनाज व अधिक सामग्री का उत्पादन कर सकते हैं। हमारा विज्ञान और तकनीकी ज्ञान, हमें प्राकृतिक तंत्र को गहनता से देखने और बेहतर तरीके से समझने की क्षमता देता है। अंतिरक्ष से हम पृथ्वी का उस एक जीव की भांति दर्शन व अध्ययन कर सकते है जिसका स्वास्थ्य उसके अन्य सभी भागों के स्वास्थ्य पर निर्भर होता है। हम मानवीय क्रियाओं के साथ प्राकृतिक नियमों का सामंजस्य करने तथा क्रियाविधि को उन्नत बनाने की क्षमता रखते हैं। इन स्थितियों में हमारी सांस्कृतिक एवं अध्यात्मिक धरोहर ही हमारे आर्थिक लाभ एवं जीवनाधिकार को सम्बल प्रदान कर सकती है। आयोग यह विश्वास करता है कि मानव अपने भविष्य को अधिक समृद्ध, अधिक न्यायोचित और अधिक सुरक्षित बना सकता हैं। हमारा सबका भविष्य नामक हमारा यह प्रतिवेदन सदा बढते हुए पर्यावरणीय क्षय व निर्धनता की भविष्यवाणी नहीं है और न ही सदा घटते हुए संसाधनों के बीच सदा अधिक होते प्रदुषित संसार की कठिनाइयों का विचरण है। बजाय, इसके, हम आर्थिक विकास के नवयुग की संभावनाएँ देखते हैं जो कि समुचित विकास की नीतियों पर आधारित हों और पर्यावरणीय संसाधनों के आधारों का विस्तार करें। हम विश्वास करते है कि व्यापक गरीबी में डूबे हुए विकासशील विश्व के एक बड़े भाग को राहत पहुँचाने के लिए ऐसी वृद्धि अत्यन्त आवश्यक हैं।

भविष्य के लिए, आयोग की आज्ञा राजनैतिक निर्णयों की क्रियान्विति पर निर्भर हैं जिनके द्वारा समुचित मानवीय प्रगति और मानवीय उत्तरजीविका को सुनिश्चित करने के लिए अब पर्यावरणीय संसाधनों का व्यवस्थापन प्रारंभ होगा। हम कोई भविष्यवाणी नहीं कर रहे हैं बल्कि चेतावनी जारी कर रहे हैं। कि विज्ञान के सर्वोत्तम एवं नवीनतम प्रमाणों पर आधारित एक अत्यावश्यक चेतावनी, कि प्राकृतिक संसाधनों को आज और भावी पीढ़ी के लिए सुरक्षित बनाये रखने का आवश्यक निर्णय लेने का समय आ गया है। हम क्रियान्वयन हेतु कोई विस्तृत कार्य योजना नहीं अपितु एक मार्ग प्रस्तुत कर रहे हैं जिससे कि विश्व की जनता सहयोग की परिधि को बढ़ा सके।

लेखक

अनुक्रमणिका

1.	भारत में पर्यावरण	1
2.	पर्यावरण का प्राकृतिक स्वरूप	16
3.	भारत में पर्यावरण कानून	56
4.	सामाजिक न्याय व पर्यावरण	83
5.	पर्यावरण तथा भारतीय संविधान	98
6.	लोकहित तथा पर्यावरण विधि	103
7.	भारत में जल पर्यावरण कानून	109
8.	भारत में जल प्रदूषण निवारण हेतु बोर्ड	126
9.	जल संरक्षण हेतु जन चेतना	139
10.	जल प्रदूषण अधिनियम 1974	161
11.	जल पर्यावरण कानून	172
12.	वायु प्रदूषण अधिनियम	183
13.	विश्व में वायु संरक्षण की अनिवार्यता	201
14.	पर्यावरण अधिनियम 1986	233
15.	भारत में वन संरक्षण कानून	263

1

भारत में पर्यावरण

सौभाग्य से, यह नयी वास्तविकता इस सदी के नये विकास से अधिक सकारात्मकता से जुड़ी है। अब हम विश्व में पहले की अपेक्षा सूचना व सामग्री का शीघ्रतर प्रेषण कर सकते हैं। हम संसाधनों का अल्प विनियोग करके अधिक अनाज व अधिक सामग्री का उत्पादन कर सकते हैं। हमारा विज्ञान और तकनीकी ज्ञान, हमें प्राकृतिक तंत्र को गहनता से देखने और बेहतर तरीके से समझने की क्षमता देता है। अंतिरक्ष से हम पृथ्वी का उस एक जीव की भांति दर्शन व अध्ययन कर सकते है जिसका स्वास्थ्य उसके अन्य सभी भागों के स्वास्थ्य पर निर्भर होता है। हम मानवीय क्रियाओं के साथ प्राकृतिक नियमों का सामंजस्य करने तथा क्रियाविधि को उन्नत बनाने की क्षमता रखते हैं। इन स्थितियों में हमारी सांस्कृतिक एवं अध्यात्मिक धरोहर ही हमारे आर्थिक लाभ एवं जीवनाधिकार को सम्बल प्रदान कर सकती है। आयोग यह विश्वास करता है कि मानव अपने भविष्य को अधिक समृद्ध, अधिक न्यायोचित और अधिक सुरक्षित बना सकता हैं। हमारा सबका भविष्य नामक हमारा यह प्रतिवेदन सदा बढते हुए पर्यावरणीय क्षय व निर्धनता की भविष्यवाणी नहीं है और न ही सदा घटते हुए संसाधनों के बीच सदा अधिक होते प्रदुषित संसार की कठिनाइयों का विचरण है। बजाय, इसके, हम आर्थिक विकास के नवयुग की संभावनाएँ देखते हैं जो कि समुचित विकास की नीतियों पर आधारित हों और पर्यावरणीय संसाधनों के आधारों का विस्तार करें। हम विश्वास करते है कि व्यापक गरीबी में डूबे हुए विकासशील विश्व के एक बड़े भाग को राहत पहुँचाने के लिए ऐसी वृद्धि अत्यन्त आवश्यक हैं।

भविष्य के लिए, आयोग की आज्ञा राजनैतिक निर्णयों की क्रियान्विति पर निर्भर हैं जिनके द्वारा समुचित मानवीय प्रगति और मानवीय उत्तरजीविका को सुनिश्चित करने के लिए अब पर्यावरणीय संसाधनों का व्यवस्थापन प्रारंभ होगा। हम कोई भविष्यवाणी नहीं कर रहे हैं बल्कि चेतावनी जारी कर रहे हैं। कि विज्ञान के सर्वोत्तम एवं नवीनतम प्रमाणों पर आधारित एक अत्यावश्यक चेतावनी, कि प्राकृतिक संसाधनों को आज और भावी पीढ़ी के लिए सुरक्षित बनाये रखने का आवश्यक निर्णय लेने का समय आ गया है। हम क्रियान्वयन हेतु कोई विस्तृत कार्य योजना नहीं अपितु एक मार्ग प्रस्तुत कर रहे हैं जिससे कि विश्व की जनता सहयोग की परिधि को बढ़ा सके।

पर्यावरण शब्द दो शब्दों परि+आवरण से मिलकर बना है जिसका अर्थ परि=चारो और, आवरण-घेरा यानि हमें चारो और से घेरने वाला पर्यावरण ही है। प्राचीन काल में मानव बहुत सीधा-साधा जीवन व्यतीत करता था, उस समय पर्यावरण के बारे में इतना सब नहीं समझता था। लेकिन मानव ने जब से उत्पादन क्षमता बढाई है, विश्व में पर्यावरण की एक नई समस्या उभरकर हमारे सामने आई है। मनुष्य ने पर्यावरण को जब तक अपने हिस्सेदार की तरह समझकर अनुकूल रखा तो लाभ भी लिया। लेकिन जब से मानव ने पर्यावरण के साथ अल्पावधि लाभ हेतु इसके साथ छेड़छाड़ की ओर अदूरदर्शिता से प्राकृतिक सम्पदाओं का उपयोग किया और उसे नष्ट किया तभी से वातावरण में अवांछित परिवर्तन हुए जिसके बारे में मानव ने कभी सोचा नहीं और यह हानि उठानी पड़ी है।

मानव ने बिना सोच-विचार के अपनी सुविधा हेतु मोटर-वाहनों का प्रयोग औद्योगीकरण,कृषि,जनसंख्या वृद्धि, बढ़ती आवश्यकताएँ, वनों की कटाई, वन्य जीवों का शिकार, प्लास्टिक उद्योग, परमाणु परीक्षण आदि से वातावरण में अनचाहे परिवर्तन हुए है और हमारी भूमि, जल व वायु के भौतिक, रासायनिक व जैविक गुणों में ऐसा परिवर्तन हुआ है जो कि पूरी मानव सभ्यता के लिए अलाभकारी सिद्ध हुआ है। पर्यावरण की प्रकृति निरन्तर परिवर्तनशील रही हैं जिसके अर्न्तगत वर्तमान में पर्यावरण का अध्ययन विज्ञान एवं समाज विज्ञानों की विभिन्न शाखाओं में किया जा रहा है। फलस्वरूप इसकी प्रकृति बहुविषयी (Multidisciplinary)हो गई हैं। प्रारम्भ में पर्यावरण का अध्ययन प्राकृतिक विज्ञानों में ही किया जाता था लेकिन पर्यावरण के घटकों के तीव्रगति से दोहन से पर्यावरण की सुरक्षा एवं पारिस्थितिक तंत्र के सन्तुलन को बनाये रखने के लिए इसके अध्ययन का क्षेत्र विस्तृत किया गया ताकि प्राकृतिक विज्ञानों के साथ-साथ प्राकृतिक उपक्रमों एवं मानवीय क्रियाकलापों का अध्ययन समाज विज्ञानों में भी किया जा सके। इस दृष्टि से वर्तमान में समाजशास्त्र, राजनीतिविज्ञान, इतिहास एवं साहित्य में भी पर्यावरण अध्ययन का समावेश किया गया है। इसके कारण पर्यावरण अध्ययन की प्रकृति बहुविषयी बन गई है। ये सभी विषय मिलकर पर्यावरण में मानव की भूमिका एवं इसके क्रियाकलापों से तद्जनित भूदृश्य (Landscape) को समझने में सहायता करते है। विज्ञान एवं समाज विज्ञानों की विभिन्न शाखाओं में किये गये पर्यावरण के विशेष पक्षों के अध्ययन द्वारा इसकी स्पष्ट व्याख्या सम्भव हुई है। प्रारम्भ में विज्ञान विषय में केवल पर्यावरण की संघटनात्मक प्रकृति का अध्ययन किया जाता था जो विभिन्न शाखाओं के

विषय क्षेत्र तक ही सीमित था। उदाहरणार्थ, वनस्पति विज्ञान में वनस्पति एवं जलवायु, जल मृदा आदि पर्यावरणीय तत्वों के सम्बन्धों का अध्ययन किया जाता था। इस आधार पर विभिन्न जीवो (Biomes)का अध्ययन इसमें सम्मिलित किया गया। इसी प्रकार प्राणीशास्त्र में विश्व के जीव-जन्तुओं की विविध जातियों (Species) के विकास, स्थानान्तरण एवं वर्तमान वितरण का अध्ययन किया जाता है। रसायनशास्त्र में रासायनिक विश्लेषणों तथा भौतिक शास्त्र में तापीय एवं रेडियोधर्मिता तकनीकी का अध्ययन किया जाता हैं।

मानव पर्यावरण का प्रमुख घटक है, जो अपने कार्यों द्वारा इसे परिवर्तित करता है तथा स्वंय भी प्रभावित होता है। स्पष्ट है कि पर्यावरण सदैव परिवर्तनशील रहता है, जिसमें मानवीय एवं प्राकृतिक दोनों शक्तियों की भूमिका रहती है। यह निर्धारित करना कठिन हैं कि पर्यावरण में होने वाला कोई भी परिर्वतन पूर्ण रूप से प्राकृतिक कारकों का परिणाम है, या मानवीय योगदान है। इस प्रकार पर्यावरण किसी स्वतन्त्र कारक का प्रभाव न होकर विभिन्न कारकों (जैविक-अजैविक) का अन्त:क्रियात्मक प्रभावकारी योग है, जो स्वंय परिवर्तनशील रहते हुए प्रत्येक कारक को भी प्रभावित करता है। पर्यावरण के कारक विभिन्न श्रृंखलाओं (Chains) पारिस्थितिकीय चक्रों तथा तंत्रों (Systems) के द्वारा परस्पर एक-दूसरे से संयोजित रहते हुए सन्तुलन की दशा को बनाये रखते हैं।

पर्यावरण एक खुला तन्त्र है, जो सदैव परिवर्तनशील रहता हैं। इसके विभिन्न अजैविक घटकों के मध्य जीवों का परस्पर सहवास होता है, क्योंकि पर्यावरण तथा जीव एक-दूसरे से जुड़े हुए हैं। ये जीव पर्यावरणीय परिवर्तनों के प्रकृति अनुकूलन कर लेते हैं। जीव अनुकूलन करके ही पर्यावरण से अनुक्रिया करते हैं, जिसके परिणामस्वरूप जीवमण्डलीय पारिस्थितिक तन्त्र इनसे प्रभावित होता है। पर्यावरण की प्रकृति विषय के विकास के साथ परिवर्तित होती रही हैं। इसमें प्रारम्भ में केवल भौतिक संघटकों को ही सम्मिलित किया गया जिसका गाउडी ने पुरजोर समर्थन किया लेकिन बाद में जैविक संघटकों को भी सम्मिलित किया गया तथा इनमें मानव को केन्द्रीय स्थान दिया गया।

पर्यावरण और पारिस्थतिकीय परिभाषाएँ—

अंग्रेजी भाषा के Ecology शब्द की व्युत्पत्ति ग्रीक भाषा के Oikos तथा Logos दो शब्दों से हुई है। Oikos का अर्थ होता है- 'आवास का स्थान' (Habitation) तथा Logos का अर्थ होता है-अध्ययन (Study of)। इस प्रकार Ecology का शाब्दिक अर्थ-आवास के स्थान का अध्ययन या आवास का अध्ययन होता है। जर्मन के जन्तु वैज्ञानिक हीकेल (Haeckel)ने सर्वप्रथम सन् 1866 में पारिस्थितिकी की ज्ञान की पृथक शखा के रूप में पहचान की। हीक्ल महोदय ने पारिस्थिकी के लिये Oeckologic शब्द का प्रयोग प्राणियों के कार्बनिक व अकार्बनिक पर्यावरण के साथ सम्बन्धों से अर्थ में किया।

एनसाइक्लोपीडिया ऑफ एनवायर्नमेण्टल साइंस के अनुसार- ''पारिस्थितिकी मानव के अन्य प्राणियों तथा समस्त पर्यावरण के साथ सन्तुलन की एक आदर्श अवस्था है।''

ए.जी.टॉसले के अनुसार- ''पर्यावरण के जैविक एवं अजैविक तत्त्वों के सकल अन्तर्ग्रथित स्वरूपों का ही परिणाम पारिस्थितिकी तंत्र है। वर्तमान में पारिस्थितिकी तंत्र पारिस्थितिकी विज्ञान के अध्ययन का महत्त्वपूर्ण पहलू भी है।''

जीव विज्ञान के पेंगिवन (Pengwin)**शब्दकोश** के अनुसार-''पारिस्थिति.की जीव व वनस्पति समूहों के अपने आस-पास के सजीव व अजीव पर्यावरणीय कारकों के साथ सम्बधों का अध्ययन हैं।''

जोर्स के अनुसार- ''किसी विशेष इकाई में घटित पर्यावरण के तत्वों एवं सम्पूर्ण जीवों के मध्य जटिल घटनाओं को पारिस्थितिकी कहा जाता है।''

ओडम के अनुसार- ''पारिस्थितिकी वह आधारभूत इकाई है जिससें जैविक और अजैविक वातावरण एक-दूसरे पर अपना प्रभाव डालते हुऐ पारस्परिक अनुक्रिया से ऊर्जा और रासायनिक पदार्थों के निरन्तर प्रवाह से तंत्र की कार्यात्मक गतिशीलता बनाये रखते हैं।'' दूसरे शब्दों में किसी भी समुदाय के जैविक सदस्यों और उनके अजैविक वातावरण में ऊर्जा प्रवाह और खनिज पदार्थ चक्र को पूरा करने के लिये लगातार रचनात्मक और कार्यात्मक पारस्परिक अनुक्रियायें होती रहती हैं, इन्हीं अनुक्रियाओं के सम्पूर्ण प्रभाव को पारिस्थितिकी कहते हैं।

टेलर के अनुसार- पारिस्थितिकी समस्त प्राणियों के पर्यावरण के साथ सम्बन्धों के अध्ययन का विज्ञान है।

टुर्क एवं **विटस** के अनुसार- जीवित तन्त्रों तथा पर्यावरण के बीच सम्बन्धों का अध्ययन पारिस्थितिकी विज्ञान है।

फिलिप हेण्डलर के अनुसार- पारिस्थितिकी जीवों तथा उनके पर्यावरण के परस्पर सम्बन्धों का विज्ञान है।

पारिस्थितिकी की सुस्पष्ट, संक्षिप्त तथा व्यापक रूप में स्वीकृत परिभाषा निम्नवत् है-

पारिस्थितिकी प्राणी जगत व वनस्पति जगत के मध्य तथा उनके पर्यावरण के साथ सम्बन्धों का अध्ययन है।

पर्यावरण से अभिप्राय एक ऐसी परिवृति (Set of Surroundings) से है जो जन्तु तथा वनस्पति समुदाय को प्रभावित करती है, इस परिवृति में भौतिक तत्वों की प्रधानता होती है। पर्यावरण अंग्रेजी शब्द Environment का भाषान्तर पुनरूक्ति हैं जो दो शब्दों Environ तथा ment के सामंजस्य से उत्पन्न हुआ हैं, जिनका अर्थ क्रमश: Encircle या Enclose है अर्थात आसपास (Surrounding) से घेरे हुए। कतिपय पारिस्थितिक वैज्ञानिकों (Ecologists) ने पर्यावरण के लिए Environment शब्द के स्थान पर Habitat या Milieu शब्द का प्रयोग किया हैं जिसका अभिप्राय समस्त परिवृत्ति से है। ए.एन. स्ट्रेहलर (1976) के अनुसार मनुष्य का अस्तित्व जीव-जन्तुओं तथा पादप समुदाय के साथ संभव माना है। पार्क (Chris Park) के अनुसार, ''पर्यावरण उन दशाओं का योग कहलाता है जो मानव को निश्चित समयावधि में

नियत स्थान पर आवृत्त करती है।'' जर्मन वैज्ञानिक **फिटिंग** (Fitting) के अनुसार, ''पर्यावरण जीवों के परिवृत्तीय कारकों का योग (The totality of millien factors of an organisation) है। इसमें जीवन की परिस्थितियों के सम्पूर्ण तथ्य आपसी सामंजस्य से वातावरण बनाते हैं।'' **टांसले** (Tansley 1926) नामक प्रसिद्ध पादप परिस्थितिविद् ने बताया हैं कि प्रभावकारी दशाओं का वह सम्पूर्ण योग_पर्यावरण कहलाता हैं, जिसमें जीव-जन्तु रहते हैं। पर्यावरण भौतिक तथा जैविक परिस्थितियों का सम्मिलित आवरण है, जो सम्पूर्ण जीवमण्डल को घेरे हुए है तथा जीव-जन्तुओं तथा पेड़-पौधों की उत्पत्ति तथा वृद्धि को सीमित करता है। विश्व शब्दकोश (The Universal Encyclopedia) में पर्यावरण की परिभाषा निम्न रूप से दी हैं-

''पर्यावरण उन सभी दशाओं, प्रणालियों तथा प्रभावों का योग हैं जो जीवों व उनकी प्रजातियों के विकास, जीवन एवं मृत्यु को प्रभावित करता हैं।'' डॉ. डेनिस ने पर्यावरण को परिभाषित करते हुए लिखा हैं कि ''मनुष्य के सम्बन्ध में पर्यावरण से अभिप्राय भूतल पर मानव के चारों ओर फैले उन सभी भौतिक स्वरूपों से हैं। जिनसे वह निरन्तर प्रभावित होता रहता है।'' अत: पर्यावरण भौतिक एवं जैविक संकल्पना हैं जिससे पृथ्वी के अजैविक तथा जैविक संघटको को, समाहित किया जाता है।

पर्यावरण का विषय क्षेत्र

पर्यावरण अध्ययन की विषय वस्तु में पर्यावरण एवं परिस्थितिकी के विविध घटकों, इनके पारिस्थितिकीय प्रभावों, मानव पर्यावरण अर्न्तसम्बन्धों आदि का अध्ययन सम्मिलित किया जाता है। साथ ही इसमें पर्यावरणीय अवनयन, प्रदूषण, जनसंख्या, नगरीयकरण, औद्योगीकरण तथा इनके पर्यावरण पर प्रभावों, संसाधन उपयोग एवं पर्यावरण संकट, पर्यावरण संरक्षण एवं प्रबन्धन के विभिन्न पक्षों का भी अध्ययन किया जाता हैं। वर्तमान में पर्यावरण अध्ययन का क्षेत्र व्यापक हो गया है जिसमें जीवमण्डलीय वृहद् पारिस्थितिक तन्त्र के तीनों परिमण्डलों, स्थलमण्डल एवं वायुमण्डल के संघटन एवं संरचना का अध्ययन सम्मिलित हैं। पर्यावरण में स्थल, जल, वायु एवं जीवमण्डल के अर्न्तसम्बन्धों का अध्ययन किया जाता है जिसमें सम्पूर्ण मानवीय क्रियाओं का निधार्रण होता है। इस प्रकार पर्यावरण भौतिक तत्त्वों का ऐसा समूह हैं जिसमें विशिष्ट भौतिक शक्तियाँ कार्य करती हैं एवं इनके प्रभाव दृश्य एवं अदृश्य रूप में परिलक्षित होते हैं। 20 वीं शताब्दी के अन्तिम दशकों में पर्यावरण की प्रकृति में पर्यावरण के भौतिक एवं जैविक घटकों को सम्मिलित रूप से अध्ययन किया जाने लगा तथा इनकी प्रभावकारी दशाओं का पारिस्थितिकीय विश्लेषण भी आरम्भ हुआ। वर्तमान में पर्यावरण की प्रकृति परिवर्तित स्वरूप में अग्रसर हो रही हैं तथा निम्नलिखित तथ्यों के अध्ययन को समावेशित किया जा सकता हैं:-

(1) स्थानिक प्रणाली-(Spatial System)- एक प्रदेश का पर्यावरण दूसरे प्रदेश के भूगोल से प्रभावित होता है तथा उसे प्रभावित करता हैं। क्योंकि विभिन्न परस्पर स्थानिक सम्बन्ध रखते हैं।

(2) स्थानिक विश्लेषण (Spatial Analysis)– स्थानिक विश्लेषण के द्वारा किसी भौगोलिक प्रदेश के पर्यावरण की अवस्थितिय भिन्नताओं को समझा जा सकता है।

(3) पारिस्थितिक प्रणाली–(Ecological System)– इसमें मानव एवं पर्यावरण के पारस्परिक प्रभावों के अध्ययन के साथ ही मानव द्वारा अपनाये अनुकूलन तथा रूपान्तरण का भी अध्ययन किया जाता है।

(4) पारिस्थितिकय विश्लेषण (Ecological Analysis)– इसमें किसी भौगोलिक प्रदेश के पर्यावरण के तत्वों और मनुष्य के मध्य जैविक एवं आर्थिक सम्बन्धों के समाकलित अध्ययन का मूल्यांकन किया जाता है।

(5) प्राकृतिक आपदाओं का अध्ययन (Study of Natural Disasters)– ज्वालामुखी, भूकम्प, बाढ़, सूखा, चक्रवातीय तूफान आदि को पर्यावरणीय अध्ययन में महत्व मिला हैं।

(6) पर्यावरण में मानवकृत परिवर्तनों की भविष्यवाणी के लिए वैज्ञानिक (भौगोलिक) विकास(The Development of Scientific (Geographic) forecasts of Anthropogenic Changes in the environment)– को भी महत्त्व मिला हैं।

(7) प्रादेशिक समिश्र विश्लेषण (Regional Complexes Analysis)– इसके द्वारा किसी पर्यावरण की क्षैत्रिय भिन्नताओं की प्रादेशिक इकाइयों में पारिस्थिक विश्लेषण और स्थानिक विश्लेषण दोनों का समिश्र अध्ययन होता हैं।

(8) जैवमण्डल का अध्ययन (Study of Biosphere)– वर्तमान समय में जैवमण्डलीय वृहद् पारिस्थिक तंत्र का पर्यावरण के अभिन्न घटक के रूप में अध्ययन किया जाता है।

पर्यावरण के घटक

पर्यावरण में जीवों का अस्तित्व कायम रहता है, यह पर्यावरण अनेक तत्वों से मिलकर बना है, इन कारकों का प्रभाव जीवधारियों पर परिलक्षित होता है। पर्यावरणीय कारकों के प्रभाव के परिणामस्वरूप जीवधारियों में प्रयुक्त क्रिया–कलापों के कई अनुकूलन उत्पन्न हो जाते है जिससे वे जीव जीवित रह पाते हैं। पर्यावरण को अनेक कारकों के अन्तर्गत वर्गीकृत किया जा सकता है। उदाहरणार्थ– मिट्‌टी, जल, वायु, जलवायु के तत्व आदि। अत: मनुष्य को प्रभावित करने वाले बाह्य बलों या परिस्थिति को पर्यावरण के कारक कहते हैं। दूसरे शब्दों में पर्यावरण का प्रत्येक भाग या अंग जो प्रत्यक्ष या अप्रत्यक्ष से जीव–जन्तुओं के जीवनकाल को प्रभावित करते हैं, उसे कारक कहते हैं।

प्रसिद्ध पर्यावरणविद् डौबेनमिर (1959) ने पर्यावरण के सात तत्त्व– जल, मिट्‌टी, वायु, ताप, प्रकाश, अग्नि तथा जैविक तत्त्व आदि बताये हैं।

प्रसिद्ध वनस्पतिवेत्ता ओस्टिंग (Osting 1948) ने पर्यावरण के निम्न घटक वर्णित किये हैं-

(1) पदार्थ या तत्व (Materials)-मृदा एवं जल

(2) दशायें (Conditions)-तापक्रम एवं प्रकाश

(3) बल(Forces)-वायु एवं गुरूत्व

(4) जीव जगत (Organism)-वनस्पति एवं जीव-जन्तु

(5) समय (Time)

1. उच्चावच (Relief)

पृथ्वी पर धरातलीय आकृतियाँ पर्यावरण के प्रभाव की सीमा निर्धारित करती हैं, मुख्य रूप से धरातलीय आपकृतियों का प्रभाव जलवायु पर दृष्टिगत होता है तथा जलवायुवीय दशाओं के आधार पर ही भौतिक एवं सांस्कृतिक वातावरण की प्रकृति निश्चित होती है। धरातलीय भूआकृतियों को मुख्य रूप से तीन भागों में वर्गीकृत किया जा सकता है। पर्वत, पठार तथा मैदान। पृथ्वी के धरातल का 26% भाग पर्वत, 33% भाग पठार तथा 41% भाग मैदानी है। जबकि भारत का 29.3 % भाग पर्वतीय 27.77 % भाग पठारी तथा 43 % मैदानी है। पर्वतीय भाग असम होते हैं तथा जलवायु भी कठोर होती है। यहाँ प्रत्येक आर्थिक क्रिया सुगमतापूर्वक सम्पादित नहीं हो सकती है, यहाँ पर पारिस्थितिकीय सन्तुलन अच्छा पाया जाता है। पर्वतों पर घुमम्कड़ पशुचारण (Nomadic herding), एकत्रीकरण (Food gathering), शिकार तथा स्थानान्तरित कृषि मुख्य व्यवसाय हैं। पठारी भाग धरातल के मुख्य भू-आकार हैं। इनके द्वारा पृथ्वी का एक विशाल भाग आवृत्त है। यह क्षेत्र धरातल से एकदम ऊँचा उठा हुआ समतल सतह वाला भाग होता हैं, जहाँ चाटियों का अभाव पाया जाता हैं। पठार क्षेत्र भी मानव जीवन के लिए कठोर परिस्थितियाँ प्रदान करता है। मैदानी भाग मानव जीवन के लिए अनुकूल परिस्थितियाँ उपलब्ध करता है। विदित हैं कि विश्व की प्रमुख सभ्यताएँ मैदानों में ही विकसित हुई हैं। मैदानी क्षेत्रों में आर्थिक व्यवसायों के लिए भी अनुकूल दशायें उपलब्ध हैं। विश्व की प्रमुख सभ्यताएँ सिंधु गंगा, मिश्र में नील नदी, इराक में मैसोपोटामियां चीन में ह्वांगों, मेक्सिकों में माया तथा पीरू में इंका आदि विकसित हुई हैं।

2. अवस्थिति (Location)

अवस्थिति एक ऐसा महत्वपूर्ण कारक है जिसका पर्यावरण के अंग के रूप में भौगोलिक अध्ययन किया जाता है। अवस्थिति स्थित होती है, परन्तु समय के साथ उसकी सापेक्षिक महत्ता परिवर्तित होती रहती है। अवस्थिति का महत्व स्पष्ट करते हुए हटिंग्टन महोदय ने बताया है कि, ग्लोब-आकृति की गतिशील पृथ्वी पर अवस्थिति भूगोल को समझने के लिए कुंजी है। भूगोलशास्त्र में अवस्थिति को अग्र तीन रूपों में वर्णित किया गया है-

(i) ज्यामितिय अवस्थिति (Geometric Location)

(ii) सामुद्रिक एवं स्थलीय स्थिति (Oceanic and Continental Location)

(iii) निकटवर्ती देशों के सन्दर्भ में स्थिति (Vicinal Location)

(i) ज्यामितिय अवस्थिति (Geometric Location)– यह किसी भौगोलिक प्रदेश की अक्षांश व देशांतरीय स्थिति होती है जिसके द्वारा उक्त प्रदेश की भू-सन्दर्भ (Geo-reference) में जानकारी प्राप्त होती है। उदाहरण के लिए, भारत के राजस्थान राज्य की भूसन्दर्भ स्थिति $23^{O}3'$ से $30^{O}12'$उत्तरी अक्षांश व $69^{O}30'$ से $78^{O}17'$ पूर्वी देशान्तरों के मध्य है। इसी प्रकार भारत को भूसन्दर्भ (Georeference) स्थिति $8^{O}4'$ से $37^{O}6'$ उत्तरी अक्षांश तथा $68^{O}7'$ से $97^{O}25'$ पूर्वी देशान्तरो के मध्य है। ग्रीक विद्वानों ने सम्पूर्ण पृथ्वी को ज्यामितिय आधार पर तीन प्रमुख ताप कटिबन्धों में विभाजित किया है जो क्रमशः ऊष्ण कटिबन्धीय $23^{O}30'$ उत्तरी से $23^{O}30'$ दक्षिणी अक्षांश, उपोष्ण कटिबन्ध $23^{O}30'$ उत्तरी से $66^{O}30'$ व $23^{O}30'$दक्षिण से $66^{O}30'$ दक्षिण अक्षांश व शीत कटिबन्ध $66^{O}30'$ से 90° उत्तरी व $66^{O}30'$ से 90° दक्षिणी अक्षांशों के मध्य विस्तृत है। उपरोक्त अवस्थिति कारक का प्रत्यक्ष प्रभाव मृदा, कृषि तथा वनस्पति संसाधन पर परिलक्षित होता है। ज्यामितिय अवस्थिति का मानव पर प्रभाव के बारे में प्रसिद्ध भूगोलवेत्ता बोदिन (Bodin) ने कहा है कि उत्तरी क्षेत्रों के मनुष्य शारीरिक शक्ति सम्पन्न एवं दक्षिणी क्षेत्रों के तकनीकी ज्ञान में एवं उच्च व्यवसायी हैं, जबकि मध्यवर्ती क्षेत्रों के मनुष्य राजनीति के नियंत्रण में श्रेष्ठ माने गये हैं स्थिति प्रमुखतया जलवायु को नियन्त्रित कर मानव द्वारा सम्पादित आर्थिक क्रिया-कलापों को प्रभावित करती हैं।

3. जैविक कारक (Biotic Factor)

विभिन्न जीव-जन्तु और मनुष्य के आर्थिक कार्यों को प्रभावित करते हैं, जन्तुओं में गतिशीलता की दृष्टि से वनस्पति से श्रेष्ठता होती हैं। वे अपनी आवश्यकताओं के अनुसार प्राकतिक वातावरण से अनुकूलन (Adapation)कर लेते हैं। जीव-जन्तुओं में स्थानान्तरणशीलता का गुण होने के कारण वे अपने अनुकूल दशाओं वाले पर्यावरण में प्रवास (Migration)भी कर जाते हैं। फिर भी इन पर पर्यावरण का प्रत्यक्ष प्रभाव दृष्टिगत होता हैं। समान दशाओं वाले वातावरण के प्रदेशों में जन्तुओं में भिन्नता मिलती हैं। मरूस्थलीय वातावरण के जन्तुओं में भिन्नता मिलती हैं, उदाहरणार्थ थार एवं अरब के ऊँटों में भिन्नता मिलती हैं।

4. जलवायु (Climate)

जलवायु पर्यावरण को नियंत्रित करने वाला प्रमुख कारक हैं, क्योंकि जलवायु से प्राकृतिक वनस्पति, मिट्टी, जलराशि तथा जीव-जन्तु प्रभावित होते हैं। कुमारी सैम्पलने कहा हैं कि "पर्यावरण के सभी भौगोलिक कारकों में जलवायु सर्वाधिक महत्वपूर्ण घटक है। सभ्यता के आरम्भ और उद्भव में जहाँ तक आर्थिक विकास का सम्बन्ध रहता हैं, जलवायु एक वृहत् शक्तिशाली तत्त्व हैं।" जलवायु मानव की मानसिक एवं शारीरिक क्रियाओं पर प्रभाव डालती हैं। प्रो. एल्सवर्थ हटिंग्टन के अनुसार, "मानव पर प्रभाव डालने वाले तत्वों में

जलवायु सर्वाधिक प्रभावशाली हैं क्योंकि यह पर्यावरण के अन्य कारकों को भी नियंत्रित करता हैं। '' पृथ्वी पर मानव चाहे स्थल पर या समुद्र पर, मैदान में पर्वत पर, वनों में, या मरूस्थल में कहीं पर भी रहे व अपने आर्थिक कार्य करे, उसे जलवायु प्रभावित करती हैं।

जलवायु के पाँचों तत्व क्रमश: वायुमण्डलीय तापमान (Temperature) एवं सूर्यताप (Insolation), वायुभार (Atmospheric pressure), पवनें (Winds), आर्द्रता (Humidition), तथा वर्षा (Precipitation) आदि मानव को प्रभावित करतें हैं। तापमान जलवायु के महत्वपूर्ण कारक के रूप में वनस्पति को सर्वाधिक प्रभावित करता हैं।

5. प्राकृतिक वनस्पति

प्राकृतिक वनस्पति जलवायु उच्चावच तथा मृदा के सामंजस्य से पारिस्थितिकीय अनुक्रम (Ecological Succession) के अनुसार अस्तित्व में आती हैं। प्राकृतिक वनस्पति पर्यावरण के महत्वपूर्ण कारक के रूप में पारिस्थितिक तंत्र को सर्वाधिक प्रभावित करती हैं, जिसे जलवायु सर्वाधिक नियंत्रित करती हैं। अन्य कारकों में जलापूर्ति (Water Supply), प्रकाश (Light), पवनें (Winds) तथा मृदायें (Soils) प्रमुख हैं, जो प्राकृतिक वनस्पति के विकास को प्रभावित करते हैं। वनस्पति के कुछ प्रमुख समुदाय होतें हैं, जिन्हें पादप साहचर्य (Plant association) कहते हैं। प्राकृतिक वनस्पति के चार प्रमुख वर्ग माने गये हैं-(i) वन (ii) घास प्रदेश (iii) मरूस्थलीय झाड़ियाँ तथा (iv) टुण्ड्रा वनस्पति। वनों मे ऊष्ण कटिबन्धीय चौड़ी पत्ती वाले सदाबहार वन (Tropical Evergreen Broad Leaved Forest), ऊष्ण कटीबन्धीय चौंड़ी पत्ती के पर्णपात्ती वन (Tropical Deciduous Broad Leaved Forest), शीतोष्ण चौड़ी पत्ती के पर्णपाती वन (Tropical Deciduous Broad Leaved Forest), शीतोष्ण मिश्रित वन (Temperate Mixed Forest) तथा शीतोष्ण शंकुधारी वन (Temperate Coniferous Forest) प्रमुख हैं। जन्तुओं के सामान्य वर्ग पर्यावरणीय लक्षणों के अनुसार ही विकसित होते हैं। जैसे घास के मैदान में चरने वाले (Grazing) पशु रहते हैं, जबकि वनों में मुख्य रूप से पेड़-पौधों की टहनियाँ खाने वाले (Brolosing) पशु रहते हैं, पृथ्वी पर जीव जन्तुओं का वितरण वनस्पति की प्रभावशीलता के अनुसार हैं, जिसे जलवायु, मृदा, उच्चावच आदि तत्व नियंत्रित करते हैं। पृथ्वी पर विभिन्न प्रकार की जलवायु दशाओं एवं वनस्पति जगत के प्रकार के अनुसार चार प्रदेशों के जन्तु पाये जाते हैं-

(i) वनों के जन्तु (Forest Animals)-ऊष्ण कटिबन्धीय वर्षा प्रचुर सघन वनों में वृक्षों पर रहने वाले जन्तु इस वर्ग में सम्मिलित हैं। यहाँ वानर, छिपकली, पक्षी, विभिन्न प्रकार के सर्प तथा कीट-पतंगे प्रमुख हैं। कांगो, अमेजन जैसी नदियों में घड़ियाल, मगरमच्छ आदि जलचर रहते हैं। मानसूनी तथा उषोष्ण कटिबन्धीय वनों में हाथी, गैंडा, जिराफ, हिरन, भैंसा, भेंड़िया, सियार तथा लोमड़ी आदि थलचर पाये जाते हैं।

(ii) घासभूमि के जन्तु (Grassland Animals)-ऊष्ण तथा शीतोष्ण घास प्रदेशों में चरने वाले हिरन, जंगली चौपाये, नील गाय, जंगली भैंसा (Bison), स्प्रिंगवांक आदि

शाकाहारी जीव प्रमुख हैं। इनका भक्षण करने वाले माँसाहारी जीवों (Carnivores) में तेंदुआ, चीता, शेर प्रमुख हैं।

(iii) मरूस्थलों के जन्त (Desert Animals)–मरूस्थलों में मरूभिद् (Xerophyte) वनस्पति मिलती हैं जिसमें काँटेदार झाड़ियाँ, बबूल, नागफनी वर्ग के पौधे मुख्य हैं। यहाँ खरगोश, लोमड़ी, छिपकली, सर्प आदि जंगली तथा गधे, घोड़े, भेड़, बकरी आदि पालतू जानवर मिलते हैं।

(iv) टुण्ड्रा के जन्तु (Tundra Animals)–शीत दशाओं वाले इस क्षेत्र में मस्क, कैरिब, हिरण, खरगोश, ध्रुवीय भालू, कुत्ते, रेण्डियर आदि मिलते हैं।

6. मृदा कारक (Edaphic Factor)

मृदा धरातलीय सतह का ऊपरी आवरण हैं जो सेंटीमीटर से लेकर एक-दो मीटर तक गहरी होती है। मृदा की रचना मूल पदार्थ (Parent material) में परिवर्तनों के परिणामस्वरूप होती हैं, जो विभिन्न प्रकार की जलवायु में जैविक कारकों के सम्पर्क से एक निश्चित अवधि में निर्मित होती हैं। मृदा निर्माण में उच्चावच (Relief) तथा ढाल की भी महत्वपूर्ण भूमिका होती हैं। मृदा में वनस्पति एवं जीव-जन्तुओं के अवशेष मिलते रहते हैं, जिसे जैव तत्व (Humus) कहते हैं। जैव तत्व के कारण मृदा का रंग काला होता हैं। मानव अपनी क्रियाओं द्वारा मृदा को निरन्तर प्रभावित करता रहता हैं। पृथ्वी पर शाकाहारी एवं मांसाहारी, जीव-जन्तु प्रत्यक्ष-अप्रत्यक्ष रूप से मृदा पर निर्भर राहते हैं, शाकाहारी अपना भोजन कृषि द्वारा तथा मांसाहारी शाकाहारीयों द्वारा प्राप्त करते हैं। अत: मानवीय उपयोग की दृष्टि से मृदा आवरण किसी भी देश की मूल्यवान प्राकृतिक सम्पदा होती हैं।

पर्यावरण का महत्त्व (Importance of Environment)

1. पर्यावरण के अध्ययन के द्वारा हमें वन, वृक्ष, नदी-नाले आदि का हमारे जीवन में क्या महत्व हैं, इसकी उपयोगिता की जानकारी होती हैं।

2. पर्यावरण अध्ययन से पर्यावरण के प्रति चेतना जागृत होने, सकारात्मक अभिवृत्तियाँ तथा पर्यावरण के प्रति भावनाओं का विकास होता हं।

3. वर्तमान में विश्व में बढ़ते पर्यावरणीय प्रदूषण की जानकारी, इसके प्रभाव तथा सामान्य जनता के प्रदुषण के प्रति उत्तरदायित्व तथा कर्त्तव्य आदि के बारे में पर्यावरण अध्ययन अपना महत्वपूर्ण योगदान रखता हैं।

4. पर्यावरण अध्ययन आधुनिक समय में सर्वसाधारण को पर्यावरणीय समस्याओं की जानकारी, इनके बारे में विस्तृत विश्लेषण तथा समस्याओं के समाधान में उपयोगी योगदान प्रदान करता हैं।

5. पर्यावरणीय अध्ययन का महत्व उन क्षेत्रों में अधिक हैं जहाँ शिक्षा एवं ज्ञान का उच्च स्तर पाया जाता हैं। अज्ञान तथा अशिक्षा वाले क्षेत्रों में पर्यावरणीय सुरक्षा तथा संरक्षण के प्रति जनसाधारण में उदासीनता पायी जाती हैं।

6. पर्यावरण अध्ययन के द्वारा जनसाधारण को विभिन्न प्रदूषणों की उत्पत्ति, उनसे होने वाली हानि तथा संरक्षण के प्रति जनसाधारण में उदासीनता पायी जाती हैं।

7. शहरीकरण एवं नगरीयकरण की प्रवृत्ति से उत्पन्न समस्याओं के बारे में ज्ञान प्राप्त होता हैं।

8. वर्तमान समय में परिवर्तन के विभिन्न साधनों की बढ़ती संख्या के कारण प्रदुषण का स्तर तीव्र गति से बढ़ता जा रहा हैं। पर्यावरणीय अध्ययन का परिवहन द्वारा उत्पन्न प्रदूषण की रोकथाम में विशेष महत्व हैं।

9. हमारी संस्कृति जिसके अहिंसा, जीवों के प्रति दयाभाव, प्रकृति-पूजन आदि मुख्य मूलाधार हैं, पर्यावरण अध्ययन संस्कृति के इन मूलाधारों के संरक्षण में सहायक हैं।

10. औद्योगिकरण से उत्पन्न पर्यावरणीय प्रदूषण को रोकने तथा इससे उत्पन्न समस्याओं के समाधान में पर्यावरणीय अध्ययन का महत्वपूर्ण योगदान हैं।

11. वर्तमान समय की विश्व की मुख्य समस्या जनसंख्या वृद्धि हैं। पर्यावरण अध्ययन हमें जनसंख्या नियन्त्रण के विभिन्न उपायों के बारे में जानकारी प्रदान करता हैं। पर्यावरण का प्रश्न मनुष्य के असित्व से उसी प्रकार जुड़ा है, जिस प्रकार आर्थिक विकास की उन्नति। अत: आर्थिक विकास के प्रयासों में इस बुनियादी तथ्य को ध्यान में नहीं रखते तो वे प्रयास वस्तुत: विकास को नहीं अपितु विनाश को ही आमंत्रित करते है। जिस वन सम्पदा से मानव को विभिन्न प्रकार से लाभ उसके विकास हेतु होते रहे है, उन्हें नजरअंदाज कर उनसे होने वाले लाभ से वंचित रह जायेंगे। आज व्यक्ति अपनी तात्कालिक आवश्यकताओं की पूर्ति हेतु वनों का शोषण करने में बिल्कुल नहीं हिचकिचाता।

विकास के नाम पर यही सब करने की बात नहीं इससे विनाश अवश्य-भावी है, क्योंकि 'इकोनोमी' और 'इकोलोजी' की परस्पर घनिष्ठता की समझ देशवासियों को नहीं है। प्राचीन धर्म ग्रंथों में उल्लेख उपलब्ध है कि भारतीयों का तो प्रकृति से गहरा संबंध रहा है। हमारी संस्कृति का मूल आयाम है कि हम पोषण करते हैं परन्तु शोषण व बिध्वंस नहीं करते। दोहन से पूर्व और उपरान्त पोषण से संतुलन बना रहता है। लेकिन दोहन बगैर पोषण से शोषण होकर विध्वंस जैसी स्थिति बन जाती है। आज हम निरंतर वनों का दोहन नहीं शोषण करने में लगे हुए हैं जिससे मनुष्य एवं वन सम्पदा में असंतुलन द्रुतगति से बढ़ रहा है।

आज आवश्यकता इस बात की है कि वन और वनों से प्राप्त होने वाली उपयोगिता को दृष्टि में रखते हुए जनसाधारण के दृष्टिकोण व अभिवृत्तियों को ऐसे ढंग से विकसित करें कि वन-प्रकृति उपादेयता के प्रति रुचि बढ़े। यदि हमने प्रकृति को अपने से अलग-थलग करने का

प्रयास किया तो बढ़ते हुए इस प्राकृतिक–असंतुलन के परिणाम देश के लिए अत्यंत घातक सिद्ध हो सकते हैं। अतः वनों एवं प्रकृति के इस बहुआयामी स्वरूप के बारे में शिक्षित करते हुए संतुलित रखने हेतु दृष्टिकोण का विकास करना वांछित है। वनों को सुरक्षित रखते हुए उनसे प्राप्त होने वाले विभिन्न प्रकार के लाभों के बारे में जनसाधारण को शिक्षित–दीक्षित एव सचेत करने के उपागम से ही हम इन्हें सुरक्षित रखने के उदेश्य की पूर्ति करने में सफल हो सकते हैं। कानून एवं व्यवस्था के अधिनियमों के साथ–ही–साथ स्थानीय जनसमुदायों को वनों के संरक्षण एवं उसके विकास के महत्त्व को हृदयंगम करवाने की परम आवश्यकता है।

भारतीय, पश्चिम के भौतिक विकास की अंधी दौड़ और चकाचौंध से भारतीय मूल्यों मे प्रतिकूल स्वार्थी बनता ही जा रहा है। अपनी विभिन्न प्रकार की तात्कालिक आवश्यकताओं की पूर्ति करने हेतु वन–साधनों का निर्दयता से शोषण करने में संलग्न होता जा रहा है। समय रहते इस प्रकार वनों के शोषण को अविलंब रोकने हेतु प्रभावी जनमत के निर्माण करने की महती आवश्यकता है, जिससे वन सुरक्षित रह सकें और हम और हमारी आने वाली पीढ़ी इसका दोहन कर उपयोग कर सके। इस पुनीत कार्य हेतु जनसाधारण को शिक्षित करने से ही उद्देश्यों की पूर्ति संभव है। इस प्रसंग में हमें पर्यावरण व उनकी शिक्षा स्थानीय लोगों एवं वनों के समीप रहने वाले समाज को वनों से व्यावहारिक लाभ के बारे में ज्ञान प्रदान कर, उनमें प्राचीन मूल्यों के अन्तर्गत ही सोचने की अभिवृत्तियों का सफल विकास किया जाना चाहिए, ताकि वे वनों के साथ शोषण करने की प्रवृत्ति को स्वयं ही त्याग सकें।

बीसवी शताब्दी के मध्य में हमने हमारे ग्रह पृथ्वी को अंतरिक्ष से प्रथम बार देखा। इतिहासवेत्ता इस घटना का जनमानस पर उतना व्यापक प्रभाव अंत में ही अनुभव कर पाये जितना कि पृथ्वी ब्रह्मण्ड का केन्द्र नहीं है, यह कहकर सोलहवीं शताब्दी में कोपरनिकस ने मानव की स्वकल्पना को भंग कर एक क्रान्ति पैदा कर दी थी। अंतरिक्ष से हमें पृथ्वी एक छोटी व कोमल गेंद–सी दिखाई देती है जिस पर मानवीय कृत्तियों व कृत्यों का नहीं अपितु बादलों, महासागरों, हरयाली व मृदा के शिल्प सौन्दर्य का आधिपत्य हैं। इस प्राकृतिक वातावरण में मानव के क्रिया कलापों के सुसंचालन की मानवीय अक्षमता के कारण ही मूलतः सौर मण्डल में परिवर्तन आ रहे हैं। ऐसे अनेक परिवर्तनों में जीवन के लिए चेतावनी भरे संकट निहित होते हैं। इस नयी हकीकत से हम पलायन नहीं कर सकते। इसलिए हमें इसे स्वीकारना व नियंत्रित करना पडे गा।

सौभाग्य से, यह नयी वास्तविकता इस सदी के नये विकास से अधिक सकारात्मकता से जुड़ी है। अब हम विश्व में पहले की अपेक्षा सूचना व सामग्री का शीघ्रतर प्रेषण कर सकते हैं। हम संसाधनों का अल्प विनियोग करके अधिक अनाज व अधिक सामग्री का उत्पादन कर सकते हैं। हमारा विज्ञान और तकनीकी ज्ञान, हमें प्राकृतिक तंत्र को गहनता से देखने और बेहतर तरीके से समझने की क्षमता देता है। अंतिरक्ष से हम पृथ्वी का उस एक जीव की भांति दर्शन व अध्ययन कर सकते है जिसका स्वास्थ्य उसके अन्य सभी भागों के स्वास्थ्य पर निर्भर होता है। हम मानवीय क्रियाओं के साथ प्राकृतिक नियमों का सामंजस्य करने तथा क्रियाविधि को उन्नत

बनाने की क्षमता रखते हैं। इन स्थितियों में हमारी सांस्कृतिक एवं अध्यात्मिक धरोहर ही हमारे आर्थिक लाभ एवं जीवनाधिकार को सम्बल प्रदान कर सकती है। आयोग यह विश्वास करता है कि मानव अपने भविष्य को अधिक समृद्ध, अधिक न्यायोचित और अधिक सुरक्षित बना सकता हैं। हमारा सबका भविष्य नामक हमारा यह प्रतिवेदन सदा बढते हुए पर्यावरणीय क्षय व निर्धनता की भविष्यवाणी नहीं है और न ही सदा घटते हुए संसाधनों के बीच सदा अधिक होते प्रदुषित संसार की कठिनाइयों का विचरण है। बजाय, इसके, हम आर्थिक विकास के नवयुग की संभावनाएँ देखते हैं जो कि समुचित विकास की नीतियों पर आधारित हों और पर्यावरणीय संसाधनों के आधारों का विस्तार करें। हम विश्वास करते है कि व्यापक गरीबी में डूबे हुए विकासशील विश्व के एक बड़े भाग को राहत पहुँचाने के लिए ऐसी वृद्धि अत्यन्त आवश्यक हैं।

भविष्य के लिए, आयोग की आज्ञा राजनैतिक निर्णयों की क्रियान्विति पर निर्भर हैं जिनके द्वारा समुचित मानवीय प्रगति और मानवीय उत्तरजीविका को सुनिश्चित करने के लिए अब पर्यावरणीय संसाधनों का व्यवस्थापन प्रारंभ होगा। हम कोई भविष्यवाणी नहीं कर रहे हैं बल्कि चेतावनी जारी कर रहे हैं। कि विज्ञान के सर्वोत्तम एवं नवीनतम प्रमाणों पर आधारित एक अत्यावश्यक चेतावनी, कि प्राकृतिक संसाधनों को आज और भावी पीढ़ी के लिए सुरक्षित बनाये रखने का आवश्यक निर्णय लेने का समय आ गया है। हम क्रियान्वयन हेतु कोई विस्तृत कार्य योजना नहीं अपितु एक मार्ग प्रस्तुत कर रहे हैं जिससे कि विश्व की जनता सहयोग की परिधि को बढ़ा सके।

सफलताएँ एवं असफलताएँ

सफलता व आशाजनक चिन्ह देखने वाले अनेक बिन्दु पा सकते हैं, जैसे शिशु-मृत्यु की दर में कमी, जीवन-संभावना की वृद्धि, शिक्षित वयस्कों का विश्व में बढ़ता अनुपात, विद्यालयी बालकों का बढ़ता अनुपात और जनसंख्या वृद्धि की तुलना में विश्व में बढ़ता अन्न उत्पादन। किन्तु इन उपलब्धियों के उत्पादक साधनों ने ऐसी प्रवृत्तियाँ दी हैं जिन्हें यह धरती और इसके निवासी लम्बे समय तक सहन नहीं कर सकते॥ इन प्रवृत्तियों को परम्परागत रूप से विकास की असफलताएँ और मानवीय पर्यावरण के व्यवस्थापन की कमियाँ कहा जाता है। विकास का एक पक्ष यह है कि पूर्ण संख्या के आधार पर पहले की अपेक्षा अभी विश्व के अधिक लोग भूखे सोते है और इनकी संख्या निरन्तर बढ रही है। इसी प्रकार संख्यात्मक दृष्टि से शिक्षा की सुविधा, शुद्ध पेय जल की उपलब्धता, सुरक्षित व मजबूत घर, प्रति व्यक्ति ईधन की मात्रा में कमी हो रही है। धनी और निर्धन देशों के बीच खाई घटने की अपेक्षा बढती जा रही है और इस बात की बहुत कम संभावना हैं कि वर्तमान प्रवृत्तियाँ और संस्थागत व्यवस्थाएँ इस प्रक्रिया को उलट सकेंगी।

कुछ पर्यावरणीय प्रवत्तियाँ ऐसी भी हैं जो पृथ्वी के मौलिक परिर्वतनों के प्रति सावधान करती है और मानव सहित अनेक जीव-प्रजातियों के जीवन को सचेत करती हैं। प्रतिवर्ष 60 लाख हैक्टयर्स उपजाऊ शुष्क भूमि अनुपयोगी रेगिस्तान में बदल जाती हैं। तीन दशक बाद, यह भूमि लगभग सऊदी अरब के क्षेत्रफल के बराबर होगी। प्रतिवर्ष 110 लाख हैक्टयर्स वन नष्ट किये जा रहे हैं और तीन दशक में यह भूमि लगभग भारत के क्षेत्रफल के समान होगी। इस वन

का अधिकतर भाग निम्न श्रेणी के खेतों में बदला जाता हैं जो किसानों की आजीविका के लिए अपर्याप्त सिद्ध होते हैं। यूरोप में अम्लीय वर्षा से वन व झीलों का विनाश हो रहा है और राष्ट्र की वास्तु-कला व कलात्मक धरोहर नष्ट हो रही है। इससे वृहद क्षेत्र की मृदा अम्लीय हो जाती है जिसके सुधार की कोई उपयुक्त संभावना नहीं है। जीवाश्मिक ईधन के दहन से वायुमण्डल में कार्बन-डाइ-आक्साइड की मात्रा बढ रही है जो विश्व के तापमान को धीर-धीरे बढा रही है। आगामी शताब्दी के आरंभ में, यह ग्रीन हाउस प्रभाव विश्व के औसत तापमान को इतना बढा सकता है कि हमें कृषि उत्पादन के क्षेत्र बदलने पड़े, समुद्री जल स्तर बढकर तटीय नगरों में बाढ ला दे तथा राष्ट्रीय अर्थव्यवस्था चरमरा जाये। अन्य औद्योगिक गैसों से पृथ्वी के सुरक्षा कवच ओजोन को इतना खतरा है कि मानव व जन्तुओं में तेजी से कैंसर रोग बढ़ेगा तथा महासागरों की खाद्य-श्रृंखला तथा भू-जल स्तर को इतना विषैला बना देते हैं कि उन्हे शुद्ध ही न किया जा सके।

राष्ट्रीय सरकारों एवं बहुआयामी संस्थानों में यह अनुभूति बढ़ रही है कि पर्यावरणीय समस्याओं तथा आर्थिक विकास के मसलों को पृथक करना असंभव है। अनेक प्रकार के विकास कार्य आधारभूत पर्यावरणीय संसाधनों को ही नष्ट कर देते हैं और पर्यावरणीय अध: पतन से आर्थिक विकास अवरूद्ध हो जाता है। विश्व की पर्यावरणीय समस्याओं का एक प्रमुख कारण एवं प्रभाव गरीबी है। इसलिए विश्व की गरीबी और अन्तर्राष्टीय विषमता के कारणों का विस्तृत परिदृश्य में दिग्दर्शन किये बिना पर्यावरणीय समस्याओं का समाधान खोजने का प्रयास व्यर्थ सिद्ध होगा।

खाद्यान्नों की पूर्ति हेतु पूरे देश की कृषकों पर ही निर्भर रहना पड़ता है। बढ़ी हुई जनसंख्या की पूर्ति हेतु हमें कृषि पैदावार में वृद्धि करनी पड़ेगी। भारतीय कृषक आर्थिक दृष्टि से बहुत कमजोर है। यही कारण है कि कृषि पैदावार में वृद्धि उस अनुपात में नहीं हो रही है जितनी होनी चाहिए। यदि हमारे किसान भाइयों को विभिन्न प्रकार की पैदावार व खाद्यान्न लगाने के बारे में सही प्रकार से सूचना एवं नये ज्ञान को प्रदान किया जाता है तो फसलों में निश्चित रूप से वृद्धि होगी ही। अतिवृष्टि, कमवृष्टि या टिडियों व कीड़ों द्वारा नष्ट हो जाना आदि कारण रहते हैं। अत: इस प्रश्न के निदानात्मक एवं उपचारात्मक कार्यक्रम राष्ट्रीय एवं अन्तर्राष्ट्रीय स्तर की संस्थाओं द्वारा संचालित होते हैं, उसका पूर्ण लाभ उठाने हेतु उत्प्रेरित किया जाना चाहिए। अन्तर्राष्ट्रीय बाजार में जिस प्रकार की फसल की अधिक मांग हो उसे पैदा किया जाय जिससे अपनी पैदावार अधिक रकम में निर्यात कर कम पैसों में अन्य वस्तुओं की पूर्ति की जा सके । इससें भारतीय किसानों से गरीबी का नाता दूर हो सकेगा।

ग्रामीण समाज का सामाजिक एवं आर्थिक विकास बहुत कुछ ऊर्जा पर निर्भर करने लगा है। अत: ग्रामीण जनता को अनौपचारिक रूप से शिक्षित किया जाय और प्रदूषण नियंत्रण के लिए सौर-ऊर्जा, बायोगैस, निर्धूम चूल्हें, पवन चक्कियों आदि ऐसे विकल्पों को काम में लेने हेतु प्रोत्साहित करें जिससे भौतिकवादी युग में उनकी भौतिक स्थिति में भी बढ़ोतरी हो सके। वनों के नष्ट करने की समस्या को गंभीरता से लेते हुए हमें शैक्षिक कार्यक्रमों की व्यूह-रचना करने की महती आवश्यकता है। उन कार्यक्रमों के अन्तर्गत वनों के आस-पास रहने वाले समाज

को सामाजिक कार्यक्रमों के संगठन व संचालन कर उन्हें वनों से लाभ एवं परम्परागत हमारे नाते-रिश्तों के संबंध में अवबोधन कराने का सफल प्रयास करें। जंगलों को समाप्त करने से वर्तमान एवं भविष्य में होने वाले भयंकर आर्थिक, सामाजिक एवं व्यक्तिगत खतरों के बारे में अवगति प्रदान कर उनमें रुचि एवं अभिवृत्तियों का सफलता से विकास करें कि वे वनों से भावात्मक सहसंबंध स्थापित कर सकें। इस प्रकार से पर्यावरण का महत्त्व समाज के लिए अत्यन्त उपयोगी माना गया है। पर्यावरण शिक्षण मानव जीवन के लिए लाभप्रद हैं, इसीलिए कोठारी आयोग ने शिक्षण जगत में पर्यावरण की शिक्षा को अनिवार्य करने की सिफारिश की हैं।

▣▣▣

2

पर्यावरण का प्राकृतिक स्वरूप

मनुष्य द्वारा आकलित और विश्वसनीय, किसी वस्तु या पदार्थ का वह गुण या क्षमता और कार्य, जो मानव की परिसम्पत्ति (Assets) बन जाता है, संसाधन कहलाता है, दूसरे शब्दों में, वे सभी पदार्थ, वस्तुएं या ऊर्जाएं जो मनुष्य की सहायता के लिए या किसी आवश्यकता की पूर्ति के लिए प्रयोग किये जाते हैं, **संसाधन (Resources)** कहलाते हैं।

डॉ0 जिमरमैन के अनुसार–''संसाधन का अर्थ किसी उद्धेश्य की प्राप्ति करना है, यह उद्धेश्य व्यक्तिगत आवश्यकताओं व सामाजिक उद्धेश्यों की पूर्ति करता है''। इस दृष्टि से जल, वायु, ताप, सूर्य, मिट्टी, वन, भूमि, कोयला आदि सभी को संसाधन की संज्ञा दी जा सकती हैं क्योंकि इन सभी से मानव की किसी न किसी आवश्यकता की पूर्ति होती है। मानव स्वयं भी अपने आप में एक संसाधन है क्योंकि वह भी स्वयं के विकास हेतु कार्य करता है।

संसाधन दो प्रकार के होते हैं–

1. प्राकृतिक संसाधन (Natural resources)
2. मानवीय संसाधन (Human resource)

1. प्राकृतिक संसाधन (Natural resources)–वायु व जल के अतिरिक्त मानव की नितान्त आवश्यकताओं में भोजन, वस्त्र व आश्रय आते हैं। इस सभी आवश्यकताओं की पूर्ति

के लिए मानव को प्रकृति (Nature) पर निर्भर रहना पड़ता है क्योंकि में सभी वस्तुएँ या तत्व पृथ्वी के धरातल या भूगर्भ में पाये जाते हैं। मानव इन्हें निकालकर, परिवर्धन, संशोधन या परिष्कृतिकरण द्वारा उपयोग हेतु तैयार करता है। सभी पदार्थ जो मानव के लिए उपयोगी हैं, प्रकृति की देन हैं अतः इन्हें प्राकृतिक संसाधन या प्रकृति का उपहार (Natural resources or Gift of nature) कहा जाता है। दूसरे शब्दों में ''वे तत्व तथा तत्व-समुच्चय (Combination of elements) जो मनुष्य के लिए उपयोगी होते हैं'' प्राकृतिक संसाधन कहलाते हैं।

2. मानवीय संसाधन (Human resources) – प्राकृतिक संसाधनों के अतिरिक्त मानव संसाधन भी अति महत्वपूर्ण हैं क्योंकि बिना मानव श्रम के प्राकृतिक संसाधनों का कोई मूल्य नहीं है। मानव ही अपने वातावरण में परिवर्तन कर उसे आवश्यकतानुसार उपयोग में लाता है। पृथ्वी के धरातल पर जो भी पदार्थ है उन सब को संसाधनों की श्रेणी में मनुष्य ने ही सम्मिलित किया है। इसलिए कहा जाता है कोई भी वस्तु संसाधन नहीं होती है बल्कि उन्हें बनाया जाता है। अतः मानव को एक मुख्य सक्रिय संसाधन माना गया है।

प्राकृतिक संसाधनों का वर्गीकरण (Classification of natural resources) – प्राकृतिक संसाधनों के उपयोग की एक अवधि होती है। कुछ संसाधन शीघ्र समाप्त हो जाते हैं जबकि कुछ का निरन्तर उपयोग किया जा सकता है। अतः **उपयोग की निरन्तरता के आधार पर प्राकृतिक संसाधनों को दो भागों में विभाजित किया जा सकता है** –

(i) नव्यकरणीय संसाधन (Renewable resources)

(ii) अनव्यकरणीय संसाधन (Non-renewable resources)

(i) नव्यकरणीय संसाधन (Renewable resources) – वे सभी संसाधन जिनका भौतिक, यान्त्रिक या रासायनिक क्रियाओं द्वारा नवीनीकरण या पुनः उत्पादन किया जा सकता हो, नव्यकरणीय संसाधन (Renewable resources) कहलाते हैं। अर्थात् नव्यकरणीय संसाधन वे हैं जिनका प्राकृतिक रूप से स्वतः पुनर्स्थापन होता रहता है या जिनका मानवीय प्रयासों से पुनर्स्थापन किया जा सकता है। सौर ऊर्जा, वायु, जल, वनस्पति, भूमि, वन्यजीव, जन्तु आदि नव्यकरणीय संसाधन के उपकरण है।

(ii) अनव्यकरणीय संसाधन (Non-renewable resources) – ये प्रकृति में सीमित मात्रा में पाये जाते हैं जिनका अत्यधिक दोहन होने पर समाप्त हो जाते हैं। अतः वे संसाधन जिनका एक बार दोहन होने के पश्चात् उनकी पुनः पूर्ति नहीं हो सकती हो, उन्हें अनव्यकरणीय संसाधन (Non-renewable resources) कहते हैं। इनकी रचना में बहुत समय लगता है। भू-गर्भ से प्राप्त होने वाले सभी खनिज इस श्रेणी में आते हैं। कोयला,पेट्रोल, धातु, प्राकृतिक गैस आदि इसके उदाहरण है।

प्राकृतिक संसाधन एवं उनसे सम्बन्धित समस्यायें (Natural resources and associated problems)

विश्व का कोई भी ऐसा क्षेत्र नहीं है जहाँ मनुष्य प्राकृतिक संसाधनों का उपयोग कुछ न कुछ आर्थिक उन्नति एवं आवश्यकताओं की पूर्ति के लिए न करता आया हो। प्राकृतिक संसाधन मनुष्य के पूँजी के समान है। बढ़ती आवश्यकताओं की पूर्ति के लिए प्रकृति का संहार एवं प्राकृतिक संसाधनों का शोषण इसी तीव्र गति से होता रहा तो एक भीषण प्राकृतिक संकट (Ecological crisis) उत्पन्न हो जायेगा। मनुष्य अदूरदर्शी-नीति द्वारा तात्कालिक लाभ प्राप्ति के लिए संसाधनों का गलत उपयोग तथा अन्धाधुन्ध क्षरण करता जा रहा है। अत: उपरोक्त पहलू के अन्तर्गत निम्नलिखित प्राकृतिक संसाधनों के उपयोग एवं उनसे सम्बन्धित समस्याओं का अध्ययन किया जा रहा है –

1. वन संसाधन (Forest resources)
2. जल संसाधन (Water resources)
3. खनिज संसाधन (Mineral resources)
4. खाद्य संसाधन (Food resources)
5. उर्जा संसाधन (Energy resources)
6. भू संसाधन (Land resources)

1. वन संसाधन Forest Resources

पृथ्वी के धरातल पर आवरित बड़े भू-भाग को वन (Forest) कहते हैं। विविध प्रकार के कच्चे माल के लिए मनुष्य वनों पर ही आश्रित रहता है। प्राचीनकाल में जब मानव सभ्यता विकसित हो रही थी उस समय मनुष्य पूर्ण रूप से वनों पर ही आश्रित था। धीरे-धीरे जब मानव सभ्यता विकसित हो गई तथा जनसंख्या बढ़ती गई तो मानव अपने निजी स्वार्थों की पूर्ति हेतु असीमित रूप से वनों को काटता गया। इमारती लकडी तथा अन्य वन उपजों को प्राप्त करने के लिए अत्याधिक मात्रा में वनों का विनाश किया जाने लगा। भूमि कृषि योग्य बनाने के लिए भी वनों को अत्याधिक मात्रा में काटा जा रहा है। यदि हमारे देश में इसी तरह वन विनाश होता गया तो यहाँ की अनेक बहुमूल्य वृक्ष प्रजातियाँ तथा वन्य जीव की अनेक जातियाँ लुप्त हो जायेंगी। देश में प्रतिदिन लगभग 500 हैक्टेयर वनों का सफाया किया जा रहा है। अत: वनों का अति दोहन देश के लिये चिन्ता का विषय है।

वनों का महत्व (Importance of Forest)

वन महत्वपूर्ण प्राकृतिक संसाधन तथा प्रमुख राष्ट्रीय आय का स्त्रोत है जो आदिकाल से ही मनुष्य की अनेक आवश्यकताओं की पूर्ति करते आ रहे हैं। वनों का पर्यावरण तथा भौगोलिक दृष्टि से अत्यधिक महत्वपूर्ण स्थान है तथा मानव की दैनिक क्रियाओं को सम्पन्न

करने में भी महत्वपूर्ण भूमिका का निर्वाह करते हैं। वनों के महत्व को निम्न प्रकार समझा जा सकता है –

1. वनों से ईंधन, इमारती लकड़ी तथा अन्य पदार्थ कच्चे माल के रूप में प्राप्त होते हैं।
2. वन मिट्टी एवं जल जैसे महत्वपूर्ण संसाधनों की सुरक्षा एवं सरक्षण करते हैं।
3. वन आच्छादित क्षेत्र वायु मण्डल की आर्द्रता बनाये रखते हैं, जिससे अधिक वर्षा होने की सम्भवना रहती है।
4. ये नदियों के प्रवाह को नियमित करते हैं, बाढ़ रोकते या कम करते हैं ।
5. वन अनेक पशु–पक्षियों और जीव–जन्तुओं का आश्रय स्थल होते हैं। शेर जैसे वन्य जीव को आश्रय देकर पर्यावरण संतुलन की भूमिका निर्वाह करने में सहायक बनते हैं।
6. वनों से औषधियाँ प्राप्त होंती हैं जिनसे अनेक अस्वस्थ लोगों का उपचार सम्भव होता है।
7. कई प्रकार के कुटीर उद्योगों को कच्चा माल उपलब्ध कराते हैं, जैसे –बेंत, फर्नीचर, खिलौने आदि।
8. गोंद, लाख, कत्था, रबर, शहद, मोम आदि न जाने कितने प्रकार की गौण उपजें वनों से प्राप्त होती है।
9. वन ऑक्सीजन अर्थात प्राण वायु के संचित कोष स्थल हैं जो कार्बन–डाई–ऑक्साइड को अवशोषित कर ऑक्सीजन देते हैं। विश्व तापन को अप्रत्यक्ष रूप से रोकने में वनों की महत्वपूर्ण भूमिका होती है।
10. जल–चक्र तथा वायु–चक्र में प्रमुख भूमिका का निर्वाह करते हैं।
11. वन भूमि की उर्वरता को बढ़ाते हैं। वृक्षों से भूमि पर गिरने वाली पतियाँ सड़–गलकर मिट्टी में मिल जाती हैं, जिनसे मिट्टी को जीवाश्म की प्राप्ति होती है।
12. वन उद्योगों से होने वाले प्रदूषण को रोकते हैं, वनों की घनी वृक्षावली कई प्रकार की विषैली गैसों का अवशोषण करती है। वन वृक्ष ध्वनि प्रदूषण को भी कम करते हैं।

वनोन्मूलन अथवा वन विनाश के कारण (Causes of Deforestation)

वन किसी भी देश के पर्यावरण के प्रमुख अंग तथा महत्वपूर्ण प्राकृतिक सम्पदा होते हैं। वनों के उन्मूलन अथवा विनाश के साथ मानव का विनाश भी जुड़ा हुआ है। इसके बावजूद भी वनों का तेजी से उन्मूलन हो रहा है अर्थात वनों को काटा जा रहा है और उनका ह्रास हो रहा

है। विनाश के अनेक कारण हैं जिनमें निरन्तर बढ़ती जनसंख्या प्रमुख कारण है। जनसंख्या वृद्धि के साथ कृषि योग्य भूमि में वृद्धि करने, भवन, सड़क, बाँध एवं अनेक परियोजनाओं के निर्माण फर्नीचर, ईंधन, पशुपालन, चारा, शहरीकरण, औद्योगीकरण, कृषि योग्य भूमि आदि के लिए वनों की कटाई का काम तीव्र गति से करना आदि वन विनाश के प्रमुख कारण हैं। इस प्रकार वनों के कटने व ह्रास होने का प्रमुख कारण यहाँ वनों की क्षमता से अधिक जैविक दबाव होना है। वन प्राकृतिक संसाधन है तथा एक ऐसी सम्पदा है, जिसका उपयोग मानव आदिकाल से करता आया है और आज भी कर रहा है, किन्तु आज के तकनीकी व वैज्ञानिक युग में बढ़ती जनसंख्या के दबाव और मानव की स्वार्थपरता ने इस प्राकृतिक सम्पदा के पर्यावरणीय महत्व को नहीं समझा तथा उसके उन्मूलन में ही प्रवृत्त हो गया। यह वनोन्मूलन मानव-सभ्यता की विकास यात्रा का परिणाम है, यद्यपि यदा-कदा प्राकृतिक कारण और वन की आग भी इन्हें नष्ट करती है, परन्तु यह उतनी हानिप्रद नहीं है, जितना की मानव द्वारा वनों का विनाश है। वनोन्मूलन अथवा वन विनाश के मुख्य कारणों को निम्न प्रकार समझाया जा सकता है -

1. कृषि के लिये वन विनाश (Deforestation for Agriculture)-आज हमें विश्व में जो कृषि-क्षेत्र दिखाई देता है, उसमें से अधिकांश वनों को नष्ट व साफ करके प्राप्त किया गया है। यह मानव के लिए आवश्यक भी था क्योंकि कृषि-क्षेत्रों से प्राप्त अन्न रूपी भोजन मनुष्य की प्राथमिक आवश्यकता है, परन्तु जब जनसंख्या में निरन्तर वृद्धि होने से जनसंख्या विस्फोट हुआ तो वनोन्मूलन का प्रारम्भ हुआ, जो आज एक समस्या बन गया है। कृषि अवश्य होनी चाहिये, क्योंकि कृषि-उपज से मनुष्यों के पेट भरते हैं, लेकिन यदि इसके लिये वनों को नष्ट तथा समाप्त किया जायेगा तो पर्यावरण पर विपरीत प्रभाव पड़ेगा और कृषि पर भी। यहीं नहीं अफ्रीका, एशिया तथा दक्षिणी अमेरिका में आज भी स्थानान्तरित कृषि करने के लिये वनों को जलाया जाता है, उसके बाद कृषि-भूमि प्राप्त की जाती है तथा कुछ वर्षों तक वहाँ कृषि करके अन्य स्थानों पर पुनः यही क्रिया की जाती है। एक अनुमान के अनुसार दुनिया में लगभग 4 करोड़ वर्गमीटर क्षेत्र में बसने वाले 20 करोड़ आदिवासी इसी पद्धति से कृषि-कार्य करते हैं। इस प्रकार की स्थानान्तरित कृषि से होने वाली क्षति का अनुमान इससे लगाया जा सकता है कि अकेले आइवरी कोस्ट में 1956 से 1966 तक के दस वर्षों में 40 प्रतिशत वन स्थाई रूप से नष्ट हो गये। भारत में भी इसी प्रकार की खेती मिजोरम, नागालैण्ड, मणिपुर, मेघालय, अरूणाचल प्रदेश व असम में की जा रही है। एक अनुमान के आधार पर भारत में 1951-52 तथा 1987-88 के मध्य कृषि कार्य के लिये 29.7 लाख हेक्टेयर भूमि से वनोन्मूलन किया गया। इस प्रकार निरन्तर बढ़ते जनसंख्या के दबाव के कारण कृषि के लिए वनों का विनाश किया जा रहा है। दूसरे शब्दों में जनसंख्या वृद्धि तथा कृषि, वनोन्मूलन का एक मुख्य कारण है।

2. निर्माण कार्यों हेतु वनोन्मूलन (Deforestation for construction work) - जनसंख्या वृद्धि के साथ-साथ आवासीय भूमि की अधिक आवश्यकता, उद्योगों, रेल-लाइनों, तथा सड़कों का विस्तार, शहरीकरण और नगरों का फैलाव तथा नदियों पर बड़े बाँधों का निर्माण भी वनोन्मूलन का मुख्य कारण रहा है, क्योंकि भूमि का विस्तार तो सीमित है तथा अधिक क्षेत्र की आवश्यकता को वनों को समाप्त करके ही पूरा किया जा सकता है। भारत में ही वर्ष 1951-

52 से 1985-86 के मध्य नदी घाटी योजनाओं के निर्माण के अन्तर्गत 5.84 लाख हेक्टेयर, सड़क निर्माण कार्यों में 73000 हेक्टेयर, उद्योगों में 14.6 लाख हेक्टेयर और अन्य विधि निर्माण कार्यों हेतु 93.8 लाख हेक्टेयर भूमि से वनों को काटा गया। इसके बाद के वर्षों में तो इससे भी अधिक वनों को नष्ट किया गया। जितने भी बड़े बाँध बनाये जाते हैं उनमें हजारों कि0मी0 का क्षेत्र जलमग्र हो जाता है तथा उसी के साथ वन भी समाप्त हो जाते हैं। ये बाँध लाभप्रद होते हुए भी पर्यावरण तथा पारिस्थितिकी पर विपरीत प्रभाव डालते है।

3. खनिज-खनन के लिये वन विनाश (Deforestation for mining)- विश्व में खनिज-खनन के लिए विस्तृत भू-भाग की खुदाई की जाती है, परिणामस्वरूप उन क्षेत्रों के वन निश्चित रूप से नष्ट हो जाते हैं। विश्व के अधिकांश देशों में जहाँ खनिजों का व्यापारिक खनन होता है, वहाँ के वनों के क्षेत्र में कमी आ जाती है। भारत में बिहार, प0 बंगाल, उड़ीसा, मध्य प्रदेश के खनिज प्रदेश इसके प्रत्यक्ष उदाहरण हैं। स्थानीय तथा क्षेत्रीय स्तर पर भी इसका प्रभाव वन विनाश के रूप में पड़ता है, परन्तु खनिजों से होने वाले लाभों के अधिक होने से वनों का विनाश अवश्यम्भावी हो जाता है।

4. काष्ठ, ईंन्धन तथा अन्य उपयोग हेतु वन विनाश (Deforestation for Wood, fuel and other uses)- वनों से प्राप्त लकड़ी को विविध रूप में उपयोग में लेने की मानव की प्रवृत्ति रही है तथा सभ्यता के विकास के साथ-साथ यह प्रवृत्ति कम होने के स्थान पर अधिक से अधिकतर व अधिकतर से अधिकतम होती जा रही है। ईंधन के लिए वनों से प्राप्त लकड़ी का उपयोग तो मानव अग्रि के आविष्कार के समय से ही करता आ रहा है। यद्यपि विकसित देशों में अन्य वैकल्पिक ऊर्जा स्रोतों का विकास हो जाने से ईंधन के रूप में लकड़ी का उपयोग, आज भी होता है तथा यह वनोन्मूलन का एक मुख्य कारण है। इसी प्रकार लकड़ी का उपयोग भवन-निर्माण, जहाज, फर्नीचर, रेल के डिब्बे, रेल लाइनों के स्लीपर, सेल्योलाज, कागज आदि के निर्माण के लिए भी किया जाता है। इन सबके लिए अत्यधिक मात्रा में वनों की व्यापारिक कटाई होती है। सोवियत रूस, कनाड़ा, स्केन्डेनेविया और उष्ण कटिबन्धीय प्रदेशों में वनों का व्यापारिक स्तर पर शोषण आज पर्यावरण संकट का कारण बन गया है। कागज, दियासलाई, धागा, रबर, पेन्ट, वारनिश, रेगजीन, कत्था, प्लाइवुड, लाख आदि वस्तुओं की प्राप्ति के लिए भी वनों को काटा जाता है। एक अनुमान के अनुसार दुनिया में लकड़ी-उत्पादों से प्रतिवर्ष 216 करोड़ अरब रूपयों की आय होती है। इसलिये निश्चित है कि यह वनोन्मूलन का मुख्य कारण है।

संक्षेप में भारत में वन विनाश के कारणों का वर्णन निम्न प्रकार है -

1. अनियन्त्रित शोषण।
2. जनसंख्या वृद्धि एवं नगरीकरण के कारण आवासीय भूमि हेतु वनों का विनाश।
3. ईंधन व अन्य उपयोग हेतु वनों की कटाई ।

4. कृषि क्षेत्रों हेतु वनों को काटना ।
5. वृहत् बाँधों के जल-ग्रहण क्षेत्रों में वनों का जल-मग्न होना ।
6. अनियन्त्रित खनिज खनन तथा भूमि का कटाव ।
7. जन-साधारण में वन-संरक्षण चेतना का अभाव ।
8. व्यापारीकरण की प्रवृति का विकास आदि ।

वनोन्मूलन अथवा वन विनाश से होने वाली हानियाँ (Harms of Deforestation)

वन विनाश से होने वाली हानियों का संक्षिप्त विवरण इस प्रकार से है -

1. वनोन्मूलन से पारिस्थितिक असंतुलन उत्पन्न हो जाता है ।
2. वनोन्मूलन से वर्षा की मात्रा में कमी आ जाती है।
3. वनोन्मूलन से मृदा के अपरदन में वृद्धि हो जाती है।
4. वायुमण्डल में नमी धारण करने की क्षमता में कमी आ जाती है।
5. तापमान में वृद्धि हो जाती है।
6. वनों से उपलब्ध होने वाले उपयोगी पदार्थ व वनस्पति उपलब्ध नहीं हो पाते हैं।
7. वनोन्मूलन से पर्यावरण प्रदूषण में वृद्धि हो जाती है ।
8. वनोन्मूलन से भूमि की उर्वरता में कमी होने लगती है।
9. वनोन्मूलन से वन्य जीव जन्तुओं की प्रजातियाँ नष्ट हो जाती हैं ।

वन प्रबन्ध (Forest Management)

वनों को क्षति पहुँचाने वाले कारकों से बचाव के लिये तथा वन विनाश के दुष्परिणामों को रोकने के लिये उचित वन प्रबन्धन पर विशेष ध्यान दिया जाना आवश्यक है। वर्तमान में विश्व के सभी देश वन-संरक्षण की ओर ध्यान दे रहे हैं। सभी देशों में वनों को संरक्षित करने की ओर प्रशासन द्वारा ध्यान दिया जाने लगा है, नियम बनाये जा रहे हैं, वन-नीतियाँ निर्धारित की जा रही हैं, यहाँ तक कि आन्दोलन चलाये जा रहे हैं, किन्तु वनों का विनाश आज भी तीव्र गति से हो रहा है। **इसके लिए कुछ उपाय जो वन प्रबन्धन के अन्तर्गत किये जा सकते हैं, इनका विवरण निम्न प्रकार है -**

1. वन काटने तथा वनरोपण या वृक्षारोपण में अनुपात का ध्यान रखना।
2. वनों के संरक्षण सम्बन्धी नियमों का कठोरता से पालन किया जाए।
3. लगाये गये वृक्ष जब वृद्धि की अवस्था में हो तो उन्हें काटने पर रोक लगाना।

4. सम्पूर्ण वृक्ष को न काटकर उसकी शाखा को ही यथा समय काटना।
5. फर्नीचर तथा अन्य सजावट के सामानों में लकड़ी का प्रयोग सीमित कर अन्य वैकल्पिक साधनों का विकास करना।
6. सामाजिक वानिकी कार्यक्रमों को प्रोत्साहित करना।
7. ईंधन के लिए वनों की कटाई पर रोक लगाना और अन्य ईंधन उपलब्ध कराना।
8. वनों की आग से सुरक्षा करने के प्रयत्न करना।
9. तीव्र वृद्धि करने वाले और उपयोगी वृक्षों का रोपण करना।
10. सम्पूर्ण वन सम्पदा का सर्वेक्षण कर उसे श्रेणीबद्ध करना।
11. सघन वनारोपण कार्यक्रम का विस्तार करना।
12. पारिस्थितिकी के अनुरूप वनारोपण या वृक्षारोपण करना।
13. सरकार तथा जनता के सामूहिक प्रयासों से वनोन्मूलन रोकना।
14. वनों के महत्व तथा उनके उन्मूलन के दुष्प्रभावों को जनता तक पहुँचाना।
15. जनता में वनारोपण के प्रति जागृति उत्पन्न करना।

इमारती लकड़ी का निष्कर्षण, खनन एवं बांधों का वनों और आदिवासी लोगों पर प्रभाव (Effects of Timber extraction, Mining and Dams on Forests and Tribal People)

खनन, इमारती लकड़ी के निष्कर्षण, उपजाऊ मिट्टी के कटाव, भयंकर भूस्खलन, प्रलयकारी बाढ़ें, भयावह सूखे, वर्षा में कमी, पर्यावरण प्रदूषण, पारिस्थितिकी असन्तुलन से आज सभी त्रस्त हैं, इस दिशा में सभी देश प्रयत्न कर रहे हैं, परन्तु इमारती लकड़ी प्राप्त करने हेतु वन निरन्तर कटते जा रहे हैं तथा उनके क्षेत्रों की कमी होती जा रही है। खनन कार्य भी लगातार जारी है जिससे मानव जीवन पर प्रतिकूल प्रभाव पड़ रहा है। पर्यावरण प्रदूषण के साथ-साथ मृदा की उर्वरता, मरूस्थलीकरण एवं बाढ़ें इसी का परिणाम है। इमारती लकड़ी निष्कर्षण, खनन एवं बांधों का संक्षिप्त विवरण एवं वनों व आदिवासियों पर उनके प्रभाव को निम्न प्रकार से समझा सकते हैं -

1. इमारती लकड़ी के निष्कर्षण (Timber extraction)

वनोन्मूलन अथवा वन विनाश का एक प्रमुख कारण ईमारती लकड़ी प्राप्त करना है। फर्नीचर बनाने, भवन निर्माण तथा इनसे निकलने वाले अन्य उत्पाद को प्राप्त करने के लिए वनों को काटा जाता है। राजस्थान के वनों से प्रतिवर्ष 25 लाख घन फुट इमारती लकड़ी प्राप्त होती है। यह मुख्यतः धोकड़ा (Marwar teak), बबूल (Babul), शीशम (Shisham), सागवान

(Teak), नीम (Neem) आदि वृक्षों से प्राप्त होती है। बबूल, कीकर, कैर, खेजड़ी आदि से ईंधन के लिये लकड़ी व कोयला बनाया जाता है। खेजड़ी, नीम, बबूल, ढ़ाक, पीपल, गूगल आदि से गौंद प्राप्त किया जाता है। इनमें से कुछ गोंद औषधियों के निर्माण के लिए, कुछ खाने तथा कुछ चिपकाने के काम आता है। खैर के वृक्षों के आन्तरिक भाग को काटकर छोटे-छोटे टुकड़े कर दिये जाते हैं। उन्हें उबाल कर कत्था तैयार किया जाता है। राजस्थान में पाये जाने वाले तेन्दू की पत्तियों से बीडियाँ बनाई जाती है। बांसवाड़ा, उदयपुर, चित्तौड़गढ़, सिरोही आदि जिलों से प्राप्त होने वाले बाँस (Bamboo) का उपयोग कारखानों में लुग्दी बनाने में किया जाता है तथा ग्रामवासी इससे झौंपड़ी, चारपाई, टोकरियाँ आदि तैयार करते है। लैसीफर लक्का नामक कीड़ा बरगद, खैर, पीपल, बबूल, गूलर आदि वृक्षों की नम डालियों का रस चूसकर एक चिपचिपा पदार्थ निकालता है जिसे लाख कहते हैं। लाख विद्युत निरोधक होता है। इसका उपयोग पॉलिश, खिलौने, रेडियो तथा टेलीविजन ट्यूब आदि बनाने में होता है।

2. खनन (Mining)

खनन कार्य को मानव का विध्वंसात्मक आर्थिक क्रिया-कलाप कहा गया है। खनिज एक महत्वपूर्ण संसाधन है लेकिन वर्तमान में अत्याधिक खनन क्रिया द्वारा पर्यावरणीय प्रदूषण की एक चिन्ताजनक स्थिति पैदा हो गई है। खनन के आस-पास के क्षेत्रों में खड़डे खोदने, विष्फोट करने तथा हानिकारक गैसों के निकलने से वहाँ का सम्पूर्ण परिवेश तेजी से आक्रमित (Degradation) होता जाता है। वहाँ के वन्य प्राणी नष्ट होते जाते हैं या फिर दूसरी जगह प्रवास कर जाते हैं। खनन में रूकावट पैदा करने के कारण उस क्षेत्र के वृक्षों को काट दिया जाता है। इसके अतिरिक्त खनन क्रिया के निम्न घातक परिणाम होते हैं :-

(i) खनन क्षेत्रों से बसी हुई ग्रामीण बस्तियाँ शांति भंग होने के कारण उजड़ जाती है।

(ii) खनन हेतु किये जाने वाले विस्फोट के द्वारा वहाँ के सभी जीव जन्तु अन्यत्र पलायन कर जाते हैं।

(iii) खनन के समय खोदी जाने वाली गहरी खाने व सुरंग के कारण वर्षा काल में तेजी से अपरदन होता है जिससे सम्पूर्ण क्षेत्र उबड़-खाबड़ हो जाता है।

(iv) खनन द्वारा होने वाले प्रदूषण से भूमि का उपजाऊपन खत्म हो जाता है।

(v) कोयले जैसी खानों में कभी-कभी आग लग जाने से जान-माल की भारी हानि होती है।

3. बाँध (Dams)

नदी के पानी को रोकने के लिए बनाई गई ऊंची तथा मजबूत दीवार को बाँध कहते हैं। बाँधों द्वारा नदी का जल किसी बड़ी झील में जमा कर लिया जाता है। इस जल से बिजली उत्पन्न की जाती है तथा नहरों द्वारा सिंचाई की जाती है। बाँध बनाने के लिए उस स्थल के आस

पास की भूमि वन रहित कर दी जाती है। बाँधों से बनी झील के क्षेत्र में आने वाले वन जलमग्रता (Water logging) के कारण नष्ट हो जाते हैं। पानी के निरन्तर इकट्ठे रहने के कारण उस क्षेत्र की मिट्टी में धीरे-धीरे लवणता बढ़ती जाती है।

वन-संरक्षण के उपाय (Measures for Forest Conservation)

वनों के महत्व व उनकी आवश्यकता को देखते हुये वन-संरक्षण के कुछ प्रमुख उपाय निम्नलिखित हैं -

1. नियन्त्रित तथा उचित विधि से कटाई - वनों के विनाश का एक मुख्य कारण मानव द्वारा विभिन्न उपयोगों के लिए वनों के पेड़ों को काटकर लकड़ी प्राप्त करना है। पूरी दुनिया में प्रतिवर्ष लगभग 1600 मिलीयन घन मीटर लकड़ी का उपयोग विभिन्न कार्यों में किया जाता है। ईंधन के साथ-साथ लकड़ी के व्यापारिक तथा व्यावसायिक उपयोग में निरन्तर वृद्धि हो रही है, परिणामस्वरूप वनों का विनाश अत्यधिक तीव्र गति से हो रहा है। इसलिए वन संरक्षण के लिये प्राथमिक उपाय नियन्त्रित एवं उचित विधि से वनों से लकड़ी की कटाई करना है, जिससे वनों का अनवरत व दीर्घकालिक उपयोग सम्भव हो सके। सामान्यतया लकड़ी की कटाई करने की तीन विधियों का प्रयोग उचित प्रबन्धन के लिये किया जाता है, जो कि निम्नलिखित हैं-

(i) निर्वृक्षीकरण (Clear cutting)

(ii) वरणात्मक कटाई (selective cutting)

(iii) परिरक्षित कटाई (shelter wood cutting)

निर्वृक्षीकरण वनों के उन क्षेत्रों में किया जाता है, जहाँ एक ही प्रकार की लकड़ी का विस्तार हो। एक समान आयु के वृक्षों को व्यावसायिक दृष्टि से एक खण्ड विशेष से काट लिया जाता है तथा उन्हें पुनः अंकुरित होने को छोड़ दिया जाता है। वरणात्मक कटाई में परिपक्व वृक्षों का चयन कर उन्हें क्रमानुसार काटा जाता है अर्थात् इन वनों में सदैव वृक्ष बने रहते हैं तथा क्रमिक रूप से चयनित वृक्ष समूहों का उपयोग किया जाता है। परिरक्षित कटाई में निकृष्ट गुणवत्ता वाले पेड़ों को पहले काटा जाता है, जिससे उत्तम काष्ठ प्रदान करने वाले वृक्षों की तीव्र वृद्धि सम्भव हो सके। उसके बाद द्वितीय श्रेणी की गुणवत्ता वाले वृक्षों को काटा जाता है तथा अन्त में उत्तम श्रेणी की गुणवत्ता वाले वृक्षों को और इसके मध्य काल में वृक्षों को पुनः अंकुरित एवं विकसित होने का समय पर्याप्त रूप से उपलब्ध हो जाता है। नियन्त्रित तथा नियोजित कटाई से अभिप्राय वास्तव में यह है कि वृक्षों की कटाई इस प्रकार से की जाये कि क्षेत्र वृक्ष रहित न हों तथा आवश्यकतानुरूप उनका उपयोग भी होता रहे। इसके लिए एक क्रमबद्ध कटाई कार्यक्रम को अपनाने की आवश्यकता होती है, जैसे 100 वर्ग कि0मी0 वन का क्षेत्र है तो प्रतिवर्ष यदि 10 कि0मी0 के क्षेत्र से वन काट लिये जायें तो जो क्षेत्र वन रहित होगा वह पुनः इस काल में वन युक्त हो जायेगा। वनों को विकसित होने में यदि पर्याप्त समय दिया जाये तो ऐसा कोई कारण दिखाई नहीं देता जिससे हमारी वन सम्पदा नष्ट हो जाये। इस प्रकार नियन्त्रित तथा नियोजित कटाई वन संरक्षण की प्राथमिक आवश्यकता है या वन संरक्षण का प्रथम उपाय है।

2. वनरक्षण (Forest Protection) – वन संरक्षण के लिये वनों की सुरक्षा करना आज अत्यधिक आवश्यक हो गया है। जंगली आग, बाढ़, चक्रवातीय तीव्र हवा, आंधियाँ, सूखा आदि पर्यावरणीय और प्राकृतिक कारकों से वनों को हानि होती है। अनियन्त्रित पशुचारण भी वन विनाश का कारण होने से उसका भी नियन्त्रण करना आवश्यक हो गया है। पशु चारण हेतु क्षेत्र निश्चित होने चाहिये तथा उसे समयानुसार बदलते रहना चाहिये। नवीन पौधों की पशुओं से रक्षा आवश्यक है। जिससे वे विकसित होकर पूर्ण परिपक्व वृक्ष बन सकें। पादप-रोगों से भी वनों की रक्षा आवश्यक है जिनमें अधिकांश रोग परजीवी कवक से होते हैं। इस सम्बन्ध में रोग ग्रस्त वृक्ष, समूहों का पता लगाना, रोगी वृक्षों को नष्ट करना तथा रोगाणुओं को फैलने से रोकना आवश्यक है किन्तु यह कार्य सीमित क्षेत्रों में ही सम्भव है तथा ऐसे क्षेत्रों में यथा सम्भव पौधों को रोगों से बचाना आवश्यक है।

3. कृषि तथा आवास हेतु वनों की कटाई पर रोक – बढ़ती हुई जनसंख्या की आवश्यकताओं की पूर्ति के लिये वनों को काटकर कृषि क्षेत्रों का विस्तार तथा विकास करना एक सामान्य कार्य होता जा रहा है तथा आज हम ऐसी स्थिति में हैं कि इस प्रवृत्ति पर अब रोक लगाना आवश्यक हो गया है क्योंकि अब वनों का क्षेत्र इतना सीमित रह गया है कि यदि इसे और अधिक सीमित कर दिया गया तो पारिस्थितिक – संकट बढ़ जायेगा। इसलिये वन क्षेत्रों की भूमि की कीमत पर कृषि विस्तार नहीं किया जाना चाहिये। इस सम्बन्ध में विचारणीय तथ्य यह है कि स्थानान्तरण कृषि को नियन्त्रित व यथा सम्भव समाप्त कर देना चाहिये। कृषि के साथ-साथ आवासों के विस्तार तथा नगरीयकरण या शहरीकरण के लिये भी वनों को समाप्त करने की प्रवृत्ति बहुत पनप रही है। अनेक बार नये नगरों के विकास के लिये विशाल क्षेत्रों में वनों का विनाश किया जा रहा है। इस प्रवृत्ति को समाप्त किया जाना चाहिये क्योंकि वन प्राकृतिक अमूल्य सम्पदा है जिनका संरक्षण हमारे जीवन की अनेक आवश्यकताओं की पूर्ति कर पर्यावरणीय ओर पारिस्थितिक संतुलन बनाये रखने के लिये आवश्यक है।

4. वनों का आग से बचाव – प्राकृतिक प्रकोप के कारण वनों में लगने वाली आग भी कभी-कभी अत्यधिक विनाशकारी रूप ग्रहण कर लेती है जिससे सैकड़ों-हजारों वर्ग कि0मी0 का वन-क्षेत्र जलकर राख हो जाता है तथा उस जले हुए क्षेत्र के सम्पूर्ण वृक्ष तथा वनस्पति जल जाते हैं। वनों में यह आग प्राकृतिक रूप से घर्षण द्वारा उत्पन्न चिनगारियों से लगती है। गर्म, शुष्क तथा हवा युक्त मौसम में अनेक वृक्षों की शाखायें या बाँस वृक्ष आपसी घर्षण से आग का कारण बनते हैं। इस प्राकृतिक आग के अलावा केम्पफायर, लकड़ी जलाने, जलती तीली डालने, बीड़ी-सिगरेट जलती फेंक देने से भी एवं मानव की लापरवाही से भी वनों में आग लगने का कारण बनती हैं। वन की आग इतनी तेजी से फैलती है कि उसे नियंत्रित करना सम्भव नहीं होता है। अकेले संयुक्त राज्य अमेरिका में 1955-1964 के मध्य वनों में आग लगने की 322 घटनायें घटित हुई। इसलिये वनों की आग से बचाने हेतु सावधानी की आवश्यकता है ताकि मानव की लापरवाही से वनों में आग न लगे तथा इस आग व प्राकृतिक आग पर नियन्त्रण पाने के लिये अग्निशामक उड़नदस्तों की उचित व्यवस्था होनी चाहिये। हैलिकोप्टर द्वारा किये गये छिड़काव से भी वनों की आग को बुझाया जा सकता है। इसलिए आग लगने की सूचना

मिलते ही अग्निशमन दस्तों व हेलिकोप्टरों की व्यवस्था करना वनों के संरक्षण के लिये अत्यन्त आवश्यक है।

5. पुनः वन लगाना या वृक्षारोपण (Afforestation or Reforestation) – वन-संरक्षण के लिए जहाँ एक ओर वनों की रक्षा करना आवश्यक है, वहीं दूसरी ओर वनरोपण तथा वृक्षारोपण की भी आवश्यकता उतनी ही है। यह एक नियमित प्रक्रिया के रूप में होनी चाहिए क्योंकि एक ओर विधि उपयोगों के लिए वनों को जिस अनुपात में काटा जाता है, उसके साथ ही यदि उस अनुपात में नये वृक्ष लगा दिये जाएं, तो वनोन्मूलन की समस्या से बचकर वन-संरक्षण किया जा सकता है। भारत में वृक्षारोपण कार्यक्रम राष्ट्रीय स्तर पर चलाया जा रहा है। इस कार्यक्रम की सफलता हेतु यह आवश्यक है कि वृक्ष लगाना ही पर्याप्त नहीं है, अपितु उन्हें विकसित किया जाये अन्यथा वृक्षारोपण मात्र आँकड़ों में ही अंकित रह जाते हैं। इस सन्दर्भ में एक अन्य ध्यान देने योग्य बात यह है कि वृक्षों का चयन उपयोगिता तथा क्षेत्रीय व स्थानीय पर्यावरण की दृष्टि से रखकर किया जाये। हमारे यहाँ वृक्षारोपण में अधिकांशतः युक्लिप्ट्स के शीघ्र पनपने वाले वृक्षों का रोपण हो रहा है, यह प्रवृत्ति समाप्त कर उपयोगी लकड़ी प्रदान करने वाले वृक्षों के रोपण पर ध्यान देना अत्यन्त आवश्यक है।

6. बाँधों से वनों के जल-मग्न होने से बचाव – संसार में जहाँ भी नदियों पर बाँध बनाये जाते हैं, उनके अन्तर्गत विशाल वन क्षेत्र जलमग्न हो जाते हैं। भारत के भाखड़ा नागंल, गाँधी सागर, तुँगभद्रा, नागार्जुन सागर, रिहन्द, हीराकुण्ड, दामोदर आदि विशाल बाँधों से हजारों वर्ग कि.मी. का वन क्षेत्र जल मग्न हो गया है। टिहरी बाँध एवं साइलैण्ट वैली परियोजना के विरोध का एक कारण वनों के विनाश से पर्यावरण पर विपरीत प्रभाव है, परन्तु इसका तात्पर्य यह नहीं कि बाँध बनाये ही नहीं जायें, अपितु बाँध स्थलों का चयन इस प्रकार किया जाये कि उनसे कम से कम वन जलमग्न हों। साथ ही बाँध निर्माण के बाद अन्य विकास कार्यों के साथ इस बात पर भी जोर दिया जाना चाहिये कि उस क्षेत्र में पुनः वनारोपण किया जाये जिससे पारिस्थितिक संतुलन बना रहे सके।

7. वनों का पर्यटन स्थलों के रूप में विकास – वन संरक्षण का एक सफल उपाय इनका पर्यटन स्थलों के रूप में विकास करना है। वन प्राकृतिक सुरम्यता तथा सुन्दरता से युक्त होते है तथा इस कारण वे सहज ही पर्यटकों को आकर्षित करते हैं। इनसे वन संरक्षण तो होता ही है, साथ ही विदेशी मुद्रा की प्राप्ति से आय में भी वृद्धि होती है। इस दिशा में अनेक देशों में राष्ट्रीय पार्क तथा अभयारण्यों के विकास के प्रयास किये जा रहे हैं। भारत में ही अब तक 20 राष्ट्रीय उद्यान एवं प्रत्येक राज्य में कुछ अभयारण्य विकसित किये जा चुके हैं। उनके विकास से विभिन्न पादप प्रजातियों की रक्षा के साथ-साथ वन्य-जीवों का भी संरक्षण होता है। वन प्रदेशों की सुरक्षा के लिए इनको पर्यटन स्थलों के रूप में विकसित करना दोहरा लाभदायक है।

8. सामाजिक एवं स्वयंसेवी संस्थाओं द्वारा वन-संरक्षण – वन संरक्षण और वनरोपण तथा वृक्षारोपण जैसे कार्यक्रम मात्र सरकारी नियमों तथा प्रशासनिक प्रयासों से ही सफल नहीं हो सकते, इसलिए इसके लिए जन-चेतना या सामाजिक चेतना जाग्रत करना अति

आवश्यक है। जब समाज का प्रत्येक व्यक्ति यह अनुभव करे कि वन संरक्षण स्वयं उसके तथा भविष्य की पीढ़ियों के लिए आवश्यक है तो यह संरक्षण स्वत: ही होने लगेगा। भारत में वन संरक्षण की स्वस्थ सामाजिक परम्परा रही है और वन यहाँ की संस्कृति के अभिन्न अंग रहे हैं। हमारे यहाँ बरगद, पीपल जैसे अनेक वृक्षों की पूजा की जाती है जो वृक्षों के संरक्षण का अपूर्व उदाहरण है। भारत में विश्नोई जाति के धर्म का एक प्रमुख सिद्धान्त वनों की रक्षा करना है, जिसका प्रत्यक्ष उदाहरण विश्नोई जाति के लोगों का वन-संरक्षण के लिए 'चिपको' आन्दोलन है। वन संरक्षण में स्वयं सेवी एवं गैर प्रशासनिक संस्थाओं की भी महती भूमिका है और आज दुनिया में ऐसी अनेक संस्थायें हैं। "ग्रीन ग्रीस" संस्थायें अनेक देशों में कार्यरत हैं। भारत में चिपको आन्दोलन वन संरक्षण के लिए जन-जागृति करने में लगा है तथा दक्षिणी भारत में "अप्पिको" आन्दोलन पर्यावरण संरक्षण में संलग्न है। विगत दशक से स्थानीय स्तर पर भारत में अनेक स्वयं सेवी संस्थायें इस दिशा में कार्य करती हुई वन संरक्षण तथा विकास में महत्वपूर्ण भूमिकायें निभा रही हैं। प्रशासन द्वारा प्रारम्भ किया गया "सामाजिक वानिकी" कार्यक्रम कुछ प्रदेशों में सफल रहा है।

9. वन संरक्षण में प्रशासनिक भूमिका - वनों के संरक्षण में सरकार तथा स्थानीय प्रशासन की महत्वपूर्ण भूमिका है, क्योंकि सरकारी नियमों के अन्तर्गत ही वन-संरक्षण सम्भव है। संसार के प्रत्येक देश में वन संरक्षण के लिये नियम है तथा सरकारें उपयोगिता एवं अर्थव्यवस्था के अनुरूप नियम बना कर उन्हें संरक्षित करने का प्रयास करती हैं। इस सम्बन्ध में प्रारम्भिक आवश्यकता यह है कि नियमों के अन्तर्गत वनों का संरक्षण हो, परन्तु स्वार्थी तत्वों द्वारा नियमों के विरूद्ध कार्य करने से वनोन्मूलन की प्रवृत्ति स्वार्थी तत्वों द्वारा नियमों के विरूद्ध कार्य करने से वनोन्मूलन की प्रवृत्ति निरन्तर बढ़ रही है।

प्रशासन वन-संरक्षण के लिए निम्नलिखित कार्य सम्पादित कर सकता है-

1. वनों के संरक्षण के लिए कानून बनाना,
2. देश के समस्त वनों का सर्वेक्षण करना,
3. वनों के विभिन्न प्रकारों व श्रेणियों को सूचीबद्ध करना तथा सुरक्षित वन क्षेत्रों का निर्धारण करना,
4. ऐसे क्षेत्रों का पता लगाना जहाँ वन विकास की आवश्यकता है तथा जहाँ वृक्षारोपण सम्भव है,
5. आर्थिक दृष्टि से उपयोगी वनों का निर्धारण तथा संचालन,
6. अग्नि व अन्य प्राकृतिक आपदाओं से वनों की रक्षा के प्रयास करना,
7. वन-अनुसंधान के लिए प्रयोगशालाओं की स्थापना करना,
8. राष्ट्रीय पार्कों एवं अभयारण्यों की स्थापना करना,

9. वनरोपण कार्यक्रम का क्रियान्वयन करना,
10. सतत निरीक्षण द्वारा वनोन्मूलन को बचाना और नियम विरूद्ध कार्य करने वालों को सजा देना,
11. वन-संरक्षण के लिए प्रोत्साहन व पुरस्कार देना,
12. वन-उत्पादनों पर सरकारी नियन्त्रण होना,
13. देश के वन विकास हेतु राष्ट्रीय एवं क्षेत्रीय योजनाओं को तैयार करना आदि।

2. जल संसाधन Water Resources

मानव जीवन के लिए जल एक महत्वपूर्ण संसाधन है। इसके बिना वनस्पति, जीवों एवं पर्यावरण की समस्त क्रियायें अधूरी हैं। यह सम्पूर्ण जीवमण्डल को आधारप्रदान करता है। प्रकृति में जल विभिन्न स्थानों पर विभिन्न रूपों में वितरित रहता है। जलवायु एवं स्थिति के अनुसार इसका स्वरूप तथा आकार भी बदलता रहता है। यह कहीं द्रव, हिम तथा कहीं जलवाष्प के रूप में पाया जाता है। पृथ्वी के धरातल पर शुद्ध जल की मात्रा बहुत कम है। धरातल पर स्थित विभिन्न जल स्त्रोतों जैसे-झील, नदियाँ, तालाब, नहरें, समुद्रों आदि से जल वाष्पीकरण द्वारा वायुमण्डल में चला जाता है तथा कम तापमान के कारण संघनित होकर वर्षा के रूप में पुनः धरातल पर आ जाता है।

हार्ले ने सर्वप्रथम यह स्पष्ट किया कि जल, समुद्रों से वाष्प, वाष्प से बादल, बादलों से वर्षा, वर्षा से नदियों एवं नालों के द्वारा समुद्रों में एकत्रित होता रहता है। वर्तमान में बढ़ती जनसंख्या एवं जल के अतिदोहन से जल चक्र (Water cycle) असंतुलित होने लगी है।

भूपृष्ठीय एवं भूमिगत जल का उपयोग तथा अति दोहन (Use and overutilization of surface and ground water)

पृथ्वी की बाह्य सतह पर पाये जाने वाले जल को भूपृष्ठीय जल (Surface water) कहते हैं। यह स्थिर जैसे-झील, तालाब आदि अथवा गतिशील जैसे-नदी, नहरें, झरने, नाले आदि रूप में हो सकता है। भूपृष्ठीय जल का मुख्य स्रोत वर्षा है। विश्व के कुछ भागों में जल की बहुलता तथा कुछ भागों में जल का अभाव पाया जाता है।

धरातलीय सतह के नीचे संचित जल को भूमिगत जल (Ground water) कहते हैं। यह जल मृदा कणों से रिस कर नीचे एकत्रित होता रहता है। भूमिगत जल का प्रमुख स्रोत वर्षा का जल तथा हिमद्रवित जल (Melt Water) होता है। भूमिगत जल की मात्रा परिवर्तित होती रहती है। यदि भूमिगत जल के विदोहन की वार्षिक गति इसी रफ्तार से बढ़ती गई तो एक दिन भूमिगत जल पूर्णतया समाप्त हो जायेगा। विभिन्न साधनों जैसे बोरिंग, ट्यूबवैल, हैण्डपम्प आदि से मनमाने तरीके से भूमिगत जल का दोहन किया जा रहा है जिससे भूमिगत जल स्तर आये दिन गिरता जा रहा है।

जल-संसाधन उपयोग (Use of Water Resources)

वर्षा के पश्चात् सम्पूर्ण जल सतह पर नहीं रूकता। यह नालों एवं नदियों के रूप में बहता हुआ समुद्र में चला जाता हैं। कुछ जल जलाशयों में रूक जाता है तथा कुछ भूमिगत हो जाता हैं। अत: मानव उपयोग के लिए जल का प्रमुख स्रोत नदियाँ ही हैं। भूमिगत जल का उपयोग कुँओं, चश्मों द्वारा होता हैं। घरेलू उपयोग के अतिरिक्त नदियों के जल का उपयोग सिंचाई कारखानों परिवहन तथा जल विद्युत प्राप्त करने के लिए होता है पर भूमिगत जल का उपयोग मुख्यता पीने तथा सिंचाई के लिए होता हैं। यही कारण हैं कि सामान्यत: अधिकतर बड़े नगर किसी न किसी नदी के किनारे मिलते हैं। समुद्र के जल का यद्यपि अभी बड़े पैमाने पर सिंचाई, विद्युत आदि के लिए उपयोग नहीं होता पर उनमें पलने वाले विभिन्न जीवों द्वारा उपयोग होता हैं। सिंचाई के लिए जल का उपयोग मानव प्राचीन काल से करता आ रहा है। अधिकतर प्राचीन सभ्यतायें सिंचाई व्यवस्था के आधार पर विकसित हुई थीं। विश्व के कुल जल उपयोग का 80 प्रतिशत सिंचाई में प्रयुक्त होता है। सिंचाई के लिए सतह तथा भूमिगत जल का ही उपयोग होता हैं। इन स्रोतों से प्राप्त जल को कृत्रिम विधियों द्वारा प्रवाहित करके खेतों में पहुँचाने तथा मिट्टी को नम करने की व्यवस्था को सिंचाई कहते हैं। सिंचाई की आवश्यकता वहाँ नहीं होती हैं जहाँ वर्षा की मात्रा फसलों के लिए पर्याप्त हो अथवा वर्षा का सामयिक वितरण इस प्रकार का हो कि आवश्यकता के समय फसलों के लिए पर्याप्त जल उपलब्ध होने में कठिनाई नहीं होती हो। इस प्रकार शुष्क एवं अर्द्धशुष्क प्रदेशों में जहाँ औसत वार्षिक वर्षा 15 सेमी. से कम होती हैं तथा मानसून एवं भूमध्यसागरीय जलवायु प्रदेशों में जहाँ वर्षा किसी विशेष ऋतु में होती है और वर्षा की मात्रा में ऋत्विक भिन्नता मिलती है, वहाँ सिंचाई की विशेष आवश्यकता होती है। संयुक्त राष्ट्र एजेंसी यूनीसेफ (UNICEF) ने आने वाले समय भारत में भीषण जल संकट की चेतावनी दी है। यूनीसेफ की एक ताजा रिपोर्ट में बताया गया है कि सन् 2017 तक भारत में भूमिगत जल की भारी कमी हो जायेगी तथा पेयजल की उपलब्धता भी घट जायेगी। वर्ल्ड वाइड फण्ड फॉर नेचर (World Wide Fund for Nature-WWF) के सहयोग से तैयार की गई इस रिपोर्ट के अनुसार मनमाने तरीके से बोरिंग करके भूमिगत जल की निकासी से अनेक राज्यों में जल स्तर घट गया है। भूमिगत जल के गिरते स्तर के कारण दिल्ली में ट्यूबवैल लगाने के लिए केन्द्रीय भूमिगत जल प्राधिकरण (CGWA) की स्वीकृति को अनिवार्य कर दिया गया है।

जल समस्या के समाधान हेतु सरकार की भावी योजना के मुख्य बिन्दु इस प्रकार हैं :-

1. भूगर्भीय जल या भूमिगत जल (Ground Water) के अधिक व फालतू उपयोग को रोकने के लिए विधेयक लाने की योजना।
2. बहुमंजिले भवनों में वर्षा के जल के अनिवार्य संरक्षण हेतु विधेयक लाने की योजना।
3. गुजरात में जलापूर्ति की स्थिति में सुधार के लिए सरदार सरोवर परियोजना।

4. राजस्थान में जलापूर्ति में सुधार के लिए जल के नये स्त्रोतों की पहचान।
5. जल से सम्बन्धित मामलों के प्रभावी हल के लिए नई राष्ट्रीय जल संसाधन निति की शीघ्र ही घोषणा करना।
6. तीन लाख तीस हजार करोड़ रूपये की अनुमानित लागत वाली दीर्घकालिक गंगा–कावेरी सम्पर्क परियोजना।

बाढ़ व सूखा (Floods and Draught) यदि जल प्लावन क्षेत्र में होता है जहाँ सामान्यत: पानी नहीं रहता तो उसे बाढ़ कहते हैं। जैसे वर्षा जल अपने प्रवाह मार्ग से न बहकर आसपास के क्षेत्रों में फैला जाता है उसे बाढ़ कहते हैं। विश्व की नदियों का बाढ़ क्षेत्र 3.51 प्रतिशत है व यह 19.5 प्रतिशत जनसंख्या को प्रभावित करती है। बाढ़ के वनस्पति विनाश, वर्षा की अनिश्चितता, नदी तल पर अधिक मलवा जमाव, नदी धारा में परिवर्तन, नदी मार्ग में मानव निर्मित व्यवधान, तटीय व तटबन्ध अधिवास आदि कारण है। भारत में प्रति वर्ष लगभग 40 करोड़ हैक्टेयर भूमि व 30 करोड़ व्यक्ति बाढ़ से प्रभावित होते हैं अरबों की सम्पत्ति नष्ट हो जाती है। बाढ़ रोकने के लिए वृक्षारोपण, नदी तलों की सफाई, नालों का उद्धार आदि करने चाहिए।

सूखा (Draught) – सूखा जल की कमी का परिणाम है राजस्थान में सूखा। यह उस स्थिति का घोतक है जिसमें अनावृष्टि के कारण भूमि की सतह पर व भूगर्भ में पानी का नितान्त अभाव उत्पन्न हो जाता है। (एनसाइक्लोपिडिया ऑफ सोशियल सांइसेज) मौसम विज्ञान के अनुसार सूखा वह स्थिति है जब वर्षा सामान्य की 75 प्रतिशत हो व भंयकर सुखा वह स्थिति है जब वर्षा 50 प्रतिशत या इससे कम हो। सूखा यदि कारण है तो अकाल उसका परिणाम है। राज्य में यह आम धारणा है कि हर तीसरा वर्ष अकाल या सूखे का होता है। सूखा व अकाल से आर्थिक विकास की गति शिथिल होती है साथ ही अधिकतर जनसंख्या अपनी न्यूनतम आवश्यकता की पूर्ति भी नहीं कर सकती। यही कारण है कि यहाँ कि अधिकतम किसानों की मासिक आय 225 रूपये से भी कम है। राज्य की वर्षा का औसत 45 सै.मी. है। 65 प्रतिशत जनसंख्या गरीबी की सीमा से नीचे जीवन यापन कर रही है। राजस्थान का 1899 का अकाल (सम्वत् 1956) जिसे छपनियां अकाल कहते हैं सर्वविदित है जब अनावृष्टि से घास का एक तिनका भी पैदा नहीं हुआ, हजारों व्यक्ति लाखों पशु भूख प्यास से मर गये। 1917 में अकाल के साथ–साथ प्लेग भी फैला जिससे लाशों को जलाने के लिये आदमी भी नहीं मिले। **राजस्थान में अकाल व सूखे पड़ने वाले कुछ प्रभाव इस प्रकार है**–1. अत्यधिक मंहगाई बढ़ती है। 2. खाद्यान चारा व पेयजल का नितान्त अभाव हो जाता है। 3. नियोजित आर्थिक विकास में बाधा पड़ती है। 4. बेरोजगारी बढ़ती है आय घटती है। 5. अत्याचार व अनैतिकता में वृद्धि होती है। 6. स्वास्थ्य व कुपोषण की समस्या उत्पन्न होती है।

सुखा समस्या समाधान हेतु प्रयास–

1. सूखा गस्त क्षेत्रों में व्यापक स्तर पर अकाल व सूखा राहत कार्य केन्द्र खोले गये।
2. अभावग्रस्त गांवों में भ राजस्व की वसली को स्थगित किया गया।

3. सरकारी अल्पकालीन ऋणों को मध्यकालीन ऋणों में परिवर्तित किया गया।

4. अभाव की स्थिति से निपटने हेतु केन्द्र सरकार द्वारा धन राशि आवंटित की गई।

5. सूख की स्थिति को देखते हुए राहत कार्य लगातार व तीव्र गति से चलाये गये।

6. पशुओं के लिए चारा डिपो खोले गये, अनाज, आटा, कपड़ा, धन सूखा से पीडित लोगों में बांटा गया।

राजस्थान में अकाल व सूखा (Famine and Drought in Rajasthan)

राजस्थान के लिए 'अकाल व सूखा' एक सामान्य सी स्थिति बन गये हैं राजस्थान का ग्रामीण जीवन प्राय: सूखे व अकाल की गिरफ्त में आता रहता है। कृषि पर इसका प्रभाव विशेष रूप से होता है। खाद्य व पशुधन की स्थिति में असंतुलन पैदा हो जाता है। भूमि की नमी कम हो जाती है। फलस्वरूप कृषि की उत्पादकता पर प्रतिकूल प्रभाव होता है। वास्तव में, सूखे के परिणाम बाढ़ से भी अधिक भयंकर होते हैं। लगातार पड़ने वाले सूखे व अकाल से निर्धरता, कुपोषण व परस्पर झगड़ों में वृद्धि होती है। गत 20 वर्षों में राजस्थान के आंकड़ों को यदि देखा जाये तो स्पष्ट होगा कि वर्ष 1983-84, 90-91, 94-95 को छोड़कर अन्य वर्षों में राजस्थान के सभी या अधिकांश जिले अकाल व सूखे की चपेट में आते रहे हैं।

अकाल के प्रमुख कारण - राजस्थान में अकाल व सूखे के प्रमुख कारण निम्न लिखित हैं :-

(i) दूर-दूर तक फैला हुआ मरूस्थल जहाँ सतही जल व भूमि के नीचे जल का नितान्त अभाव है।

(ii) दूसरा कारण वर्षा की कमी इसका असन्तुलन व अनिश्चित वितरण है।

(iii) तीसरा बड़ा कारण आर्थिक है। रेगिस्तानी क्षेत्रों के लघु कृषकों व सीमान्त कृषकों, भूमिहीन किसानों व ग्रामीण काश्तकारों के श्रम का पूरा उपयोग नहीं हो पाता है। प्रति पशु चराई की भूमि इन क्षेत्रों में बहुत कम है। नीची कृषिगत उत्पादकता के कारण यहाँ के किसानों की आमदनी कम होती है।

(iv) कुछ सामाजिक कारणों जैसे अनियन्त्रित जंगल कटाई व चराई से मिट्टी के कटाव की समस्या बढ़ रही है जिससे असन्तुलन पैदा होता जा रहा है।

(v) राजस्थान के पश्चिमी क्षेत्रों में वनों की कमी तथा दक्षिणी - पूर्वी क्षेत्र में अन्धाधुंध वनों की कटाई।

(vi) वर्षा के जल का नियोजित ढंग से प्रबन्ध न होना।

अकाल व सूखे से बचने के उपाय

राजस्थान के लिए अकाल व सूखे बहुत जाने पहचाने शब्द है। यहाँ के ग्रामीण जीवन में इनका चोली दामन का संबंध रहा है। राज्य के कई जिले प्राय: अकाल से प्रभावित होते हैं। राज्य में अकाल एवं सूखे की समस्या को हल करने के लिए सरकार ने जो विभिन्न प्रयास किए हैं, उनका विवरण निम्नलिखित है :-

(1) सूखा संभावित क्षेत्र कार्यक्रम - यह कार्यक्रम राज्य में वर्ष 1974-75 में निम्न उद्देश्यों की पूर्ति हेतु प्रारम्भ किया गया था :-

(i) मरूस्थल के विस्तार को रोकने,

(ii) मरूस्थलीय क्षेत्रों में आर्थिक विकास के त्वरित गति प्रदान करने,

(iii) सिंचाई की सुविधाएँ उपलब्ध करवाना

(iv) पेयजल की व्यवस्था करना

(v) रोजगार की सुविधाएँ

(vi) कृषि विकास हेतु नवीन सम्भावनाओं का पता लगाने हेतु।

कार्यक्रम का मुख्य उद्देश्य सूखे के प्रभाव को कम करके ऐसी परिसम्पत्तियों का निर्माण करना है, जिससे रोजगार के साधन उपलब्ध हो तथा ग्रामीणों की आय के स्तर में वृद्धि हो सके। 1995-96 से यह कार्यक्रम 10 जिलों के 32 खण्डों में चलाया जा रहा है। 1978-79 तक इस कार्यक्रम पर व्यय का दो तिहाई भाग केन्द्र वहन करता था तथा एक तिहाई भाग राज्य सरकार वहन करती थी, लेकिन 1979-80 से 50-50 प्रतिशत व्यय केन्द्र सरकार एवं राज्य सरकार वहन करती है।

(2) मरू विकास कार्यक्रम - यह कार्यक्रम राज्य के 11 मरूस्थलीय जिलों की 85 पंचायत समितियों का समग्र विकास करने हेतु केन्द्र द्वारा वर्ष 1977-78 से चालू किया गया। वर्ष 1979-80 में योजना का केन्द्र राज्य के सम अंश के आधार पर चलाया गया लेकिन वर्ष 1985-86 से पुन: यह कार्यक्रम पूर्णत: केन्द्र प्रवर्तित योजना के रूप में चल रहा है। कार्यक्रम में भू-संरक्षण, भू-जल विकास, लघु सिंचाई, पशु एवं दुग्ध विकास, पशु स्वास्थ्य, भेड़ विकास, ग्रामीण विद्युती करण, वन विकास, पशु पेयजल आदि लाभकारी योजनाएं है।

(3) जलधारा योजना - केन्द्र सरकार ने "जलधारा" नामक एक विशेष कार्यक्रम की घोषणा की है जिसके अन्तर्गत सूखा-प्रभावित क्षेत्रों में सीमान्तिक किसानों को सहायता मिलेगी। योजना में कृषक परिवारों की पम्पसेट नाममात्र के किराये पट्टा प्रभारों पर सिंचाई के लिए दिए गए।

(4) काम के बदले अनाज योजना - अकाल से पीड़ित क्षेत्रों के लोगों को रोजगार उपलब्ध करवाने हेतु राज्य सरकार द्वारा वहाँ सड़कों का निर्माण, बाँधों, का निर्माण कराया जाता

हैं जिससे अकाल प्रभावित क्षेत्रों के लोग पलायन न करे तथा भूख से पीड़ित न हो। इसलिए राज्य सरकार काम के बदले अनाज योजना में मजदूरी का भुगतान अनाज के रूप में करवाती है।

(5) सहायता विभाग की स्थापना – सहायक आयुक्त एवं शासन सचिव के अधीन कार्यरत यह आपातकालीन विभाग राज्य में अकाल, बाढ़, ओलावृष्टि, अग्नि तथा भूस्खलन आदि विपदाओं के समय तत्काल आवश्यक व्यवस्था करने के उद्देश्य से 24 अक्टूबर, 1951 को स्थापित किया गया। विभाग का राज्य स्तरीय मुख्यालय जयपुर में है।

(6) विशिष्ट योजना संगठनों की स्थापना – सूखे की समस्या के स्थायी समाधान हेतू संगठन की स्थापना 1970 में की गई। यह ग्रामीण विकास की योजनाएं तैयार करता है और उन्हें क्रियान्वित करने के लिए विभिन्न विभागों को भेजकर आधारभूत सुविधाएं बढ़ाने की व्यवस्था करता है।

(7) प्राकृतिक आपदा सहायता कोष – नवें वित्त आयोग की सिफारिश के आधार पर 1990–1991 में एक प्राकृतिक आपदा सहायता कोष की स्थापना की गई। कोष के संचालन हेतु समिति का गठन किया गया है। कोष में प्रति वर्ष 93 करोड़ रूपये केन्द्र सरकार तथा 31 करोड़ रूपये राज्य सरकार, अंशदान करती है। राज्य में प्राकृतिक आपदाओं पर होने वाला व्यय रूसी कोष से होता है।

(8) पेयजल आपूर्ति योजना – राज्य के सूखाग्रस्त जिलों में पेयजल सुविधा विभिन्न कार्यक्रमों के अन्तर्गत उपलब्ध करवाई जा रही है। सरकार द्वारा जुलाई, 1994 में ग्रामीण जल प्रदान योजना चरण–द्वितीय स्वीकृत की गई है।

(9) अकाल राहत कार्य – सूखा एवं अकाल की समस्या के अल्पकालीन समाधान हेतु सरकार की मुख्य नीति राहत कार्य प्रारम्भ करने की रही है। राहत कार्य हेतु वित्तीय सहायता केन्द्र सरकार द्वारा दी जाती है। राहत कार्यों में भू–संरक्षण, सड़क पाठशाला, औषधालय निर्माण, सिंचाई के लिए कुँओं व अन्य साधनों का निर्माण, उनकी मरम्मत तथा रख–रखाव एवं जल आपूर्ति बढ़ाने के प्रयास किए जाते हैं, जिससे मानव एवं पशुओं को पेयजल की आपूर्ति हो सके। साथ ही लोगों को रोजगार व आमदनी के अवसर उपलब्ध कराने के लिए सामुदायिक परिसम्पत्तियों का निर्माण कराया जाता है। बूंद–बूंद सिंचाई या फव्वारा पद्धति द्वारा कृषि विकास, घास के क्षेत्रों का विकास, स्थाई चारा डिपो, तथा सिंचित क्षेत्रों के सीमान्त स्थित एवं इंदिरा गांधी नहर के पूर्वी भागों में सीमित सिंचाई जैसे अन्य कार्यक्रम भी सरकार द्वारा क्रियान्वित किए जा रहे हैं।

जल विवाद (Water Conflicts)

जल एक अतिविशिष्ट प्राकृतिक संसाधन है जो मानव की मूलभूत आवश्यकताओं की पूर्ति करता है। जल को अमूल्य राष्ट्रीय निधि के रूप में स्वीकार करते हुये सन् 1987 में देश की राष्ट्रीय जल नीति (National Water Policy) घोषित की गई जिसे वर्ष 2002 में संशोधित किया गया। राष्ट्रीय जल संसाधन परिषद द्वारा 1 अप्रेल, 2002 को इसे स्वीकृति प्रदान की। नई

जल नीति में जल संसाधनों के एकीकृत प्रबन्धन और विकास के उद्देश्य से संस्थागत उपाय करने के साथ-साथ नदी जल और नदी भूमि सम्बन्धी अतिरिक्त विवादों के समाधान के लिए नदी बेसिन संगठन गठित करने पर बल दिया गया है। अन्तर्राष्ट्रीय जल-विवादों को नई संशोधित नीति के दायरे से बाहर रखा गया है। भारतीय संविधान में केन्द्र राज्य सम्बन्धों के अन्तर्गत अन्तर्राज्यीय जल-विवादों से निपटने के लिए व्यापक प्रावधान किए गये है। संविधान के अनुच्छेद - 262 के तहत संसद विधि द्वारा अन्तर्राज्यीय नदियों, नदी घाटियों के जल प्रयोग, वितरण से सम्बद्ध किसी विवाद के न्याय निर्णयन हेतु उपबन्ध कर सकती है कि ऐसे विवादों के सम्बनध में उच्चतम न्यायालय या किसी अन्य न्यायालय की अधिकारिता नहीं रहेगी। इसी अनुच्छेद का प्रयोग कर संसद ने 1956 में नदी बोर्ड अधिनियम एवं अन्तर्राज्यीय जल विवाद अधिनियम पारित किया। इसके द्वारा केन्द्र को ऐसे जल विवादों के निपटारे के लिए न्यायाधिकरण स्थापित करने की शक्ति प्रदान की गई है। दक्षिण की गंगा के रूप में सुविख्यात कावेरी का जल विवाद आजकल सुर्खियों में हैं। तमिलनाडु एवं कर्नाटक राज्यों के बीच यह विवाद चरम सीमा पर है।

बाँधों से लाभ तथा हानियाँ (Dams Benifits and problems) :- मानव अपनी सुख-सुविधाओं के लिये अनेक प्रकार के विकास कार्य करता आया है। ये सुविधायें ही आगे चलकर मानव के लिये अभिशाप सिद्ध होती है। प्रारम्भ में जब जनसंख्या कम थी तो जल संसाधन की पूर्ति आसानी से हो जाती थी। अब जनसंख्या बढ़ने के साथ-साथ जल की आवश्यकता भी बढ़ती गई। इसके लिए मनुष्य ने बाँध बनाकर पानी को एकत्रित करना प्रारम्भ कर दिया तथा इसका उपयोग सिंचाई व अन्य कार्यों के लिए करने लगा। पूर्व में इन बांधों से लाभ अधिक नुकसान कम होता था। बाँधों के निर्माण से वे सभी क्षेत्र जहाँ से नदियाँ नालें बहते थे धीरे -धीरे शुष्क हो गये।

(i) बाँध निर्माण से गाँवों की कृषि योग्य जमीन जलाशयों में परिवर्तित हो गई तथा गाँव तक खाली करने पड़े।

(ii) बाँध के आस-पास की जमीन दलदल में परिणत हो गई।

(iii) लगातार जल के एक ही स्थान में एकत्रित रहने से उसमें खारापन बढ गया।

(iv) बाँध क्षेत्र में आने वाले वनों को साफ कर दिया गया। जिससे वन्य जीव जन्तुओं को वहाँ से पलायन करना पड़ा।

(v) बाँधों के निर्माण से पारिस्थितिकी असन्तुलन की समस्यायें पैदा हो जाती है।

3. खनिज संसाधन Mineral Resources

खनिज संसाधन वे सभी पदार्थ जो खनन द्वारा प्राप्त किये जाते है खनिज संसाधन कहलाते है अथवा पृथ्वी के धरातल या उसके गर्भ से खोदकर निकाली जाने वाली वस्तुओं को

खनिज पदार्थ कहते हैं। खनिजों की अपनी भौतिक एवं रासायनिक विशेषताएँ होती है। बेवस्टर शब्द कोश में खनिज को परिभाषित करते हुए लिखा है कि "खनिज अजैव प्रक्रियाओं से निर्मित रासायनिक तत्व अथवा यौगिक होते हैं।" खनिजों का निर्माण एक अत्यधिक लम्बी व जटिल प्रक्रिया है। खनिज पदार्थ अनेक अनावश्यक तत्वों के साथ मिश्रित रूप में पाये जाते हैं अतः इन्हें **अयस्क** कहते हैं। जब खनिज पदार्थों की खुदाई धरातल पर ही की जाती है तो उसे उल्लखनन कहा जाता है। जब किसी खनिज पदार्थ को भूमि में गहराई से खोदकर निकाला जाता है तो यह कार्य खनन कहलाता है। बिहार में निकले वाला कोयला तथा राजस्थान में खेतड़ी नामक स्थान पर निकलने वाला तांबा काफी गहराई से खोदकर निकालने के कारण खनन कहलाता है। जिन स्थानों पर खनिज खोदकर निकाला जाता है उसे **खदान** (Quarry) कहते हैं। यदि खनिज पदार्थ कम गहराई पर ही खुले गड्ढे के रूप में खोदकर निकाला जाता है तो उसे खुली **खदान** (Open pit mine) कहते हैं। इसके अलावा वे खदान जिनमें काफी गहराई से खोदकर खनिज निकाले जाते हैं उन्हें **कूप खदान** (Shaft mine) कहते हैं। भारत में ज्यादातर खनिज पदार्थ इस प्रकार की खदान से निकाले जाते हैं।

खनिजों के प्रकार (Types of Mineral) – खनिज मुख्यतः तीन प्रकार के होते हैं–

(i) अधात्वीय खनिज (Non-Metallic Minerals)

(ii) धात्वीय खनिज (Metallic minerals)

(iii) खनिज ईंधन (Mineral fuels)

1. अधात्वीय खनिज (Non-Metallic Minerals) – वे खनिज जिनको खदान से निकालने के बाद सीधे उपयोग में लाया जाता है अर्थात जिनको उपयोग में लाने से पूर्व परिष्कृत करने की आवश्यकता नहीं होती है अधात्वीय खनिज कहते हैं। ऐसे खनिजों को काटकर या खुरचकर या विभिन्न आकृतियों में परिवर्तित करके उपयोग में लिया जा सकता है। जैसे – संगमरमर, नमक, चूने का पत्थर, हीरा, पन्ना, गन्धक, जिप्सम।

2. धात्विक खनिज (Metallic minerals) – ऐसे खनिजों को खदान से निकालने के बाद सीधे ही उपयोग में नहीं लाया जा सकता है क्योंकि खदान से निकले हुए खनिजों के साथ अनेक अनावश्यक पदार्थ मिले हुये होते हैं। इन खनिजों को भट्टियों में गलाकर परिष्कृत किया जाता है जससे इनकी अशुद्धता दूर हो जाती है। शुद्ध होने पर इन खनिजों पर विशेष प्रकार की चमक आ जाती है। जैसे – लोहा, तांबा, टिन, क्रोमियम, चांदी, सोना, जस्ता आदि।

3. खनिज ईंधन (Mineral fuels) – भू-गर्भ से निकलने वाले ऐसे खनिज जिनका ईंधन के रूप में प्रयोग किया जाता है उनको खनिज ईंधन कहते हैं। जैसे कि – कोयला, पेट्रोलियम, प्राकृतिक गैस एवं अणु खनिज है। इनमें कोयले तथा अणु खनिज को खदान में खोदकर तथा खनिज तेल एवं गैस की बोरिंग करके निकाला जाता है।

खनिजों संसाधनों का पर्यावरण पर प्रभाव (Effect of mineral resources on environment) - भूमि में खनिज निश्चित मात्रा में है। खनिजों का निर्माण प्रकृति के द्वारा होता है तथा इनके निर्माण में लाखों वर्ष लग जाते हैं इनकी मात्रा बडी सीमित होती है। एक बार भूमि में से खनिज निकाल लेने के बाद वहां पुनः खनिज निर्माण नहीं हो सकता है।

खनन कार्य में खोदे गये खड्डों के कारण भूमि का नाश हो जाता है तथा वनों की कमी हो जाती है जिसका सीधा प्रभाव पर्यावरण पर पड़ता है।

खनिज संसाधनों के अत्यधिक उपयोग को पर्यावरण पर पडने वाले कुछ दुष्प्रभाव निम्नलिखित है :-

1. खनन क्रिया के दौरान निकलने वाली विषैली गैसों से पर्यावरण प्रदूषित होता है।
2. खनन क्रिया के पश्चात् खानों को उपेक्षित छोड दिया जाता है जिनमें भूमि धसने की क्रिया होती रहती है तथा मृदा अपरदित होकर पानी के साथ बहकर इन खदानों में आती है। अतः भूमि अनउपजाऊ हो जाती है।
3. कोयले की खानों में कभी-कभी आग लगने के कारण भंयकर वायु प्रदूषण होता है तथा जान माल की हानि होती है।

4. ऊर्जा संसाधन Energy Resources

किसी भी देश की प्रगति में सबसे महत्वपूर्ण भूमिका ऊर्जा संसाधन की होती है। जीवन के अस्तित्व को बनाये रखने तथा सुचारू रूप से चलाये रखने के लिए ऊर्जा अति आवश्यक है। किसी कार्य को करने की क्षमता को ऊर्जा (Energy) कहते हैं। ऊर्जा विभिन्न रूपों में मिलती है। मशीनों से प्राप्त होने वाली ऊर्जा यांत्रिक ऊर्जा (Mechanical energy) तथा रसायनों से प्राप्त होने वाली ऊर्जा को रासायनिक ऊर्जा (Chemical Energy) कहते हैं। वह ऊर्जा जो गतिमान होती है तथा कार्य सम्पन्न करने की स्थिति में होती है, गतिज ऊर्जा (Kinetic energy) कहलाती है। इसके विपरीत वह ऊर्जा जो संचित अवस्था में रहती है तथा तत्काल कार्य करने की स्थिति में नहीं होती है उसे स्थितिज ऊर्जा (Potential Energy) कहते है। उष्मा गतिकी (Thermodynamics) के नियमानुसार, ऊर्जा न तो उत्पन्न की जा सकती है और न ही इसे नष्ट किया जा सकता है। केवल इसे एक रूप से दूसरे रूप में बदला जा सकता है। **नव्यकरणीयता की दृष्टि से ऊर्जा संसाधनों को दो मुख्य भागों में बांटा जा सकता है -**

1. नव्यकरणीय या असमाप्य ऊर्जा संसाधन (Renewable or non exhaustible energy resources)

2. अनव्यकरणीय या समाप्य ऊर्जा संसाधन (Nonrenewable or exhaustible energy resources)

ऊर्जा संसाधन

पृथ्वी पर लगभग 39 प्रतिशत पेट्रोल, 19 प्रतिशत प्राकृतिक गैसे, लकड़ी, 6 प्रतिशत, पशु 4 प्रतिशत, जल विद्युत 2 प्रतिशत तथा मानव 1 प्रतिशत शक्ति के रूप में ऊर्जा प्रदान करते हैं।

ऊर्जा की प्राप्ति के आधार पर (On the basis of their availability) **ऊर्जा स्त्रोत दो प्रकार के होते है –**

1. **परम्परागत स्त्रोत (Conventional sources)** इसमें जीवाश्म ईंधन जैसे पेट्रोलियम, कोयला, प्राकृतिक गैस, लकड़ी, तेल, जल विद्युत, आदि को सम्मिलित किया जाता है।

2. **गैर परम्परागत स्त्रोत (Non-Conventional sources)** इसमें सौर ऊर्जा, पवन ऊर्जा, भूतापीय ऊर्जा, ज्वारीय ऊर्जा, समुद्रीय ऊर्जा, बायो गैस आदि को सम्मिलित किया जाता है। भारत में लगभग 69 प्रतिशत ऊर्जा, कोयला, 25 प्रतिशत जल विद्युत, 4 प्रतिशत डीजल व पेट्रोल. 2 प्रतिशत अणशक्ति तथा 1 प्रतिशत से कम ऊर्जा गैर परम्परागत स्त्रोतों से मिलती है।

ऊर्जा की बढ़ती आवश्यकता (Growing needs of Energy) – पृथ्वी पर पाये जाने वाले सभी जीवित अजीवित प्राणियों की प्रगति एवं वृद्धि के लिए ऊर्जा का महत्वपूर्ण योगदान होता है। मनुष्य की सभी आवश्यकताओं की पूर्ति तथा उनका उचित उपयोग ऊर्जा से ही सम्भव हो पाता है। मनुष्य अपनी मूलभूत आवश्यकताओं की पूर्ति के लिए, स्वयं का जीवन जीने के लिए तथा अपने व अन्य देश की विकास की योजनाओं के लिए ऊर्जा का उपयोग करता है। प्रत्येक देश में कितनी ऊर्जा है यह उस देश की अपनी आर्थिक क्षमताओं पर निर्भर करता है। अतः ऊर्जा आज देश की समृद्धता नापने का मापदण्ड भी बन गया है। विकसित देश अमेरिका, पूरे विश्व की ऊर्जा का तीन चौथाई भाग से भी अधिक अपने ऊपर खर्च कर लेता है जबकि उसकी जनसंख्या पूरे विश्व की आबादी का केवल 5 प्रतिशत है। भारत ने भी आजादी के बाद औद्योगिक क्षेत्र में उल्लिखित प्रगति की है। देश के लोगों के रहन-सहन का परिवर्तन, परिवहन की सुविधायें, संचार व्यवस्था, आधुनिक कृषि उपकरणों का उपयोग, चिकित्सा तथा मनोरंजन आदि क्षेत्र में ऊर्जा के उपयोग से ही नये आयाम प्रस्तुत हुये हैं। मनुष्य के भौतिक विकास, विज्ञान एवं प्रौद्योगिकी प्रगति के परिणामस्वरूप ऊर्जा खपत में निरन्तर वृद्धि के कारण धरती के गर्भ में उपलब्ध स्त्रोतों का जिस गति से दोहन हुआ है, उससे पूरे मानव समाज का भविष्य अन्धकारमय होने की भविष्यवाणियां होने लगी है। बिजली उत्पादन के आरम्भिक मूल स्त्रोतों कोयला, डीजल, व जल के निरन्तर दोहन से खनिज भंडारों के स्तर में तेजी से गिरावट आई है। ऊर्जा संरक्षक को सुदृढ़ बनाने के लिए आम उपभोक्ता को जागरुक करने की महत्त आवश्यकता है।

नव्यकरणीय ऊर्जा स्त्रोत (Renewable energy sources) – नव्यकरणीय या असमाप्य ऊर्जा के निम्न स्त्रोत है –

1. सौर ऊर्जा (Solar Energy) - ऊर्जा का एक विशाल स्त्रोत सौर ऊर्जा है जो कभी समाप्त नहीं हो सकता है। शताब्दियों से आम लोग सूर्य की किरणों का उपभोग करते आये है। हमारे देश ने स्वतंत्रता के पश्चात् सौर उर्जा के दोहन की दिशा में सराहनीय प्रयास किया है। देश में सौर ऊर्जा को तापीय ऊर्जा में बदलकर सोलर कुकर, सोलर वाटर, हीटर, सौर वायु तापक, सौर हरित गृह, सौर प्रशीतल, सौर पम्पन आदि में काम लिया जा रहा है। सौर ऊर्जा को विद्युत ऊर्जा में बदलकर विद्युत प्रकाश, रेडियों, टेलीविजन, आदि चलाने में देश ने काफी सफलता पाई है। आज सौर ऊर्जा से ही गांवों में जल पम्प, घरेलू प्रकाश, सड़कों के खम्भों की लाईटें आदि चल रही है। इसके अतिरिक्त खारे पानी को सौर ऊर्जा से मीठे पानी में परिवर्तित करने के प्रयोग भी किए जा रहे है यदि व्यापक रूप से इसमें सफलता मिल गई तो पीने के पानी की एक बहुत बडी परेशानी से छुटकारा मिल जायेगा। देश अभी भी इस प्रदूषण मुक्त, कभी खत्म नहीं होने वाली ऊर्जा के भरपूर दोहन के लिए अपने आपको तैयार नहीं कर सका है। सूर्य के प्रकाश में प्रत्येक दिन 75,000 खरब किलोवाट ऊर्जा रहती है। इसका 0.1 प्रतिशत हमारे देश में पहुंचता है। औसतन 5 किलोवाट वर्ग मील सौर ऊर्जा वर्ष में 300 दिन देश में प्राप्त होती है। इस प्रकार भारतीय उप महाद्वीप में 5 x 10 किलोवाट प्रतिवर्ष सौर ऊर्जा प्राप्त होती है। प्रारम्भ में तकनीकी उपलब्धता के कारण ऊर्जा का दोहन कुछ खास क्षेत्रों से ही किया जाता था। सरकार ने उत्पादक, उपभोक्ता, में वित्तीय संस्थाओं के सहयोग से सौर ऊर्जा के दोहन और इसे लोकप्रिय बनाने के लिए अभियान छेड रखा है। गैर परम्परागत ऊर्जा मंत्रालय के अन्तर्गत इंडियन रिन्यूएबल एनर्जी डेवलेपमेन्ट एजेन्सी-इरेडा (Indian renewable energy development agency-IREDA) सौर ऊर्जा के दोहन हेतु सौर फोटो वोलटानिक प्रणाली तथा सौर ताप प्रणाली लगाने के लिए आसान शर्तों पर ऋण दे रहा है। इरेडा को विश्व बैंक तथा वैश्विक पर्यावरण न्यास से आर्थिक सहायता मिलती है। विश्व में विशालतम सौर भट्टी (Solar Furnace) लॉस एंजिलीस-अमेरिका से 140 मील ऊत्तर पूर्व की ओर मोजाक मरुस्थल लुज (LUZ) में स्थापित है। इससे नौ विशाल सौर विद्युत उत्पादक संयंत्र संचालित होते है। जो विश्व की 92 प्रतिशत सौर विद्युत उत्पादन करते है।

2. पवन ऊर्जा (Wind Energy)- वायु द्वारा संचालित पवन सयंत्र (Wind mills) का उपयोग बहुत पुराना है। ईंधन मे ईसा की 7वीं शताब्दी में अन्न पीसने के लिए पवन चक्कियों के प्रमाण मिलते है। इंग्लेण्ड में 166 में निर्मित सबसे पुरानी पवन चक्की आज भी कार्यरत है। प्राचीन काल में अमेरिका के पश्चिमी मैदान में जल पम्पिंग के लिए पवन चक्की का इस्तेमाल किया जाता था। वर्तमान में मध्य भारत के गंगा सिन्ध के मैदानी क्षेत्र में पवन ऊर्जा की सहायता से अनेक जगह 100 फीट गहराई से पानी खींचने तथा घरेलू आवश्यकता की पूर्ति कर देने वाली 2 किलोवाट के विद्युत सयंत्र काम कर रहे है। पवन की शक्ति से चलित पवन चक्की जनरेटरों (Wind mill generators) की सहायता से बड़े पैमाने पर विद्युत उत्पादन किये जाने के प्रयत्न किये जा रहे है। विश्व का विशालतम पवन शक्ति जनरेटर (3000 K.W.) जर्मनी के फ्रीजियन तट पर स्थापित है।

3. ज्वारीय ऊर्जा (Tidal energy) - यह ऊर्जा समुद्र में उठने वाले ज्वार के चढ़ने और उतरने की क्रिया से प्राप्त की जा सकती है। चीन व रुस जैसे देशों ने इस क्षेत्र में सराहनीय कार्य किया है। भारत में कच्छ की खाड़ी तथा सुन्दरवन में ज्वारीय ऊर्जा से शक्ति उत्पादन सम्भव है। प्रदूषण रहित इस ऊर्जा को लक्षद्वीप तथा अण्डमान व निकोबार द्वीप समूह से भी प्राप्त किया जा सकता है। अमेरिका की फूंडी की खाड़ी (Bay of Fundy) के विभिन्न भागों में ज्वारीय ऊर्जा प्राप्ति हेतु प्रयोग किये जा रहे है।

4. भू-तापीय ऊर्जा (Geothermal power) - पृथ्वी के अन्दर 1 से 5 मील की गहराई तक उष्ण चट्टाने पायी जाती है। जिससे वहां का तापमान बहुत अधिक होता है। कभी-कभी ज्वालामुखी के फटने के समय गर्म लावा के रूप में या गर्म जल के स्त्रोतों के रूप में यह बाहर निकलता है। इस ताप को ऊर्जा के रूप में प्रयोग में लाया जा सकता है। इस भूतापीय ऊर्जा को वाष्पित करके टरबाइन चलाये जा सकते है। भारत के पश्चिमी घाट, उत्तर पश्चिमी हिमालय, नर्मदा घाटी और दामोदर घाटी के क्षेत्र में इस ऊर्जा के भण्डार मिलते है।

5. जल विद्युत ऊर्जा (Hydroelectric Energy) इस ऊर्जा को प्राप्त करने के लिये जल को ऊपर से नीचे तक एक टरबाइन पर गिराकर जनरेटर को चालू कर दिया जाता है। जिससे विद्युत का उत्पादन होता है, इसे जल-विद्युत ऊर्जा कहते हैं। भारत सरकार ने जल-विद्युत ऊर्जा की अधिकतम जानकारी के लिए 'केन्द्रीय जल एवं ऊर्जा आयोग' (Central Water and Power Commission) का गठन किया हुआ है। देश की विभिन्न नदियों पर विद्युत उत्पादन हेतु जल संग्रहण क्षेत्र बनाये गये हैं। वर्तमान में पूरे देश में 48 मिलियन किलोवाट (48 MKW) जल विद्युत का उत्पादन करने हेतु प्रयास किये जा रहे हैं। ऐसे स्थानों पर जहाँ स्वत: ही पानी ऊँचाई से गिरता है वहाँ कोई अतिरिक्त ऊर्जा संयंत्र की आवश्यकता नहीं होती है। देश के उत्तर पूर्व क्षेत्र में जल विद्युत ऊर्जा की सर्वाधिक सम्भावनाएँ हैं।

अनव्यकरणीय ऊर्जा स्त्रोत (Non-renewable energy source) - अनव्यकरणीय या समाप्य ऊर्जा के निम्न स्त्रोत है-

1. परमाणु ऊर्जा (Atomic Energy) - यूरेनियम, थोरियम, आदि ऐसी धातुएं हैं जिनके परमाणु केन्द्र में ऊर्जा छिपी होती है। इसे परमाणु ऊर्जा कहते हैं। इसका उत्पादन विखण्डन (Fisson) और संगलन क्रियाओं द्वारा किया जाता है। विखण्डन क्रिया में तो एक बड़ा परमाणु टूट कर छोटे परमाणुओं में विभाजित होता है। जबकि संगलन में हल्के परमाणु मिलकर एक बड़ा परमाणु बनाते हैं। इन दोनों ही क्रियाओं में ऊर्जा उत्पन्न होती है जिसे परमाणु या नाभिकीय ऊर्जा (Nuclear Energy) कहते हैं। परमाणु ऊर्जा से बिना किसी धुएं और वाष्प के बिजली पैदा की जाती है।

2. जीवाश्मीय ऊर्जा (Fossil energy) - विश्व में जितनी ऊर्जा का उत्पादन होता है उसमें मुख्यतया जीवाश्म ईंधन के जलाने से प्राप्त होती है जिसे जीवाश्मीय ऊर्जा कहते हैं। जीवाश्म ईंधन निम्न प्रकार के होते है -

(i) कोयला (Coal) – कोयला एक ऐसा जीवाश्म ईंधन है जो प्रकृति में बहुतायत में पाया जाता है। यह एक काली व भूरी परतदार चट्टान के रूप में मिलता है जिसमें कार्बन की मात्रा अधिक होती है। कार्बन के अलावा इसमें सल्फर, हाइड्रोजन वनाइट्रोजन भी पाया जाता है। कार्बन की मात्रा के आधार पर कोयले की चार किस्में है–

(अ) एन्थ्रेसाइट कोयला (Anthracite coal)

(ब) बिटूमिनस कोयला (Bituminous Coal)

(स) लिग्नाइट कोयला (Lignite coal)

(द) पीट् कोयला (Peat coal)

इनमें से एन्थ्रेसाइड सबसे अच्छीकिस्म का कोयला होता है। इसमें कार्बन की मात्रा 90 प्रतिशत से अधिक होती है। इसको जलाने पर धुंआ कम निकलता है। जबकि ताप अधिक मिलता है। बिटूमिनस कोयले में कार्बन की मात्रा 70 से 90 प्रतिशत होती है। विश्व का 80 प्रतिशत कोयला इसी किस्म का होता है। लिग्नाइट कोयले में कार्बन की मात्रा 45 से 70 प्रतिशत होता है। इसका उपयोग स्टीम बनाने तथा तापीय विद्युत के उत्पादन में होता है। कोयले की सबसे घटिया किस्म पीट कोयला है। यह जलाने पर बहुत अधिक धुंआ देता है।

कोयले को ईंधन के रूप में, स्टीम शक्ति के रूप में, कच्चे माल के रूप में तथा उद्योगों में शक्ति स्त्रोत के रूप में काम में लिया जाता है।

(ii) पेट्रोलियम (Petroleum) – पेट्रोलियम एक प्राकृतिक तेल है जो समुद्री छोटे-छोटे पौधों, पशुओं आदि के भूमि के नीचे दबने व जीवाणुओं के अपघटन से बनता है। ऊपरी चट्टानों केभार के कारण अपघटित पदार्थ तरल हो जाता है। हल्के स्तर के पेट्रोलियम का रंग हरा नुमा (Greenish) होता है। जिसमें हाइड्रोजन अधिक तथा कार्बन कम होता है। भारी स्तर का पैट्रोलियम काला होता है इसमें हाइड्रोजन कम तथा कार्बन की मात्रा अधिक होती है। परिवहन के क्षेत्र में जैसे कार, ट्रक, बस, रेलगाड़ी, जलयान, वायुयान आदि में पेट्रोलियम का बड़े पैमाने पर उपयोग होता है। औद्योगिक कारखानों में ईंजनों को चलाने, भट्टियों को ताप देने तथा ताप विद्युत उत्पादन के लिए भी इसका उपयोग किया जाता है। मशीनों के पुर्जों को चिकना बनाये रखने के लिए स्नेहक(Lubricant) के रूप में पेट्रोलियम को ही काम में लिया जाता है।

(iii) प्राकृतिक गैस (Natural Gas) – पेट्रोलियम के साथ-साथ कुंओं के ऊपरी भाग में स्वतंत्र रूप से प्राकृतिक गैसें पायी जाती है। इनमें ईथेन (Ethane) मीथेन (Methane) हाइड्रोकार्बन युक्त गैसे मुख्य है। प्राकृतिक गैस को सीमेन्ट, तेल, परिष्करण, लोहा इस्पात बनाने, सीसा, चीनी, मिट्टी, टायर, स्याही कृत्रिम धागे, प्लास्टिक आदि उद्योगों में कच्चे माल के रूप में प्रयोग किया जाता है। वर्तमान में घरेलु ईंधन के रूप में प्राकृतिक गैस सबसे उत्तम साधन के रूप मे काम आ रही है। विश्व के कुल प्राकृतिक गैस उत्पादन का 75 प्रतिशत औद्योगिक कार्यों के लिए तथा 25 प्रतिशत घरेलू ईंधन व व्यावसायिक कच्चे मालों के

रूप में काम में लिया जाता है। भारत में प्राकृतिक गैस पर आधारित अनेक उर्वरक व विद्युत शक्ति केन्द्र स्थापित किये गये हैं।

वैकल्पिक ऊर्जा स्त्रोत के उपयोग (Use of alternating energy sources)– देश में परम्परागत ऊर्जा के स्त्रोत सीमित है इसलिए कुछ अन्य वैकल्पिक स्त्रोत खोजने की आवश्यकता होती है। ऊर्जा के वैकल्पिक स्त्रोत के रूप में बायो गैस का उत्पादन न केवल ऊर्जा समस्या को हल करता है बल्कि आर्थिक रूप से भी लाभकारी होता है।

बॉयो गैस (Biogas) – गोबर से तैयार इस गैस में 65 प्रतिशत मीथेन, 30 प्रतिशत कार्बन डाइ ऑक्साइड, 1 प्रतिशत हाइड्रोजन सल्फाइड तथा कुछ मात्रा में हाइड्रोजन, नाइट्रोजन ऑक्सीजन, व कार्बन मोनो ऑक्साइड गैसे होती है। इसे गोबर गैस के नाम से भी जाना जाता है। खाना पकाने हेतु यह एक स्वच्छ एवं सस्ता ईंधन है। यह मोटर वाहन चलाने तथा लघु उद्योग चलाने हेतु ऊर्जा उत्पादन में सहायक है।

इसके अतिरिक्त कुछ अन्य वैकल्पिक ऊर्जा स्त्रोत निम्न है –

1. स्वीडिश वैज्ञानिकों ने ऐसी तकनीक विकसित की है जो कचरे की उष्मा से बिजली पैदा करेगी। इस तकनीक को थर्मो फोटो वोल्टेयिक (Thermophoto voltaic) कहा जाता है।

2. जैट्रोफा (*Jatropha*) – पादप के बीज से तैयार इकोफ्रेंडली जैव डीजल ईंधन से यात्री ट्रेन चलाकर रेलवे द्वारा प्रथम सफल प्रयोग 31 दिसम्बर, 2002 को दिल्ली अमृतकर शताब्दी एक्सप्रेस में किया गया।

3. संयुक्त अरब अमीरात के वैज्ञानिकों ने डीजल के विकल्प के रूप में जॉजोबा (Jojoba) नामक पादप से बने तेल से चलने वाले इंजन का विकास किया है। इस ईंधन को जॉजोबा मिथाईल एस्टर (Jojoba Methyl ester) कहते हैं।

5. खाद्य संसाधन Food Resources

मानव को जीने के लिए आवश्यक ऊर्जा प्रदान करने वाले पदार्थों को खाद्य पदार्थ कहते हैं। खाद्य संसाधन प्राप्ति का मुख्य स्त्रोत कृषि है। बढ़ती जनसंख्या एवं घटते खेत-खलिहानों के कारण कृषि द्वारा खाद्य पदार्थों की पूर्ति नहीं हो पा रही है। कुछ देशों को छोड़कर विश्व के अधिकांश देशों में खाद्य संसाधनों की सदैव कमी रहती है, खाद्य पदार्थों के इस अभाव के कारण ही ज्यादातर देशों में कुपोषण की समस्या पाई जाती है। भारत में भी खाद्य पदार्थों की कमी के कारण आदिवासी लोगों को कुपोषण का शिकार होना पड़ता है। हरित क्रांति (**Green revolution**) जैसे कार्यक्रम खाद्य संसाधनों के संरक्षण में एक महत्वपूर्ण प्रयास है।

विश्व खाद्य समस्या (World food problems) :– मनुष्य को भूख मिटाने के लिए भोजन की आवश्यकता होती है। बढ़ती जनसंख्या, मृदा का निम्नीकरण एवं अतिशोषित

होना, जल के सीमित साधन होने के कारण आज विश्व स्तर पर खाद्य समस्या एक चुनौती बन कर उभर रही है। पिछले कई वर्षों से 'विश्व खाद्य कार्यक्रम' (World food programme) टिकाऊ विकास के लिए खाद्यान्न को गतिशील बनाने का एक सशक्त माध्यम बन चुका है। यदि इस समस्या का समाधान करना हो तो इस कार्यक्रम के अन्तर्गत प्रस्तावित अन्तर्राष्ट्रीय पोषण बैंक "इन्टरनेशनल बैंक फॉर न्यूट्रीशन" (International Bank for Nutrition) का गठन किया जाना चाहिये। निरन्तर बढ़ती हुई मानव एवं पशुधन संख्या ने दुनिया में कृषि के अन्तर्गत अनुसन्धान चक्र प्रगति को अस्वीकृत कर दिया है। यदि जनसंख्या वृद्धि पर समय रहते नियन्त्रण नहीं किया गया तो घटते संसाधनों एवं सिकुडती भूमि के कारण बढ़ती जनसंख्या को भोजन दे पाना मुश्किल होगा। भारतीय कृषि अनुसन्धान संस्थान (Indian Agriculture Research Institute) नई दिल्ली में दिनांक 26 से 30 नवम्बर, 2002 को सम्पन्न हुई द्वितीय अन्तर्राष्ट्रीय शस्यविज्ञान कांग्रेस (Second International Agronomy Congress) का उदघाटन विश्व प्रख्यात भारतीय कृषि वैज्ञानिक डॉ. एम. एस. स्वामीनाथन (Dr. M.S. Swaminathan - Father of Indian green revolution) ने किया। इस अन्तर्राष्ट्रीय संगोष्ठी का विषय "खाद्य सन्तुलन एवं पर्यावरण सुरक्षा एक सतत चुनौती" (Balancing food and Environmental Security - A continuous Challenge) था। इस कांग्रेस में डॉ. स्वामीनाथन ने पोषण सुरक्षा के लिए खाद्य आधारित दृष्टिकोण की चुनौतियों से निपटने के लिए अपनाए जाने वाली रणनीतियों पर विस्तृत जानकारी दी। उनके अनुसार विश्व खाद्य समस्या निवारण हेतु कृषि वैज्ञानिकों को तुरन्त योजना तैयार करनी चाहिये। कृषि योग्य भूमि के कम होने तथा प्राकृतिक संसाधनों के सिकुड़ने से यह समस्या बढ़ती जायेगी। अतः हमें खाद्य उत्पादन में और तेजी लानी होगी। कृषि में निवेश संरचनात्मक समयोजन, विश्वव्यापीकरण (Globolizaton), आधुनिक विज्ञान और प्रौद्योगिकी व अनुसन्धान एवं प्रौद्योगिकी जैसे मुद्दे को प्राथमिकता देकर ही कुछ हद तक विश्व खाद्य समस्या से निजात मिल सकती है।

उर्वरकों की समस्या (Problems of fertilizers)

मृदा में यदि संतुलित मात्रा में उर्वरकों का उपयोग किया जाये तो वह हानिकारक नहीं होता है। मृदा परीक्षण के बगैर ही जब इनका अधिक मात्रा में उपयोग किया जाता है तो ये हानिकारक होते हैं। इनमें प्रयोग के समय यदि जल या नमी की समुचित मात्रा न हो तो पौधे जलकर नष्ट हो जाते है। लगातार उर्वरकों का प्रयोग किये जाने से मृदा में इनका संचय होता रहता है। जिसे मृदा के भौतिक एवं रासायनिक गुणों में निम्नीकरण हो जाता है तथा भूमि कठोर हो जाती है। इनके अत्यधिक प्रयोग से मृदा में पाये जाने वाले सूक्ष्म जीवाणु नष्ट हो जाते हैं। जिससे नाइट्रोजन स्थिरीकरण (Nitrogen fixation) की प्रक्रिया बाधित होती है। नाइट्रोजन युक्त उर्वरक, नदी, नालों आदि से बहकर जल स्त्रोतों में इकट्ठे हो जाते हैं। जल में नाइट्रेट की अधिकता से जलीय जीव जन्तु एवं मछलियां मरने लगती है। उर्वरक अम्लीय एवं क्षारीय प्रकृति के होने के कारण इनके अत्यधिक प्रयोग से मृदा में अम्लीयता या क्षारीयंता विकसित हो जाती है। जलीय पादपों एवं जन्तुओं द्वारा ये नाइट्रेट मानव की खाद्य श्रृंखला में प्रवेश कर जाते है जिससे हिमोग्लोबीन मैट-हिमोग्लोबिन में परिवर्तित हो जाता है तथा उसकी ऑक्सीजन

धारण क्षमता कम हो जाती है। इसी कारण से मनुष्य में ब्ल्यू बेबी रोग (Blue baby disease) उत्पन्न हो जाती है।

पीड़कनाशी का प्रभाव (Effect of Pesticides)

वर्तमान में कृषि एक आवश्यक तथा लाभप्रद व्यापार हो गया है। आज के कृषक का मुख्य उद्देश्य है कि कृषि के उत्पादन को बढ़ाने के साथ-साथ फसल की कीटों, रोगों, चूहों व खरपतवार इत्यादि से रक्षा की जाये। अत: कृषक विभिन्न प्रकार के संश्लेषित उर्वरकों का उपयोग कर उत्पादन बढ़ाता है तो विभिन्न रसायनों से पौधों को सुरक्षा प्रदान करता है। वे जन्तु तथा पादप जो फसलों एवं अन्य उत्पादों को किसी प्रकार की क्षति पहुँचाते हैं उन्हें **पीडक या पेस्ट्स** (Pests) कहते हैं। कवक कीट व बड़े जन्तु (खरगोश, चिड़ियाँ आदि) पीड़क हो सकते हैं। पीड़क के प्रभाव से फसल के उत्पादन तथा बीजों के भण्डारण की क्षति पहुँचती है। सामान्यत: पीड़क सम्पूर्ण पौधे या उसके अंगों को क्षति पहुँचाकर उत्पादन को कम कर देते हैं। अन्य पीड़क खलियानों या गोदामों में बीजों को खाकर नष्ट कर देते हैं। पौधों के अनेक रोगों का प्रसार भी इन पीड़कों के द्वारा होता है। जैसे पीड़कों के द्वारा अनेक विषाणु, कवक व जीवाणुओं के रोगों का प्रसारण होता है। वे रसायन जो पीड़कों को नष्ट कर देते हैं उन्हें **पीड़कनाशी** (Pesticides) कहते हैं। जो रसायन विभिन्न कीटों का मारने के लिए प्रयुक्त होते हैं। कीटनाशक (Insecticides) कहलाते हैं, जो कवकों को मारने के काम आते हैं उन्हें **फन्जीसाइड्स** (Fungicides) कहते हैं, जो जीवाणुओं को मारने के लिए प्रयोग में लाए जाते हैं उन्हें **जीवाणुनाशक** (Bactericides) कहते हैं, जो खरपतवारों को नष्ट करने के लिए उपयोग में लाए जाते हैं उन्हें **खरपतवार नाशक** (Weedicides) या खरपतवार नाश कहते हैं, जो चूहों को मारने के लिए प्रयुक्त होते हैं **रोडेण्टीसाइड्स** (Rodenticides) कहलाते हैं, जिनका प्रयोग निमैटोड्स को मारने में होता है उन्हें **निमैटीसाइड्स** (Nematicides) कहते हैं, जो दीमकों को मारने क काम आते हैं वे **माइटीसाइड्स** (Miticides) कहलाते हैं।

रासायनिक संरचना के आधार पर पीड़कनाशी विभिन्न प्रकार के होते हैं –

(i) **कार्बनिक क्लोरीन्स (Organic Chlorines)**- डी.डी.टी. (DDT) बी.एच.सी. (BHC), एलिड्रन (Aldrine) एण्डोसल्फॉन (Endosulphan) आदि।

(ii) **कार्बनिक फॉस्फेट्स (Organic phosphates)**- मेलाथियोन (Malathion), पेराथियोन (Parathion) आदि।

(iii) **कार्बेमेट्स (Carbamates)** – एल्डीकार्ब (Aldicarb), कार्बोफ्यूरॉन (Carbofuran)

(iv) **पायरीथॉयड्स (Pyrethoides)** – पायरीथ्रीन (Pyrithrin) आदि

(v) ट्रायेजिन्स (Triazines) - एट्रे जिन (Atrazine) सिमेजिन (Simazine) आदि।

पीड़कनाशियों के प्रभाव (Effects of Pesticides) -

पीड़कनाशियों के उपयोग से निम्न प्रभाव होते हैं -

1. पीड़कनाशी विषैले होते हैं। अत: इनके प्रयोग से लाभप्रद व हानिप्रद दोनों प्रकार के जीव नष्ट हो जाते हैं। इस प्रकार यह पारिस्थितिक तन्त्र के संतुलन को प्रभावित करते हैं।
2. ये लम्बी अवधि तक स्थायी व अपरिवर्तित रहते हैं क्योंकि अपघटन बड़ी कठिनता से होता है।
3. खाद्य श्रृंखला के उत्तरोत्तर सदस्यों में इसकी सान्द्रता बढ़ती जाती हैं। अनेक खाद्य वस्तुओं जैसे फल, मांस, सब्जियाँ उपभोग की दृष्टि से सुरक्षित नहीं रहती।
4. ये लाभकारी मृदा जीवों (केंचुए) को नष्ट कर देता है।

जलमग्नता या जलक्रान्त एवं लवणीयता (Water logging and salinity)

जलमग्नता (Water logging) :- बाँधों के निर्माण से बने जलाशयों, नहरी क्षेत्र में जल के रिसाव, सिंचाई हेतु जल का आवश्यकता से अधिक उपयोग तथा जल निकास का उचित प्रबन्ध नहीं होने से इंदिरा गांधी, चंबल, गंगानगर परियोजना के क्षेत्रों में जलमग्रता की स्थिति उत्पन्न हो गयी है। इंदिरा गांधी नहर से हुये रिसाव से तो हजारों हैक्टेयर भूमि दलदल बन गई है। जनमग्रता इस स्थिति के कारण उस क्षेत्र में पाये जाने वाले पादपों पर दुष्प्रभाव पड़ता है तथा वहाँ की मिट्टी का उपाजाऊपन भी धीरे-धीरे खत्म हो जाता है। जलमग्रता की समस्या के निवारण हेतु कृषि क्षेत्र पर अधिक जल को फैलने से रोका जाना चाहिये तथा अतिरिक्त जल के निकास हेतु खेतों में नालियों का निर्माण किया जाना चाहिये। नलकूपों के निर्माण तथा अच्छी जल निकास व्यवस्था के द्वारा भी इस समस्या का निवारण सम्भव है।

लवणीयता (Salinity):- जल निकास के उचित प्रबन्ध नहीं होने तथा जल के एक ही स्थानपर निरन्तर एकत्रित रहने से वाष्पीकरण की अधिकता के कारण मिट्टी की ऊपरी सतह पर सोडियम, कैल्सियम, मैग्नीशियम एवं पोटेशियम के क्लोराइड, सल्फेट, कार्बोनेट, बाइकार्बोनेट आदि परत के रूप में जमा हो जाते हैं। इस कारण वहाँ की मिट्टी लवणीय अथवा क्षारीय हो जाती है। जिसका pH-7 से अधिक हो जाता है। साधारण बोलचाल की भाषा में इसे रेहमा रेतीली मिट्टी कहते हैं। राजस्थान में लवणीय एवं क्षारीय मिट्टी की समस्या अधिक है। इस लवणीय या खारी भूमि में या तो फसलें उगती ही नहीं है और उगती भी हैं तो पैदावार बहुत कम होती है। राजस्थान में डीडवाना, सांभर, पंचपद्रा, कुचामन झीलों के समीपस्थ क्षेत्रों में लवणीयता अधिक मात्रा में है।

राजस्थान में लवणीयता के निम्न कारण हैं :-

(i) कुँओं का जलस्तर ऊँचा होने से इस तरह की समस्या उत्पन्न हो जाती है।

(ii) वर्षा के जल के एक ही जगह इकट्ठा रहने से मिट्टी लवणीय हो जाती है।

(iii) कृषि भूमि के उबड़-खबड़ होने से भूमि के निचले हिस्सों में जल के जमाव से खार जम जाता है।

(iv) नहरों के ठीक ढंग से रख-रखाव न होने के फलस्वरूप निकटवर्ती क्षेत्रों में जल रिसाव से खारापन या लवणीयता पैदा हो जाती है।

(v) अत्याधिक उर्वरकों के उपयोग से भी लवणीयता बढ़ती है।

केस अध्ययन (Case Studies) :- सांभर झील (जयपुर) राजस्थान की ही नहीं वरन् सम्पूर्ण भारत की सबसे बड़ी खारे पानी की झील है, जिससे वृहद मात्रा में झीलीय नमक उत्पन्न किया जाता है। यह झील जयपुर-फुलेरा रेलमार्ग पर जयपुर से 65 कि.मी. की दूरी पर फुलेरा तहसील में स्थित है। साँभर झील में मेढ़ा, रूपनगढ़, खारी और खण्डेला नदियाँ आकर गिरती हैं। सांभर झील का अपवाह क्षेत्र 500 वर्ग कि.मी. है। सांभर झील की लम्बाई लगभग 32 कि.मी. तथा चौड़ाई 3 कि.मी. से 12 कि.मी. तक है। इस झील में प्रतिवर्ग कि.मी. 60,000 टन नमक होने का अनुमान लगाया गया है। वर्तमान में सांभर झील के नमक प्रबन्ध का कार्य हिन्दुस्तान सॉल्ट लिमिटेड के सहयोग से सांभर साल्ट लिमिटेड कर रही है। यहाँ एक सोडियम सल्फेट का संयत्र भी है। साँभरझील से नमक क्यारियाँ तैयार करके बनाया जाता है। यहाँ का नमक सम्पूर्ण देश में भेजा जाता है। साँभर झील भारत में नमक उत्पादन का सबसे बड़ा स्रोत है।

राजस्थान की खारी भूमि और नमक की उत्पत्ति के बारे में हॉलैण्ड तथा किस्त का विचार है कि अरब सागर से ग्रीष्म ऋतु में राजस्थान की तरफ चलने वाली मानसून हवाएँ अपने साथ कच्छ की खाड़ी से नमक के कण उड़कर राजस्थान में हवा की शिथिलता के कारण मरूस्थलीय क्षेत्रों में गिरा देती है, अन्ततः मरूस्थलीय क्षेत्रों में बहने वाली मौसमी नदियों द्वारा यहाँ ये नमक के कण वर्षाऋतु में साँभर झील में लाकर एकत्रित कर देती है।

6. भूमि संसाधन Land Resources

भूमि प्रकृति का एक मुख्य संसाधन है। **स्मिथ एवं पेटरसन** के अनुसार, 'प्रकृति की कोई भी भेंट जिसे हम आवश्यकताओं की सन्तुष्टि के लिए प्रयोग में लाते हैं वह प्राकृतिक साधन या भूमि है।' भूमि में पर्वत, पठार एवं मैदानों को सम्मिलित किया जाता है। मानव के समस्त जीवन पर भूमि का मुख्य प्रभाव पड़ता है। अब तक मनुष्य की कई पीढ़ियों ने पृथ्वी पर जन्म लिया है और अपनी आवश्यकतानुसार भूमि संसाधन का शोषण करते रहे है। पृथ्वी के भू-भाग पर प्राकृतिक, आर्थिक एवं राजनीतिक घटनाएँ घटती रहती है इन सबका प्रभाव मानवीय जीवन पर पड़ता है।

सम्पूर्ण कच्चे माल की प्राप्ति का स्त्रोत भूमि ही है। औद्योगिक, आर्थिक एवं सामाजिक, विकास कच्चे माल की पूर्ति पर ही निर्भर करता है। बढ़ती हुई जनसंख्या के भरण पोषण का सम्पूर्ण दायित्व इस भू-संसाधन का है। मानव के वस्त्र तथा आवास की आवश्यकताएँ भी भूमि से ही पूर्ण होती है। भूमि को प्राकृतिक वातावरण का प्रधान तत्व माना गया है। **विलकॉक्स के अनुसार (Wilcox)** – 'मानव सभ्यता का इतिहास भूमि का इतिहास है तथा प्रत्येक व्यक्ति की शिक्षा यहीं से प्रारम्भ होती है।'

भूमि संसाधन में पर्वत, पठार एवं मैदानों को सम्मिलित किया जाता है। इन तीनों का प्रभाव मानव के समस्त आर्थिक, सामाजिक, औद्योगिक एवं राजनीतिक जीवन पर पड़ता है जलवायु सम्बन्धित विभिन्न कारक जैसे वर्षा, ताप, आर्द्रता आदि की मात्रा भूमि की बनावट पर ही निर्भर करती है।

पर्वत (Mountains) – भूमि के विभिन्न तत्वों में पर्वत को सबसे महत्वपूर्ण एवं आकर्षक भौतिक तत्व के रूप में माना गया है इसके निम्न कारण है –

1. विश्व की अधिकांश खनिज सम्पत्ति पर्वतीय क्षेत्रों में मिलती है।
2. पर्वत के वे क्षेत्र जहां मिट्टी की गहरी परतें तथा नमी की अधिकता होती है वहां पर कृषि की जा सकती है।
3. औषधियों का निर्माण पर्वत पर पाये जाने वाली विभिन्न जड़ी-बूटियों से ही किया जाता है।
4. पर्वतीय क्षेत्रों की बनावट से बने ढाल एवं झरनों से जल विद्युत उत्पादन में सहायता मिलती है।
5. प्रत्येक देश की जलवायु का निर्धारण पर्वतीय ऊँचाई एवं उनकी दिशाएँ करती है।
6. असमान ऊँचाई के कारण जब जलवायु में विभिन्नता पाई जाती है तो वहां की वनस्पति में भी विभिन्नता पाई जाती है।
7. विश्व की प्रमुख फसलों का उद्‌गम स्थल पर्वत ही है।
8. पर्वत श्रेणियों के कारण बंटे विभिन्न क्षेत्रों की सभ्यता एवं संस्कृति बनी रहती है।
9. पर्यटकों के लिए पर्वत पर पाये जाने वाले रंग-बिरंगे फूल, हरे-भरे सघन वन, जल प्रपात, झरनें, सुरम्य घाटियां मनोरंजन के मुख्य साधन है।
10. पर्वत क्षेत्रों में निवास करने वाले मनुष्यों का शारीरिक गठन हष्ट-पुष्ट होता है।

पठार (Plateu) – विश्व के ज्यादातर पठार शुष्क एवं अर्द्धशुष्क जलवायु में स्थित है। यहां पर वर्षा की न्यूनता के कारण वनस्पति के रूप में केवल घासें उत्पन्न होती है। इसलिए वहां पर पशुचारण महत्वपूर्ण स्थान रखता है। विदरित पठारों में आंतरिक भागों की अपेक्षा वर्षा अधिक होती है जिससे कृषि वहां का मुख्य साधन बन जाता है। उष्ण कटिबन्धीय क्षेत्रों में स्थित पठारों में निवास के लिए अनुकूल भौगोलिक परिस्थितियाँ उपलब्ध है।

मैदान (Plains) – सम्पूर्ण विश्व का आधा भाग मैदानों से घिरा है, यूरोप के सम्पूर्ण क्षेत्रफल के 60 प्रतिशत, उत्तरी अमेरिका के 52 प्रतिशत तथा दक्षिणी अमेरिका के 55 प्रतिशत भाग में मैदान फैले हैं। विश्व की अधिकांश जनसंख्या इन मैदानी भागों में निवास करती है। मानव सभ्यता से भी प्राचीन में मैदान, मानव सभ्यता एवं संस्कृति के प्रतीक माने जाते हैं। जलवायु वनस्पति, जीव–जन्तुओं तथा मानवीय क्रियाओं के कारण मैदान भिन्नता स्थापित करते हैं। मैदानी भाग, समतल, उपजाऊ एवं व्यापारिक केन्द्रों के समीप होने के कारण यहां आर्थिक क्रियायें पर्वतीय एवं पठारों की अपेक्षा अधिक होती है।

भूमि का निम्नीकरण (Land degradation) :- मानवीय क्रिया कलापों के द्वारा धीरे–धीरे भूमि का निम्नीकरण होता जा रहा है। कृषि का मुख्य आधार भूमि होने के कारण इसकी उत्पादकता में कमी हो रही है। भूमि का निम्नीकरण निम्न कारणों से हो रहा है:-

1. मूसलाधार वर्षा से भूमि की ऊपरी उपजाऊ परत अपरदित हो जाती है जिससे मिट्टी की उर्वरा शक्ति नष्ट हो जाती है।
2. वनों की अन्धाधुन्ध कटाई एवं अत्यधिक चराई (Over graging) के कारण से मरूभूमि का विस्तार हो जाता है तथा वहाँ की मिट्टी उत्पादकता की दृष्टि से दुर्बल हो जाती है।
3. शुष्क एवं अर्द्धशुष्क प्रदेशों में दूषित भूमिगत जल के सिंचाई में लगातार उपयोग से भूमि में खारापन आ जाता है। जिससे उसका उपाऊपन कम हो जाता है।
4. रासायनिक पदार्थों के प्रयोग से भूमि से पोषक तत्वों का क्षय होता जा रहा है।
5. नहरों द्वारा सिंचाई (Water logging) के कारण यह भूमि कृषि योग्य नहीं रह पाती है।
6. दिनोदिन बढ़ते जा रहे उद्योग कारखानों ईंटों के भट्टों तथा सड़कों के जाल मिटाने से भी भूमि का निम्रीकरण होता जा रहा है।
7. विभिन्न अपशिष्ट उत्पादों के कारण से भूमि की उर्वरा शक्ति नष्ट होती है।

भूस्खलन (Land slides) – जब चट्टानें प्राकृतिक या मानवीय कारणों से चटख जाती है तो गुरूत्व बल से धाराशायी हो जाती है जिसे भुस्खलन कहा जाता है। यह अधिकतर

पहाड़ी क्षेत्रों में होता है। भुस्खलन भूकम्प, जलरिसाव, अपक्षय जनित चट्टानी चटखन, नदी घाटी कटाव अतिवर्षण से आता है। प्राकृतिक कारणों से सड़क सेतु सुरंग बाघ जलाश्य खनन आदि निर्माण से भुस्खलन आता है। ढालों पर वनस्पति विनाश भी महत्वपूर्ण कारण है। हिमालयी क्षेत्र में इससे प्रतिवर्ष हजारों मोतें व करोड़ों की सम्पत्ति विनष्ट होती है। भूस्खलनों का मजहूस सिलसिला 1850 में शुरू हुआ। पर्यटन पर टिकी नैनीताल की अर्थव्यवस्था अब डगमगाने लगी है। नैनीताल अपनी खुबसूरत सील के लिए प्रसिद्ध 1939 मीटर की ऊँचाई पर बना देश के लोकप्रिय पहाड़ी पर्यटन स्थलों में से एक हैं। यहाँ सीढ़ी चढ़ाई वाली शेर का डांडा-स्त्रो व्यूहिल पर घने जगंल के बीच एक पुराना सुनसान चर्च है इस चर्च की पूर्वी खिड़की 1860 के एक विनाशकारी भूस्खलन में जिन्दा दफन हुए 151 लोगों की याद में बनायी गयी थी। इस गुमनाम स्मारक की तरफ ध्यान वापस भुस्खलन के कारण हुआ।

जुलाई में नैना पहाड़ी से हुए भुस्खलन से यहाँ के लोगों में एक दहशत सी फैल गयी थी, एक अन्दाज के अनुसार करीब 50,000 घनमीटर चट्टान व गिट्टी के खिसकने से दर्जनों घर तबाह हो गये। यह मलवा शहर के उत्तर पूर्वी सिरे पर स्थित पहाड़ी की तलहटी के घनी आबादी वाले हिस्से के बिल्कुल नजदीक ही पहुँच गया था। पहाड़ी के ऊपरी भाग में मलवे को रोकने के लिए बनायी गयी दीवार पर अभी भी 15000 घनमीटर मलबा अटका हुआ है।

कुमायूं विश्वविद्यालय में इतिहास विभाग के अध्यक्ष 35 वर्षीय डॉ. अजयसिंह रावत कहते हैं "इसमें कोई शक नहीं कि यह पहाड़ी धीरे-धीरे धंस रही है" दूसरा भू वैज्ञानिकों नेभी इसकी पुष्टि की है रावत बताते हैं कि तैजा पहाड़ी के द.प. में 65 मीटर लम्बी 1.5 मीटर चौड़ी व 2.5 मीटर गहरी दरार पड़ी हुई है।

मृदा अपरदन (Soil erosion)

मृदा कृषि एवं वन सम्पदा का आधार है। यह पैतृक चट्टानों, बहते जल, चट्टान चूर्ण, रासायनिक क्रिया, वनस्पति, अपघटक एवं अनेक कीटाणु व जीवाणुओं की सम्मिलित क्रिया-प्रतिक्रिया का योग है। मिट्टी का उपजाऊपन भी इन्हीं की अनुकूलता या कमी से प्रभावित होता है। भारत एवं विश्व के अधिकांश विकासशील ऊष्ण व अर्द्धऊष्ण देशों की मिट्टयाँ अनेक समस्याओं से ग्रसित है। मिट्टी की जो भी समस्या है उसमें से सबसे प्रधान, दुष्प्रभावी एवं घातक मृदा अपरदन की समस्या हैं। मृदा अपरदन के लिये प्राकृतिक, जैविक एवं मानवीय सभी कारण उत्तरदायी है। इनमें सबसे बड़ा कारण मानव स्वयं ही है। क्योंकि मानव को अपने अनेक उद्देश्यों आर्थिक, सामाजिक एवं सांस्कृतिक अनुकूलताओं की प्राप्ति के लिए मिट्टी की सबसे अधिक आवश्यकता रहती है। मिट्टी के कटाव को ही मृदा अपरदन या भूक्षरण (Soil erosion) कहते हैं। जब विशेष या सामान्य कारणों से किसी स्थान की मिट्टी विघटित व अपघटित होने के पश्चात् उसकी ऊपरी परत अपना स्थान छोड़कर बहने या परिवहित होने लगती है तो उसे मिट्टी का अपरदन कहते हैं किन्तु भारत में एवं विश्व के अधिकांश ऊष्ण व अर्द्धऊष्ण प्रदेशों में वर्तमान में लगभग यही स्थिति है।

मृदा अपरदन के प्रकार (Types of Soil erosion) –

1. जलीय अपरदन (Water erosion):– जल द्वारा अनेक प्रकार के अपरदन होता रहता है। बहता हुआ जल भूतल पर सभी भागों में अपरदन का सशक्त एवं तत्काल प्रभावी कारक है।

(i) पृष्ठीय अपरदन (Sheet erosion) :– यह मृदा अपरदन की प्रथम अवस्था है। इसमें मिट्टी उर्वरता पपड़ी उखड़ने के साथ प्रारम्भ होता है। तत्पश्चात् उखड़ी परतें हवा या पानी के द्वारा हटाई जाती रहती हैं। जिस मिट्टी में जैव पदार्थों की कमी होती हैं अथवा जल धारण सरलता से होता हैं। जुते खेतों, वनस्पति रहित भू–भागों अधिक चराये गए क्षेत्रों, ढ़ालू भागों व स्थानान्तरणशील कृषि प्रदेशों में पृष्ठीय अपरदन को अनुकूल दशायें मिलती हैं।

(ii) अल्पसरित अपरदन (Rillin or slope erosion) :– पृष्ठीय अपरदन से आगे की अवस्था अल्पसरित अपरदन की है। जब पृष्ठीय अपरदन की उपेक्षा कर दी जाये और अपरदन की पूर्व की भांति चलता रहे तो जल संकरी नालियों में बहने लगता है। इस प्रकार संकरी नालियों का बनना ही अल्पसरण हैं। जहाँ धरातल का ढाल 3 प्रतिशत से अधिक होता है वहाँ इस प्रकार का अपरदन अधिक होता है। ढाल की दिशा के समानान्तर जुताई करने से अल्पसरण को अच्छा अवसर मिल जाता है।

(iii) अवनालिका अपरदन (Gully erosion):– अल्पसरण से अवनालिका अपरदन का विकास होता है। इस अपरदन का प्रभाव केवल मिट्टी तक ही सीमित नहीं रहता बल्कि पैतृक चट्टान में भी अवनालिकायें एवं गहरी खाइयाँ बन जाती है। यह अपरदन का सबसे अधिक खतरनाक रूप है। इस प्रकार का अपरदन जिस भू–क्षेत्र पर होता है, वह कृषि के लिए अनुपयुक्त हो जाता है। अवनालिकायें अंग्रेजी के 'V' तथा 'U' आकार में बनती हैं।

(iv) नदी तटीय अपरदन (Riverian erosion) :– यह वर्षा काल में नदियों में प्राय: अधिक पानी बहता है जिससे उसके किनारे कटते रहते हैं। गहरा करता करता है जिससे मिट्टी के कटाव में तेजी आती है। नदी जल में घुले मिट्टी के कारण धारदार यन्त्र की भांति कटाव में सहायक होते हैं।

(v) भू–स्खलन अपरदन (Land-Slide erosion):– पर्वतीय क्षेत्रों में मृदा अपरदन का भयानक रूप भू–स्खलन है। यह वर्षा ऋतु में मिट्टी में गहराई तक पहुँचने वाली नमी के दबाव के कारण किसी भ्रंश रेखा के सहारे भूखण्ड के नीचे खिसकने के साथ होता है।

(vi) वर्षा बूंदों द्वारा अपरदन (Splash erosion) :– मूसलाधार वर्षा के समय बूंदाघात से भी मिट्टी अपरदन होता है। वैज्ञानिकों के अनुसार 90 प्रतिशत भूक्षरण वर्षा की बूंदों से होता है तथा शेष 10 प्रतिशत पानी के बहाव से। वृक्ष विहीन सतह पर वर्षा बूंदें अधिक तेजी से प्रहार करती है जिससे मिट्टी उखड़कर दूर तक फैल जाती है और बाद में पानी में घुलकर बहाव के साथ बह जाती है।

2. वायु द्वारा अपरदन (Wind erosion) :- अर्द्ध शुष्क वन रहित एवं मरूस्थलीय प्रदेशों में वायु तेजी से निरन्तर बहती रहती है। इससे बालू मिट्टी भारी मात्रा में भूमि से रगड़ खाती हुई एवं वायु के साथ उड़कर बहती रहती है। जिससे मरूभूमि एवं सीमावर्ती क्षेत्रों की ऊपरी उपजाऊ परत बह जाती है तथा अनुपजाऊ बालू का ढेर बस्तियों के आस-पास बिखर कर उसे बसाव के अयोग्य क्षेत्र बना देता है।

3. हिमानी द्वारा अपरदन (Glaciated erosion) :- हिमाच्छादित भागों में मृदा अपरदन हिमनदी द्वारा होता है। गुरूत्वाकर्षण के कारण जब हिम ढाल के सहारे सहारे फिसलती हुई आगे बढ़ती है तो तली को घिसती रहती हैं। परिणाम स्वरूप तली की मिट्टी का कटाव होता है। हिमाचल प्रदेश में 4000 मीटर से अधिक ऊँचे भागों में इस प्रकार की मृदा अपरदन देखने को मिलता है।

4. समुद्री तटीय अपरदन (Marine erosion):- समुद्र तट या बड़ी झीलों के तट पर लहरें निरन्तर भूमि को काटती रहती है इसलिए तट परअनेक प्रकार की कटाव की आकृतियाँ,चबूतरे व दलदल आदि पाये जाते हैं। इससे भूमि में क्षार बढ़ता है एवं ऐसी भूमि अनुपजाऊ बनी रहती है।

इसी भाँति हिमानियाँ भी सीमित मात्रा में बर्फीले प्रदेशों में कटाव करती है। जहाँ हिमानियाँ समाप्त हो जाती है वहां बर्फ व जल से मिश्रित कटाव के चबूतरे एवं अन्य रचनाएँ भी बनती हैं। अन्तत: यह पानी बहकर किसी नदी में मिल जाता है।

5. जीवों द्वारा अपरदन (Animal erosion)- विधि प्रकार के जीव बिल खोदकर मिट्टी खाकर, मिट्टी में अपघटन की क्रिया करके एवं भेड बकरियाँ गहराई तक चराई करके तथा अन्य कारणों से मिट्टी को ढीला करती रहती है इससे उस क्षेत्र की मृदा तेजी से जल या पवन द्वारा वहां से उडाई या बहाई जा सकती है। इससे भूमि की ऊपरी उपजाऊ सतह शीघ्र नष्ट हो जाती है। ऐसा विशेषकर अर्द्धशुष्क प्रदेशों में, ढालू घास के मैदानों में एवं वन रहित पशुचारण के क्षेत्रों में होता रहता है, क्योंकि भेड-बकरियाँ जड़ों तक चराई करके मिट्टी के कणों को ढीला बनाकर उन्हें शीघ्र अपरदन योग्य बनाती रहती है।

6. मानवीय कारणों से भूमि अपरदन (Human erosion) - मानव अनेक प्रकार से भूमि को अपरदन योग्य बनाता है। वह खान खोदकर, वन काटकर, घास के मैदानों को कृषि भूमि में बदलकर, खेतों को जोतकर व खुला छोडकर वह भूमि को अपरदन योग्य बनाता है। इसी भाँति नगरों से निकला मैला जल, उद्योगों का अम्लीय जल, प्रदूषित जल व ठोस मैला पदार्थ सभी मिलकर मिटटी में अनुपयोगी अम्लीय एवं क्षारीय प्रभाव बढाते रहते हैं। इससे भी उपजाऊ मिट्टी तेजी से अनुपजाऊ या बंजर बन जाती है। उपरोक्त विभिन्न कारणों से उपजाऊ मृदा नष्ट हो जाती है। मृदा अपरदन निरन्तर होने वाली प्रक्रिया है जिसके द्वारा हजारों हेक्टेयर भूमि प्रतिवर्ष नष्ट होती रहती है। अपरदन के द्वारा स्थानान्तरित मृदा विभिन्न जल स्त्रोतों में एकत्रित होने के कारण भयंकर स्थिरति उत्पन्न हो जाती है। नदियों का उथला होना है। नदियों, नालों के किनारों तथा समीपवर्ती मृदा में, मृदा क्षरण के द्वारा लम्बे -चौड़े दरारें एवं गड्ढे बन जाते

हैं। ऐसे स्थानों पर कृषि क्रियाये असम्भव हो जाती है। अपरदन के कारण विभिन्न प्रकार के पोषक तत्व जल के साथ घुल कर नष्ट होते रहते हैं, जिससे मृदा उत्पादन शक्ति क्षीण हो जाती है। पूर्ण अपरदित मृदा भौतिक, रासायनिक एवं जैविक दृष्टिकोण से फसलोत्पादन के अयोग्य हो जाती है और उसमें खेती करना अर्थहीन एवं व्ययशील प्रक्रिया हो जाती है। आर्थिक दृष्टिकोण से मृदा अपरदन एवं अत्यन्त हानिकारक प्रक्रिया है। अपरदन के कारण राजमार्ग, रेलमार्ग एवं अन्य सार्वजनिक स्थान का काफी अंश नष्ट होता रहता है, जिसे सुधार में करोड़ों रूपये व्यय होतें हैं। पास्थितिक असन्तुलन में भी मृदा अपरदन का महत्वपूर्ण स्थान है। इसके भयंकर प्रभाव से अकिन्चन भू-दृश्य (Poor landscape) प्रक्षेत्र परित्याग, भूमि के बन्धक रखने का निषेध एवं हतोत्साह आदि होना भी सम्भव है। यही कारण है कि मृदा अपरदन जैसे अभिशाप का निवारण करना हमारा पुनीत एवं अनिवार्य कर्तव्य है। मृदा अपरदन को रोकने के लिये जिन विधियों एवं पक्रियाओां को प्रयोग में लाया जाता है, **भूमि संरक्षण** (soil conservation) कहलाता है।

मृदा संरक्षण की विधियाँ (Methods of Soil Conservation)

मृदा संरक्षण की विधियाँ निम्नलिखित हैं –

सस्य विज्ञान सम्बन्धी विधियाँ (Agronomical Methods)–सस्य विज्ञान सम्बन्धी विधियों को जैविक विधियॉ भी कहते हैं । इन विधियों में मनुष्यों द्वारा उगायी जाने वाली फसलों से मृदा को प्राकृतिक वनस्पति के रूप में सुरक्षा प्रदान करने का प्रयत्न किया जाता है। जैविक विधियों में प्रमुख रूप ससे प्रचलित विधियॉ निम्नलिखित हैं –

(i) पट्टीदार खेती – इस विधि का प्रयोग प्रवाह युक्त जल के वेग को मन्द करने के लिये किया जाता है । इसके अन्तर्गत अपरदन को रोकने वाली फसलें एवं अपरदन रोधी पतीदार फसलों को समोच्च रेखाओं पर पंक्तियों के एकान्तर क्रम में उगाया जाता है । ढाल मृदा को ढाल के विपरीत बहुत सी पट्टिटियों में विभाजित कर लिया जाता है । पट्टियॉ ढाल के साथ ससमकोण पर बनायी जाती है । इसमें पंक्ति फसल (Row crop) तथा ढकने वाली फसल (Cover crop) उगायी जाती है जिससे मृदा अपरदन काफी सीमा तक कम हो जाता है ।

(ii) फसल चक्र (Crop Rotation)– मृदा संरक्षण के लिये फसल चक्र बनाते समय फलीदार एवं घस वाली फसलों का समावेश आवश्यक है, जिससे न केवल मृदा उर्वरता की वृद्धि होती है, बल्कि इन फसलों के द्वारा मृदा को सुरक्षा प्रास होती है और अपरदन रूकता है।

(iii) खादों का प्रयोग (Application of manure) – कार्बनिक खादों, जैसे – गोर, कम्पोस्ट, हरी खादों का प्रयोग करने पर मृदा उर्वरता की वृद्धि के साथ मृदा के भौतिक गुणों में सुधार होता है जिससे मृदा का गठन, संरचना, जल धारण क्षमता, चिपचिपापन बढ़ता है और मृदा अपरदन में कमी आती है।

(iv) रक्षक मेखला (Shelter Belt) – रक्षक मेखला के अन्तर्गत विभिन्न प्रकार के वृक्षों एवं झाड़ियों को, जो अत्यन्त घने होते हैं, खेतों के किनारों पर हवा की दिशा के

समकोण पर पंक्तियों में उगाया जाता है। इन मेखलाओं के कारण वायु का वेग लगभग समाप्त हो जाता है और वायु क्षरण से होने वाली हानि से बचा जा सकता है।

(v) वनस्पति आवरण (Vegetation Cover) - इसके अन्तर्गत वनरोपण (Afforestation) एवं घासरोपण (Agrostology) आते हैं। ऐसा देखा गया है कि जिन स्थानों से वनों को साफ कर दिया जाता है, वहाँ भूमि अपरदन बढ़ जाता है। अत: ऐसे स्थानों में, सड़कों, रेलमार्गों, नहरों, सार्वजनिक स्थानों के आस-पास वनस्पतियों का विकास करना अति आवश्यक है। वनस्पतियों की जड़ें मृदा को बाँधने में सहायक होती हैं। भूमि की उर्वरा शक्ति को बढ़ाती है तथा वर्षा जल एवं वायु वेग को कम करती हैं। इस प्रकार वन एवं घासरोपण से मृदा अपरदन को कम किया जा सकता है।

मरुस्थलीकरण (Desertification)

मरुस्थल का शाब्दिक अर्थ है मृत भू-भाग अर्थात् वह भू-भाग जिसमें सतही जल का अभाव हो तथा वहां की मिटटी में जैविक तत्वों व नमी का अभाव हो। जलवायु की दृष्टि से मरुस्थल वह भू-भाग है जहां वार्षिक वर्षा का औसत 25 सेमी. से कम हो तथा तापमान की प्रतिकूल परिस्थितियाँ हो। उपजाऊ मृदा का मरुस्थली भूमि से परिवर्तन होना हो मरुस्थलीयकरण है। मरुस्थलीयकरण से तात्पर्य शुष्क प्रदेशों के अपनयन से है। जिसका कारण मानव द्वारा भूमि का अधिक उपयोग व जलवायु के उतार चढ़ाव के प्राकृतिक कारणों से होता हैइससे वनस्पति का क्षय होता है व स्थान वनस्पति रहित हो जाता है। ऊपरी मिटटी की उपजाऊ परत हवा व जल द्वारा बहा दी जाती है। फलत: क्षारीयता से पौधे उत्पन्न नहीं हो पाते अथवा बालुका स्तूपों के जमाव से वहां कृषि उपयोगी क्षेत्र नहीं रह पाता है।

मरुस्थलीकरण के कारण (Causes of Desertification) - (1) जनसंख्या वृद्धि (2) अनियंत्रित पशु चराई (3) पशु संख्या में वृद्धि (4) वनों का विनाश (5) जलवायु में परिवर्तन (6) भूमिगत जल स्तर में गिरावट (7) अकाल व सूखे की मार (8) क्षारीयकरण (9) कृषि क्षेत्र बढ़ने से वनों का कटना (10) भू-क्षरण आदि। विश्व के 33 प्रतिशत भाग पर शुष्कता मिलती है जहां 8 प्रतिशत जनसंख्या रहती है। इनका व्यवसाय मुख्यत: पशुपालन होता है। स्थानिक प्रारूप से पता चलता है कि मरुस्थलीकरण शुष्क कटि व उपोष्ण कटिबन्ध क्षेत्रों में अधिक है। संयुक्त राष्ट्रके एक अनुमानानुसार अफ्रीका महाद्वीप का 40 प्रतिशत भाग मरुस्थल के खतरे में है इसी प्रकार एशिया का 33 प्रतिशत लैटिन अमेरिका का 20 प्रतिशत भाग मरुस्थलीयकरण की चपेट में है। विश्व में सर्वाधिक मरुस्थलीकरण के क्षेत्र अल्जीरिया, इथोपिया, लेबनान, जोर्डन,नाइजर,चाड व माली इराक व सूडान है। जहां पर 1950 से 1990 तक खाद्यान की उत्पादन 45 प्रतिशत गिर गया व इस प्रकार वहां भुखमरी की शक्तियां अधिक प्रबल हो गयी। भविष्य में ऐसी ही स्थिति होने वाली है।

मरुस्थलीकरण के परिणाम (Effects of desertification) - 1. हवा जल द्वारा मिट्टी का तीव्र कटाव 2. मरूस्थल के तीव्र प्रसार से वनों का विनाश 3. नदियों व झीलों में

अवसादीकरण 4. भूमिगत जल स्तर में गिरावट 5. खाद्यान उत्पादन में कमी 6. जलाऊ लकड़ी का अकाल 7. पेयजल स्त्रोतों का सूखना, 8. चरागाह क्षेत्रों में कमी 9. बंजर भूमि का विस्तार 10. अकाल की संभावना।

मरूस्थलीकरण रोकने के उपाय–

1. खुली भूमि में हवा के विपरीत दिशा में वृक्षारोपण किया जाना चाहिये।
2. बालु जमीन की जलधारा क्षमता कम होती है अत: वर्षाकाल में इस क्षेत्र में बीजों का छिड़काव किया जाना चाहिये।
3. अरावली पर्वतमाला के अन्तरालों में पादप सुरक्षा पट्टियाँ (Safety Green belt) स्थापित की जानी चाहिये।
4. फव्वारों द्वारा सिंचाई करके मरूभूमि विस्तार को रोका जा सकता है।
5. नये चरागाह क्षेत्रों का वैज्ञानिक तकनीक से विकास किया जाना चाहिये।
6. चरागाह भूमि पर पशुओं के प्रवेश को प्रतिबन्धित किया जाना चाहिये।
7. बहने वाली वायु की दिशा के लम्बवत् धारीदार फसल लगायी जानी चाहिये।
8. राष्ट्रीय राजमार्गो के दोनों तरफ सघन वृक्षारोपण किया जाना चाहिये।
9. वृक्षों की कटाई पर पूर्ण प्रतिबन्ध लगाया जाना चाहिये।
10. सामाजिक वानिकी, कृषि वानिकी तथा वन खेती के द्वारा रेतीली बंजर भूमि का उपयोग किया जाना चाहिये।

प्राकृतिक संसाधनों के संरक्षण में मनुष्य का योगदान (Role of an individual in conservation of natural resources)

प्राकृतिक संसाधनों के अत्यधिक शोषण एवं अविवेकपूर्ण उपयोग ने मानव समाज को खतरे में डाल दिया है। यदि इसका शोषण इसी रफ्तार से होता रहा तो मानव की उन्नति एवं उसके जीवनयापन स्तर की सम्पन्न को बनाये रखना असम्भव हो जायेगा। इसका एक मात्र उपाय प्राकृतिक संसाधनों का संरक्षण है। **प्राकृतिक संसाधनों के संरक्षण हेतु मनुष्य को निम्न तथ्यों पर ध्यान देना आवश्यक है –**

1. सर्वप्रथम मनुष्य को संसाधनों को विवेकपूर्ण उपयोग हेतु शिक्षित एवं प्रशिक्षित किया जाना चाहिए।
2. संसाधनों का समान रूप से संतुलित उपयोग किया जाना चाहिए।
3. संसाधनों का बहुउद्देशीय उपयोग किया जाना चाहिए ताकि कम मात्रा में अधिक उपयोगिता प्राप्त की जा सके।

4. जन संचार माध्यमों के द्वारा प्राकृतिक संसाधनों के संरक्षण हेतु जन चेतना जागृत की जानी चाहिए।

5. राष्ट्रीय एवं स्थानीय स्तर पर संसाधनों के संरक्षण के लिए आवश्यक नियम बनाये जाने चाहिए तथा उनकी कडाई से पालना की जानी चाहिए।

6. सीमित संसाधनों का उपयोग अति महत्वपूर्ण कार्य के लिए ही किया जाना चाहिए।

7. नवीन तकनीकी द्वारा वैकल्पिक नये संसाधनों की खोज की जानी चाहिए।

8. कम उपयोगी संसाधनों को नष्ट नहीं किया जाना चाहिए बल्कि उसके उचित उपयोग के प्रयास किये जाने चाहिए।

पोषणीय जीवन शैली के लिए संसाधनों का सम्यक उपयोग (Equatable use of resources for sustainable life styles)

मानव समाज अपनी प्रगति के लिए खनिजों का खनन तथा ऊर्जा का अधिक उपयोग करता है। इससे अधिक उपयोग से पर्यावरण प्रदूषण, संसाधनों की कमी तथ अवनति जैसी स्थिति उत्पन्न हो रही है। इसके नियंत्रण के लिए प्रकृति का संरक्षण अति आवश्यक है ताकि उसका और शोषण किया जा सके। अतः संसाधनों का संरक्षण एवं शोषण परस्पर विरोधी नहीं है बल्कि ये दोनों एक प्रक्रिया के दो पहलू हैं। अर्थात् संसाधनों के सम्यक उपयोग से ही पोषणीय जीवन शैली सम्भव है। संसाधनों के सम्यक उपयोग के लिए निम्न सिद्धान्तों की पालना आवश्यक है-(i) प्राकृतिक संसाधनों का उपयोग करते समय इस बात को ध्यान में रखना चाहिये कि इससे अन्य जीवों को हानि नहीं पहुँचे। (ii) संसाधनों का उपयोग आवश्यकतानुसार ही किया जाना चाहिये। (iii) अनव्यकरणीय संसाधनों का सीमित उपयोग किया जाना चाहिये ताकि इनका लम्बे समय तक उपयोग किया जा सके। (iv) नव्यकरणीय संसाधनों का उपयोग उनके पुनः उत्पादन के हिसाब से ही किया जाना चाहिये।

▣▣▣

3

भारत में पर्यावरण कानून

पर्यावरण शब्द अंग्रेजी के 'environment' शब्द का हिन्दी रुपान्तरण है। जिसका शाब्दिक अर्थ होता है आस–पास का वातावरण या पास–पड़ौस, यह दो शब्दों से मिलकर बना है परि तथा आवरण, परि शब्द का अर्थ है घेरा, तथा आवरण का अर्थ हमारे चारों तरफ अर्थात् ऐसा घेरा जो हमारे चारों ओर है, जिसने हमें चारों ओर से घेर रखा है। संविधान के अनुच्छेद 21 के अनुसार जीवन, जीवन के गौरव, एक संतुलित पर्यावरण में रहने, संक्रामक बीमारियों एवं उनके खतरों के बचाने की गांरटी देता हैं, प्रत्यक्ष रूप से पर्यावरण तो नहीं परन्तु अप्रत्यक्ष रूप से पर्यावरण की सुरक्षा के लिए भारतीय दण्ड संहिता में धारा 288 से 291 तक कुछ प्रावधान किये गये हैं। 1960 में बनायी गयी इस संहिता में सार्वजनिक बाधा से लेकर सार्वजनिक धर्म एवं पर्यावरण का अन्योन्याश्रित सम्बन्ध है। भारतीय संस्कृति एवं सभ्यता इस तथ्य का पुष्ट प्रमाण है कि भारत में सर्व धर्म समभाव को सदैव आदर की दृष्टि से देख गया है तथा समस्त धर्मों को एवं मात्र शाश्वत सत्य है–''जीओ और जीने दो।'' जीओ और जीने दो का सम्बन्ध न केवल मानव समुदाय तक ही परिसीमित नहीं है किन्तु इसका 'चर' अचर जीव, जड़, पर्यावरण से भी अटूट सम्बन्ध है। विश्व के प्रमुख धर्मों में हिन्दू धर्म, ईसाई धर्म, इस्लाम धर्म, जैन एवं बौद्ध धर्म आते हैं। इन सभी धर्मों मे निरर्थक जीव हिंसा का निषेध है। क्यों प्रकृति के विभिन्न उपादानों एवं आयामों को इन धर्मावलम्बियों ने पुष्पित, पल्लवित, विकसित, प्रस्फुटित एवं प्रफुल्लित देखने का प्रयास किया है। हिन्दू धर्म में प्रमुख वेदान्त दर्शन ने तो प्रकृति का देवी के रूप में प्रतिष्ठापित

किया है। पर्यावरण मात्र भौतिक अथवा लौकिक वातावरण तक ही सीमित नहीं है, अपितु समस्त ब्रहाण्ड जिसके निर्माण में आकाश, पृथ्वी, जल, वायु एवं अग्नि की अहम् भूमिका से संबंधित है। वेदान्त दर्शन का प्रमुख मंत्र है आपः शान्तिः, वायुः शान्तिः, अग्निः शान्तिः, पृथ्वीः शान्तिः, सर्वांगः, शान्तिः, अर्थात् प्रकृति के इन उपादानों की उपासना सर्वत्र शान्ति के लिए की गई है। यदि प्रकृति का अत्यधिक दोहन या शोषण होता है तो पर्यावरण तो प्रदूषित होता ही है। साथ-ही-साथ प्राणी मात्र के जीवन का अस्तित्व भी संदिग्ध हो सकता है। प्रकृति को वस्तुतः जीवन का पर्याय माना जा सकता है। यदि प्रकृति विश्व के धराधाम से विलोपित हो जाती है तो मनुष्य मात्र का जीवित रहना अंसभव है। सम्प्रति में जो पर्यावरणीय प्रदूषण प्रकृति के दोहन के फलस्वरूप हो रहा है वह कालान्तर में समस्त में मानवता को काल के गाल में धकेल देगा ऐसी संभावना से इनकार नहीं किया जा सकता।

भारतीय शास्त्रों प्रमुखतः वेदों, उपनिषदों, ब्राहाण ग्रंथो, पुराणों उपजीवीय धार्मिक ग्रंथों ने सदैव सूर्य, अग्नि, जल, वायु, इन्द्र, आदि की पूजा का प्रावधान रखा था। इतना ही नहीं पीपल, बड़, तुलसी के पेड़-पौधों को देवतुल्य समझकर उनकी आराधना एवं पूजा का प्रावधान है। कल्पवृक्ष तो सभी मनोकांमनाओं एवं सिद्धि को प्राप्त करने का सहज साधन है, ऐसी मान्यता हिन्दू धर्म की रही है। अग्नि, जल, वायु, पृथ्वी को अर्ध्य देने से तथा यज्ञों के माध्यम से आहूति देने से इन्द्र देव प्रसन्न होकर प्रजन्म (वर्षात्) करते हैं जिससे प्रकृति विकसित, प्रस्फुटित, प्रफुल्लित होकर मानव मात्र की आवश्यकताओं की सम्पूर्ति करती है, जो मनुष्य मात्र के आवश्यक संसाधन है। हिन्दू धर्म ही क्यों इस्लाम धर्म में भी प्रकृति को संजोने, संवारने के कृत्य को प्रत्येक मुस्लिम को पुनीत माना है। ईसाई धर्म में तो प्रकृति को दैवी स्वरूप समझा है। प्रकृति की गोद मे बैठकर वर्ड्सबर्थ, कीट, शैले विश्व के महान् कवि बने। बौद्ध धर्म के उन्नायक व प्रवर्तक भगवान बुद्ध को बड़ के नीचे ही बौद्धिसत्व प्राप्त हुआ। जैन धर्म के समस्त साधु-साध्वियों के लिए प्राकृतिक पर्यावरण में ही बिहार करना परमावश्यक है क्योंकि जैन धर्म में किसी भी प्रकार की जीव हिंसा का निषेध है तथा प्राकृतिक पर्यावरण में बिहार करने से ही उस परम अलैकिक शक्ति का आभास हो सकता है। इस प्रकार हम देख सकते हैं कि हिन्दू, बौद्ध एवं ईसाई, जैन, इस्लाम तथा विश्व के सभी धर्मों में प्रकृति के संवर्द्धन-संरक्षण का प्रावधान किया गया है। फिर भला जिस प्रकृति की गोद में खेल कर हम पलते हैं, बड़े होते हैं उस प्रकृति का दोहन करना तथा पर्यावरण को प्रदूषित करना अपने पैरों पर कुल्हाड़ी मारना नहीं है तो क्या है?

अगर उपर्युक्त वर्णित धर्मों में पर्यावरणीय संरक्षण के प्रावधानों को हम यदि अति विस्तार से देखें तो पायेगें कि जैन धर्म पूर्ण रूप से अहिंसा पर आधारित है तथा प्रत्येक जैन व्यक्ति के पंचव्रत के प्रण को निभाता है। ये पंचव्रत हैं-सत्य, अहिंसा, अस्तेय, बह्मचर्य, अपरिग्रह। इन पंचव्रतों का पालन करने वाला प्रत्येक जैनी जो अहिंसा में विश्वास करता है कदापि पेड़-पौधों को नष्ट करने की कल्पना भी नहीं कर सकता। जैन साधु प्रायः कुटिया में निवास करते हैं व वनों में तपश्चर्या करते हैं। अतः स्वभावतः ही वे वनों के प्रति संवेदनशील होते हैं। भगवान पार्श्वनाथ, महावीर स्वामी ऋषभ देव, अरिष्ट नेमि आदि सभी ने भोग को त्याग कर जीव दया एवं अहिंसा का पाठ पढ़ाया था। ये प्रकृति को प्रधानता देते थे। उनके विचार में यह समस्त सृष्टि

प्रकृति के नियमों से संचालित होती है। जैन धर्म का अनेकान्तवाद अहिंसा की साधना है जिससे जीव, मनुष्य, पेड़-पौधे एवं प्रकृति का संरक्षण होता है तथा पर्यावरण में शुद्धिकरण रहता है। आज भी इस धर्म को मानने वाले 15-20 लाख जैन जो आचार, विचार, रहन-सहन, रीति-रिवाज से अहिंसा, सत्य, अस्तेय, ब्रह्मचर्य व अपरिग्रह में विश्वास करते हैं उन्हें अपने तीर्थकरों के उपदेशानुसार विभिन्न संघों के माध्यम से प्रकृति की रक्षा करने का अनवरत प्रयास करना चाहिए जिससे पर्यावरणीय प्रदूषण को रोका जा सके तथा 'सर्वे भवन्तु सुखिनः सर्वे सन्तु निरामया' की कल्पना साकार हो सके।

इस्लाम धर्म की आयतों में जीव हत्या का निषेध तथा पेड़-पौधों की रक्षा करने की हिदायत दी है। एक स्थान पर हजरत अबुबक्र ने कहा, ''फल देने वाले वृक्षों को, फसलों व जानवरों को तवाह मत करो।'' कुरान में अनेक स्थानों पर ऐसे संकेत मिलते हैं कि ईश्वर व जीव के बीच प्रेम का अटूट सम्बन्ध है। सारी सृष्टि किसी अदृश्य सत्ता से व्याप्त है। आर्यों की मान्यता रही है कि वृक्ष और जल स्त्रोत सदैव पूजनीय हैं। वे तुलसी, वट वृक्ष, अश्वत्थ(पीपल) बेल, वृक्षों को पवित्र मानते थे। परन्तु आज आर्यावत में आर्यों की संतान कहलाने वाले हम इन पेड़ों को बेरहमी से काट रहे हैं। नदियों को कल-कारखाने के कचरों से प्रदूषित कर रहे हैं। बुजुर्गों की अस्थियाँ व मरी हुई लाशें जल में बहा रहे हैं जिससे पवित्र नदियों का जल प्रदूषित होता है। पेड़ों को काटकर हिमालय को बाँझ बनाया जा रहा है। जंगलों को काटा जा रहा है। फैक्टरियों के धुएँ से वायुमण्डल को प्रदूषित किया जा रहा है। ऐसा करके हम केवल अपने स्वार्थों की पूर्ति कर संतुष्ट हो रहे हैं। लेकिन ऐसा करने के फलस्वरूप प्रदूषित पर्यावरण के कारण मानवता के अस्तित्व को समाप्त किया जा रहा है। इस प्रकार हम कह सकते हैं कि विश्व की प्राचीन आर्य सभ्यता ने भी प्रकृति को पूजनीय माना तथा भारतीय प्राचीन शास्त्रों ने भी आकाश, पृथ्वी, अग्नि, वायु, जल को जीवन के अस्तित्व का प्रमुख स्त्रोत माना है। इनका विध्वंस करने से व दोहन करने से केवल पर्यावरण ही दूषित नहीं होगा। मानव समाज का जीवित रहना भी दूषित पर्यावरण से रहना भी दूभर हो जायेगा।

ईसाई धर्म सदा अहिंसा का पक्षधर रहा है। ईसा मसीह स्वयं जीवों पर दया, अहिंसा, करुणा व मैत्री में विश्वास करते थे। वे पास से घृणा व पापी से प्यार करने में विश्वास करते थे। वे भौतिकवादी व्यवस्था के विपरीत थे। उनका विचार था कि भौतिकवादी व्यवस्था ही जीवन में असंतुलन पैदा करती है व मानव स्वार्थी और विचारों से प्रदूषित हो जाता है। वे प्राकृतिक एवं वैचारिक प्रदूषण के विरोधी रहे हैं। स्वयं को सूली पर चढ़ाने वालों के प्रति भी उनके मन में दया थी तभी तो उन्होंने कहा, ''हे ईश्वर इन्हें माफ कर देना, इन्हें ज्ञात नहीं कि ये क्या कर रहें हैं।'' ईसामसीहा का संदेश था जीओ और जीने दो "Live and Let others leave"उनकी मान्यता थी कि, ''प्रेम ही ईश्वर है, ईश्वर ही प्रेम है। जो प्रेम में रहता है वह ईश्वर में रहता है तथा ईश्वर उसमें रहता है।'' "Love is God;God is love, one who lives in love, loves is God and God lives in him."ये विचार मानवीय उदात्त प्रेम के उत्कृष्ट उदाहरण हैं। मानव मात्र से प्रेम करना, जीवों पर दया करना, प्रकृति को पूजनीय मानना व हिंसा से दूर रहना ईसाई धर्म के प्रमुख सिद्धांत हैं। इस प्रकार हम देखते है कि हिन्दू धर्म विशेषतः वैदिक धर्म, इस्लाम धर्म, जैन

धर्म, बौद्ध धर्म, ईसाई धर्म के प्रवर्तकों , धार्मिक ग्रंथों ने सदैव मानव मात्र के कल्याण की परिकल्पना की। वसुधैव कुटुम्बकम् की भावना को स्वीकारा तथा सर्वे भवन्तु सुखिनः सर्वे सन्तु निरामया की कल्पना को संजोया जिससे विश्व मानव की मानवता का संदेश सार्थक हो सके। उन्होंने जीब, जड़, चर, अचर के असित्व के लिए प्रकृति का संरक्षण करने के लिए सिंहनाद किया तथा मानव कल्याण के लिए प्रकृति के समस्त उपादानों को संरक्षित एवं सुरक्षित रखने का उपादेश दिया। इस प्रकार कहा जा सकता है कि सभी धर्मों ने प्रकृति के दोहन का विरोध किया है क्योंकि प्रकृति का दोहन करने से पर्यावरण प्रदूषित होता है तथा मानवता काल-कवलित हो सकने की संभावना बलवती बन सकती है। बमों के विस्फोट से, गैसों के रिसाव से, पेड़ों की कटाई से, कल-कारखानों के धुएँ से, गंदे रासायनिक द्रव्यों के बहाव से जल, पृथ्वी, आकाश, अग्नि, हवा प्रदूषित होते हैं। अतः समस्त धर्मावलम्बियों से अपेक्षा है कि वे मानव कल्याण को ही अपना सच्चा धर्म समझते हुए पर्यावरण को प्रदूषित होने से बचावें। यही समस्त धर्मों का सारभूत शाश्वत सत्य है।

पर्यावरण सुरक्षा अधिनियम

पर्यावरण के विविध आयामों को कानून की परिधि में ब्रिटिश काल से ही रखा जाता रहा है। यद्यपि ब्रिटिश शासन के समय इंडियन पैनल कोड, 1860 की धारा 268, 290 ,291, 426, 430, 431 तथा 432 में पर्यावरणीय तथ्यों का विवरण है तथा धारा 277 'जल प्रदूषण' और 278 'वायु प्रदूषण' से सम्बन्धित है। इसी काल में मोटर वाहन एक्ट, 1938, इण्डियन फोरेस्ट एक्ट, 1927 में वनों को वर्गीकृत करने तथा वन्य जीवों के संरक्षण पर प्रभावी बल दिया गया है। भारत दुनिया के उन गिने-चुने देशों में सम्मिलित है, जिसके संविधान में देश की सृमद्ध वन्य सम्पदा का स्पष्ट विवरण है। संविधान के अनुच्छेद 48 (ए) में राज्य से अपेक्षा की गयी है कि वह पर्यावरण के संरक्षण और सुधार तथा देश के वनों व वन्य जीवों के संरक्षण का उत्तरदायित्व निभाएगा (Article 48 (A) imposes a duty on the state "to protect and impose the environment and to safeguard the forests and wildlife of the country.") संविधान के अनुच्छेद 51-ए (जी) में प्रत्येक नागरिक से यह भी अपेक्षा की गयी है कि वह वन, झीलों, नदियों और वन्य जीवों सहित सम्पूर्ण प्राकृतिक पर्यावरण को अपना बुनियादी कर्त्तव्य समझ कर रक्षा करेगा और जीवित प्राणियों के प्रति दया भाव रखेगा (Article 51-A (G) impose a duty on citizen of India "to protect and improre the natural environment including forests, lakes, rivers and wildlife and to have compassion for living creatrue.")

वर्तमान में पर्यावरण संरक्षण के प्रति भारत सरकार की चिन्ता विभिन्न पर्यावरण कानूनों के रूप में व्यक्त होती है। इनमें प्रमुख हैं, भारतीय वन अधिनियम 1927; वन्य जीवन (सुरक्षा) अधिनियम 1972 (1991 में संशोधित); पर्यावरण (सुरक्षा) अधिनियम 1986; वन (संरक्षण) अधिनियम 1980 (1988 में संशोधित); जल (प्रदूषण रोकथाम व नियंत्रण) अधिनियम 1974 (1988 में संशोधित); वायु (प्रदूषण रोकथाम व नियंत्रण) अधिनियम 1981 (1988 में संशोधित); तटीय नियमन क्षेत्र अधिसूचना 1991/ 1988 की राष्ट्रीय वन नीति तथा 1992 में

प्रकाशित संरक्षण रणनीति व नीति का राष्ट्रीय व नीति का राष्ट्रीय वक्तव्य भी संरक्षण के प्रति सरकार की चिन्ता की झलक देते हैं। एक दिलचस्प तथ्य यह है कि पर्यावरण संबंधी कानूनी ढ़ाचे को बदलती सामाजिक-आर्थिक परिस्थितियों के अनुरूप बनाने के ज्यादातर प्रयास 1986 के बाद ही हुए हैं। इनके अलावा पिछले वर्षों में पर्यावरण आदि मुद्दों पर अदालतों के जो फैसले आये हैं, उनसे भी प्रतीत होता है कि न्यायालयों का सोच भी पर्यावरण के पक्ष में झूक रहा है।

वायु (प्रदूषण निवारण तथा नियन्त्रण) अधिनियम, 1981(Air (Prevention and Control of Pollution) Act, 1981)

वायु प्रदूषण के निवारण, नियन्त्रण तथा उपशमन के लिए पूर्वोक्त प्रयोजनों को क्रियान्वित करने की दृष्टि से बोर्डों की स्थापना के लिए उनसे सम्बन्धित शक्तियों और कृत्य ऐसे बोर्डों को प्रदत्त और समनुदेशित करने के लिए और उनसे सम्बन्धित विषयों के लिए उपबन्ध करने के लिए अधिनियम''।

''जून, 1972 में स्टॉकहोम में मानवीय पर्यावरण पर एक संयुक्त राष्ट्र सम्मेलन हुआ था जिसमें भारत ने भी भाग लिया था। इसमें भूमि के प्राकृतिक साधनों के, जिनमें वायु के गुणों का परिरक्षण एवं प्रदूषण का नियन्त्रण सम्मिलित है, निवारणार्थ समुचित कदम उठाने के लिए निर्णय लिया गया था और वायु के परिरक्षण (Protection)के लिए तथा प्रदूषण के नियन्त्रण के लिए पूर्वोक्त को कार्यान्वित करना आवश्यक समझा जाता है। अत: भारत गणराज्य के बत्तीसवें वर्ष में संसद द्वारा निम्नलिखित रूप में यह अधिनियमित हो–

1. **संक्षिप्त नाम, विस्तार और प्रारम्भ (Title of Act, Extent and Date of Enforcement)**–(1) इस अधिनियम का नाम वायु (प्रदूषण निवारण एवं नियन्त्रण) अधिनियम, 1981 है।

(2) इसका विस्तार सम्पूर्ण भारत (Whole of India)पर है।

(3) वायु (प्रदूषण निवारण तथा नियन्त्रण) अधिनियम, 1981 दिनांक 16 मई, 1981 से लागू है।

2. **परिभाषाएँ (Definitions)**–इस अधिनियम में, जब तक कि सन्दर्भ से अन्यथा अपेक्षित न हो–

(क) ''वायु प्रदूषक''से तात्पर्य किसी ऐसे ठोस, तरल या गैसीय पदार्थ के (जिसमें शोर शामिल है) वायुमण्डल में इस प्रकार विद्यमान होने से है जो मानव जीवन, दूसरे जीवों, पौधों, सम्पति अथवा पर्यावरण के लिये हानिकारक हो सकता है या हानिकार होने की प्रवृत्ति वाला है।

(ख) ''वायु प्रदूषण'' से तात्पर्य किसी प्रदूषक पदार्थ के वायुमण्डल में विद्यमान होने से है।

"राज्य बोर्ड" से तात्पर्य–

(i)राज्य के सम्बन्ध में जिसमें जल (प्रदूषण निवारण तथा नियन्त्रण) अधिनियम, 1974 (1974 का अधिनियम संख्यांक 6) लागू है तथा राज्य सरकार ने उस राज्य में उस अधिनियम की धारा 4 में राज्य प्रदूषण नियन्त्रण बोर्ड का गठन किया गया है।

राज्य के मूलभूत कार्य

संविधान का अनुच्छेद 47 में यह घोषणा करता है नागरिकों के पोषण व जीवन स्तर के सुधार एवं सार्वजनिक स्वास्थ्य में सुधार राज्य का एक प्राथमिक कर्त्तव्य है। इसी प्रकार अनुच्छेद 48 (ए) में यह घोषणा करता है–"राज्य पर्यावरण के सुधार व संरक्षण हेतु प्रयास करेगा व राष्ट्र के वन जीवन की सुरक्षा का भी प्रयास करेगा।"

यद्यपि यह एक नीति निर्देशक तत्त्व है। संविधान में नीति निर्देशक तत्त्वों को लागू करवाने के लिए यद्यपि हम न्यायालय के माध्यम को उपयोग तो नहीं कर सकते परन्तु प्रजातांत्रिक प्रणाली में आम नागरिकों को अपने मताधिकार के प्रयोग से नीति निर्देशक तत्त्वों को लागू करवाने का अवसर तो सदैव ही रहता है। इसके साथ-साथ सरकारी कार्य के परिणामस्वरूप इन तत्वों का उल्लंघन होता है तो उस स्थिति में न्यायालय की मदद ली जा सकती है।

(ग) नागरिकों के मूल कर्त्तव्य

संविधान में 42 वें संविधान के अन्तर्गत अनुच्छेद 51(ए) में व्यवस्था है कि–"भारत के प्रत्येक नागरिक का यह कर्त्तव्य होगा कि वह प्राकृतिक पर्यावरण में सुधार व इसका संरक्षण करें। पर्यावरण में वन, झीलें, नदियों सभी सम्मिलित हैं जो वन्य-जीवन के लिए आवश्यक हैं।"

संविधान में उक्त संशोधन के संबंध में उच्च न्यायालयों में इस विषय पर विवाद है कि क्या इन मूल कर्त्तव्यों की पालना हेतु नागरिक को बाध्य किया जा सकता है या ये भी एक नागरिक के लिए वैसा ही महत्त्व रखते है जैसा राज्य के लिए नीति निर्देशक तत्त्व। इस विषय पर अभी सर्वोच्च न्यायालय ने कोई मत व्यक्त नहीं किया हैं।

पर्यावरण से संबंधित न्याय-व्यवस्था

भारतीय पर्यावरण में संतुलन बनाये रखने हेतु केन्द्र एवं प्रांतीय सरकारों ने विभिन्न प्रकार की न्याय व्यवस्था को स्थापित किया है। सामान्यतः इसे तीन भागों में वर्गीकरण कर सकते है- (1) सामान्य कानून, (2) विशिष्ट कानून एवं पर्यावरण को सुरक्षित रखते हेतु 1686 का अधिनियम।

सामान्य कानून के अन्तर्गत भारतीय दण्ड संहिता के अन्तर्गत विभिन्न अधिनियम पर्यावरण को सुरक्षित रखने हेतु प्रभाव में लाये गये हैं, जैसे-(1)किसी प्रकार की छूत की बीमारी जो जीवन की सुरक्षा के लिए घातक हो, (2) सामान्यतः काम में आने वाले पानी के जल-प्रवाह, स्त्रोत, झरनों एवं पानी के सुरक्षित भण्डार की मलिनता से खराब करते हैं, उनके

लिए दण्ड व्यवस्था का प्रावधान, (3) वायुमण्डल को बिगाड़ते हो, जिससे स्वास्थ्य पर अहितकर एवं प्रतिकूल प्रभाव पड़ता है, उन्हें भी दण्ड व्यवस्था में रखा गया है, (4) सार्वजनिक उत्पात करने वाले लोगों को कानून की दृष्टि में अपराधी माना गया है, (5) पर्यावरण को हानि पहुंचाने वाले नागरिक भी दण्ड देने की परिधि में माना गया है। अपराधी दण्ड सहिंता 1973 के अन्तर्गत जिले के जिला मजिस्ट्रेट एवं संबंधित उपखण्ड अधिकारी को प्रदूषण को रोकने एवं समाप्त करने हेतु अधिकृत अधिकारी के रूप में बनाया गया है।

पर्यावरण को सुरक्षित रखने हेतु भारत में केन्द्रीय सरकार एवं राज्य सरकारें 1976 के संशोधन के पूर्व में भी पर्यावरण हेतु विधायन कर चुकी हैं, इसके संबंध में विशिष्ट कानूनों का निर्माण किया गया है ज़िसमें प्रमुख विधायन इस प्रकार है-(1) भारतीय वन अधिनियम (1927), मोटर व्हिकिल अधिनियम (1936), फैक्ट्री एक्ट 1948, प्रिवेन्टेंसन आफ फूड एडल्ट्रेशन एक्ट (1954), एन्सीएन्ट मौनुमेन्टस एण्ड आर्कोलोजिकलिस्ट एण्ड रिमेंस एक्ट, एटमिक-एनर्जी एक्ट (1962), रेडिअटेन पौलुसन रूल्स (1971), राजस्थान नोईज कन्ट्रोल एक्ट (1963)। वाइल्ड लाइफ (प्रोटेक्सन) एक्ट 1970, प्रिवेन्टसन क्यूलेरी टी एनीमल एक्ट (1960), वाटर (प्रिवेन्टसन आफ कन्ट्रोल आफ पौलूसन) एक्ट, 1974, ऐयर (प्रिवेन्टसन आफ कन्ट्रोल आफ एयर) एक्ट, 1981, फोरेस्ट (प्रिटेन्टसन) एक्ट (1980) एवं वन जीव (संरक्षण) संशोधित अधिनियम 1986 एवं पर्यावरण (संरक्षण) अधिनियम 1696, इन सब अधिनियमों के अतिरिक्त प्रायः सभी राज्य सरकारों ने पर्यावरण को सुरक्षित रखने एवं उनका विकास करने हेतु विभिन्न प्रकार के कानूनों का निर्माण किया है। इन सभी विधानों का उद्देश्य प्रत्यक्ष एवं अप्रत्यक्ष रूप से पर्यावरण सुधार एवं नियंत्रण हो रहा है। इन अधिनियमों की संवैधानिकता का प्रश्न कई बार न्यायालयों के समक्ष उठाया गया है परन्तु न्यायालयों ने सदैव इन राष्ट्रीय नीति को ध्यान में रखते हुये, कि ऐसे अधिनियम सार्वजनिक स्वास्थ्य के सुधार और सुरक्षा एवं पौष्टिक स्तर को ऊपर उठाने के उद्देश्य से बनाये जाते हैं, उन्हें संवैधानिक घोषित करते है। आज शुद्ध जल की प्रप्ति मनुष्य एवं पशु दोनों के लिए विकट समस्या बनी हुई है। प्रदूषित जल-सेवन से भिन्न-भिन्न प्रकार की बीमारियों के शिकार होकर जीवन-लीला समाप्त कर देते हैं। अतः जल प्रदूषण को रोकने हेतु वाटर प्रिवेंट एण्ड कण्ट्रोल आफ पौलूसन एक्ट 1974 का निर्माण किया गया है। इससे भूमिगत धारा के प्रदूषण पर भी रोक लगी है। इसी प्रकार वायु प्रदूषण को रोकने के लिये 1981 में ऐयर पौलूसन एण्ड कण्ट्रोल आफ पौलूसन एक्ट बनाया गया है। 1974 एवं 1981 में बने इन अधिनियमों के तहत केन्द्र एवं राज्य में जल एवं वायु प्रदूषण को रोकने के लिए बोर्डों की स्थापना भी की गई है। बोर्ड पर्यावरण प्रदूषण को रोकने हेतु दण्ड दिलवाने की व्यवस्था भी कर सकता है। पर्यावरण (संरक्षण) विधेयक 1986 को भारतीय संसद ने पारित करने का निर्णय स्टाकहोम में सम्पन्न हुए सम्मेलन 1972 के आधार पर किया, जिसके अन्तर्गत पर्यावरण में उन्नयन एवं सुरक्षा करते हुए मानव मात्र, जीव-जन्तुओं एवं पेड़-पौधों को सम्मानित होने वाले संकट से टालने हेतु प्रभावशाली कदम उठाया है। यद्यपि अंतरिक्ष को पर्यावरण में नहीं किया गया है परन्तु आशा है कि न्यायालय अंतरिक्ष को भी पर्यावरण का ही भाग समझेंगे।

उक्त अधिनियम में विस्तृत रूप से ऐसे विषयों का समावेश किया है जिसके तहत केन्द्रीय सरकार को पूर्ण रूप से अधिकृत किया गया है जो पर्यावरण सुरक्षा करने, उचले स्तर पर उन्नयन करते हुए बिगड़ते हुए प्रदूषण को रोकते हुए कम करने का सफल प्रयास इस दिशा में किया जा सके। प्रदूषण बिगड़ने की संभावित घटनाओं को कम करने व पर्यावरण को शुद्ध बनाये रखने हेतु सरकार अधिकृत सरकारी कार्यालय इस प्रसंग में स्थापित कर सकते हैं। केन्द्रीय सरकार विभिन्न क्षेत्र व उद्देश्यों को दृष्टि में रखते हुए वायु, जल एवं भूमि के स्तर को बनाये रखने हेतु कानून का निर्माण कर सकती है। विभिन्न प्रकार के प्रदूषण जिनमें शोरगुल भी सम्मिलित है उनसे बनाये रखने की सीमा निर्धारित कर सकती है। कल-कारखानों की पद्धति अवशेषों से संभावित भयंकर प्रदूषण संबंधी खतरों जिससे पर्यावरण पर प्रतिकूल प्रभाव पड़ता हो इसके हेतु उसे सुरक्षित रखने हेतु कानून बनाये जा सकते हैं। विभिन्न क्षेत्रों में उद्योगों से अवशेषों से संदिग्ध प्रतिकूल प्रभाव होने से उसे बंद करने तथा नियंत्रित करने के बारे में भी केन्द्रीय सरकार कानून का निर्माण कर सकती है। किसी भी उद्योग को क्षेत्र विशेष के लिए नियंत्रित एवं स्थापित करने से मना किया जा सकता है। उद्योग से संभावित दुर्घटनाओं को रोकने हेतु उनकी क्रिया पद्धति हेतु जिससे प्रदूषण पर प्रतिकूल प्रभाव डालते हुए पर्यावरण को दूषित करता हो, उसे सुरक्षित रखने हेतु कानून का निर्माण कर उस पर पांबदी लगाने का सफल प्रयास किया जा सकता है।

अधिनियम 1986 के अन्तर्गत कोई भी व्यक्ति किसी भी प्रकार का उद्योग संचालित नहीं कर सकता जब तक उसके बाहर निकालने के द्रव्य द्वारा प्रदूषण और पर्यावरण पर प्रतिकूल प्रभाव पड़ता हो। किसी संभावित खतरे के उपरांत भी किसी प्रकार की दुर्घटना के फलस्वरूप प्रदूषण फैलकर पर्यावरण में खराब करता हो तो यह उन लोगों का उत्तरदायित्व होगा कि वे पर्यावरण को शुद्ध बनाये रखने का सफल प्रयास करे और इस आशय की सूचना अधिकृत अधिकारियों को प्रदान कर बिगड़े हुए प्रदूषण को ठीक कर पर्यावरण को संतुलित रखने हेतु सफल प्रयास वांछित हैं। उक्त संबंध में संबंधित अधिकारियों को पर्यावरण बनाये रखने हेतु किये गये खर्च को संबंधित व्यक्ति से प्राप्त करने का अधिकार होगा। के न्द्रीय सरकार द्वारा नियुक्त अधिकृत अधिकारी को किसी भी उद्योग में प्रविष्ट होकर संयंत्रों का निरीक्षण करने का पूर्ण अधिकार है जिससे प्रदूषण होने से बचाया जा सके। सरकारी अधिकारी वायु, जल, भूमि एवं अन्य अवशेष पदार्थों का उद्योग का नमूना लेकर विश्लेषण कर सकते हैं कि कहीं प्रदूषण में वृद्धि तो इनके फलस्वरूप नहीं हो रही है। सरकार ने विश्लेषण करने वाली प्रयोगशालाओं की स्थापना करने या इस संबंध में मान्यता देने का कार्य सम्पन्न कर सकती है जो विश्वसनीय प्रतिवेदन प्राप्त हो सके। ऐसे व्यक्ति जो इस अधिनियम से संबंधित कानून, निर्देशों की अनुपालना न करते हों, उन्हें पांच वर्ष का कारावास या एक लाख रुपये का दण्ड अथवा दोनों वहन करने पड़ सकते हैं। यदि उक्त कानून की निरन्तर अवहेलना करने वालों को उक्त दण्ड के अतिरिक्त पाँच हजार रुपये प्रतिदिन के हिसाब से अदा करने होंगे।

जुर्माना और प्रक्रिया (Penalties and Procedure)

धारा 21 या धारा 22 के उपबन्धों अथवा धारा 31-क के अधीन जारी किए गए निर्देशों का पालन करने में असफल रहना - (1) जो कोई धारा 21 या धारा 22 के उपबन्धों अथवा धारा 31-क के अधीन दिये गये निर्देशों के पालन करने में असमर्थ रहता है वह ऐसे हर एक असमर्थता पर कारावास से, जिसकी अवधि एक वर्ष तथा छः मास से कम नहीं होगी किन्तु छः वर्ष तक की हो सकेगी या जुर्माने से और असमर्थता जारी रहने की दशा में ऐसे अतिरिक्त जुर्माने से, जो प्रथम असफलता के लिए दोषसिद्धि किए जाने के पश्चात ऐसे प्रत्येक दिन के लिये जिसके दौरान ऐसी असफलता जारी रहती है, पाँच हजार रुपये तक का हो सकता है, दण्डनीय होगा।

(2) यदि उपधारा (1) में निर्दिष्ट असमर्थता दोषसिद्धि के पश्चात् एक वर्ष की अवधि के परे जारी रहती है तो अपराधी ऐसी अवधि के कारावास से, जो दो वर्ष से कम नहीं होगी किन्तु सात वर्ष तक हो सकेगी, से दण्डनीय होगा।

जल (प्रदूषण निवारण तथा नियन्त्रण) अधिनियम, 1974 (Water (Prevention and Control of Pollution) Act, 1974)

1. संक्षिप्त नाम, लागू होना और प्रारम्भ (Title of Act, Extent and Date of Enforcement)-(1) इस अधिनियम का संक्षिप्त नाम जल (प्रदूषण निवारण तथा नियन्त्रण) अधिनियम, 1974 है।

(2) यह प्रथमतः असम, बिहार, गुजरात, हरियाणा, हिमाचल प्रदेश, जम्मू-कश्मीर, कर्नाटक, केरल, मध्य प्रदेश, राजस्थान, त्रिपुरा और पश्चिमी बंगाल राज्यों और संघ राज्य क्षेत्रों को लागू है और यह ऐसे अन्य राज्य को लागू होगा जो संविधान के अनुच्छेद 252 के खण्ड (1) के अधीन उस निमित्त पारित संकल्प द्वारा इस अधिनियम को अंगीकार करे।

(3) वह असम, बिहार, गुजरात, हरियाणा, हिमाचल प्रदेश, जम्मू-कश्मीर, कर्नाटक, केरल, मध्य प्रदेश, राजस्थान, त्रिपुरा और पश्चिमी बंगाल राज्यों और संघ राज्य क्षेत्रों में तुरन्त प्रवृत्त होगा और किसी ऐसे अन्य राज्य में जो संविधान के अनुच्छेद 252 के खण्ड (1) के अधीन इस अधिनियम को अंगीकार करे, उस तारीख को प्रवृत्त होगा जिस तारीख को अंगीकार किया जाता है और किसी राज्य का या संघ राज्यक्षेत्र के बारे में, इस अधिनियम में इस अधिनियम के प्रारम्भ के प्रति निर्देश से वह तारीख अभिप्रेत है जिसको ऐसे राज्य या संघ राज्यक्षेत्र के बारे में, इस अधिनियम में इस अधिनियम के प्रारम्भ के प्रति निर्देश से वह तारीख अभिप्रेत है जिसको ऐसे राज्य या संघ राज्यक्षेत्र में यह अधिनियम प्रवृत होता है।

जुर्माना और प्रक्रिया (Penalties and Procedure)

धारा 20 की उपधारा (2) या उपधारा (3) के अधीन निदेशों का, या धारा 32 की उपधारा (1) के खण्ड (ग) के अधीन जारी किए गए आदेशों का या धारा 33

उपधारा (2) या धारा 33- क के अधीन जारी किए गए निदेशों का अनुपालन करने में असफलता-(1) जो कोई धारा 20 की उपधारा (2) या उपधारा (3) के अधीन दिये गये किसी निदेश का पालन ऐसे समय के भीतर, जो निर्देश में विनिर्दिष्ट किया जाए, करने में असफल रहता है वह दोषसिद्धि पर कारावास से जिसकी अवधि तीन मास तक की हो सकेगी, या जुर्माने से, जो दस हजार रुपये तक हो सकेगा, या दोंना से, दण्डनीय होगा और यदि असफलता जारी रहती है, तो ऐसी अतिरिक्त जुर्माने से, जो प्रथम असफलता जारी रहती है, पाँच हजार रुपये तक का हो सकेगा, दण्डनीय होगा।

(2) जो कोई धारा 32 की उपधारा (1) के खण्ड (ग) के अधीन जारी किए गए किसी आदेश का या धारा 33-क के अधीन उपधारा (2) के अधीन किसी न्यायालय द्वारा जारी किये गये किसी निर्देश का या धारा 33 -क के अधीन जारी किये गये किसी निर्देश का पालन करने में असफल रहेगा, वह प्रत्येक ऐसी असफलता के सम्बन्ध में ऐसा दोषसिद्धि पर कारावास से, जिसकी अवधि एक वर्ष और छह मास से कम की होगी, किन्तु जो छह वर्ष तक की हो सकेगी, और जुर्माने से, दण्डनीय होगा और यदि असफलता जारी रहती है तो ऐसी अतिरिक्त जुर्माने से, जो प्रथम असफलता के लिए दोषसिद्ध किये जाने के पश्चात् ऐसे प्रत्येक दिन के लिए जिसके दौरान ऐसी असफलता जारी रहती है, पाँच हजार रुपये तक का हो सकेगा दण्डनीय होगा।

(3) यदि उपधारा (2) में निर्दिष्ट असफलता दोषसिद्धि की तारीख के पश्चात् एक वर्ष की कालावधि से परे जारी रहती है तो अपराधी कारावास से जिसकी अवधि दो वर्ष से कम की नहीं होगी, किन्तु जो सात वर्ष तक की हो सकेगी और जुर्माने से, दण्डनीय होगा।

वन्य जीवन अधिनियम (1972)

वन्य जीवन अधिनियम के तहत अधिसूचित अभयारण्य (सेन्चुरी) तथा राष्ट्रीय उद्यान में पूरे सुरक्षित क्षेत्र में से अधिसूचित छोटे क्षेत्र पर कुछ सामान्य नियमादि लागू होते हैं, जबकि वन्य जीवन को लेकर कुछ विशिष्ट नियम लागू होते हैं। दूसरी तरफ 'वन्य पशु', 'पशु साम्रगी', 'अधिसूचित पौधे' आदि चीजों के सुरक्षित क्षेत्र से बाहर परिवहन, व्यापार व विपणन आदि के संदर्भ में उन विशिष्ट चीजों से सम्बधित प्रावधान लागू होते हैं। वन्य जीव एक व्यापक शब्द है तथा इसमे रीढ़शुदा, रीढ़विहीन जन्तुओं से लेकर वनस्पतियाँ आदि सभी शामिल हैं। लिहाजा सुरक्षित क्षेत्र के भीतर तो जैव विविधता के सारे त्तत्वों को 'वन्य जीवन' में शामिल होने की बदौलत सुरक्षा कवच प्राप्त हो जाता है। परन्तु सुरक्षित क्षेत्र से बाहर मात्र उन छः वनस्पति प्रजातियों पर वन्य जीवन कानून के प्रावधान लागू होते हैं, नाम कानून की छठी अनुसूची में आए हैं। प्राणियों में भी अनुसूची 1 से 5 के प्राणी ही शामिल हो पाते हैं। यह संभावना जरुर हैं कि 'वन्य जीव' की उस परिभाषा को लागू किया जाए, जिसके तहत हर वह प्राणी है जो प्रकृति में स्वछंद रूप से रहता हो। परन्तु इस व्यापक परिभाषा को स्वीकार करवा पाना, लागू करवा पाना तथा किसी विशिष्ट प्राणी के मामले में उसके पकड़े जाने के स्थान का पता लगा पाना काफी मुश्किल हैं। वैसे इस मामले में आरोप को झूठा साबित करने की जिम्मेदारी आरोपी पर डाली

गई है किन्तु इस धारा को आसानी से चुनौती दी जा सकती है क्योंकि आम आपराधिक कानूनों में ऐसा नहीं होता है। वन्य जीवन कानून के दायरे में आने वाले प्राणियों की संख्या बहुत कम है। यह संख्या मात्र उस सूची तक सीमित है जो कानून के साथ दी गई है। ऊपर से इसमें प्राणी की परिभाषा में रीढ़विहीन प्राणियों को शामिल नहीं किया गया है। वन्य जीवन सुरक्षा कानून की विभिन्न अनुसूचियों में 155 स्तनधारी, 2100 पक्षी, 320 सरीसृप, 3100 आर्थोपोड़ा (कीड़ा) छः उभयचर (Amphibians) तथा छः वनस्पति प्रजातियाँ शामिल की गई हैं। अतः सुरक्षित क्षेत्र बाहर मात्र इतनी ही प्रजातियों पर वन्य जीवन कानून लागू हो पाता है, जबकि हमारी जैव विविधता 1 लाख 10 हजार प्रजातियों से मिलकर बनी है। अर्थात् क्षेत्र की दृष्टि से तथा प्रजातियों की दृष्टि से यह कानून काफी सीमित प्रभाव रखता है।

वन संरक्षण अधिनियम (1980)

यह कानून मूलतः इसलिए लाया गया था ताकि वन भूमि के 'गैर-वानिकी' कार्यों में आवंटन का नियमन किया जा सके। वन संरक्षण कानून उन सारे क्षेत्रों पर लागू होता है, जिन्हें सरकारी रिकॉर्ड में वन के रूप में दिखाया गया है। अतः इसके दायरे में सरकारी व निजी दोनों तरह के वन आते हैं। बम्बई हाईकोर्ट की गोआ बैंच ने हाल ही में एक फैसला दिया, जिसमें कहा गया है कि मात्र घोषित 'वन' ही नहीं वे क्षेत्र भी इस कानून के दायरे में आते हैं, जिन पर जंगल सदृश वनस्पति आच्छादन मौजूद हो।

वन संरक्षण कानून की आलोचना विकास विरोधी कह कर की गई है परन्तु तथ्य यह है कि इसी की बदौलत गैर वानिकी कार्यों में वन भूमि के उपयोग पर कारगर रोक लग पाई है। इसके चलते देश में जैव विविधता के विनाश की रफ्तार थमी है। यह सही है कि क्षतिपूर्ति वनीकरण के द्वारा जैव विविधता के विनाश को रोका नहीं जा सकता मगर कम-से-कम नए वनीकृत क्षेत्रों में जैव विविधता के विकास की गुंजाइश बनती है। मोनो कल्चर सम्बन्धी नियमादि हालाँकि प्राकृतिक रूप से संरक्षण का महत्त्व कम कर देते हैं मगर कम-से-कम इनका जैव विविधता के संरक्षण के लिहाज से कुछ सकारात्मक योगदान तो है ही। अनुमति देने हेतु कभी-कभी आरक्षित वन की सीमा नए सिरे से तय कर दी जाती है या ऐसे अधिकार आरक्षित वन के किसी एक हिस्से में दे दिए जाते हैं अथवा इन अधिकारों को वन बंदोबस्त अधिकारी के मार्फत लागू किया जाता है। वन बंदोबस्त अधिकारी अन्य बातों के अलावा 'वनोपज' ले जाने के अधिकार की निगरानी करता है तथा इस बात का ध्यान देता है कि अधिकारशुदा लोग 'वनोपज' की बिक्री या अदला-बदली करने के भी अधिकारी हैं या नहीं।

दूसरी तरफ संरक्षित वन (Protected Forest)में ऐसे अधिकारों के बारे में पूछताछ करके उन्हें रिकॉर्ड कर लिया जाता है। सरकार को यह अधिकार है कि किसी भी वन को संरक्षित वन घोषित कर दे मगर व्यक्तियों या समुदायों के मौजूदा अधिकारों में कोई रुकावट या कटौती नहीं होनी चाहिए। संरक्षित वनों में सरकार को यह घोषणा करनी होती है कि कौन सी प्रजातियाँ आरक्षित हैं या सम्बन्ध में कानून बनाना होता है कि कौन सी वनोपज आरक्षित है। यदि स्थानीय लोगों के अधिकार शेष जंगल से पूरे हो सकें, तो सरकार संरक्षित वन के कुछ हिस्से में

इन अधिकारों पर रोक लगा सकती है। अर्थात् संरक्षित वन में किसी विशिष्ट वनोपज के संग्रहण, या उससे कुछ और बनाने आदि पर प्रतिबन्ध लगाने के लिए सरकार को तत्सम्बन्धी अधिसूचना जारी करनी होगी। इस तरह की अधिसूचना के बगैर संरक्षित वनों में जैव विविधता का कारगर प्रबंधन नहीं किया जा सकता। सरकार किसी भी भूमि को मात्र 'वन' घोषित करके उस पर लगे पेड़ों आदि के संरक्षण की व्यवस्था कर सकती है। अलबत्ता कुछ प्रांत सरकारों ने इस मकसद से निजी वन (अधिग्रहण) कानून भी पारित किये हैं। इन कानूनों के तहत कार्यवाही किसी जनहित के उद्देश्य से की जाती है, जैसे अधिनियम स्वास्थ्य, जल प्रदाय की सुरक्षा, पेड़ों की संरक्षण, भूमि सुधार वगैरह। भारतीय वन अधिनियम में यह प्रावधान भी है कि कोई भूस्वामी सरकार से यह अनुरोध कर सकता है कि सरकार उसकी जमीन का प्रबंधन संरक्षित या आरक्षित वन की तरह करे।

पर्यावरण (संरक्षण) अधिनियम, 1986 (Environmental (Conservation) Act, 1986)

पर्यावरण के संरक्षण और सुधार का और उनसे संबंधित विषयों का उपबन्ध करने के लिए अधिनियम संयुक्त राष्ट्र के मानवीय पर्यावरण सम्मेलन में जो जून, 1972 में स्टाकहोम में हुआ था और जिसमें भारत ने भाग लिया था, यह निश्चय किया गया था कि मानवीय पर्यावरण के संरक्षण और सुधार के लिए समुचित कदम उठाये जायें-

यह आवश्यक समझा गया है कि पूर्वोक्त निर्णयों को, जहाँ तक उनका सम्बन्ध पर्यावरण संरक्षण और सुधार से तथा मानवों, अन्य जीवित प्राणियों, पादपों और सम्पत्ति को होने वाले परिसंकट के निवारण है, लागू किया जाय;-

1. **संक्षिप्त नाम, विस्तार और प्रारम्भ**-(1)इस अधिनियम का संक्षिप्त नाम पर्यावरण (संरक्षण) अधिनियम, 1986 है।

(2) इसका विस्तार सम्पूर्ण भारत पर है।

(3) यह उस तारीख को प्रवृत्त होगा, जो केन्द्रीय सरकार राजपत्र में अधिसूचना द्वारा, नियत करें और इस अधिनियम के भिन्न-भिन्न उपबन्धों के लिए और भिन्न-भिन्न क्षेत्रों के लिए भिन्न-भिन्न तारीखें नियत की जा सकेंगी।

2. **परिभाषाएँ**- इस अधिनियम में, जब तक कि सन्दर्भ से अन्यथा अपेक्षित न हो-

(क) ''पर्यावरण'' के अर्न्तगत जल, वायु और भूमि है और वह अन्तर सम्बन्ध है जो जल, वायु और भूमि तथा मानवों, अन्य जीवित प्राणियों, पादपों और सूक्ष्मजीव और सम्पत्ति के बीच विद्यमान है।

(ख) ''पर्यावरण प्रदूषक'' से ऐसा ठोस, द्रव या गैसीय पदार्थ अभिप्रेत है, जो ऐसी सान्द्रता में विद्यमान है, जो पर्यावरण के लिए क्षतिकर हो सकता है या जिसका क्षतिकार होना सम्भाव्य है;

(ग) "पर्यावरण प्रदूषण" से पर्यावरण प्रदूषकों का विद्यमान होना अभिप्रेत है;

(घ) "किसी पदार्थ के सम्बन्ध में, हथालना" से अभिप्रेत है, ऐसे पदार्थ का विनिर्माण, प्रसंस्करण, अभिक्रियान्वयन, पैकेज, भण्डारकरण, परिवहन, उपयोग संग्रहण, द्विवनाश संपरिवर्तन, विक्रय के लिए प्रस्थापना, अन्तरण या वैसी ही संक्रिया;

वन संरक्षण (Forest Conservation)

वनों के विनाश से केवल विश्व के वर्षा चक्र में गड़बड़ी पैदा होने का भय ही नहीं होता, बल्कि इससे भी अधिक गंभीर खतरा धरती के आंतरिक वायुमण्डल की नाजुक रासायनिकी के टूटने का है। वन विनाश रोकने के लिये **विश्व संस्थान** ने संयुक्त राष्ट्र विकास कार्यक्रम और विश्व बैंक के साथ मिलकर 800 करोड़ की एक पंचवर्षीय योजना बनाई है। इस योजना का उद्देश्य (i) ईंधन की उपलब्धि, (ii) कृषि वानिकी को प्रोत्साहन, (iii) जल ग्रहण का नवीनीकरण, (iv) उष्ण कटिबंधीय वन प्रणाली का संरक्षण, (v) अनुसंधान प्रशिक्षण तथा (vi) प्रसार के लिए संस्थाओं को मजबूत बनाना है। संयुक्त राष्ट्र द्वारा नियुक्त 'विकास और पर्यावरण आयोग' ने स्वीकार किया है कि अमीर देशों की जीवन प्रणाली और विकास की कल्पना के रहते हुए पर्यावरण की रक्षा नहीं हो सकती। विकास की अवधारणा में इस प्रकार का परिवर्तन किये बिना जिसमें संयम, सादगी और किफायत को सर्वाधिक महत्त्व दिए जाए, वन और दूसरे प्राकृतिक साधनों का संरक्षण असंभव हैं।

वनों के संरक्षण हेतु उपाय (Measures to Conserve the Forests)

1. **वन संरक्षण हेतु अधिनियम बनाना (To make Act for Forest Conversation)**– वनों की सुरक्षा हेतु विश्व के सभी देशों में अधिनियम बनाकर वृक्षों को काटे जाने पर पूर्ण पाबन्दी लगा देनी चाहिए। यदि कोई व्यक्ति इसकी अवहेलना करता है तो उसे कठोर दण्ड दिया जाना चाहिए।

2. **झूमिंग कृषि प्रणाली पर रोक लगाना (To Check the Jooming Agriculture)**–विरल जनसंख्या वाले क्षेत्रों में इस प्रकार की कृषि का प्रचलन पाया जाता है। आज भी संसार के कुछ अति पिछड़े क्षेत्रों में रहने वाली आदिम जातियों द्वारा यह कृषि पद्धति अपनायी जाती है। अत: इस कृषि प्रणाली पर प्रभावी रोक लगाकर लोगों को स्थायी कृषि के लिए सरकार द्वारा प्रोत्साहित करना चाहिए। इससे वनोन्मूलन को रोका जा सकता है।

3. **वनों की आग से सुरक्षा करना (To Protect from Forest Fire)**– वनों में आग लगने से एक बड़े क्षेत्र के वनों का पूर्णतया समाप्त हो जाना एक साधारण घटना है। अधिकांशत: ग्रीष्म ऋतु में उष्ण तथा शीतोष्ण कटिबंधीय वनों में आपसी रगड़ से आग लग जाती है जो कि सम्पूर्ण वन क्षेत्र को भस्मसात् कर देती है। इसके बचाव के लिये संयुक्त राज्य अमेरिका, कनाडा तथा अनेक पश्चिमी यूरोपयीन देशों में वनों के मध्य स्थान पर ऊँचे-नीचे निरीक्षण गृह बनाये जाते हैं तथा समय-समय पर वायुयानों द्वारा आग पर निगरानी रखी जाती है,

जिससे समय रहते वायुयानों द्वारा रासायनिक पदार्थों का छिड़काव करके आग पर शीघ्र ही नियंत्रण कर लिया जाता है। अत: वन क्षेत्रों की आग से सुरक्षा करनी चाहिए।

4. **वृक्षों का न्यूनतम उपयोग करना (Minimum Use of Trees)**- औद्योगिक इकाइयों में प्रयुक्त की जाने वाली लकड़ी के उपभोग में कम से कम बर्बादी होनी चाहिए। इसके साथ-साथ कागज उद्योग में काम आने वाली लकड़ी के स्थान पर व्यर्थ कागज तथा चीथड़ों का उपयोग किया जाना चाहिए। वनों की विवेकपूर्ण कटाई द्वारा प्राप्त लकड़ी के अधिकतम उपयोग में इस प्रकार की वैज्ञानिक विधियों को प्रयुक्त किया जाना चाहिए, जिसमें वनों से प्राप्त लकड़ी की न्यूनतम बर्बादी हो। अत: वृक्षों के बहुमुखी उपयोग पर बल दिया जाना चाहिए जैसे हेमलॉक नामक वृक्ष की कटाई प्राय: लकड़ी के लिए की जाती है जबकि इसकी छाल का उपयोग टेनिन के उत्पादन के लिए भी किया जा सकता है।

5. **वनों का स्वामित्व (Ownership of Forests)**- निजी क्षेत्र के वनों के संरक्षण सम्बन्धी नियमों की खुलकर अवहेलना होती है क्योंकि इस प्रकार के वनों के मालिकों की दृष्टि में संरक्षण की अपेक्षा अधिक लाभ महत्त्वपूर्ण होता है। अत: निजी क्षेत्र के वनों का राष्ट्रीयकरण किया जाये अथवा उन पर संरक्षण नियमों को कड़ाई से लागू किया जाये।

वन्य जीव (Wild Life)

समस्त विश्व में वन्य जीवों का संकट दिन-प्रतिदिन अधिक होता जा रहा है। अनेक पशु-पशिक्षों की प्रजातियाँ लुप्त हो चुकी हैं तथा कई दुर्लभ प्रजातियां लुप्त होने के कगार पर हैं। मनुष्य ने अपने निजी स्वार्थ हेतु पशुओं का असीमित शिकार कर उनका अस्तित्व ही संकट में डाल दिया है। दूसरी ओर नष्ट होते वन व पशुओं के प्राकृतिक आवास की समस्या ने भी उनके जीवन को संकटमय बना दिया है। संयुक्त राष्ट्र संघ की मानव पर्यावरण की कार्य योजना में वन्य जीवों के संरक्षण पर पर्याप्त ध्यान दिया गया है। राष्ट्रीय प्राकृतिक इतिहास संग्रहालय के अनुसार भारत में स्तनधारियों की 83 प्रजातियाँ, पक्षियों की 113, सरीसृपों की 21, उभयचरों की 3 तथा मछलियों की 23 प्रजातियाँ लुप्त हो चुकी हैं। वन्य प्राणियों के संरक्षण हेतु निम्न उपाय अपनाए जा सकते हैं-

1. **वन्य प्राणी अधिनियम (Wild Life Act)**-अन्तर्राष्ट्रीय प्रकृति संरक्षण संगठन (International Union of Conservation of Nature and Natural Resources-IUCN) के अनुसार समस्त राष्ट्रों में पर्यावरण कानूनों की ऐसी समग्र प्रणाली बनाई जानी चाहिए कि मानव अधिकार महफूज रहें और भावी पीढ़ियों के हितों पर भी कुठाराघात न हो। भारत में वन्य जीवन का संरक्षण 1952 से 1972 तक राष्ट्रीय वन नीति के तहत होता था। 1972 में केन्द्रीय वन जीवन रक्षा अधिनियम बनाया गया, जो वर्तमान समय में सम्पूर्ण देश में प्रभावी है। इस अधिनियम के तहत उन प्राणियों का उल्लेख है, जो प्राकृतिक असन्तुलन के परिणामस्वरूप विलुप्ति के कगार पर थे, किन्तु संरक्षणात्मक उपायों के द्वारा सुरक्षित हैं। 1988 में राष्ट्रीय वन नीति बनाई गई तथा पर्यावरण सुरक्षा अधिनियम 1980 में सुधार किया गया।

2. **कृत्रिम संरक्षण (Artificial Conservation)**–विलुप्त हो रही जातियों को संरक्षित करने की आवश्यता है। यह संग्रहण ऐसे क्षेत्रों में प्रभावी होता है, जहाँ पहले वे नष्ट कर दिये गये हैं। यदि संग्रहीत जन्तुओं की संख्या अधिक है तो संग्रहण हानिकारक होता है। इसी प्रकार आस्ट्रेलिया में खरगोशों तथा संयुक्त राज्य अमेरिका में इंग्लिश गौरेया के संग्रहण के उपरान्त समस्या उत्पन्न हुई थी।

3. **आवास स्थल में सुधार (Improvement in Habitatas)**–प्राकृतिक आवास के रूप में वनावरण पाया जाता है, जिसे मानवीय हस्तक्षेप नष्ट कर दिया गया है। अत: इन विकृत आवास स्थलों में कृत्रिम तरीकों से सुधार आवश्यक है। प्रत्येक आवास स्थल की एक निश्चित धारण क्षमता होती है, जिसका निर्धारण उपलब्ध भोजन, आवरण, जल तथा अन्य जीवन आवश्यक वस्तुओं द्वारा है। प्रत्येक प्रजाति के जन्तुओं की आवश्यकतायें भिन्न-भिन्न होती हैं। अत: आवास स्थल में सुधार करते समय वहाँ पर पायी जाने वाली प्रजाति विशेष को मद्देनजर रखा जाना चाहिए।

4. **प्रतिबन्धित आखेट (Restricted Hunting)**– स्वतंत्र आखेट वहीं सम्भव है, जहाँ वन्य जीवों का उच्च घनत्व होने के साथ-साथ उच्च जनन दर भी हो। अत: वन्य जीवों के सन्तुलन को बनाये रखने के लिए आखेट को प्रतिबन्धित किया जाना चाहिए। वन्य जीव प्रकृति की जैव विविधता के अति-महत्त्वपूर्ण संघटक हैं। इसलिए संवेदनशील क्षेत्रों को प्रतिबन्धित किया ज़ाना अति आवश्यक है।

5. **राष्ट्रीय उद्यान व वन्य अभयारण्यों की स्थापना**–प्रत्येक देश में राष्ट्रीय उद्यानों एवं अभयारण्यों की स्थापना कर वनस्पति एवं जीवो-जन्तुओं का संरक्षण किया जा रहा है।

भारत में वन एवं वन्य जीवों के संरक्षण की दिशा में किये गये कार्यों का संक्षिप्त विवरण इस प्रकार है–

वन एवं वन्य जीवों की सुरक्षा हेतु सरकार ने जो प्रयत्न किये हैं उनमें सर्वाधिक उल्लेखनीय है राष्ट्रीय उद्यानों एवं अभयारण्यों की स्थापना। भारत के प्रमुख राष्ट्रीय उद्यान एवं वन्य जीव अभयारण्य निम्नलिखित हैं।

राष्ट्रीय उद्यान (National Parks)–

कार्बेट राष्ट्रीय उद्यान, नैनीताल (उ.प्र.), बान्धवगढ़ राष्ट्रीय उद्यान (म.प्र.) बाँदीपुर राष्ट्रीय उद्यान (कर्नाटक), दुधवा राष्ट्रीय उद्यान, लखीमपुर खेरी (उ.प्र.), इरविकुलम राजमल्ले राष्ट्रीय उद्यान, इदुक्की (केरल), गिर राष्ट्रीय उद्यान, जूनागढ़ (गुजरात), कान्हा किसली राष्ट्रीय उद्यान, मांडल एवं बालाघाट (म.प्र.), काजीरंगा राष्ट्रीय उद्यान, जोरहाट (असम), खगचन्द जेंदा राष्ट्रीय उद्यान, गंगटोक (सिक्किम), नागटकोल राष्ट्रीय उद्यान, कुर्ग (कर्नाटक), पेंज राष्ट्रीय उद्यान, नागपुर (महाराष्ट्र), नवेगाँव राष्ट्रीय उद्यान, कुलू (हि.प्र.), हजारीबाग राष्ट्रीय उद्यान, हजारीबाग (बिहार), टडोबा राष्ट्रीय उद्यान, चन्द्पुर (महाराष्ट्र) वेल्वाडर राष्ट्रीय उद्यान, भावनगर (गुजरात) आदि।

वन्य जीव अभयारण्य-

बाँदीपुर (कर्नाटक), भद्रा, चिकमगलूर (कर्नाटक), चन्द्रप्रभा, वाराणसी (उ.प्र.), दचिगामा (जम्मू-कश्मीर), डाल्मा, सिंहभूमि (बिहार), डाम्प, ऐजल (मिजोरम), डंडली, धारवाड़ (कर्नाटक), गांधी सागर, मंदसौर (म.प्र.), गरमपनी, दिफ (असम), गौतम बुद्ध, गया (बिहार), हजारीबाग (बिहार), इटाग्नी, कोहिमा (नागालैण्ड), जलदापारा, जलपाईगुड़ी (प.बंगाल), कावल, आदिलाबाद (आन्ध्रप्रदेश), किन्नरसानी, खम्मान (आन्ध्रप्रदेश), मनास, बारपेटा (असम), मुदुमलाई, नीलगिरी (तमिलनाडु), सोमेश्वर, द. कनारा (कर्नाटक), पंचमढ़ी, होशंगाबाद (म.प्र.), परवाल, वारंगल (आन्ध्रप्रदेश), पेरियार, इदुक्की (केरल), रणथम्भौर, सवाई माधोपुर (राजस्थान), शिकारी देवी, मण्डी (हि.प्र.), सिमलीपाल, मयूरगंजि (उड़ीसा), सोनाईरूपा, तेजपुर (असम), तनसा, थाने (महाराष्ट्र), तुंगभद्रा, बेलोरी (कर्नाटक), आदि।

इसके अतिरिक्त पक्षी विहारों में घना, भरतपुर (राजस्थान), रंगाथिट्टू (मैसर), वेदा तलंग, चिंगलपुर (तमिलनाडु), मालापट्टी, नेल्लोर में स्थापित किये गये हैं। इसी प्रकार 'प्रोजेक्ट टाइगर' रिजर्व है मानस (असम), पलामू (बिहार), सिमलीपाल (उड़ीसा), कार्बेट (उ.प्र.), मेलाघाट (महाराष्ट्र), बान्दीपुर (कर्नाटक), सुन्दर वन (प.बं.), रणथम्भौर (राजस्थान), आदि।

जंगली जीवों का निरन्तर विनाश हो रहा है तथा अनेक जीवों की प्रजातियाँ विलुप्त होती जा रही हैं। इस सम्बन्ध में वन्य प्राणी संरक्षण अधिनियम, 1972 लागू किया गया है, जिसके अनुसार वनों में शिकार करना अथवा वन्य जीवों को हानि पहुँचाना कानूनी अपराध है। वन्य प्राणियों की रक्षा एवं उनकी प्रजातियों में विकास हेतु सरकार शोध कार्य को भी प्रोत्साहन दे रही है। वन एवं वन्य जीवों के संरक्षण में वर्तमान में केन्द्रीय सरकार के अतिरिक्त राज्यों की सरकारें भी पर्याप्त ध्यान दे रही हैं। अपने-अपने राज्यों में सुरक्षित वन क्षेत्रों एवं वन्य जीवों के संरक्षण की योजना वन एवं पर्यावरण मन्त्रालय के सहयोग से क्रियान्वित की जा रही है। इससे निस्सन्देह इस दिशा में प्रगति हो रही है।

बहुत लम्बे अर्से तक निरन्तर गुलाम रहकर 1947 में स्वतंत्रता की श्वांस में जीने का हक हमारे देशवासियों को प्राप्त हुआ। यह शुभ स्वतंत्रता दिवस करोड़ों नरी-नारी ने कंधे से कंधा जोड़कर समर्पण की भावना का श्रेष्ठतम प्रदर्शन कर देश सेवा का अवसर प्राप्त हुआ। भारतीयों द्वारा भारत के लिए संविधान सन् 1950 में स्वीकार किया गया। संविधान का प्रमुख आधार सामाजिक, आर्थिक एवं राजनीतिक न्याय प्रदान करने की व्यवस्था ही है। नये संविधान के साथ देश की आर्थिक उन्नति व आत्म-निर्भरता हेतु औद्योगीकरण की लहर भारत में भी आई। पंचवर्षीय योजनाएं मिश्रित अर्थ-व्यवस्था एवं आधारभूत उद्योगों की स्थापना द्रुतगति से प्रारंभ हुई। औद्योगीकरण की कई विशिष्टताएं अपने में समेटे हुए है। आधुनिक युग की एक विशेषता पर्यावरण प्रदूषण भी है- जो केवल वर्तमान के लिए ही नहीं बल्कि भविष्य में दुष्परिणाम मालूम पड़ते हैं। जब परिणाम सामने आते हैं तब तक देरी हो चुकी होती है। रसायनों के उपयोग के बिना उद्योगों की कल्पना ही नहीं की जा सकती। कोई भी उद्योग ऐसा नहीं है जो रसायनिक

उत्पादनों में किसी–न–किसी रूप से जुड़ा न हो। उद्योगों एवं रासायनिक प्रयोग, निश्चित रूप से पर्यावरण को बुरी तरह से प्रभावित करते ही जा रहे हैं। भारत में शहरीकरण भी द्रुतगति से होता ही जा रहा है। शहरीकरण का प्रमुख कारण जनसंख्या की द्रुतगति से वृद्धि व गरीबी है, जिसके फलस्वरूप पर्यावरण दूषित हो रहा है। देश को विकास की ओर अग्रसर करने से ही से समस्याएं सुलझ सकती हैं। उद्योगों के प्रबंधकीय स्तर पर प्रदूषण वृद्धि के कारणों से अवगत होकर उसे कुप्रभावों को कम किया जा सकता है।

प्रदूषण व पर्यावरण की समस्या केवल राष्ट्रीय ही नहीं बल्कि अन्तर्राष्ट्रीय है। विभिन्न राष्ट्रों की अपनी–अपनी समस्याएं हैं जो भिन्नता को लिये हुए हैं। अतः विभिन्न राष्ट्रों की स्थिति पर्यावरण के संबंध में एकरूपता लिए हुए नहीं हैं तो किसी प्रकार समाधान सभी राष्ट्रों के लिए उपयुक्त नहीं हो सकता। अतः आधुनिक औद्योगीकरण व नगरीकरण के फलस्वरूप प्रदूषण निरन्तर खराब होते हुए देखकर देश में शिक्षित लोगों ने इस जहरीले सांप रूपी प्रदूषण के प्रतिकूल आवाज बुलन्द की है यद्यपि प्रदूषण के लिए गरीब व गंदी बस्तियों में रहने वाले लोगों द्वारा भी निर्मित है। आज देश के छोटे–से–छोटे कस्बे से लेकर सभी प्रकार के नगर एवं महानगरों प्रदूषण तथा पर्यावरण संरक्षणता की विकट समस्या बनी हुई है। स्वतंत्र भारत में प्रदूषण व पर्यावरण के संबंध में देश की संसद व प्रांतो की विधानमंडल ने कानूनी प्रावधान इनकी सुरक्षा हेतु निर्मित किए हैं। दुर्भाग्य इस बात का है कि देशवासी पर्यावरण कानूनों के बारे में अनभिज्ञ है। संविधान में प्रदत्त मूल अधिकारों के बारे में भी चिन्तित नहीं है तो भला मूल कर्तव्यों को सदैव दृष्टि में रखते हुए उसकी अनुपालना हदय से करने की बात तो एक कल्पना जैसी ही प्रतीत होती है। शहरों में आकर बसनें वाले गरीब व निम्न मध्य श्रेणी के लोग प्रदूषित क्षेत्रों मे रहना अपने आपको गौरवान्वित समझते हैं। लेकिन देश की मांग है कि जनसाधारण पर्यावरण के महत्त्व के संबंध में जागरूकता, उसके सुधार हेतु आवश्यक है कि सामान्य व कानूनी बातों से जनसाधारण को विभिन्न साधनों से शिक्षित किया जाय। आज हम 21 वीं शताब्दी में प्रविष्ट होने की बात सोच रहे हैं जबकि आज भी निर्धनता व अंधविश्वास का प्रभुत्व देश पर छाया हुआ है।

ये आर्थिक व सामाजिक मुद्दे हो सकते हैं परन्तु यह लोगों के प्राकृतिक न्याय की समस्या से भी संबंधित हैं, जो वैयक्तिक या सामूहिक दोनों प्रकार का हो सकता है। आज देश में वैधानिक ही नहीं बल्कि प्रशासनिक सुधार हो रहे हैं, इससे स्पष्ट है कि सरकार के इस मुद्दे पर अत्यधिक चिन्तिन होने से स्पष्ट होता है कि कार्यपालिका एवं न्यायपालिका दोनों ही इसको गंभीरता से ले रहे हैं। जनसंख्या की वृद्धि के फलस्वरूप निर्धनता का प्रभुत्व व अन्धविश्वास में विश्वास की स्थिति प्रगति के साथ बदलने लगी हो, ऐसा प्रतीत नहीं होता। न्यायपालिका की सक्रियता का होना, अच्छी आशा है, परन्तु मक्खन की प्राप्ति हेतु मंथन भी आवश्यक है। उसी प्रकार प्रदूषण के दुष्परिणामों से भी तब तक नहीं बचा जा सकेगा, जब तक कि कोई निरन्तर व सक्रिय कार्यवाही उसके रोकने के संबंध में न कि जायेगी, तथा कार्यवाही को समझने हेतु जनसाधारण को अज्ञानता से दूर करने के प्रक्रियात्मक एवं सुधारात्मक उपाय नहीं किये जायेगें।

कोई भी व्यक्ति या समाज अपने स्वास्थ्य को तब तक ठीक नहीं रख सकता जब तक उसका वातावरण शुद्ध न हो और उस वातावरण के अन्तर्गत स्वास्थ्य संबंधी नियमों का पालन कठोरता से न होता रहे। व्यक्तिगत एवं सार्वजनिक स्वास्थ्य दोनो ही स्वस्थ राष्ट्रीय जीवन के लिए आवश्यक हैं, परन्तु ये एक-दूसरे के ऊपर आश्रित हैं। स्वस्थ नागरिक राष्ट्र की एक अमोल सम्पत्ति है। भारत जैसे विशाल जनतंत्रीय राष्ट्र के प्रत्येक नागरिक का पुनीत कर्त्तव्य है कि वह स्वास्थ्य को बिगाड़ने वाले कारकों का निदान करते हुए सहयोग भावना से प्रेरित होकर अपनी समस्याओं को स्वयं हल करने की क्षमता प्राप्त करे ताकि व्यक्ति, समाज एवं सरकार सामूहिक रूप से जिम्मेदारी से उपचार कर सकें। आज देश में अत्यधिक स्वास्थ्य सेवाओं के विस्तार होने के उपरांत भी बीमारियां बढ़ रही हैं। देश के लिए स्वास्थ्य-योजना बनाने वालों के लिए विभिन्न बीमारियां एक चुनौती बनी हुई हैं। देशवासियों को स्वस्थ रखना केवल इस बात पर निर्भर नहीं करता कि डॉक्टरों एवं अस्पतालों की संख्या में वृद्धि कर दी जाय। जनसंख्या वृद्धि के फलस्वरूप प्रतिवर्ष हम एक नये हरियाण को जन्म दे रहे हैं। हम इस द्रुतगति से बढ़ती हुई जनसंख्या को शुद्ध जल नहीं दे पा रहे हैं। संसार की 80 प्रतिशत बीमारियाँ अशुद्ध पानी के फलस्वरूप ही होती हैं। अत: हमें व्यक्तिगत एवं सार्वजनिक स्वास्थ्य को ठीक रखना है तो चिकित्सक एवं अस्पतालों की संख्या में वृद्धि करने की बजाय पीने के पानी के नलों में जनसंख्या के अनुरूप वृद्धि करना अपेक्षाकृत अधिक उपादेय सिद्ध होगा। हम शहरी गंदे नालों व अन्य अस्वस्थकारी नालों आदि पर नियंत्रण करते हुए पेट की कब्ज व अन्य भयंकर बीमारियों से बच सकते हैं।

स्वास्थ्य व गरीबी

बाल मृत्यु दर में वृद्धि का कारण गरीबी, अनचाहे बच्चे, कुपोषण एवं शुद्ध जल की पूर्ति न करवाना प्रमुख हैं। जनसंख्या की वृद्धि स्वास्थ्य को प्रभावित करने वाले कारक में एक कारका स्त्री भी है। केरल में स्त्रियों के सचेत होने से जनसंख्या वृद्धि कम है तो मृत्यु दर भी कम है।

यदि राष्ट्रीय पर्यावरण व पोषण के स्तर में वृद्धि की जाये तो स्वास्थ्य-सेवा पर बिना खर्च किये भी व्यक्तिगत एवं सार्वजनिक स्वास्थ्य ठीक बना रह सकता हैं। आज अशुद्ध पीने के पानी के फलस्वरूप होने वाली विभिन्न बीमारियां, जैसे दस्त रोग का इलाज करना वह भी प्राथमिक स्वास्थ्य केन्द्र द्वारा, उसी प्रकार से है जैसे हिन्द महासागर को एक चम्मच की सहायता से खाली करना है क्योंकि देश में बढ़ती हुई जनसंख्या के अनुरूप इतने प्राथमिक स्वास्थ्य केन्द्रों की स्थापना मुश्किल प्रतीत होती है। हमें स्वयं इसके बारे में अपना उत्तरदायित्व समझते हुए विभिन्न बीमारियां जैसे दस्त रोग, मलेरिया, मेलिगनेंट (भयंकर) मलेरिया जैसी बीमारियां जो अशुद्ध पानी के फलस्वरूप होती हैं, उसके लिए सचेत रहें ताकि उन पर काबू पाया जा सके।

वनों के नष्ट करने की समस्या को गंभीरता से लेते हुए हमें शैक्षिक कार्यक्रमों की व्यूह-रचना करने की महती आवश्यकता है। उन कार्यक्रमों के अन्तर्गत वनों के आस-पास रहने वाले समाज को सामाजिक कार्यक्रमों के संगठन व संचालन कर उन्हें वनों से लाभ एवं परम्परागत हमारे नाते-रिश्तों के संबंध में अवबोधन कराने का सफल प्रयास करें। जंगलों को समाप्त करने से वर्तमान एवं भविष्य में होने वाले भयंकर आर्थिक, सामाजिक एवं व्यक्तिगत खतरों के बारे में

अवगति प्रदान कर उनमें रुचि एवं अभिवृत्तियों का सफलता से विकास करें कि वे वनों से भावात्मक सहसंबंध स्थापित कर सकें।

अनौपचारिक प्रौढ़ शिक्षा केन्द्रों एवं विस्तार सेवा के माध्यम से विभिन्न प्रकार की सामाजिक प्रवृत्तियों में ग्रामीण जनता को संलग्न कर वनों के महत्त्व के बारे में शिथिल किया जाना अधिक उपादेय सिद्ध हो सकता है। वन, पेड़ एवं वन-जीवों की सुरक्षा एवं संरक्षण के बारे में समय-समय पर केन्द्रीय एवं राज्य सरकारों द्वारा पारित अधिनियम एवं कानूनी प्रावधानों तथा संविधान में प्रदत्त अधिकार और कर्त्तव्यों के बारे में ग्रामीण जनता को अवगत कराया जाये। इसके साथ-ही-साथ खेती के विभिन्न आयामों एवं पेड़ों से होने वाले आर्थिक लाभ की ओर 'विस्तार सेवा' तथा सामाजिक संस्थाओं के द्वारा आयोजित कार्यक्रम के माध्यम से ध्यान आकर्षित किया जाये।

जंगलों को सुरक्षित रखने से भूमि, जल-प्रदूषण से बचाव, चरागाह का विकास आदि प्रमुख बातों को ग्रामीण समाज हेतु प्रदर्शनियां लगाकर प्रोजेक्ट से स्लाइड्स एवं चल-चित्रों के माध्यम से एवं अनौपचरिक तथा औपचारिक बैठकें प्रौढ़ एवं विस्तार सेवा के माध्यम से सम्पन्न करनी चाहिए। ग्रामीण जनता को शिक्षित करना चाहिए कि कृषि की तुलना में फल, सब्जी आदि को अधिक क्षेत्र-फल पर उगाने से अपेक्षाकृत आय अधिक होगी और पेड़ भी सुरक्षित रहेंगे। ग्रामीण समाज को सुधरी हुई तकनीकी का उपयोग करने हेतु सहयोग एवं उत्प्रेरण दी जाये। ढलान को समतल कर उपजाऊ भूमि बढ़ाने एवं बढिया बीज एवं खाद का आवश्यकतानुसार उपयोग करने के ढंग बताये जाने से आमदनी भी बढ़ेगी और खेतों की सुरक्षा भी होगी। वनों के विस्तार हेतु ग्रामीण महिलाओं के विभिन्न संगठनों एवं समाज-सुधार के संगठनों का अधिक पेड़ लगाने में सहयोग प्राप्त करने का सफल प्रयास किया जाये।पर्यावरण का सरलतम तथा सामान्य अर्थ किसी स्थान विशेष में मनुष्य के आस-पास उन भौतिक वस्तुओं के आवरण से है जिसके द्वारा वह घिरा रहता है। **आक्सफोर्ड स्टेण्डर्ड डिक्शनरी** के अनुसार-पर्यावरण का अर्थ आसपास की वस्तु स्थिति, परिस्थितियाँ या प्रभाव है। पर्यावरण के अन्तर्गत मानव जन्तुओं या पेड़-पौधों की वृद्धि एवं विकास को प्रभावित करने वाली बाह्य दशायें, कार्य प्रणाली तथा जीवनयापन की दशायें आदि आते है एवं सभी स्थितियाँ, परिस्थितियाँ, दशायें तथा प्रभाव जो कि जैव अथवा जैवकीय समूह पर प्रभाव डाल रहा है भी आती है। **चेम्बर डिक्शनरी** के अनुसार-पर्यावरण का अर्थ विकास या वृद्धि को प्रभावित करने वाली परिस्थितियाँ है।

पार्क ने पर्यावरण के अर्थ पर प्रकाश डालते हुए लिखा है कि "पर्यावरण उन दशाओं का योग है जो मनुष्य को निश्चित समय में निश्चित स्थान पर आवृत करती है।"

पर्यावरण का अभिप्राय उस समष्टि से है जो मनुष्य एवं उसकी क्रियाओं को घेरे हुये है दूसरे शब्दों में, मनुष्य को सभी दिशाओं से आवृत करने वाले तत्त्वों को सामुहिक रूप से पर्यावरण कहा जाता है। **ए. गाउडी** ने अपनी पुस्तक "The Nature of the Environment" में पृथ्वी के भौतिक घटकों को पर्यावरण का प्रतिनिधि माना है। कुछ वैज्ञानिकों ने पर्यावरण शब्द की अपेक्षा Habitat या Milieu शब्द का प्रयोग किया है। जिसका अभिप्राय भी समस्त

पारिस्थितिकी अथवा परिवृति से है। आधुनिक पर्यावरणविद् पर्यावरण को वृहद् अर्थ में स्वीकार करते हैं। जिनके अनुसार, ''मनुष्य के पर्यावरण के अन्तर्गत भौतिक पर्यावरण, सामाजिक पर्यावरण, राजनैतिक पर्यावरण एवं आर्थिक पर्यावरण शामिल है।

अतः निष्कर्ष स्वरूप हम यह कह सकते हैं कि पर्यावरण एक अविभाज्य समष्टि है तथा भौतिक जैविक एवं सांस्कृतिक तत्त्वों से इनकी रचना होती है ये प्राकृतिक तत्त्व मानव के क्रिया कलापों पर प्रभाव डालते हैं और उनके प्रभाव से मानव के क्रिया-कलापों में परिवर्तन हो जाता है। उक्त दोनों प्रकार के (भौतिक एवं सांस्कृतिक) तत्त्वों से मिलकर पर्यावरण तथा विशेषतः भौगोलिक पर्यावरण का निर्माण होता है। अतः वह वातावरण जो हमें चारों तरफ से घेरा रहता है तथा जिसका प्रभाव हमारे जीवन के हर पहलू पर पड़ता है वह पर्यावरण है।

पर्यावरण की परिभाषा

पर्यावरण के सन्दर्भ में अनेकों विद्वानों ने अपनी अलग-अलग परिभाषायें दी है। जिनका उल्लेख यहाँ पर करना अतिआवश्यक है जिससे की हम पर्यावरण को अच्छी तरह से जान सके।

हर्स कोविट्स के मतानुसार–''पर्यावरण उन सब बाहरी दशाओं और प्रभावों का योग है जो प्राणी या अवयवों के जीवन और विकास पर प्रभाव डालते हैं।''

टाँसले के अनुसार–''प्रभावकारी दशाओं का वह सम्पूर्ण योग जिसमें जीव रहते हैं पर्यावरण कहलाता है।''

फिटिंग के अनुसार–''जीवों के पारिस्थितिकी कारको का योग ही पर्यावरण है।''

डि. एच. डेविस के अनुसार–''पर्यावरण का अभिप्राय भूमि या मानवों को चारों ओर से घेरे उन सभी भौतिक स्वरूपों से है जिनमें मानव न केवल रहता है बल्कि जिनका प्रभाव उसकी आदतों एवं क्रियाओं पर स्पष्ट रूप से दिखाई देता है।'' इस प्रकार के स्वरुपों में धरातल, भौतिक एवं प्राकृतिक संसाधन मिट्टी की प्रकृति उसकी स्थिति, जलवायु, वनस्पति, खनिज सम्पदा, जल चल का वितरण, पर्वत, मैदान, सूर्यताप आदि जो भूमण्डल पर घटित होती है एवं जो मानव को प्रभावित करती है।

मैकाइवर के अनुसार–''पृथ्वी का धरातल और उसकी सारी प्राकृतिक दशाएँ प्राकृतिक संसाधन, भूमि, जल, पर्वत, मैदान, खनिज पदार्थ, पौधे, पशु तथा सम्पूर्ण प्राकृतिक शक्तियाँ जो पृथ्वी पर विद्यमान होकर मानव जीवन को प्रभावित करती हैं पर्यावरण के अन्तर्गत आती है।''

ई. जे. रास के मतानुसार–''पर्यावरण एक बाह्य शक्ति है जो हमे प्रभावित करती है।''

सोरोकिन के अनुसार–''पर्यावरण से तात्पर्य ऐसी दशाओं और घटनाओं से है जिनका अस्तित्व मनुष्य के कार्यों से स्वतन्त्र है जो मानव रचित नहीं है और बिना मनुष्य के अस्तित्व और कार्यों से प्रभावित हुए स्वतः परिवर्तित होती है।''

टी. एन. खुशु के अनुसार–''पर्यावरण उस सब दशाओं का योग है जो कि जीवधारियों के जीवन और विकास को प्रभावित करता हो, पर्यावरण कहलाता है।''

पर्यावरण अधिनियम 1986 की धारा 2 (क) के अनुसार–पर्यावरण के अन्तर्गत जलवायु और भूमि है और वह अन्तर सम्बन्ध है जो जलवायु और भूमि तथा मानवों, अन्य जीवित प्रणियों, पादपों और सूक्ष्म जीव और सम्पत्ति के बीच विद्यमान है

संक्षेप में यह कहा जा सकता है कि पर्यावरण उन समस्त भौतिक, सामाजिक, सांस्कृतिक, आर्थिक तथा राजनैतिक कारकों का योग है जिसमें मनुष्य सदैव घिरा रहता है। हम सामान्यत: निकटवर्ती परिस्थितियों को पर्यावरण का नाम दे सकते हैं। वर्तमान में पर्यावरण और इन्सान में गहरा सम्बन्ध है तथा वे दोनों एक–दूसरे को प्रभावित करते हैं पर्यावरण से स्वतन्त्र होने के प्रयास में मानव पर्यावरण पर अधिकाधिक निर्भर होता जा रहा है। इन सबको देखते हुए वर्तमान में पर्यावरण का स्वस्थ एवं शुद्ध पर्यावरण का होना मानव हित के लिये अतिआवश्यक है।

पर्यावरण विधि का उद्भव एवं विकास

उपरोक्त परिभाषाओं के आधार पर हमें यह ज्ञात होता है पर्यावरण में वे सभी भौतिक तत्त्व एवं जीव सम्मिलित होते हैं, जो प्रत्यक्ष या अप्रत्यक्ष रूप से उनकी जीवन क्रियाओं को प्रभावित करते हैं। पर्यावरण में अनेक जैविक एवं अजैविक कारक पाये जाते हैं जो आपस में एक–दूसरे पर अपना गहरा प्रभाव डालते हैं। साधारण शब्दों में, मनुष्य तथा प्रकृति में गहरा सम्बन्ध है तथा इस सम्बन्ध में एक सन्तुलन बनाना आवश्यक है। प्राचीन समय मे जब मनुष्य एकांकी जीवन जीता था तथा वह स्वार्थ से परे था उसमें तेरे–मेरे की भावना नहीं थी तो यह सन्तुलन कायम था परन्तु शनै: शनै: मनुष्य पारिवारिक जीवन व्यतीत करने लगा तथा उसकी आवश्यकतायें बढ़ी तथा इन बढ़ती हुई आवश्यकताओं ने उसे नये–नये अविष्कारों के लिये प्रेरित किया तथा अपनी सुख–सुविधाओं के लिये प्रकृति से खिलवाड़ करने लगा। **रोजेस्क् के शब्दों** में, यही से मानव भ्रष्ट होने लगा तथा नये–नये विकास करके पर्यावरण का सन्तुलन बिगाड़ दिया और पर्यावरण का रूप इतना भयानक हो गया की सारी मानव जाति इससे भयभीत होने लगी। क्योंकि मानव अपनी जीवन प्रणाली में प्रत्येक क्षण प्रकृति से कुछ न कुछ प्राप्त करता था परन्तु उसके बदले वह प्रकृति को कुछ नहीं देता था।

सम्पूर्ण विश्व में पर्यावरण अनवयन अर्थात् पर्यावरण असन्तुलन के अनेक कारण जैसे– औद्योगिकरण, शहरीकरण, जनसंख्या विस्फोट, गरीबी, संसाधनों का अतिदोहन, ऊर्जा के पारम्परिक स्त्रोतों की क्षीणता और कच्चे माल का नि:शेषण इत्यादि प्रमुख हैं। इन कारणों से तथा मनुष्य की प्रकृति के प्रति लापरवाही ने मानव जीवन और पर्यावरण के बीच के सन्तुलन को डांवाडोल कर दिया जिससे वतर्मान समय में वातावरण को लेकर अनेक समस्याओं ने जन्म लिया तथा हमारे जीवन को प्रभावित किया है। हालाँकि मनुष्य तथा विज्ञान ने मिलकर कुछ मामलों में प्रकृति के ऊपर विजय प्राप्त की है परन्तु ऐसी विजय समस्याओं की बाढ़ के सामने बिलकुल नगण्य है। विकास के लिये मानव ने अन्धाधुन्ध प्रकार से पर्यावरण वन, वन्यजीव, भूमि की सतह, जल स्त्रोतों तथा हमारे आस–पास के वातावरण को क्षति पहुँचाई है। इससें न केवल

वर्तमान में चल रही हमारी पीढ़ी को बल्कि हमारे बच्चों व आने वाली पीढ़ी को एक निश्चित खतरा उत्पन्न हो गया है।

मानव के उक्त प्रकार के व्यवहार पर अंकुश लगाने व नियन्त्रण के लिये ही नये कानून बनाये गये है तथा मानव जीवन व प्राकृतिक सम्पदाओं में वापस वही सन्तुलन कायम करने का प्रयास किया जा रहा है।

चूंकि पर्यावरण की समस्या न केवल भारत देश की है बल्कि विश्व की है। अतः हम इसके विकास की प्रक्रिया (पर्यावरण विधि के विकास की प्रक्रिया) विश्व के सन्दर्भ में अवलोकन करेंगे।

भारत में पर्यावरण के प्रति सजगता प्राचीन समय से ही देखने को मिल जाती है कौटिल्य जैसे विद्वान के अर्थशास्त्र में पर्यावरण को लेकर अनेक प्रकार के उपदेश दिये गये हैं, तथा प्राचीन भारत में हर धर्म तथा मजहब में पेड़-पौधों की पूजा करना विशेषकर हिन्दू धर्म मे अग्नि यज्ञ, हवन इत्यादि करना जिससे वातावरण शुद्ध होता है, तथा कुछ निश्चित पेड़ जैसे पीपल आदि पेड़ो की पूजा करना भी पर्यावरण संरक्षण को प्रोत्साहन देने के लिए एक सजग कदम है। कौटिल्य के अर्थशास्त्र में तो पेड़ों को काटने पर दण्ड दिये जाने का प्रावधान दिया गया है। पुराणों तथा अनेक विद्वानों की स्मृतियों मे पेड़ों को काटना दण्डनीय अपराध है, का विवरण उल्लेखित है।

पर्यावरण संरक्षण से सम्बन्धित प्रारम्भिक विधि का वृतान्त ब्रिटेन में उल्लेखित बॉयन लॉ में भी मिलता है, तथा धीरे-धीरे पर्यावरण के प्रति सजगता विश्व के अधिकतर देशों ने अपनानी शुरू की। इस प्रकार उक्त दृष्टि से पर्यावरण विधि का विकास राष्ट्रीय और अन्तर्राष्ट्रीय स्तर पर हुआ। सन् 1972 में स्टॉक होम में मानव पर्यावरण संयुक्त राष्ट्र सम्मेलन हुआ उसमे स्टॉक होम की घोषणा को स्वीकार किया गया। उक्त सम्मेलन में पर्यावरण निर्धारण कार्यक्रम की कार्य योजना को तीन भागों में बाँटा गया–

(i) भू-मण्डलीय पर्यावरण निर्धारण कार्यक्रम– जिससे अन्तर्राष्ट्रीय पर्यावरण सम्बन्धी समस्याओं के बारे में चेतावनी दी जाये

(ii) पर्यावरण सम्बन्धी कार्यकलाप–

(iii) सहायताकारी उपाय–

सन् 1985 में ओजोन परत संरक्षण हेतु वियना सम्मेलन, 1987 में इसी सन्दर्भ में कनाडा में सम्मेलन हुआ, तथा 1992 में संयुक्त राष्ट्र पर्यावरण एवं विकास हेतु पृथ्वी शिखर सम्मेलन जेनेवा में हुआ।

भारत में पर्यावरण विधि पर सन् 1972 की स्टॉक होम घोषणा का महत्त्वपूर्ण स्थान है। भारतीय दण्ड संहिता 1860 की धारा 277, 278, 289 तथा भारत के संविधान में मूल अधिकारों से सम्बन्धित अनुच्छेद 14, 19, 21 राज्य के नीति निदेशक तत्त्व में अनुच्छेद 48 क तथा मूल

कर्त्तव्य अनुच्छेद 51क (छ) में भी पर्यावरण से सम्बन्धित उपबन्धों व अधिकारों का उल्लेख किया गया है।

इन सब के अलावा भारत सरकार ने जल (प्रदूषण निवारण तथा नियन्त्रण) अधिनियम, 1974, वायु प्रदूषण (निवारण तथा नियन्त्रण) अधिनियम, 1981 तथा पर्यावरण संरक्षण अधिनियम, 1986 पारित किया। इस प्रकार उक्त अधिनियमों से हमें यह ज्ञात होता है कि वर्तमान में भारत के साथ-साथ सभी देश अपने पर्यावरण को लेकर सचेत हो गये हैं तथा अपने- अपने पर्यावरण को शुद्ध रखने के लिये विधियों, कानूनों, नियमों का प्रतिपादन करना शुरु कर दिया गया है और उन पर अमल भी कर रहे हैं। इस प्रकार पर्यावरण विधि का विकास शनैः शनैः हुआ है हम यह नहीं कह सकते की हमने पर्यावरण को लेकर उसे सुलझाने में देर कर दी परन्तु हाँ इतना अवश्य है कि अभी भी हम उक्त अधिनियमों की पालना नहीं करते हैं तो यह हमारे आने वाले भविष्य के लिये घातक एवं विनाशकारी होगा।

पर्यावरण विधि की प्रकृति एवं क्षेत्र

रोजर्स के अनुसार, ''पर्यावरण विधि इस ग्रह और इसकी जनता को उस कार्यकलाप से जो पृथ्वी और इसके जीवन को बनाये रखने वाली क्षमता को उलट देता है से संरक्षा करने वाली ग्रहीय **धरदरी** की विधि है।'' पर्यावरण विधि का सम्बन्ध पर्यावरण संरक्षण और प्रदूषण का निवारण तथा नियन्त्रण से है यह विधि इस प्रकार के नियन्त्रण व निवारण के लिये प्राधिकारियों का गठन करती है उनको शक्तियाँ प्रदत्त करती है एवं कर्त्तव्यों व दायित्वों को निर्धारित रूपरेखा प्रदान करती है। हम यह कह सकते हैं कि पर्यावरण विधि की प्रकृति पर्यावरण को प्रभावित करने वाले कारकों कि समस्याओं का हल निकालने के तरीकों की विधि है। पर्यावरण संरक्षण अधिनियम, 1986 में दी गई पर्यावरण की परिभाषा के अनुसार-भौतिक संसाधनों और अन्य जीवित प्राणियों के बीच के सम्बन्ध को नियन्त्रित करना भी इस पर्यावरण की प्रकृति के कार्यक्षेत्र का कार्य है। पर्यावरण विधि का महत्त्वपूर्ण विषय वायु, जल एवं मानवीय पर्यावरण है जिसके अन्तर्गत इसका अध्ययन किया जाता है।

पर्यावरण विधि के क्षेत्र को क्षेत्र कहना यह एक निश्चित विषय में बांध देना होगा क्योंकि पर्यावरण विधि का सम्बन्ध करीब-करीब हर प्रकार की विधाओं, विषयों से सम्बन्धित है जैसे-पारिस्थितिकी, जैवकीय, अर्थशास्त्र मनोविज्ञान, लोक प्रशासन, जल विज्ञान, जीव प्रौद्योगिकी, राजनीति शास्त्र इत्यादि।

रोजर्स महोदय ने पर्यावरण विधि को कामन लॉ तथा सांविधानिक सिद्धान्तों का मिश्रण बताया है पर्यावरण विधि एवं संवैधानिक विधि आपस में जुडे हुए हैं क्योंकि संविधान में प्राण का अधिकार वर्णित है जो कि पर्यावरण के स्वच्छ व शुद्ध होने पर ही उपलब्ध हो सकता है अन्यथा नही। यदि आपके आस-पास का वातावरण ही अशुद्ध है तो आपके यह जीने के अधिकार को समाप्त करता है क्योंकि जीने के अधिकार के साथ स्वच्छ वातावरण होना आवश्यक है। अतः संवैधानिक विधि तथा पर्यावरण को आपस में चचेरे भाइयों की संज्ञा दी जाये तो अतिश्योक्ति नहीं होगी।

टॉमस महोदय ने पर्यावरण विधि के क्षेत्र के बारे में कहा है कि पर्यावरण विधि को राजनीति से अलग नहीं किया जा सकता। इसका अध्ययन पारिस्थितिकी और अर्थशास्त्र की जानकारी की अपेक्षा करता है। **मैम्लाग्नि** के अनुसार–''पर्यावरण से सम्बन्धित विधि की व्युत्पत्ति दो प्रमुख स्त्रोतों अर्थात् न्यायालय द्वारा पूर्व न्यायिक निर्णयों के माध्यम से विकसित कामन लॉ और स्टैटयूट विधि के अन्तर्गत निर्मित विनियम और उपविधियाँ सम्मिलित हैं से होती है।

पर्यावरण विधि का सम्बन्ध प्रशासनिक विधि से तथा आपराधिक विधि से भी है। क्योंकि पर्यावरणीय अपराधों में आपराधिक मन: स्थिति की संकल्पना और दण्डात्मक अनुशक्तियाँ भी महत्वपूर्ण होती हैं अत: पर्यावरण विधि का सम्बन्ध हर प्रकार के विषय से है क्योंकि पर्यावरण का तात्पर्य ही हमारे आस-पास के वातावरण से है अत: हमारे आस-पास तथा हमारे दैनिक जीवन से सम्बन्धित समस्त विषयों का सम्बन्ध पर्यावरण विधि से होना अनिवार्य है। चूँकि पर्यावरण विधि जनसंख्या नियन्त्रण पर विशेष प्रकार से जोर देती है। जैसे-जैसे जनसंख्या बढ़ती है। प्राकृतिक सम्पदाओं का नष्टीकरण उतनी ही तीव्रता से होता है। वर्तमान में यह समस्या केवल एक देश की समस्या न होकर अन्तर्राष्ट्रीय समस्या का रूप धारण कर चुकी है। जिसके नियन्त्रण के लिये अन्तर्राष्ट्रीय स्तर के प्रयास की आवश्यकता है यहाँ पर उपरोक्त तथ्यों को देखते हुए निष्कर्ष स्वरूप यह कहना अप्रासंगिक नहीं होगा कि पर्यावरण कोई राजनैतिक सीमा नहीं जानता यह केवल पारिस्थितिक सीमा के अन्तर्गत कार्य करता है। पर्यावरण विधि का क्षेत्र अत्यन्त ही व्यापक क्षेत्र है जिसने अपने अन्दर हर प्रकार के विषय जो पर्यावरण से किसी भी प्रकार से सम्बन्धित है को समेटे हुये हैं। यदि हम यह कहते है कि पर्यावरण विधि का क्षेत्र सार्वभौम है तो किसी भी प्रकार की अतिश्योक्ति नहीं होगी क्योंकि पर्यावरण का सम्बन्ध अनेक विधाओं से है जिनका उल्लेख हम ऊपर कर चुके हैं, तथा साथ ही अनेकों पर्यावरण विद्वानों की राय विचार इस बारे में हमनें देखी जो की उक्त बात का समर्थन करती है।

पर्यावरण के घटक

पर्यावरण के दो प्रमुख घटक हैं–

(i) जैविक संघटक (Biotic components)

(ii) अजैविक संघटक (Abiotic components)

पर्यावरण का निर्माण पाँच प्रमुख घटकों (जीव, जल, वायु, ऊर्जा मृदा) की अन्तर्क्रियाओं के फलस्वरूप हुआ है अत: हम इसे निम्न तीन भागों में विभिक्त कर सकते हैं:–

(i) अजैविक पर्यावरण

(ii) जैविक पर्यावरण

(iii) सांस्कृतिक पर्यावरण

(i) अजैविक पर्यावरण–इसे भौतिक या निर्जीव पर्यावरण संघटक भी कहते हैं इसके अन्तर्गत समस्त भौतिक कारक जैसे–जलवायु, खनिज शैल, मृदा व अग्नि, भौगोलिक स्थिति गुरुत्वाकर्षण इत्यादि शामिल हैं।

(ii) जैविक पर्यावरण– इसके अन्तर्गत समस्त पेड़-पौधे चाहे वे हो या पर्ण या पर्णहरित शामिल है तथा सूक्ष्म जीव, कीटाणु, प्राणी मनुष्य इत्यादि इसके अन्तर्गत आते हैं।

(iii) सांस्कृतिक पर्यावरण– सांस्कृतिक पर्यावरण के अन्तर्गत धार्मिक, आर्थिक, सामाजिक तथा राजनैतिक गतिविधियाँ आती हैं जिससे कि हमारे सांस्कृतिक वातावरण का निर्माण होता है।

प्रो. एस. एल. कायस्था ने अपनी पुस्तक "Environmental Studies Fundamentals Problems and Management" में पर्यावरण को निम्न प्रकार से वर्गीकृत किया है–

(i) भौगोलिक पर्यावरण (Geographical environment)

(ii) क्रियात्मक पर्यावरण (Operating enviroment)

(iii) बौधात्मक पर्यावरण (Perceptual environment)

(iv) व्यवहारगत पर्यावरण (Behavioral environment)

प्रो. बर्नाड ने अमेरिकन जनरल ऑफ सॉशियोलोजी में भौगोलिक पर्यावरण को दो भागों में विभक्त किया है:–

I. भौतिक पर्यावरण (Physical Environment)

II. जैविकीय अथवा कार्बनिक पर्यावरण (Biological or Organic Environment)

I भौतिक पर्यावरण– भौतिक पर्यावरण के अन्तर्गत अजैविक तत्त्व आते है। जैसे–

(i) **सृष्टि सम्बन्धी**– (Cosmic) जैसे सूर्य का ताप, विद्युत सम्बन्धी आवस्थायें, उल्कापात, चन्द्रमा के आकर्षण का ज्वार भाटा पर प्रभाव।

(ii) **भौतिक भौगोलिक सम्बन्धी** (Physico-Geographic) जैसे–पर्वत, समुद्र, नदियाँ, घाटियाँ, दर्रे आदि।

(ii) **मिट्टी**

(iii) **जलवायु** –इसमें मुख्यत: तापमान का सम्बन्ध आर्द्रता तथा ऋतुओं के चक्र आते हैं।

(iv) **अकार्बनिक पदार्थ**– इसमें खनिज पदार्थ, धातुओं तथा पृथ्वी के रासायनिक गुण आते हैं।

(v) **प्राकृतिक साधन**–जैसे–जल प्रपात, हवायें ज्वारभाटा, सूर्य की किरणें आदि।

(vi) **प्राकृतिक यान्त्रिक प्रतिक्रियाएँ**–जैसे–पृथ्वी का गुरुत्वाकर्षण।

II जैविकीय अथवा कार्बनिक पर्यावरण–इसके अन्तर्गत समस्त जैविक तत्त्व आते हैं। जैसे–

(i) **सूक्ष्म अवयव**– इसके अन्तर्गत कीटाणु तथा बैक्टीरिया आदि आते हैं।

(ii) **पदोपजीवी कीटाणु**– ये कीट वे हैं जो फसलों पर प्रभाव डालते हैं।

(ii) **पेड़-पौधे**

(iv) **भ्रमणशील पशु**

(v) **हानिप्रद पशु और वृक्ष**

(vi) **वृक्षों और पशुओं की पारिस्थिति**–यह प्रत्यक्ष व परोक्ष रूप से मनुष्य को प्रभावित करती हैं।

(vii) **पशुओं के जन्म के पूर्व का वातावरण**

(viii) **प्राकृतिक जैविक प्रतिक्रियाएँ**–इनमें प्रजनन, विकास, रक्त संचार तथा मल निर्गमन आदि की क्रियायें आती हैं।

अत: उक्त विद्वानों द्वारा की गई पर्यावरण के घटकों की सूची अपने आप में पूर्ण है। तथा हमें पर्यावरण के प्रकारों के बारे में सम्पूर्ण व विस्तृत जानकारी देते हैं। निष्कर्ष स्वरूप यह कह सकते हैं कि पर्यावरण सजीव एवं निर्जीव के मध्य सामंजस्य एवं पूर्णता की अवधारणा है।

पारिस्थितिकी (Ecology)

पारिस्थितिकी शब्द की उत्पत्ति एक यूनानी शब्द आइकॉस (oikos) से हुई, जिसका अर्थ है 'घर' या रहने की जगह। पारिस्थितिकी जीवों के निवास स्थान पर अध्ययन करना है। पारिस्थितिकी का अर्थ वर्तमान में जैविक तत्त्वों एवं उनके पर्यावरण के मध्य के सम्बन्धों के प्रतिरूपों के अध्ययन के लिए किया जाता है।

फिलिप हेन्डलर के अनुसार–"पारिस्थितिकी जीवों तथा उनके पर्यावरण के परस्पर सम्बन्धों का विज्ञान है।"

ई.पी. ओडम के अनुसार–"पारिस्थितिकी प्रकृति की संरचना तथा कार्य का अध्ययन है।" अर्थात् मनुष्य और पर्यावरण की सम्पूर्णता का विज्ञान ही पारिस्थितिकी है।

प्रो. टेलर के मतानुसार–"पारिस्थितिकी समस्त जीवों के समस्त पर्यावरणों के साथ सम्बन्धों का अध्ययन करता है।"

प्रो. सत्येश चक्रवर्ती के अनुसार–''पारिस्थितिकी वह विज्ञान है जो समस्त जैविकीय जीवों के अन्तर्सम्बन्धों व उन सभी के भौतिक पर्यावरण के सम्बन्धों का अध्ययन है जो उनके वातावरण क्षेत्र में स्थित हो।''

टी.एन. खुशु के अनुसार–''पारिस्थितिकी जैविक तत्त्वों तथा उनके पर्यावरण के मध्य परस्पर सम्बन्धों का विज्ञान है।''

पारिस्थितिकी उन तन्त्रों से सम्बन्धित है जो प्राणी स्तर से ऊपर के तन्त्र हैं इसमें किसी एक जाति के प्राणियों का समूह समष्टि बनाती है। पारिस्थितिकी पर्यावरण की एकता तथा सन्तुलन पर बल देती है। पारिस्थितिकी न केवल जीव विज्ञान की एक **सश्लिष्ट** शाखा है बल्कि यह एक दृष्टिकोण है अत: पारिस्थितिकी सामान्य रूप में वह विज्ञान है जो एक तरफ सभी जीवों तथा उनके भौतिक पर्यावरण में, तथा दूसरी तरफ विभिन्न जीवों में परस्पर क्रियाशील तथा परस्पर सम्बन्ध–अन्तर्सम्बन्धों का अध्ययन करता है। पारिस्थितिकी को वर्गों के अनुसार विभक्त भी किया जा सकता है जैसे– स्तनधारी पारिस्थितिकी, पक्षी पारिस्थितिकी, कोट पारिस्थितिकी, परजीवी पारिस्थितिकी इत्यादि के अध्ययन से हम अपनी प्राकृतिक सम्पदाओं के दोहन से बच सकते हैं और आसपास के पर्यावरण को अवनयन से बचा सकते हैं। पारिस्थितिकी तन्त्र के दो प्रकार के अवयव हैं। **प्रथम,** जैविक संघटक तथा **द्वितीय,** जैव संघटक, प्रथम प्रकार के जैविक संघटक में समस्त भौतिक कारक और परिस्थितियाँ शामिल हैं जो जीवन संचार में सहयोग प्रदान करती है। जैसे–सौर ऊर्जा, प्रकाश, जलवायु, मृदा खनिज तथा जीवन मण्डलीय गैसें प्रमुख हैं। इसी प्रकार द्वितीय जैव संघटक के अन्तर्गत विभिन्न प्रकार की वनस्पति कीट पतंग तथा सूक्ष्म जीव जो सृष्टि की रचना के जीवन्त प्रमाण हैं शामिल हैं। उपरोक्त पारिस्थितिकी अध्ययन से हम यह समझते हैं कि हमें हमारी सम्पदाओं को कैसे काम में लेना चाहिए ताकि मानव जाति का अधिकतम भला हो सके इसके अध्ययन से हमें मानव समाज के लिये हानिकारक तथा लाभदायक जीवधारियों के बारे में ज्ञान होता है। पारिस्थितिकी के अध्ययन से तथा इन सिद्धान्तों को समझकर प्रकृति के अनुरूप कार्य करने से ही प्रकृति के साथ सामंजस्य की स्थिति उत्पन्न की जा सकती है। अन्यथा मानव जाति का अस्तित्व खतरे में पड़ सकता है। पारिस्थितिकी के अध्ययन से हम यह जानते है कि हम अपने वातावरण की गुणवत्ता को किस प्रकार परिक्षित करें ताकि भविष्य में हमारा जीवन सुरक्षित हो सके। यूनेस्को ने 1971 में एक दीर्घकालीन अन्तर्राज्यीय कार्यक्रम मनुष्य और जैव मण्डल प्रारंभ किया जिसका उद्देश्य जैव मण्डल के विभिन्न पारिस्थितिकी तन्त्रों की संरचना व कार्यप्रणाली पर मनुष्य के क्रियाकलापों के प्रभावों तथा इन परिवर्तनों में मनुष्य पर हो रहे प्रभावों का अध्ययन करना है। यूनेस्को का शुरू किया हुआ उक्त कार्यक्रम वर्तमान में इतना स्वरूप प्राप्त नहीं कर सका जितना आवश्यक था। परन्तु इतना वृहद् है कि जिस उद्देश्य के लिये कार्यक्रम शुरू किया गया था उस शिखर को छूने में कामयाब रहा है।

▣▣▣

4

सामाजिक न्याय व पर्यावरण

सामाजिक न्याय का अर्थ समाज में किसी व्यक्ति को न्याय मिले अर्थात् उसे समाज में बराबर रहने चलने तथा खाने-पीने में आजादी। दूसरे शब्दों में, आवास, निवास तथा आहार के बारे में स्वतन्त्रता है। सामाजिक न्याय किसी व्यक्ति के कल्याण के बारे में एक अवधारणा है। भारत के संविधान की प्रस्तावना में भी सामाजिक न्याय की बात कही गई है। फिर भी सामाजिक न्याय की सर्वमान्य परिभाषा नहीं दी जा सकती, क्योंकि सामाजिक न्याय देश, काल व स्थान के अनुसार परिवर्तित होता रहता है। हर जगह की परिस्थितियों तथा तथ्यों के आधार पर सामाजिक न्याय गठित होता है। सामाजिक न्याय किसी राज्य के सामाजिक तथा आर्थिक ढाँचे में विभिन्न सन्दर्भित हितों के तालमेल के सन्तुलन को सूचित करता है जो आर्थिक तथा नैतिक आधार पर किसी राष्ट्र के सौहार्दपूर्ण विकास के लिये आवश्यक है। दूसरे शब्दों में, सामाजिक न्याय एक ऐसी व्यवस्था तथा आधार है जो एक स्वस्थ समाज का निर्माण करता है तथा उसके विकास में योगदान देता है।

न्यायमूर्ति श्री पी.एन भगवती ने मिनर्वा मिल्स कम्पनी. लि. बनाम सूती मिल मजदूर सभा के वाद में कहा कि ''सामाजिक न्याय की परिकल्पना किसी न्यायाधीश के काल्पनिक विचारों से जन्म नहीं लेती, अपितु यह समाज के वातावरण के अधिक ठोस आधार पर आधारित होती है। भारत के संविधान की प्रस्तावना के साथ-साथ संविधान का अनुच्छेद 38(1) राज्यों

को यह निर्देश देता है कि राज्य, ऐसी सामाजिक व्यवस्था की जिसमें सामाजिक, आर्थिक व राजनैतिक न्याय एवं राष्ट्रीय जीवन की सभी संस्थाओं को अनुप्रमाणित करे एवं भरकम प्रभावी रूप से स्थापना और संरक्षण करके लोक कल्याण की अभिवृद्धि का प्रयास करेगा। इसी प्रकार संविधान का अनुच्छेद 14 समानता तथा न्याय पर आधारित एक आदर्श समाज की परिकल्पना करता है।

वर्तमान समय में एक आदर्श समाज बनाने तथा सामाजिक न्याय की अवधारणा को पूर्ण करने के लिये हमें प्रदूषण पर भी नियन्त्रण पाना होगा, क्योंकि यदि समाज में निवास करने वाले व्यक्तियों को स्वच्छ जल, वायु तथा अन्य वस्तुएँ जिनको पाने का उनका अधिकार है तथा उनका शुद्ध रूप पाने का अधिकार है, यदि शुद्ध रूप नहीं मिलेगा तो वे सामाजिक न्याय को प्राप्त नहीं कर सकते, जैसे उन्हें स्वच्छ तथा सुन्दर, अच्छे स्थान जो की गन्दगी रहित हो पर निवास करने का अधिकार है। अब यदि कोई उसके इस अधिकार का अतिक्रमण करता है तो यह उसके सामाजिक न्याय का उल्लंघन होगा। इसी प्रकार नागरिकों को स्वच्छ वायु, जल ग्रहण करने का अधिकार है परन्तु बढ़ते हुए उद्योग धन्धों, रासायनिक कारखानों की वजह से ऐसा सम्भव नहीं है। वर्तमान समय में उक्त प्रकार के कारखाने व उद्योग धन्धे भी समाज की एक आवश्यकता बन गये हैं। अब जरूरत इनमें आपसी तालमेल बैठाने की है यह कार्य न्यायापालिका के द्वारा किया जा सकता है अन्यथा किसी के द्वारा नहीं किया जा सकता। क्योंकि समाज की प्रगति के लिये विकास आवश्यक है जहाँ विकास होता है वहाँ प्रदूषण भी होता है।

रतलाम नगर पालिका बनाम विरदीचन्द्र का वाद सामाजिक न्याय तथा प्रदूषण का एक अन्य उदाहरण है। इस वाद में रतलाम कस्बे का वार्ड स. 12 एक ऐसा स्थान है जहाँ पर अमीरी तथा गरीबी एक ही बिस्तर के विचित्र साथी हैं इस वार्ड में एक ओर समृद्ध लोगों का निवास है जिसमे संडास आदि की सुविधा है जबकि वहीं कुछ लोग फुटपाथ पर रहकर अपना जीवन व्यतीत करते हैं। ये लोग सुविधाओं के अभाव में ऐसे स्थान पर रहते हैं जहाँ गंगा का तथा शराब के संयंत्र से सार्वजनिक गलियों में गन्दा तथा दुर्गन्ध युक्त पानी बहता रहता है, जिससे इनके स्वास्थ्य पर विपरीत प्रभाव पड़ रहा था। सब–डिवीजनल मजिस्ट्रेट ने दण्ड प्रक्रिया संहिता की धारा 133 के प्रावधानों को लागू करते हुए एक आदेश दिया कि रतलाम नगरपालिका इस स्थिति से निपटने के लिए आवश्यक एवं उचित उपाय करें तथा अपदूषण के उपशमन करने का उपाय करें। सत्र–न्यायालय ने मजिस्ट्रेट के उस आदेश को अनुचित ठहराया जबकि उच्च न्यायालय ने मजिस्ट्रेट के आदेश को उचित एवं सही ठहराया। उच्चतम न्यायालय ने भी मजिस्ट्रेट व उच्च न्यायालय के आदेश को सही माना।

उच्चतम न्यायालय ने रतलाम नगरपालिका के इस तर्क को अस्वीकार कर दिया कि नगरपालिका अधिनियम 1961 की धारा 23 के प्रावधानों के अन्तर्गत अधिरोपित कर्त्तव्यों को पूरा करने के लिए उसके पास धन नहीं है। न्यायमूर्ति कृष्णा अय्यर ने कहा कि नगरपालिका का यह तर्क की लोक अपदूषण के होते हुए उसकी आर्थिक असमर्थता, वैध रूप से उसे वैधानिक दायित्वों से मुक्ति प्रदान करती है न्यायिक आधार नहीं रखता। आपराधिक प्रक्रिया संहिता,

सांविधानिक निकाय तथा अन्य के विरुद्ध उसके खजाने में नकदी पर ध्यान दिये बिना लागू होती है। यहाँ तक की राज्य के बजटीय प्रावधानों पर ध्यान दिये बिना राज्य द्वारा संविधान के भाग तीन (मौलिक अधिकारों) का सम्मान किया जाना चाहिए। इस प्रकार नगरपालिका अधिनियम 1961 की धारा 23 के अन्तर्गत नगरपालिका के अर्थविहीन होने कि दशा में बचाव खण्ड नहीं है। अत: नगरपालिका के आयुक्त या अन्य अधिकारी द्वारा, मजिस्ट्रेट द्वारा दण्ड प्रक्रिया संहिता की धारा 133 के अन्तर्गत दिये गये आदेश का पालन करना ही होगा अन्यथा इस अधिनियम के अन्तर्गत दण्ड का भागी होना पड़ेगा।

एम. सी. मेहता बनाम भारत संघ के वाद में उच्चतम न्यायालय के निर्णय के अनुसार, जब विकास होता है तो अन्य जोखिम भी साथ-साथ पैदा होते हैं। परन्तु यहाँ यह आवश्यकता है कि दोनों का साथ में तालमेल बनाया रखा जावे क्योंकि हम पर्यावरण के नाम पर उद्योगों को पूर्णतया बन्द तो नहीं कर सकते, परन्तु इतना अवश्य कर सकते हैं जिसमें मानवीय जीवन को कम से कम खतरा हो तथा उसके स्वच्छ जीवन जीने के सामाजिक न्याय के अधिकार को क्षति नहीं पहुँचे। चूँकि प्रदूषण की समस्या दिन-प्रतिदिन विकराल रूप धारण कर चुकी है। वर्तमान में पर्यावरण सन्तुलन बनाये रखना कठिन ही नहीं असंभव प्रतीत होता जा रहा है। जिसके लिये हमें अनेक समस्याओं के निपटारे के लिये न्यायालय की सहायता लेनी आवश्यक है। समाज के हर व्यक्ति के जीवन के लिए पर्यावरण का स्वच्छ रहना अपरिहार्य है। परन्तु प्रदूषण की समस्या मानव के शारीरिक तथा मानसिक स्वास्थ्य के लिये खतरनाक है। मानव का जीवन पर्यावरण के भौतिक, रासायनिक तथा जैविक स्थितियों में परिवर्तन के कारण कठिन और परेशानी पूर्वक हो गया है। प्रदूषित वायु, असहनीय शोर, समुद्रों में तेल का बहना, वातावरण में बहि:स्रावों का विसर्जन, कूड़े कचरे के ढेर, तेजाबी वर्षा, ओजोन परत में छेद होना आदि से मानव जीवन की नैसर्गिक गुणवत्ता अत्यधिक प्रभावित हुई है। इन सभी कारकों ने मानव के न केवल सामाजिक जीवन बल्कि राजनैतिक तथा आर्थिक व सांस्कृतिक जीवन को भी प्रभावित किया है। उसके सिविल अधिकारों पर भी प्रत्यक्ष रूप से प्रभाव डाला है। जैसा कि अन्तर्राष्ट्रीय न्यायालय के प्रधान न्यायमूर्ति **डा. नगेन्द्र सिंह** ने कहा कि "सुरक्षित एवं पर्याप्त वातावरण में शान्तिपूर्ण ढंग से रहने का मानव का अधिकार है जो उसके मूलभूत अस्तित्व से सम्बन्धित है ऐसी स्थिति में मानव के अपने अस्तित्व का मूलभूत कारण है, उसे निसन्देह भौतिक अधिकार की श्रेणी में रखा जाना चाहिए या भौतिक अधिकार का नाम दिया जाना चाहिए।"

सुखाधिकार व पर्यावरण

सुखाधिकार से तात्पर्य किसी भूमि पर किसी व्यक्ति द्वारा अपने सुख का उपभोग लम्बे समय से करना। इसकी परिभाषा **सुखाचार अधिनियम 1882 की धारा-4** में निम्न प्रकार दी गई है कि "सुखाचार एक ऐसा अधिकार है जो किसी भूमि के स्वामी या अधिभोगी को उस हैसियत में, उस भूमि के फायदाप्रद उपभोग के लिये, किसी अन्य भूमि में या उस पर या उसके सम्बन्ध में जो उसकी अपनी नहीं है कोई बात करने और करते रहने के लिये या किसी बात का किया जाना रोकने और रोकते रहने के लिए प्राप्त है।"

वह भूमि जिसके फायदे के लिये अधिकार विद्यमान है अधिष्ठायी सम्पत्ति और उसका स्वामी जिस पर भार अधिरोपित है अनुसेवी सम्पत्ति और स्वामी या अधिभोगी अनुसेवी स्वामी कहलाते हैं।

धारा 4 के स्पष्टीकरण के अनुसार, इस धारा के पहले और दूसरे खण्डों में 'भूमि' पद के अन्तर्गत स्थायी रूप से भूबद्ध चीजें भी हैं फायदाप्रद उपभोग पद के अन्दर सम्भाव्य सुविधा, परोक्ष फायदा और मात्र सुख-सुविधा भी है और "कोई बात करने" पद के अन्तर्गत अधिष्ठायी स्वामी द्वारा, अधिष्ठायी सम्पत्ति के फायदाप्रद उपभोग के लिए अनुसेवी सम्पत्ति की मिट्टी के किसी भाग या उस पर उगती हुई विद्यमान किसी चीज को ध्यान और अपने काम में लाना भी है। यह अधिकार सम्पत्ति से जुड़ा होता है तथा सम्पत्ति के हितकर उपभोग के लिये प्राप्त होता है।

धारा 15 सुखाचार अधिनियम 1882 के अनुसार, जहाँ किसी भवन के साथ ही, उस तक या उसके लिये पहुँच और प्रकाश या वायु के प्रयोग का सुखाचार रूप में बिना रुकावट के बीस बर्ष तक शांतिपूर्वक उपभोग किया गया है।

स्पष्टीकरण—जल को प्रदूषित करने के सुखाचार की दशा में उक्त बीस वर्ष की कालावधि उस समय प्रारम्भ होती है जब प्रदूषण अनुसेवी सम्पत्ति को प्रथम बार प्रत्यक्ष रूप से प्रतिदूलतः प्रभावित करता है।

उदाहरण के तौर पर, यदि अधिभोगी सम्पत्ति का स्वामी, अधिसेवी सम्पत्ति पर निरन्तर 20 वर्षों तक किसी गैस, तरल या व्यावसायिक या घरेलू निस्सरण को छोड़ता है या धुआँ छोड़ता है, शोर करता है या किसी अन्य प्रकार के प्रदूषणकारी पदार्थ का निस्तारण करता है तो एक निश्चित अवधि (20 वर्ष पश्चात्) उसे ऐसा करते रहने का अधिकार प्राप्त हो जायेगा इसे ही सुखाधिकारीय प्रदूषण की संज्ञा दी जायेगी।

सुखाधिकार अधिनियम 1882 की धारा 28 खण्ड (घ) के अनुसार, "वायु या जल को प्रदूषित करने का चिरभोगाधिकार का विस्तार उतना है जितना उपयोग की उस कालावधि के जिसके पूरा होने पर वह अधिकार पैदा हुआ, प्रारम्भ पर था।"

उक्त धारा सुखाधिकार के विस्तार की सीमा निर्धारित करती है जिससे यह पूर्ण अधिकार की बजाय एक सीमित अधिकार ही निर्धारित करती है। इस सम्बन्ध में जल प्रदूषण निवारण तथा नियन्त्रण अधिनियम 1974 की धारा 60, वायु प्रदूषण निवारण अधिनियम 1981 की धारा 52 तथा पर्यावरण (संरक्षण) अधिनियम 1986 की धारा 24 उल्लेखनीय है।

धारा 60 के अनुसार, अध्यारोही प्रभाव इस अधिनियम के उपबन्ध इस अधिनियम से भिन्न किसी अधिनियमिती में उनसे असंगत किसी बात के होते हुए भी प्रभावी होंगे। अर्थात् यदि इस अधिनियम के उपबन्धों में तथा किसी अन्य उपबन्धों में यदि असंगतता हो तो भी इस अधिनियम के उपबन्ध प्रभावी होगें।

धारा 52 के अनुसार,अन्य विधियों का प्रभाव– परमाणु ऊर्जा अधिनियम 1962 द्वारा अथवा के अधीन अन्यथा उपबन्ध के सिवाय, इस अधिनियम से अन्य किसी अधिनियम में

विकिरणशील वायु प्रदूषण के सम्बन्ध में किसी भी बात के असंगत होते हुए भी इस अधिनियम के उपबन्ध प्रभावी होंगे।

धारा 24 के अनुसार अन्य विधियों का प्रभाव–(1) उपधारा (2) के उपबन्धों के अध्यधीन रहते हुए इस अधिनियम के उपबन्ध और इनके अन्तर्गत बनाये गये नियम तथा आदेश इस अधिनियम से भिन्न किसी अधिनियम में उनसे असंगत किसी बात के होते हुए भी प्रभावी होंगे।

(2) जहाँ किसी कार्य अथवा लोप इस अधिनियम अथवा अन्य किसी विधि के अधीन भी किसी अपराध का गठन करता है तब ऐसे अपराध का दोष सिद्ध व्यक्ति अन्य विधि के अधीन दण्डित किए जाने का भागी होगा, न कि इस अधिनियम के अधीन।

उक्त धाराओं के अनुसार यदि किसी अन्य विधि या अधिनियम की उक्त धाराओं के प्रावधानों में असंगतता है तो प्रदूषण से सम्बन्धित उक्त धारायें लागू होगी। चूँकि उक्त धाराओं को देखते हुए हम जान गये हैं कि सुखाधिकार एक सीमित अधिकार है, जिन पर जल प्रदूषण, वायु प्रदूषण तथा पर्यावरण संरक्षण अधिनियम अपना क्षेत्राधिकार रखता है। जल प्रदूषण अधिनियम 1974 की धारा 25 की उपधारा (1) के अनुसार कोई भी व्यक्ति किसी नाले या कुएँ में मल स्राव या किसी भूमि पर राज्य सरकार द्वारा निर्धारित मानक से अधिक मात्रा में प्रदूषक पदार्थ प्रत्यक्ष व अप्रत्यक्ष रूप से प्रवेश नहीं करा सकेगा तथा न ही उसे ऐसा करने की अनुमति दी जायेगी, वायु प्रदूषण अधिनियम 1981 की धारा 22 के अनुसार कोई भी व्यक्ति जो औद्योगिक संयन्त्र का परिचालन कर रहा है इस अधिनियम की धारा 17 उपधारा (1) खण्ड (छ) के अन्तर्गत राज्य सरकार द्वारा निर्धारित मानक से अधिक मात्रा में प्रदूषणकारी न तो उत्सर्जित या निस्तारित करेगा, तथा न किसी व्यक्ति को निर्धारित मात्रा से अधिक मात्रा में वायु प्रदूषक उत्सर्जित या निस्तारित करने की अनुमति ही होगी। पर्यावरण संरक्षण अधिनियम 1986 की धारा 7 में भी निर्धारित मात्रा में वायु, जल, भूमि तथा पर्यावरण में पर्यावरण प्रदूषक के निस्सारण व उत्सर्जन को प्रतिबन्धित किया गया है। यदि कोई व्यक्ति उक्त तीनों धाराओं का उल्लंघन कर कार्य करता है तो यह एक दण्डनीय अपराध होता है।

अन्तर्राष्ट्रीय नीति व पर्यावरण विधि

अन्तर्राष्ट्रीय विधि राष्ट्रों के बीच आपसी व्यवहार को नियमित व नियन्त्रित करने वाली विधि है यह विधि किसी भी राष्ट्र के ऐसे आचरण को प्रतिबन्धित करती है, जिससे किसी अन्य राष्ट्र या राष्ट्रों को अपहानि होती है।

ट्रेल स्मेल्टर आर्बीट्रल अवार्ड के एक महत्त्वपूर्ण वाद में कहा गया कि विश्व का प्रत्येक राष्ट्र अपने क्षेत्र के परे प्रदूषण न करने के लिये अन्तर्राष्ट्रीय विधि के अन्तर्गत दायित्वाधीन है।

सर्वप्रथम पर्यावरण पर 1972 में स्टॉक होम सम्मेलन आयोजित किया गया परन्तु पर्यावरण को लेकर उससे पूर्व भी अन्तर्राष्ट्रीय स्तर पर कई प्रयास किये गये थे। जिनमें निम्नलिखित कई सन्धियाँ महत्त्वपूर्ण हैं–

(i) आणविक अस्त्र निषिद्ध सन्धि 1963,

(ii) लैटिन अमेरिका आणविक अस्त्र निषिद्ध सन्धि,

(iii) आणविक अस्त्र अप्रसार सन्धि 1968,

(iv) आणविक अस्त्रों के समुद्र तल पर रखने की निषिद्ध सन्धि 1971,

(v) खुले समुद्र पर तेल प्रदूषण से क्षति द्वारा हस्तक्षेप से सम्बन्धित ब्रसल अभिसमय 1969,

(vi) तेल प्रदूषण से नुकसान के लिये सिविल दायित्व सम्बन्धित ब्रसल अभिसमय 1969,

(vii) विश्व की सांस्कृतिक एवं प्राकृतिक विरासत के संरक्षण से सम्बन्धित अभिसमय, 1972,

(viii) संयुक्त राष्ट्र महासभा की 17 दिसम्बर, 1970 की घोषणा।

स्टाक होम सम्मेलन 5 जून से 16 जून, 1972 तक स्वीडन की राजधानी स्टॉक होम में आयोजित किया गया। इस सम्मेलन में मानव पर्यावरण पर एक संयुक्त राष्ट्र घोषणा की गई। इस सम्मेलन में विश्व के 119 देशों ने भाग लिया और पहली बार ''एक ही पृथ्वी'' का सिद्धान्त स्वीकार किया, तथा घोषणा-पत्र में पर्यावरण संरक्षण हेतु 26 सिद्धान्त प्रतिपादित किये गये।

(1) मनुष्य का मूलभूत अधिकार है एक ऐसे पर्यावरण का जिसमे वह सुखी एवं मान-मर्यादा, पूर्ण जीवन, स्वतन्त्रता, समानता और रहन-सहन की पर्याप्त सुविधा उपलब्ध हो। साथ ही उस पर यह गम्भीर उत्तरदायित्व है कि वर्तमान व भावी पीढ़ियों के लिए पर्यावरण को सुधारे, उसे सुरक्षित रखे। इस सम्बन्ध में रंगभेद नीति, जातीय पृथक्करण, भेदभाव औपनिवेशिक और अन्य प्रकार के अत्याचार तथा विदेशी प्रभुत्व को बढ़ावा देना या उसे बनाये रखना अपराध है और उसे जड़ से समाप्त किया जाना चाहिए।

(2) यह उपयुक्त है कि सतर्कतापूर्ण आयोजन तथा व्यवस्था द्वारा पृथ्वी के प्राकृतिक स्रोतों जिनमें हवा, पानी, पेड़-पौधे, जीव-जन्तु, विशेष रूप से प्राकृतिक पारिस्थितिक तन्त्र के नमूने सम्मिलित हैं, को वर्तमान और भावी पीढ़ियों के लिए सुरक्षित रखा जाना चाहिए।

(3) जीवन से सम्बद्ध ऐसे स्रोतों को जिनका नवीनीकरण सम्भव है उनके द्वारा धरती की उपजाऊ क्षमता बनाये रखी जानी चाहिए और जहाँ तक व्यवहार्य हो उसे पुनः स्थापित किया जाना चाहिए।

(4) वन्य प्राणी प्रजाति की सुरक्षा करना तथा उनको बुद्धिमत्तता पूर्वक व्यवस्थित करने की विशेष जिम्मेदारी मनुष्य की है। उसके आश्रय स्थलों को आजकल अनेक मिले-जुले कारणों से गम्भीर खतरा हो गया है। अतएव प्राकृतिक संरक्षण को जिसमें वन्य प्राणी भी सम्मिलित है आर्थिक आयोजन के विकास में महत्त्व दिया जाना चाहिए।

(5) ऐसे प्राकृतिक संसाधनों को जो नवीनीकरण के योग्य नहीं है। इस प्रकार काम में लाये जाये की वे भविष्य में समाप्त ही न हो जाये और यह भी सुनिश्चित कर ले कि इन संसाधनों से प्राप्त होने वाले लाभ सम्पूर्ण मानव जाति को समान रूप से मिले।

(6) पदार्थों को अहानिकारक बनाये रखने के लिए मादक पदार्थों या अन्य पदार्थों के विसर्जन तथा ऊष्मा का उत्सर्जन उतनी मात्रा में तथा उतनी ही सीमा में किया जाना चाहिए जो पर्यावरण की क्षमता से अधिक न हो तथा यह सुनिश्चित करने के लिए उस पर रोक लगायी जानी चाहिए कि उससे पारिस्थितिक तन्त्र पर कोई गम्भीर तथा अप्रतिवर्त्य हानि न हो। प्रदूषण के विरुद्ध समस्त देशों के लोगों के न्यायोचित संघर्ष को समर्थन मिलना ही चाहिए।

(7) ऐसे पदार्थों से समुद्र में होने वाले प्रदूषण को रोकने के लिए राज्यों को सभी सम्भव कदम उठाने चाहिए जिनसे कि मनुष्य के स्वास्थ्य को खतरा हो, जीवन्त संसाधनों व समुद्री जीवन को हानि हो, सुख-सुविधा को हानि हो या समुद्र के अन्य वैध उपयोग में बाधा पड़े।

(8) मनुष्य के लिए अनुकूल जीवन तथा काम करने योग्य पर्यावरण बनाये रखने तथा पृथ्वी पर ऐसी स्थिति निर्मित करने के लिए जो बेहतर जीवन को समुन्नत करने के लिए जरूरी है उसका आर्थिक तथा सामाजिक विकास अत्यन्त आवश्यक है।

(9) अल्प विकास तथा प्राकृतिक आपदाओं की स्थितियों द्वारा उत्पन्न पर्यावरणात्मक कमियाँ गम्भीर समस्या पैदा कर देती हैं, और उन्हें विकासशील देशों के घरेलू प्रयास के अनुपूरक के रूप में सारभूत मात्रा में वित्तीय तथा प्रौद्योगीय सहायता के अन्तरण के जरिये और यथा अपेक्षित सामयिक सहायता के द्वारा भली-भाँति दूर किया जा सकता है।

(10) विकासशील देशों के लिये मूल्यों की स्थिरता और प्राथमिक वस्तुओं और कच्चे माल के लिए समुचित अर्जन पर्यावरणात्मक प्रबन्ध विज्ञान कारकों के लिये आवश्यक है और साथ ही पारिस्थितिकीय प्रतिक्रयाओं पर भी विचार किया जाना चाहिए।

(11) सभी राज्यों की पर्यावरणात्मक नीतियों को विकासशील देश की वर्तमान तथा भावी विकास सम्भाव्यता को बढ़ाना चाहिए न कि प्रतिकूलतः प्रभावित करना चाहिए और न ही उन्हें सभी लोगों के लिए बेहतर जीवन की प्राप्ति में बाधक होना चाहिए और राज्यों तथा अन्तर्राष्ट्रीय संगठनों के पर्यावरणात्मक उपायों की-प्रयुक्ति से उत्पन्न सभी राष्ट्रीय तथा अन्तर्राष्ट्रीय आर्थिक परिणामों की पूर्ति पर सहमति पर पहुँचने के लिए उपयुक्त कदम उठाने चाहिए।

(12) विकासशील देशों की परिस्थितियों तथा विशिष्ट अपेक्षाओं तथा उनके विकास आयोजन में उनके द्वारा पर्यावरणात्मक सुरक्षा उपायों को शामिल करने से आने वाली लागतों तथा उनके अनुरोध पर इस प्रयोजन के लिए अतिरिक्त अन्तर्राष्ट्रीय तकनीकी तथा वित्तीय सहायता उन्हें उपलब्ध कराने की आवश्यकता को दृष्टिगत रखते हुए पर्यावरण के सुधार तथा पर्यावरण के लिए संसाधन उपलब्ध कराये जाने चाहिए।

(13) संसाधनों के अधिक युक्ति-युक्त प्रबन्ध को प्राप्त करने और इस प्रकार पर्यावरण में सुधार करने की दृष्टि से राज्य को अपने विकास प्रयोजन के प्रति एक एकीकृत तथा समन्वित उपागम अंगीकार करना चाहिए ताकि यह सुनिश्चित किया जा सके कि विकास उनकी जनता के लाभ के लिए पर्यावरण के रक्षण तथा सुधार की आवश्यकता के अनुरूप है।

(14) युक्ति-युक्त आयोजन विकास की आवश्यकता तथा पर्यावरण की रक्षा तथा सुधार की आवश्यकता के बीच पैदा होने वाले संघर्ष का समाधान करने का एक आवश्यक साधन है।

(15) पर्यावरण पर पड़ने वाले प्रतिकूल प्रभावों को रोकने के लिए और सभी लोगों के लिए अधिकतम सामाजिक, आर्थिक तथा पर्यावरणात्मक लाभ प्राप्त करने के लिए आयोजन की प्रयुक्ति मनुष्यों की बस्तियों तथा नगरीकरण पर किया जाना चाहिए। इस सम्बन्ध में जो परियोजनाएँ उपनिवेशवादी तथा जातिवादी श्रेणी की हो उन्हें समाप्त किया जाना चाहिए।

(16) जनांकिकीय नीतियाँ जो कि बुनियादी मानवीय अधिकारों के प्रतिकूल न हों और जिन्हें सम्बन्धित शासनों द्वारा उपयुक्त माना जाता हो, उन क्षेत्रों पर प्रयुक्त की जानी चाहिए जहाँ जनसंख्या वृद्धि की दर का या अत्यधिक जनसंख्या संकेन्द्रणों का पर्यावरण या विकास पर प्रतिकूल प्रभाव पड़ने की सम्भावना हो या जहाँ निम्न जनसंख्या घनत्व मानव पर्यावरण सुधार को रोक सकता हो या बाधक हो सकता है।

(17) उपयुक्त राष्ट्रीय संस्थानों को पर्यावरणात्मक गुणवत्ता को बढ़ाने की दृष्टि से राज्यों के पर्यावरणात्मक संसाधनों के आयोजन प्रबन्ध या नियन्त्रण का कार्य सौंपा जाना चाहिए।

(18) विज्ञान तथा प्रौद्योगिकी के आर्थिक और सामाजिक विकास में उनके अंशदान के रूप में पर्यावरणात्मक जोखिमों को पहचानने, रोकने तथा नियन्त्रित करने के लिए और पर्यावरणात्मक समस्याओं के समाधान के लिए, तथा मानव जाति के कल्याण के लिए प्रयुक्त किया जाना चाहिए।

(19) पर्यावरण की उसे पूर्ण मानवीय आयामों की रक्षा करने और सुधारने में व्यक्तियों, उपक्रमों तथा समुदायों द्वारा एक जागृति अभिमत तथा उत्तरदायित्वपूर्ण आचरण के आधार को व्यापक करने की दृष्टि से अल्प सुविधा प्राप्त लोगों के सम्बन्ध में उचित विचार करते हुए नई पीढ़ी के लिए और साथ ही प्रौढ़ों के लिए पर्यावरण सम्बन्धी नियमों में शिक्षा की व्यवस्था आवश्यक है। यह भी आवश्यक है कि संचार के जन माध्यमों से पर्यावरण का ह्रास न हो, बल्कि वे मनुष्य का हर दृष्टि से विकास करने की दृष्टि से पर्यावरण की रक्षा करने तथा उसे सुधारने की आवश्यकता पर शैक्षणिक स्वरूप की जानकारी का प्रसार करे।

(20) सभी देशों में विशेषत: विकासशील देशों में राष्ट्रीय तथा बहुर्राष्ट्रीय दोनों ही प्रकार की पर्यावरणात्मक समस्याओं के सन्दर्भ में वैज्ञानिक शोध तथा विकास को बढ़ावा दिया

जाना चाहिए। इस सिलसिले में पर्यावरणात्मक समस्याओं के समाधान को सुविधाजनक बनाने के लिये अद्यतन वैज्ञानिक जानकारी के युक्त प्रवाह तथा अनुभव के अन्तरण का समर्थन किया जाना चाहिए और उसमे सहायता दी जानी चाहिए। पर्यावरणात्मक समस्याओं के समाधान में विकासशील देशों को ऐसे निर्बन्धनों पर पर्यावरणात्मक प्रौद्योगिकियाँ उपलब्ध कराई जानी चाहिए, जिनसे उनका व्यापक प्रसार हो और विकासशील देशों पर कोई आर्थिक भार न पड़े।

(21) संयुक्त राष्ट्र चार्टर के अनुसार और अन्तर्राष्ट्रीय विधि के सिद्धान्तों के अनुसार राज्यों को अपने स्वयं के पर्यावरणात्मक उत्तरदायित्वों के अनुसरण में अपने स्वयं के संसाधनों का दोहन करने का सर्वाधिकार है और यह सुनिश्चित करने का उत्तराधिकार है कि उनके क्षेत्राधिकार की सीमाओं से परे क्षेत्रों के पर्यावरण को क्षति न पहुँचे।

(22) राज्य ऐसे राज्यों के क्षेत्राधिकार के परे क्षेत्रों में होने वाले प्रदूषण तथा अन्य पर्यावरणात्मक क्षति के लिए दायित्व तथा मुआवजे से सम्बन्धित अन्तर्राष्ट्रीय विधि को और भी विकसित करने में एक-दूसरे से सहयोग करेंगे।

(23) ऐसे मानदण्डों पर जो कि अन्तर्राष्ट्रीय समुदाय द्वारा निश्चित किये जाये या ऐसे मानदण्डों पर जो कि राष्ट्रीय रूप से निश्चित किये जायें, प्रतिकूल प्रभाव डाले बिना सभी मामलों में प्रत्येक देश में विद्यमान मूल्यों की प्रणालियों पर और उन मानदण्डों की प्रयोजनशीलता की सीमा पर, जो कि अत्यन्त उन्नत देशों के लिये मान्य हो, किन्तु विकासशील देशों के लिए अनुपयुक्त तथा अनपेक्षित सामाजिक लागत वाले हों, विचार करना आवश्यक होगा।

(24) पर्यावरण की रक्षा और सुधार से सम्बन्धित अन्तर्राष्ट्रीय विषयों पर सभी देशों द्वारा चाहे वे छोटे हो या बड़े हों, सहयोग की भावना से या बराबरी के आधार पर कार्यवाही की जानी चाहिए। सभी क्षेत्रों में होने वाले क्रियाकलापों से उत्पन्न होने वाले प्रतिकूल पर्यावरणात्मक प्रभावों को प्रभावी ढ़ंग से नियन्त्रित करने, रोकने, कम करने और समाप्त करने के लिए बहुपक्षीय या द्विपक्षीय व्यवस्थाओं द्वारा या अन्य उपयुक्त साधनों द्वारा इस प्रकार से सहयोग करना आवश्यक है कि सभी राज्यों की सार्वभौमिकता तथा उनके हितों का उचित ध्यान रखा जाये।

(25) राज्य यह सुनिश्चित करेंगे कि अन्तर्राष्ट्रीय संगठन पर्यावरण की रक्षा तथा सुधार के लिए एक समन्वित सक्षम तथा गतिशील भूमिका निर्वाह करते हैं।

(26) मनुष्य और उसके पर्यावरण को आणविक हथियारों तथा जनसंहार के अन्य साधनों के प्रभावों से बचाया जाना चाहिए। राज्यों को ऐसे हथियारों की समाप्ति तथा उनके पूर्ण विनाश के सम्बन्ध में सम्बन्धित अन्तर्राष्ट्रीय संस्थाओं में शीघ्र सहमति पर पहुँचने का प्रयास करना चाहिए।

स्टॉक होम सम्मेलन में मानव पर्यावरण पर एक संयुक्त राष्ट्र घोषणा की गई। इस घोषणा में निम्न बिन्दुओं पर जोर दिया गया–

(1) मनुष्य अपने पर्यावरण का सृजक तथा ढालने वाला स्वयं ही है जो उसे भौतिक अस्तित्व देने के साथ-साथ उसे बौद्धिक, नैतिक, सामाजिक तथा आध्यात्मिक विकास का आधार प्रदान करता है। पृथ्वी पर मानव विकास के संघर्षपूर्ण लम्बी दौड़ में अब यह स्थिति हो गई कि मनुष्य ने अपने पर्यावरण को कई प्रकार से परिवर्तित करने की असीमित शक्ति अर्जित कर ली है। मानवीय पर्यावरण के संरक्षण एवं विकास का मामला अत्यन्त गम्भीर स्वरूप का है जिसका प्रभाव सम्पूर्ण जनमानस की उन्नति तथा सम्पूर्ण विश्व के आर्थिक विकास पर पड़ता है। प्राकृतिक तथा मानव सृजित मानव पर्यावरण के दोनों पहलू मानव कल्याण तथा मानव जीवन के उपभोग के अधिकार के लिये आवश्यक हैं। अतः अब समय आ गया है कि सभी राज्यों को अपने कार्यों एवं क्रियाकलापों को पर्यावरण को ध्यान में रखकर करना होगा।

(2) मानव के पर्यावरण की सुरक्षा तथा सुधार दोनों मुख्य बातें हैं। जो सारे संसार में जन कल्याण तथा आर्थिक विकास को प्रभावित करते हैं। मानव पर्यावरण में सुधार तथा उसकी सुरक्षा सम्पूर्ण विश्व के लोगों की तात्कालिक आकांक्षा तथा सभी सरकारों का कर्त्तव्य है।

(3) मानव को अपने अनुभवों को इकठ्ठा करके लगातार शोध, अन्वेषण, सृजन तथा विकास करना है। वर्तमान में यदि मनुष्य अपने वातावरण को बदलने की क्षमता का सही उपयोग, सभी लोगों को विकास तथा आगे बढ़ने का एक सुअवसर प्रदान कर सकता है। यदि इस क्षमता का गलत प्रयोग किया गया तो वह मानव जीवन तथा मानव पर्यावरण को अकल्पनीय क्षति पहुँचा सकती है।

हालाँकि उपरोक्त सिद्धान्त राज्यों पर आबद्धकारी नहीं है लेकिन ये संहिता के रूप में अधिकथित किये गये हैं तथा अगली कार्यवाही एवं योजनाओं को शासित करने एवं प्रभावित करने के लिए तात्पर्यित हैं। अन्त में स्टॉक होम सम्मेलन में सभी सरकारों तथा सभी लोगों को आह्वान किया कि मानव पर्यावरण के संरक्षण तथा सुधार के लिए सामान्य तथा सम्मिलित प्रयास किये जाए क्योंकि यह सभी लोगों के लाभ, विकास तथा उन्नति के लिये आवश्यक है।

पर्यावरण की समस्याओं के निराकरण हेतु अन्तर्राष्ट्रीय स्तर पर निम्न कार्यक्रम भी जारी हैं–

(1) इण्टरनेशनल बॉयोलाजिकल् प्रोग्राम

(2) स्पेशल कमेटी फार इण्टरनेशनल बायोलोजीकल प्रोग्राम

(3) मैन एण्ड बायोस्फीयर प्रोग्राम

(4) इन्टरनेशनल हाइड्रोलोजिकल प्रोग्राम

(5) इण्टीग्रेटेड प्रोजेक्ट आन एरिड लैण्ड

(6) पर्यावरणीय समस्याओं से सम्बन्धित वैज्ञानिक समिति

(7) संयुक्त राष्ट्र पर्यावरण प्रोग्राम

(8) सामुद्रिक शोध के सम्बन्ध में वैज्ञानिक समिति

(9) जल शोध से सम्बन्धित वैज्ञानिक समिति

(10) समग्र पर्वत विकास के लिये अन्तर्राष्ट्रीय केन्द्र

(1) इण्टरनेशनल बायोलॉजिकल प्रोग्राम– यह एक अन्तर्राष्ट्रीय कार्यक्रम है जिसका मुख्य उद्देश्य उत्पादकता के जीवीय आधार तथा मानव कल्याण से सम्बन्धित शोध करना है। इसका प्रारम्भ 1964 में हुआ था तथा वर्तमान में इसका अनेक संगठनों तथा कार्यक्रमों के साथ सहयोग चल रहा है। जिसमें निम्न प्रमुख हैं :–

(i) संयुक्त राष्ट्र शैक्षिक, वैज्ञानिक एवं सांस्कृतिक संगठन

(ii) विश्व स्वास्थ्य संगठन

(iii) विश्व मिटिरोलॉजिकल संगठन

(iv) खाद्य एवं कृषि संगठन

(v) इण्टरनेशनल यूनियन ऑफ बायोलॉजिकल्स साइन्सेज

(vi) इण्टरनेशनल यूनियन ऑफ फिजिओलॉजिकल साइन्सेज

(vii) इण्टरनेशनल यूनियन ऑफ बायोकेमिस्ट्री

(viii) इण्टरनेशनल ज्योग्राफिक्स यूनियन

(ix) साइण्टिफिक कमेटी ऑफ ओसनिक रिसर्च

(x) इण्टरनेशनल यूनियन्स ऑफ न्यूट्रिशनल साइन्सेज

(xi) इण्टरनेशनल यूनियन्स ऑफ एन्थ्रोपोलॉजिकल एण्ड इटनोलॉजिकल साइन्सेज आदि

'उत्पादकता के जीवीय आधार तथा मानव कल्याण' के विभिन्न पक्षों के अध्ययन के लिये इण्टरनेशनल बायोलॉजिकल्स प्रोग्राम के सात अनुभाग हैं:–

(अ) पार्थिव समुदायों की उत्पादकता–इसके अन्तर्गत स्थलीय भागों पर स्वपोषित हरे पौधों द्वारा प्राथमिक उत्पादकता, शाकाहारी एवं माँसाहारी जन्तुओं द्वारा द्वितीयक उत्पादकता तथा वियोजकों द्वारा जैविक पदार्थों के वियोजन का अध्ययन किया जाता है।

(ब) उत्पादन प्रक्रिया–इसके अन्तर्गत स्वपोषित हरे पौधों द्वारा सौर्यिक ऊर्जा को प्राप्त करने तथा उसके उपयोग, पौधों द्वारा श्वसन एवं नाइट्रोजन चक्र का अध्ययन किया जाता है।

(स) स्थलीय समुदायों का संरक्षण–इसके अन्तर्गत जातियों तथा आवासों के संरक्षण का अध्ययन किया जाता है।

(द) ताजे जल के समुदायों की उत्पादकता–इसके अन्तर्गत नदियों, झीलों तथा तालाबों के जलीय जीवों की प्राथमिकता तथा द्वितीयक उत्पादकता का अध्ययन किया जाता है।

(य) सागरीय समुदायों की उत्पादकता–इसके अन्तर्गत सागर तटीय जल तथा एश्चुअरी में सागरीय पारिस्थितिकीय तन्त्रों एवं आवासों का अध्ययन किया जाता है।

(र) जीवीय संसाधनों का उपयोग एवं प्रबन्धन–इसके अन्तर्गत पारिस्थितिकी संसाधनों (पौधों और जन्तुओं दोनों) के प्रबन्धन का अध्ययन किया जाता है।

(2) स्पेशल कमेटी फार इण्टरनेशनल बायोलॉजिकल प्रोग्राम– SC IBP का मुख्यालय लंदन में है। यह समिति अन्तर्राष्ट्रीय जीवीय कार्यक्रम द्वारा चलाये गये शोध कार्यों को देखती है। यह इण्टरनेशनल कांउसिल ऑफ साइण्टिफिक यूनियन्स का ही एक संगठन है।

(3) मैन एण्ड बायो स्फीयर प्रोग्राम–यह एक अन्तर्राष्ट्रीय शोध कार्यक्रम है जिसे 1970 में यूनेस्को ने शुरू किया था इस कार्यक्रम का मुख्य उद्देश्य मनुष्य के कार्यकलापों तथा प्राकृतिक पर्यावरण के मध्य होने वाली अन्तःक्रियाओं के फलस्वरूप उत्पन्न समस्याओं का प्रबन्धन करना है। इस कार्यक्रम के मुख्य उद्देश्य निम्न हैं:–

(i) जैव मण्डल के पारिस्थितिकीय संसाधनों के तर्क संगत उपयोग एवं संरक्षण तथा प्रबन्धन के लिये समुचित उपायों की खोज करना।

(ii) मनुष्य तथा पर्यावरण के बीच विश्व स्तर पर सम्बन्धों में सुधार करना।

(iii) मनुष्य के वर्तमान कार्यकलापों के प्राकृतिक पर्यावरण में पड़ने वाले प्रभावों की भविष्यवाणी करना।

(iv) पारिस्थितिकीय संसाधनों का वैज्ञानिक आधार पर प्रबन्धन करना।

इस कार्यक्रम के अन्तर्गत मनुष्य पर्यावरण तन्त्र का निम्न दो रूपों में अध्ययन किया जाता है।

(क) पारिस्थितिक तन्त्रों का अध्ययन, तथा प्राकृतिक मनुष्य द्वारा प्रबन्धित एवं नगरीय तन्त्र का तुलनात्मक अध्ययन।

(ख) मनुष्य के क्रिया-कलापों के प्राकृतिक पर्यावरण पर प्रभावों तथा प्राकृतिक पर्यावरण के मनुष्यों पर पड़ने वाले प्रभावों का अध्ययन।

इस कार्यक्रम के तहत् निम्न वैज्ञानिक परियोजनाओं का संचालन किया जा रहा है–

परियोजना–1 बढ़ते मानव क्रिया-कलापों के उष्ण कटिबन्धीय तथा उपोष्ण कटिबन्धीय वन पारिस्थितिक तन्त्रों पर पड़ने वाले पारिस्थितिकीय प्रभावों का अध्ययन।

परियोजना–2 शीतोष्ण कटिबन्धीय तथा रूप सागरीय वन स्थलाकृतियों के विभिन्न प्रकार के भूमि उपयोगों एवं प्रबन्धन सम्बन्धी कार्यों के पारिस्थितिकीय प्रभावों का अध्ययन।

परियोजना–3 चराई भूमि पर मानव कार्यों तथा भूमि उपयोग के प्रभाव–सवाना घास क्षेत्र तथा शीतोष्ण कटिबन्ध से शुष्क क्षेत्र।

परियोजना–4 सिंचाई के प्रभावों के विशिष्ट सन्दर्भ में शुष्क एवं अर्द्धशुष्क क्षेत्रों के पारिस्थितिक तन्त्रों की गतिकी पर मानव क्रियाकलापों के प्रभावों का अध्ययन।

परियोजना–5 झीलों, दलदलों, नदियों ज्वालामुखी तथा सागरतटीय भागों की गुणवत्ता तथा संसाधनों पर मानव क्रियाकलापों के पारिस्थितिकीय प्रभावों का अध्ययन।

परियोजना–6 पर्वतीय पारिस्थितिक तन्त्रों पर मानव क्रियाओं के प्रभावों का अध्ययन।

परियोजना–7 द्वीप पारिस्थितिक तन्त्रों की पारिस्थितिकी तथा उनका तर्क संगत उपयोग।

परियोजना–8 (क) विश्वभर में फैले संरक्षित क्षेत्रों का समन्वित अध्ययन, (ख) सक्षम जीवों सहित पौधों तथा जन्तुओं का संरक्षण।

परियोजना–9 स्थलीय एवं जलीय पारिस्थितिक तन्त्रों में उर्वरकों के प्रयोग तथा उनके प्रबन्धन का पारिस्थितिकीय आकलन।

परियोजना–10 महत्त्वपूर्ण इंजीनियरिंग कार्यों पर मनुष्य एवं उसके पर्यावरण के प्रभावों का अध्ययन।

परियोजना–11 पर्यावरण में परिवर्तनों तथा जननिक एवं जनांकिकीय परिवर्तनों के बीच अन्तर्क्रियाओं का अध्ययन।

परियोजना–12 पर्यावरण की गुणवत्ता के बोध का अध्ययन।

परियोजना–13 पर्यावरण प्रदूषण एवं जैव मण्डल पर उसके प्रभावों का शोध।

(4) इण्टरनेशनल हाइड्रोलॉजिकल प्रोग्राम– यह यूनेस्को द्वारा प्रयोजित कार्यक्रम है। जिसका प्रमुख उद्देश्य जलीय एवं पारिस्थितिकीय प्रक्रमों पर मानव कार्यों के प्रभावों का अध्ययन करना है। इस कार्यक्रम में इण्टरनेशनल ऐसोसिएशन ऑफ हाइड्रोलोजिकल साइन्सेज तथा अन्य गैर–सरकारी संगठन सहयोग प्रदान करते हैं।

(5) इण्टीग्रेटेड प्रोजेक्ट आन एरिडलैण्ड– इस कार्यक्रम को भी यूनेस्को ने 1974 में प्रारम्भ किया था इसका प्रमुख उद्देश्य शोध प्रशिक्षण एवं प्रदर्शन से सम्बन्धित कार्यक्रमों द्वारा शुष्क एवं अर्द्धशुष्क क्षेत्रों के पारिस्थितिक तन्त्रों के पुनर्वास तथा तर्कसंगत विकास के वैज्ञानिक आधार प्रस्तुत करना है इसे आर्थिक सहायता संयुक्त राष्ट्र पर्यावरण कार्यक्रम से मिलती है।

(6) पर्यावरणीय समस्याओं से सम्बन्धित वैज्ञानिक समिति– इस समिति का गठन 1969 में I.C.S.U. के द्वारा किया गया था। इसका उद्देश्य I.C.S.U. के विभिन्न संगठनों के

कार्यों एवं गतिविधियों तथा पर्यावरण पर मानव क्रियाकलापों द्वारा पड़ने वाले प्रभावों से सम्बन्धित ज्ञान तथा विवरण एवं पर्यावरण में परिवर्तन के मानव स्वास्थ्य एवं मानव कल्याण पर पड़ने वाले प्रभावों को समन्वित करना तथा इनमें आपस में तालमेल बिठाना है।

(7) संयुक्त राष्ट्र पर्यावरण प्रोग्राम– यह कार्यक्रम संयुक्त राष्ट्र द्वारा संचालित किया जाता है। इसका मुख्य उद्देश्य समय-समय पर संयुक्त राष्ट्र संघ द्वारा आयोजित पर्यावरण सभाओं गोष्ठियों तथा कार्यशालाओं की सिफारिशों को व्यावहारिक रूप देना है।

(8) सामुद्रिक शोध के सम्बन्ध में वैज्ञानिक समिति– यह समिति सामुद्रिक प्रदूषण से सम्बन्धित शोधों तथा सामुद्रिक तन्त्र में सरिता निवेश के अध्ययन से सम्बन्धित है।

(9) जल शोध से सम्बन्धित वैज्ञानिक समिति– यह समिति जल प्रदूषण से सम्बन्धित शोध कार्यों को सम्पन्न करती है।

(10) समग्र पर्वत विकास के लिये अन्तर्राष्ट्रीय केन्द्र– इस केन्द्र की स्थापना MAB के तत्वाधान में सन् 1981 में निम्न उद्देश्यों के लिये की गई थी :-

(i) सर्वेक्षण करके रिपोर्ट तैयार करना तथा कार्यशाला आयोजित करना।

(ii) अन्तर्राष्ट्रीय स्तर पर विचार विनिमय करना।

(iii) पर्वतीय क्षेत्रों के समन्वित विकास के लिए बहुविषयी टोली उपागम का विकास करना।

(iv) ICIMUD के कार्यों के प्रकाशन की व्यवस्था करना।

(v) विभिन्न माध्यमों द्वारा संचार कार्यक्रम की स्थापना करना।

(vi) इस संगठन को स्थायी बनाने के प्रयास करना।

सन् 1982 के मोन्ट्रीयाल सम्मेलन में पर्यावरण संरक्षण के विधिक पहलू की समिति के माध्यम से अन्तर्राष्ट्रीय विधि संगठन ने प्रदूषण तथा सीमातिरेक या सीमा से परे प्रदूषण को परिभाषित किया गया। सीमा से परे प्रदूषण राजनीति से बाहर की विषय-वस्तु है, तथा उसके लिये राष्ट्रीयता तथा भौगोलिक सीमा के बाहर के सभी व्यक्तियों की सहायता की आवश्यकता है। अत: हम कह सकते हैं कि संसार इस समय अन्तर्राष्ट्रीय पर्यावरण विधि की आवश्यकता की ओर बढ़ रहा है। निष्कर्ष स्वरूप पर्यावरण प्रदूषण पर अन्तर्राष्ट्रीय विधि का अभी हमें इन्तजार करना होगा। अन्तर्राष्ट्रीय स्तर पर प्रदूषण के विरुद्ध विधायी उपाय-विश्व के सभी देशों ने प्रदूषण के प्रति सतर्कता रखते हुए अनेकों अधिनियम पारित किये जिनमें से अमेरिका, इग्लैण्ड तथा आस्ट्रेलिया के कुछ अधिनियम निम्न हैं :-

इग्लैण्ड में निम्न अधिनियम पारित किये गये–

1. जन स्वास्थ्य अधिनियम, 1874, 1875, 1936, 1937, 1961

2. व्यापारिक परिसर मल निकास अधिनियम, 1937

3. ग्रामीण जलापूर्ति तथा मल निकास अधिनियम 1944 तथा 1965

4. जल अधिनियम 1945, 1948

5. थेक्स संरक्षण अधिनियम 1932 व 1960

6. नदी परिषद् अधिनियम 1948

7. स्वच्छ वायु अधिनियम 1956

8. स्वच्छ नदी अधिनियम 1960

9. समुद्र पर निस्तारण अधिनियम 1974

10. जल स्रोत अधिनियम 1963

अमेरिका में निम्न अधिनियम पारित किए गये हैं–

1. कचरा या अवशिष्ट अधनियम 1899

2. जल प्रदूषण अधिनियम 1948

3. संघीय जल प्रदूषण अधिनियम 1948, 1972

4. जल प्रदूषण नियंत्रण संशोधन अधिनियम 1956

5. जल गुणवत्ता अधिनियम 1965

6. ठोस अवशिष्ट निस्तारण अधिनियम 1965

7. जल गुणवत्ता सुधार अधिनियम 1970

8. जल प्रदूषण अधिनियम 1970

9. स्रोत परीक्षण तथा वापसी अधिनियम 1976

10. स्वच्छ जल अधिनियम 1977

आस्ट्रेलिया में विक्टोरियन पर्यावरण सुरक्षा अधिनियम 1970 है।

5

पर्यावरण तथा भारतीय संविधान

भारतीय संविधान के रचियताओं को सम्भवतः या प्रदूषण की समस्या तथा स्वच्छ पर्यावरण की आवश्यकताओं का ज्ञान स्वमेव था अतः उन्होंने संविधान की रचना करते समय अनेकों पर्यावरण सम्बन्धी अनुच्छेदों का समावेश किया, तथा धीरे-धीरे समयानुसार संविधान में संशोधनों द्वारा पर्यावरण के उपबन्ध जोड़े गये जो कि सभी भारतवासियों पर लागू होते हैं और बाध्यकारी है। भारतीय संविधान में पर्यावरण के संरक्षण तथा सुधार के लिये 1976 में 42वॉं संशोधन अधिनियम पारित किया गया, जिसमें संविधान में अभिव्यक्त रूप से मूल कर्त्तव्य और राज्य के नीति निदेशक तत्त्व के रूप में पर्यावरण संरक्षण और संवर्द्धन के लिये उपबन्ध सम्मलित किये गये।

भारतीय संविधान में पर्यावरण के संरक्षण तथा सुधार के लिये 1976 में 42वे संशोधन अधिनियम द्वारा अनुच्छेद 48क तथा 51(क)(छ) जोड़ा गया। 42 वे संशोधन के पूर्व भारतीय संविधान के अनुच्छेद 47 में पर्यावरण के सम्बन्ध में प्रावधान था।

अनुच्छेद 47– ''राज्य अपने लोगों के पोषाहार स्तर और जीवन स्तर को ऊँचा करने और लोक स्वास्थ्य में सुधार को अपने प्राथमिक कर्त्तव्यों में मानेगा और राज्य विशिष्टतया मादक पेयों और स्वास्थ्य के लिये हानिकारक औषधियों के औषधीय प्रयोजनों से भिन्न उपभोग का प्रतिषेध करने का प्रयास करेगा।''

अनुच्छेद 48 क– "राज्य देश के पर्यावरण के संरक्षण तथा उसमे संवर्द्धन और वन तथा वन्य जीवों की रक्षा का प्रयास करेगा।"

अनुच्छेद 51 (क) (छ)– "भारत के प्रत्येक नागरिक का यह कर्त्तव्य होगा की वह प्राकृतिक पर्यावरण की, जिसके अन्तर्गत वन, झील, नदी और वन्यजीव हैं, रक्षा करें और उसका संवर्धन करें तथा प्राणिमात्र के प्रति दया का भाव रखे।" भारत के उच्चतम न्यायालय ने विभिन्न न्यायिक निर्णयों के माध्यम से उक्त संवैधानिक आज्ञात्मक उपबन्धों को विविध मान्यता प्रदान की है। यदि राज्य अपने उपयुक्त कर्त्तव्यों का पालन करने में विफल रहता है तो न्यायालय उसे धारा 32 के अन्तर्गत निदेश, आदेश या रिट जारी कर सकता है। कहने का तात्पर्य है कि उक्त पर्यावरण के उपबन्धों का यदि उल्लंघन होता है तो न्यायालय के द्वारा हस्तक्षेप किया जा सकता है। यहाँ पर हम अनुच्छेद 48क तथा अनुच्छेद 51(क)(छ) पर आधारित कुछ वादों का अध्ययन करेंगे।

रुरल लिटिगेशन एण्ड इण्टाइटिलमेण्ट केन्द्र देहरादून बनाम उत्तर प्रदेश राज्य के मामले में जनहित याचिका प्रस्तुत की गई, जिसमे कहा गया कि चूना पत्थर की खानों की खुदाई से आस-पास के जलस्रोत प्रभावित हो रहे हैं और पर्यावरण पर विपरीत प्रभाव पड़ रहा है। इस तथ्य का पता लगाने के लिये कमेटी का गठन किया गया। कमेटी द्वारा रिपोर्ट दी गई कि इन चूने पत्थर की खानों की खुदाई से आस-पास का पर्यावरण प्रदूषित हो रहा है और जनमानस को इससे हानि हो रही है। उच्चतम न्यायालय द्वारा अभिनिर्धारित किया गया की ऐसी खानें जिनसे जनता को, पर्यावरण को गम्भीर खतरा है आगे संक्रिया न कारित करने देना और बन्द करना विधि सम्मत है। न्यायालय ने यह भी निर्णित किया कि यदि खानों के पट्टेदारों (मालिकों) ने ऐसी खानों से उत्खनन सम्बन्धी प्रक्रिया जारी रखने के पक्ष में कोई निषेधाज्ञा किसी न्यायालय से प्राप्त कर ली है तो ऐसा आदेश राज्य पर किसी दायित्व के बिना प्रभाव शून्य माना जाए और उन खानों से सम्बन्धित सभी पट्टों का पर्यावसान हो जायेगा।

श्री सचिदानन्द पाण्डेय बनाम पश्चिमी बंगाल के मामले में उच्चतम न्यायालय ने यह अभिनिर्धारित किया कि जब भी न्यायालय के समक्ष पारिस्थितिकी से सम्बन्धित कोई समस्या लायी जायेगी न्यायालय अनुच्छेद 48क और 51 क (छ) को ध्यान में रखकर समुचित आदेश दे सकता है।

महेश चन्द्र मेहता बनाम भारत संघ के मामले में उच्चतम न्यायालय ने यह अभिनिर्धारित किया कि संविधान के अनुच्छेद 48क के अधीन केन्द्र तथा राज्य सरकार दोनों का यह कर्त्तव्य होता है कि पर्यावरण के संरक्षण के लिए समुचित एवं प्रभावी कदम उठाये। ऐसे कर्त्तव्य पालन के लिये न्यायालय समुचित आदेश दे सकता है।

टी. दामोदर राव बनाम एस.ओ. म्युनिसीपल कोरपोरेशन हैदराबाद के मामले में आन्ध्र प्रदेश उच्च न्यायालय ने कहा कि पर्यावरण संरक्षण करना न केवल नागरिकों का कर्त्तव्य है बल्कि न्यायालय सहित राज्य और राज्य की सम्पूर्ण मशीनरी की भी यह बाध्यता है कि वह पर्यावरण का संरक्षण करें।

क्रिनकी देवी बनाम हिमाचल प्रदेश के मामले में उच्च न्यायालय की बैंच के मुख्य न्यायाधीश पी.डी. देसाई व आर.एस.ठाकुर ने हिमाचल प्रदेश राज्य सरकार को शिवालीक पहाड़ी को लाइम स्टोन के लिये धुँआधार बमबारों से बचाने के आदेश दिये तथा कहा कि यदि राज्य द्वारा पर्यावरण संरक्षण हेतु आवश्यक कदम नहीं उठाये गये, तो जनता को प्रदत्त अनुच्छेद 14 व 21 के तहत् मौलिक अधिकारों का हनन होगा। न्यायालय ने कहा कि राज्य अनुच्छेद 51(क)(छ) व 48क के तहत् पर्यावरण के सुधार व जंगल के सरक्षण व सवर्धन जीव, जन्तु, नदी, झील व सभी देश के पानी के साधनों के सांविधानिक दायित्वों का निर्वाह करेगा।

म्युनिसीपल कौंसिल रतलाम बनाम विरधीचन्द्र व के मामले में उच्चतम न्यायालय ने कहा कि राज्य को यह महसूस करना चाहिए कि संविधान के अनुच्छेद 47 के अन्तर्गत वह लोक स्वास्थ्य के सुधार को अपना प्राथमिक कर्त्तव्य मानेगा।

एल. के. कुलवाल बनाम राजस्थान राज्य के वाद में अनुच्छेद 51 के द्वारा नागरिकों को दिये सांविधानिक अधिकार जिसे रखने का दायित्व राज्य को दिया है, उसे न्यायालय द्वारा प्रवर्तित कराने के संदर्भ में उक्त अनुच्छेद की व्याख्या करते हुए राजस्थान उच्च न्यायालय ने कहा कि "साधारण तौर पर हम यह कह सकते हैं कि अनुच्छेद 51क नागरिकों के मूल कर्त्तव्य को बताता है परन्तु वास्तव में यह नागरिकों को यह अधिकार प्रदान करता है कि वे यह देखें कि राज्य विधित: अपने कर्त्तव्यों और बाध्यताओं को पूरा कर रहा है अथवा नहीं और यदि राज्य अपने कर्त्तव्यों का पालन नहीं कर रहा है तो नागरिक न्यायालय के माध्यम से राज्य को अपना कर्त्तव्य पालन करने के लिये बाध्य करवा सकता है।"

न्यायालय ने आगे कहा कि "अधिकार और कर्त्तव्य साथ-साथ अस्तित्व में आते हैं तथा रहते हैं। कर्त्तव्य के बिना कोई अधिकार नहीं हो सकता और किसी अधिकार के बिना कोई कर्त्तव्य नहीं हो सकता है।"

न्यायालय ने कहा, गन्दगी धीमे जहर का कार्य करती है और प्रतिकूल ढंग से नागरिकों का जीवन प्रभावित करती है। इस कारण से यह संविधान के अनुच्छेद 21की परिधि में आती है। अत: नागरिक का यह कर्त्तव्य है कि वह यह देखे कि जो अधिकार उसे संविधान के अधीन नागरिक के रूप में प्राप्त है उसका पालन किया जाता है या नहीं। यह लोकहित वाद अपने में काफी महत्त्व रखता है क्योंकि इसके द्वारा उच्च न्यायालय ने नागरिकों के दायित्व का नये रूप में निर्वचन करके उन्हें नागरिकों के अधिकार में परिवर्तित कर दिया।

दि रोल ऑफ दि जज इन पब्लिक लॉ लिटिगेशन आर. बनाम पैडिगटम वैलूएशन ऑफीसर के मामले में यह निर्धारित किया गया कि "प्रत्येक नागारिक का यह कर्त्तव्य है कि वह शक्ति का दुरुपयोग रोकने सम्बन्धी कार्यवाही में भागीदारी दे एवं वह इस बाबत लोक हित सम्बन्धी दावे को प्रस्तुत करें।"

लार्ड डेनिंग एम.आर. ने यह प्रेक्षित किया कि "यदि याची किसी लोकहित मुकदमा में जिसका सम्बन्ध पर्यावरण से है उतनी रुचि नहीं रखता है जितना की अन्य नागरिक तो भी

याचिका वाद योग्य होगी बशर्ते उससे लोकहित व्यवधानित हो रहा है। यदि समस्या का सम्बन्ध मानव स्वास्थ्य से है तथा ऐसी समस्या का निदान अपेक्षित हो तो यह मामला उच्च सांविधिक सिद्धान्तों का मामला होगा जिससे आमजन को भी अनुतोष दिया जायेगा।''

कुछ अन्य वाद जो कि भारतीय संविधान के उपबन्धों का पर्यावरण के पक्ष में समर्थन करते हैं। **सुभाष कुमार बनाम बिहार राज्य** के मामले में उच्चतम न्यायालय ने अभिनिर्धारित किया कि अनुच्छेद 21 की परिधि में प्रदूषण से मुक्त जल और वायु के उपभोग का अधिकार भी शामिल है।

मेनका गाँधी बनाम भारत संघ के वाद में उच्चतम न्यायालय ने यह अभिनिर्धारित किया कि मानव गरिमा के साथ जीवन जीने का अधिकार संविधान के अनुच्छेद 21 के अन्तर्गत मूल अधिकार है। मानव गरिमा के साथ जीवन जीने के अधिकार को स्वस्थ पारिस्थितिकी तथा अप्रदूषित वातावरण को सम्मिलित करने वाला अभिनिर्धारित किया जा सकता है।

बड़ा बाजार फायर वर्क्स डीलर्स एसोसियेशन बनाम कमिशनर ऑफ पुलिस, कलकत्ता एवं अन्य के वाद में उच्च न्यायालय ने यह मत व्यक्त किया कि भारतीय संविधान के अनुच्छेद 19 को अनुच्छेद 21 के साथ पढ़ने पर नागरिकों को स्वच्छ पर्यावरण, शान्तिपूर्वक रहने, रात को सोने एवं इत्मीनान से रहना, अनुच्छेद 21 द्वारा प्रत्याभूत जीने के अधिकार के आवश्यक तत्त्व हैं प्राप्त हैं। अनुच्छेद 19 ऐसे कारोबार करने का अधिकार प्रदान नहीं करता है जिनसे प्रदूषण होता है।

इसी प्रकार **मौलाना मुफ्ती सैय्यद बरकारी व अन्य बनाम पश्चिम बंगाल राज्य व अन्य** के मामले में उच्चतम न्यायालय ने इस्लाम धर्म में अजान के लिए तकनीकी साधनों यथा लाउड स्पीकर, माइक्रोफोन के उपयोग को अनावश्यक माना है और कहा है कि अजान मस्जिद के प्रबन्धक या इमाम द्वारा स्वयं की आवाज में दी जानी चाहिये, यह एक प्रार्थना का तरीका है। माइक्रोफोन, लाउड स्पीकर ध्वनि प्रदूषण पैदा करते हैं अतः नागरिकों को संविधान के अनुच्छेद 19(1) (क) के अन्तर्गत मूल अधिकार ध्वनि प्रदूषण के विरुद्ध सुरक्षा का अधिकार प्राप्त है।

वीरेन्द्र गौर बनाम हरियाणा राज्य के वाद में उच्चतम न्यायालय ने निर्धारित किया कि पर्यावरणीय पारिस्थितिकीय, वायु, जल प्रदूषण इत्यादि को अनुच्छेद 21 का अतिक्रमण माना जाना चाहिए।

एम.सी. मेहता बनाम भारत संघ के मामले में उच्चतम न्यायालय ने श्रीराम फ्रूड एण्ड फर्टिलाइजर कम्पनी को कार्य प्रारम्भ करने के पूर्व आवश्यक सुरक्षा उपाय करने का आदेश दिया क्योंकि कम्पनी परिसंकटमय तथा घातक रसायनों ओलियम गैस का उत्पादन करती थी जो पड़ौस में रहने वाले लोगों तथा कर्मकारियों के जीवन तथा स्वास्थ्य को खतरा उत्पन्न करती थी। न्यायालय ने ओलियम गैस रिसाव से पीड़ितों के प्रतिकर दावों के भुगतान के लिये प्रतिभूति के रूप में 20 लाख रुपये और न्यायालय के आदेश के अनुपालन सुनिश्चित करने के लिए बैंक प्रतिभूति के रूप में 15 लाख रुपये की धन राशि के रूप में निक्षेप के भी निर्देश दिये।

बंगलौर मेडिकल ट्रस्ट बनाम वी.एस. गडप्पा के वाद में बंगलौर सुधार परिषद् ने बंगलौर शहर के विस्तार के लिये एक विकास योजना तैयार की थी। इसके अन्तर्गत कुछ भूमि पार्क को विकसित करने के लिये छोड़ दी गई थी। बाद में उस क्षेत्र को मुख्यमन्त्री के निर्देश से अस्पताल के लिये रख दिया गया जिसका निर्माण अपीलार्थी द्वारा किया जाना था। उस क्षेत्र के निवासियों को यह पता लगने पर कि पार्क की भूमि पर अस्पताल बनने जा रहा है। तब उन्होंने उच्च न्यायालय में याचिका प्रस्तुत की, उच्च न्यायालय ने विकास प्राधिकरण के आदेश को रद्द कर दिया। जिसके द्वारा पब्लिक पार्क को नर्सिंग होम बनाने हेतु आवंटित कर दिया गया था। उच्चतम न्यायालय में अपील की गई उच्चतम न्यायालय ने इसे खर्चे सहित खारिज कर दिया और खुली जगहों तथा सार्वजनिक पार्कों के महत्व पर प्रकाश डालते हुये कहा कि–''पर्यावरण का संरक्षण मनोरंजन के लिये खुला अन्तरिक्ष और शुद्ध हवा, बच्चों के लिए क्रीड़ा स्थल और अन्य सुविधायें या सुख–सुविधायें बडी लोक चिन्ता और महत्त्वपूर्ण हित के विषय हैं जिनका विकास योजना में ध्यान रखा जाना चाहिए। पार्क के लिये खुले अन्तरिक्ष और क्रीड़ा स्थल के आरक्षण और परिरक्षण में लोक हित को ऐसे स्थलों को प्राइवेट व्यक्तियों को पट्टा करके या बेच करके दूसरे उपयोग में परिवर्तन के लिये बली नहीं दी जा सकती है। यह सांविधानिक समादेश से सीधे संघर्ष में है।''

एम.सी. मेहता बनाम भारत संघ के मामले में उच्चतम न्यायालय ने यह निर्देश दिया कि कतिपय उद्योग जिन्होंने उच्चतम न्यायालय के पूर्ववर्ती आदेश के अनुपालन में वायु प्रदूषण नियन्त्रण प्रणाली के संस्थापन के बारे में कोई प्रगति नहीं दिखाई हैं। बन्द कर दिये जाये। न्यायालय ने ताजमहल के सौन्दर्य की रक्षा के लिये लगभग 292 कारखानों एवं उद्योगों को ताजमहल के आसपास से हटाने के निर्देश दिये।

एम.सी. मेहता बनाम भारत संघ के मामले में उच्चतम न्यायालय ने कानपुर के निकट जाजमऊ में स्थित चर्मशोधन कारखानों को तत्काल बन्द करने का आदेश दिया। इस मामले में लोकहित याचिका के माध्यम से याची ने न्यायालय को यह सूचित किया कि इन कारखानों से निकलने वाले व्यर्थ पदार्थ के बहिस्राव से गंगा नदी का जल प्रदूषित हो रहा है। न्यायालय ने प्रत्यर्थी के इस तर्क को मानने से इन्कार कर दिया कि अपशिष्ट जल की अभिक्रिया के लिये लगाये जाने वाले संयन्त्र का खर्च बहुत अधिक है और कारखानों के बन्द होने से बेरोजगारी और राजस्व की हानि होगी, परन्तु न्यायालय ने निर्णय दिया कि इन कारखानों के फलस्वरूप बेरोजगारी और राजस्व की हानि होगी। वह लोगों के स्वास्थ्य एवं पर्यावरण को होने वाले नुकसान की तुलना में बहुत कम है।

बी. लक्ष्मीपथी बनाम कर्नाटक राज्य के वाद में न्यायालय ने कहा कि संविधान के अनुच्छेद 21 के अन्तर्गत प्राण एवं दैहिक स्वाधीनता का अधिकार प्रत्याभूत किया गया है जीवन की बहुत–सी अपेक्षायें एवं आवश्यकतायें होती हैं जिन्हें पर्यावरण द्वारा भी तुष्ट किया जाना चाहिए। वायु एवं जल मानव के क्रिया–कलापों से दुष्प्रभावित होंगे तो इसका निःसन्देह प्रभाव मानव स्वास्थ्य पर पड़ेगा।

6

लोकहित तथा पर्यावरण विधि

लोक हित वाद से तात्पर्य ऐसे वाद से है जिनमें जन साधारण का हित होता है।

न्यायाधीश पी.एन. भगवती के अनुसार, "न्याय अब केवल सम्पन्न व्यक्तियों की बपौती नहीं है न्यायालय के दरवाजे अब जन साधारण के लिये खुले हुए हैं लोकहित वाद की अवधारणा का मुख्य उद्देश्य समाज के कमजोर वर्ग की सहायता करना और उन्हें न्याय के समान अवसर उपलब्ध कराना है।"

उच्चतम न्यायालय के न्यायाधीश पण्डियन के अनुसार, "साधारण रूप से लोकहित वाद का अर्थ है जनहित या सामान्य हित के प्रवर्तन के लिए न्यायालय में प्रारम्भ की गई कार्यवाही, जिसमें जन साधारण का या एक समुदाय का विशिष्ट हित है जिनके द्वारा उनके विधिक अधिकार या दायित्व प्रभावित होते हैं।"

अखिल भारतीय रेल्वे शोषित कर्मचारी संघ बनाम भारत संघ के मामले को अभिनिर्धारित करते समय उच्चतम न्यायालय ने कहा कि किसी सार्वजनिक हित के संरक्षण के लिए किसी विधिक न्यायालय में लाया गया वाद लोकहित वाद या जनहित वाद होता है।

एम. सी. मेहता बनाम भारत संघ के वाद में उच्चतम न्यायालय ने कहा कि लोकहित वाद किसी भी व्यक्ति द्वारा दायर किया जा सकता है चाहे उसमें उसका हित हो या न हो।

पीपुल्स यूनियन फार डेमोक्रेटिक राइट्स बनाम भारत संघ के वाद में **न्यायमूर्ति पी.एन. भगवती** ने लोकहित वाद के उद्देश्यों को स्पष्ट करते हुए कहा कि "किसी राज्य को अपने नागरिकों को यह कहने का अधिकार नहीं है कि हमारे न्यायालय में धनी व्यक्तियों के अनेक मामले लम्बित हैं अत: हम निर्धनों को न्यायालय में न्याय पाने के लिए तब तक नहीं आने देंगे जब तक कि उनके मुकदमों का जो धनी वकीलों की सहायता प्राप्त कर सकते हैं निपटारा न कर दिया जाये। न्यायालय में वादों की वृद्धि इस बात का कोई उत्तर नहीं है कि समाज के निर्बल और कमजोर वर्गों के लोगों के लिए न्याय पाने का रास्ता ही बन्द कर दिया जाये।" पर्यावरण तथा लोकहितवाद के कुछ वादों का यहाँ हम अध्ययन करेंगे जिससे हमें पर्यावरण प्रदूषण तथा लोकहितवाद में क्या सम्बन्ध है का आसानी से पता चल सकेगा।

रतलाम म्युनिसिपेलिटी बनाम बिरधीचन्द्र के मामले में उच्चतम न्यायालय के तत्कालीन न्यायाधीश **श्री वी.आर. कृष्णा अय्यर** ने कहा कि "अप्रदूषित पर्यावरण के सम्बन्ध में मानव अधिकारों को हर हालत में लागू कर दिया जाना चाहिए।"

आन्ध्र प्रदेश उच्च न्यायालय ने दामोदर राव एवं अन्य बनाम स्पेशल आफिसर म्युनिसिपल कॉरपोरेशन हैदराबाद के मामले में कहा कि पर्यावरण संरक्षण न केवल नागरिकों का कर्त्तव्य है बल्कि यह राज्य तथा राज्य के न्यायालयों सहित अन्य अंगों का भी कर्त्तव्य है।

एम.सी. मेहता बनाम भारत संघ के मामले में न्यायाधीश **पी.एन भगवती** ने कहा कि हम यह नीति तो नहीं अपना सकते कि ऐसे रासायनिक या जोखिम वाले उद्योग न लगाये जाये क्योंकि इसमें जोखिम तथा खतरा तो सम्भव है परन्तु इसका अर्थ होगा कि सभी उन्नति तथा विकास का अन्त। अत: सरकार को ऐसे उद्योगों के लिये राष्ट्रीय नीति बनानी चाहिए कि ऐसे उद्योगों को उन स्थानों पर लगाये जहाँ कि जनसंख्या कम हो और यह ध्यान रखा जाये कि ऐसे स्थानों पर लोगों की तादाद बढ़ने न दी जाये ऐसे जोखिम वाले उद्योगों के चारों ओर 5 किलोमीटर तक हरी पट्टी कायम की जाये।

उच्चतम न्यायालय ने अपने निर्णय में याचिकाकर्त्ता की प्रंशसा करते हुए कहा कि याची ने लोकहित मुकदमे के अन्तर्गत न्यायालय के समक्ष याचिका दायर करके बहुत सराहनीय कार्य किया है यदि वह ऐसा न करता तो ऐसे उद्योगों की मशीनरी उनकी बनावट तथा सुरक्षा मानकों आदि में समुचित गुणात्मक विकास न हो पाता और इससे भी अधिक खतरनाक दुर्घटना हो सकती थी। इसलिये न्यायालय ने श्रीराम उद्योग को यह आदेश दिया कि वह याची को उसके द्वारा किये गये संघर्ष के लिये दस हजार रुपये अदा करें।

एम.सी. मेहता बनाम भारत संघ के मामले में यह अभिनिर्धारित किया गया कि गंगाजल प्रदूषण एक लोक उपताप है जिसके विरुद्ध जनहित याचिका दायर की जा सकती है। न्यायालय ने कानपुर नगरपालिका को निर्देश दिया कि वह छ: माह के अन्दर जल परिषद् के समक्ष जल प्रदूषण रोकने के प्रस्ताव भेजे। न्यायालय ने दूध की डेयरी को शहर से बाहर ले जाने के निर्देश दिये तथा मरे हुए पशुओं तथा मानवों के मृत शरीर को गंगा में बहाने पर रोक लगायी। न्यायालय ने अपने निर्णय में कहा कि नये कारखानों को लाईसेंस तब तक जारी नहीं किये जाये जब तक कि वे प्रदूषण से सम्बन्धित पर्याप्त उपाय सुनिश्चित न कर ले।

दामोदर राव बनाम म्युनिसिपल कॉरपोरेशन के वाद में उच्च न्यायालय ने कहा कि कॉलोनी के लिये ऐसी जमीन को अर्जित करना जिसके कुछ हिस्से को हाउसिंग विकास योजना में मनोरंजन के उद्देश्य के लिये रखा गया था, यह पर्यावरण संरक्षण, जीवन के आनन्द व संविधान द्वारा संरक्षित अधिकारों के विरुद्ध है।

एम.सी. मेहता बनाम भारत संघ के मामले में याची ने अपनी याचिका लोकहित मामले के रूप में दायर की जिसमें उसने शिकायत की कि धर्मशालाओं से निकलने वाला अपशिष्ट गंगाजल को प्रदूषित करता है जो पर्यावरण तथा जनजीवन के लिये हानिकारक है इसलिये तत्काल बन्द किये जाये। प्रत्यर्थी ने कहा इससे सेकड़ों लोग बेरोजगार हो जायेगें, तथा सरकार को राजस्व की हानि होगी। न्यायालय ने निर्णय में कहा कि बेरोजगारी तथा राजस्व हानि की अपेक्षा लोगों का जीवन, स्वास्थ्य व स्वस्थ परिवेश अत्यन्त महत्वपूर्ण है।

क्रिंनकी देवी बनाम स्टेट ऑफ हिमाचल प्रदेश के वाद में न्यायालय ने कहा कि लोकहित वाद के अन्तर्गत प्रभावित व्यक्तियों सामाजिक कार्यकर्त्ताओं एवं पत्रकारों को वायु एवं जल प्रदूषण होने पर अनुच्छेद 32 के अधीन वाद लाने का अधिकार है।

विसेन्ट पारिणकुर लंगारा बनाम यूनियन ऑफ इण्डिया के वाद में एक वकील जो कि पब्लिक लॉ सर्विस सोसाइटी का महासचिव था के द्वारा हानिकारक दवाओं को प्रतिबन्धित करने तथा दवाओं के अनुमोदित मानक को बनाये रखने के लिये याचिका दायर की। न्यायालय ने कहा कि याचिका वाद योग्य है क्योंकि उसके द्वारा एक लोक महत्त्व के प्रश्न को न्यायालय के समक्ष रखा गया है।

एल. के. कूलवाल बनाम स्टेट ऑफ राजस्थान राज के वाद में न्यायालय ने कहा कि सफाई, स्वास्थ्य तथा पर्यावरण संरक्षण संविधान के अनुच्छेद 21 के अन्तर्गत आता है। कार्यपालिका कोष के अभाव का बहाना बनाकर इस दायित्व से नहीं बच सकती।

सन्तोष कुमार गुप्ता बनाम सेक्रेटरी, मिनिस्ट्री ऑफ इन्वायरमेण्ट न्यू देहली एवं अन्य मध्य प्रदेश के मामले में उच्च न्यायालय की ग्वालियर खण्डपीठ में दायर दो जनहित याचिकाओं में दायर की गई पहली याचिका द्वारा यह प्रार्थना की गई कि न्यायालय प्रत्यर्थी को वाहनों की नियमित चैकिंग करने, मोटर वाहनों की संख्या को कम करने के निर्देश देवें।

दूसरी याचिका में यह प्रार्थना की गई कि न्यायालय प्रत्यर्थियों को आदेश देंवे कि ग्वालियर शहर और उसके आस-पास के क्षेत्रों में चलने वाले सभी वाहनों की नियमित चैकिंग करे, ऑटो रिक्शा और टेम्पो से होने वाले वायु प्रदूषण का निवारँण तथा नियन्त्रण करने के लिए प्रदूषण नियन्त्रण कमेटी का गठन करें व अपनी रिपोर्ट देने हेतु निर्देश देवें इसके साथ ही मध्य प्रदेश सरकार को यह निर्देश दिये जाये की वह चैकिंग स्टाफ को एक स्मोक मीटर और एक गैस एनालाइजर इत्यादि उपलब्ध कराये और वायुप्रदूषण अधिनियम की धारा 20 के उपबन्धों के अनुसार अन्य निर्देश दिये जाये।

न्यायालय ने राज्य सरकार द्वारा मोटर गाडियों से होने वाले वायु प्रदूषण को रोकने के लिये किये जाने वाले प्रयासों को अपर्याप्त माना और मामले को देखते हुए राज्य सरकार को निम्न आदेश दिशा निर्देश दिये:–

(i) मध्य प्रदेश राज्य सरकार ग्वालियर शहर में चलने वाले मोटर वाहनों से उत्सर्जित होने वाली कार्बन मोनो ऑक्साइड और अन्य प्रदूषकों का मापन करने के लिए कम से कम चार स्मोक मीटर और एक गैस एनालाइजर उपलब्ध करायें।

(ii) राज्य सरकार कार्बन मोनो ऑक्साइड की चैकिंग करने के लिए ऐसे आधुनिक औजार उपलब्ध कराये जिनमें बहुत कम समय में जाँच की जा सके। ऐसे औजार कमिश्नरी मुख्यालय पर तीन और एक औजार प्रत्येक जिला मुख्यालय पर उपलब्ध कराये।

(iii) राज्य सरकार मोटर गाड़ियों का रजिस्ट्रेशन करने वाले सभी प्राधिकारियों को वायु प्रदूषण अधिनियम की धारा 20 के उपबन्धों का अनुपालन करने के लिए विधायी आदेश जारी करें।

(iv) मध्य प्रदेश के पुलिस महानिदेशक अपने अधीनस्थ अधिकारियों को यह अनुदेश जारी करें कि वे केन्द्रीय मोटर व्हीकल रूल्स के नियम 116 में समाविष्ट कृत्यों का प्रभावी ढ़ंग से निर्वहन करे।

(v) राज्य सरकार ऐसी सड़कों का पता लगाये जिन्हें सार्वजनिक वाहनों के लिये वन–वे घोषित किया जाये।

(vi) ग्वालियर के अतिरिक्त महाधिवक्ता 3 माह के बाद मुख्य सचिव परिवहन आयुक्त और पुलिस महानिदेशक से नियम 116 के अनुपालन के बारे में रिपोर्ट प्राप्त करेंगे और इसे न्यायालय के रजिस्ट्रार के समक्ष प्रस्तुत करेंगे।

एम.सी. मेहता बनाम भारत संघ के वाद में उच्चतम न्यायालय ने यह अभिनिर्धारित किया कि दिल्ली में पेट्रोल एवं डीजल द्वारा संचालित वाहनों के कारण फैलने वाले प्रदूषण से बचाने के लिये समुचित उपाय के लिये लोकहित मुकदमा लाया जा सकता है।

बी. लक्ष्मीपथी बनाम कर्नाटक राज्य के वाद में कहा गया कि जीवन की बहुत–सी अपेक्षायें एवं आवश्यकताएँ होती हैं जिन्हें पर्यावरण द्वारा ही पूरी की जा सकती है। अतः स्वच्छ पर्यावरण का अधिकार अनुच्छेद 21 के अधिकार प्राण्व दैहिक स्वतंत्रता अधिकार के अन्तर्गत आता है। यह अधिकार जीवन एवं स्वास्थ्य की संवैधानिक गारण्टी देता है जो न्यायिक सद्विवेक पर आधारित है।

पीपुल्स यूनाइटेड फार बैटर लिविंग कलकत्ता बनाम पश्चिमी बंगाल राज्य के मामले में कहा कि केवल विकास से वातावरण स्वच्छ नहीं रह पायेगा, इसका ज्ञान आज नहीं होगा, लेकिन इसका प्रभाव भविष्य में अवश्य होगा। तब तक वातावरण स्वच्छ बनाने के लिये काफी देर हो चुकी होगी।

मेनका गाँधी बनाम यूनियन ऑफ इण्डिया के वाद में दिल्ली उच्च न्यायालय ने भारत सरकार को निर्देश दिया कि वह आधुनिक सुविधायुक्त मशीनी कसाई घर स्थापित करें, तथा ईदगाह कसाई घर को 31 दिसम्बर 1995 तक बन्द किये जाने के निर्देश जारी करे।

एम.सी.मेहता बनाम भारत संघ के वाद में उच्चतम न्यायालय ने कहा कि आगरा में स्थित ताजमहल काफी संख्या में पर्यटकों को प्रतिवर्ष आकर्षित करता है इसलिये शहर को साफ एवं प्रदूषण से युक्त रखने के लिये सफाई घर का निर्माण शीघ्र ही अलग किया जाये।

ए. जगन्नाथ बनाम यूनियन ऑफ इण्डिया के वाद में याचिका द्वारा देश के समुद्री तटों और समुद्री किनारों की छोटी मछलियों के पालन करने के व्यवसाय के कारण पर्यावरण में प्रदूषण से होने वाली क्षति को उजागर किया गया और न्यायालय से आग्रह किया गया कि इसे बन्द करने के लिये सरकार को समुचित आदेश व निर्देश देवें। याचिका में बताया गया कि अनेक प्राइवेट व बहुराष्ट्रीय कम्पनियों ने समुद्र के तटवर्ती क्षेत्रों में छोटी मछलियों के पालन के कारखानें लगाये हैं जिसमें इस क्षेत्र के पर्यावरण व पारिस्थितिकी को खतरा उत्पन्न हो गया है।

न्यायालय ने स्पष्ट किया कि पर्यावरण को होने वाली हानि, राज्य की आय की अपेक्षा बहुत अधिक है न्यायालय ने कहा कि परम्परागत तरीके से मत्स्य पालन प्रदूषण रहित था, लेकिन आधुनिक तरीके प्रदूषण पैदा करते हैं क्योंकि मत्स्य पालक मछलियों का उत्पादन बढ़ाने के लिये रासायनिकों का उपयोग करते हैं जो पर्यावरण पर बुरा असर डालते हैं इसलिये इन्हें चलाने की अनुमति नहीं दी जा सकती। न्यायालय ने अभिनिर्धारित किया कि वर्णित क्षेत्रों में छोटी मछलियों के पालन फार्मों की स्थापना से वहाँ के पर्यावरण पर प्रतिकूल असर पड़ेगा। इसलिये उन्हें ऐसा करने की अनुमति नहीं दी जा सकती केन्द्र सरकार को यह निर्देश दिया गया कि वह कोस्टल जोन रेग्युलेशन की अधिसूचना को समुचित रूप से लागू करें और उक्त गतिविधियों पर रोक लगायें।

एम.सी. मेहता बनाम भारत संघ के एक वाद में न्यायालय ने केन्द्रीय राज्य सरकारों को पर्यावरण के समुचित संरक्षण हेतु निम्न निर्देश दिये "सिनेमा हाल में पर्यावरण से सम्बन्धित सूचना व सन्देश स्लाइड द्वारा दिये जाये, तथा तत्सम्बन्धित सूचना को रेडियो व टेलीविजन के माध्यम से फैलाये तथा स्कूल व कॉलेजों में पर्यावरण अनिवार्य विषय के रूप में पढ़ाया जाये। सिनेमा घर में यदि पर्यावरण संरक्षण से सम्बन्धित स्लाइड न दिखाये तो उनके लाइसेंस निरस्त कर दिये जाये। यही नहीं न्यायालय ने पर्यावरण मन्त्रालय एवं सूचना व प्रसारण मन्त्रालय को भी पर्यावरण सम्बन्धी स्लाईड्स व फिल्म बनाने के निर्देश दिये। विश्वविद्यालय अनुदान आयोग को भी यह कहा गया कि कॉलेजों में पर्यावरण को अनिवार्य विषय बनाने के लिये ध्यान देवें।"

एम. सी. मेहता बनाम कमलनाथ व अन्य के वाद में उच्चतम न्यायालय ने अभिनिर्धारित किया है कि संविधान के अनुच्छेद 21 के अन्तर्गत पर्यावरण के आधारभूत किसी तत्त्व जैसे– वायु, जल या मृदा को प्रदूषित करना जीवन के लिए संकटपन्न है ऐसे पर्यावरण प्रदूषण पर उदाहरणीय क्षतिपूर्ति अदा करने का दायित्व डाला जा सकता है।

एस.सी. मेहता बनाम भारत संघ व अन्य में उच्चतम न्यायालय ने संविधान के अनुच्छेद 21 के अन्तर्गत दिल्ली में संचालित बसों को सी.एन.जी. (fuel) के माध्यम से चलाने निर्देश के दिये। निर्देश मोटर वाहन अधिनियम सहित अन्य सभी अधिनियमों पर अधिभावी होंगे क्योंकि यह लोगों के स्वास्थ्य सुरक्षा हेतु अपरिहार्य है। न्यायालय ने अपने आदेश में यह भी स्पष्ट किया कि दिल्ली में ऐसे किसी वाहन को रजिस्ट्रीकृत न किया जावे जो उच्चतम न्यायालय द्वारा दिये गये निर्णय की पालना न करता हो।

आन्ध्रप्रदेश प्रदूषण नियंत्रण मण्डल बनाम प्रोफेसर एम.वी. नायडू तथा शोषना रामा सुब्रह्मणय्यम एवं अन्य के वाद में उच्चतम न्यायालय ने अभिनिर्धारित किया कि स्वच्छ पर्यावरण जीने के अधिकार के मूल अधिकार का एक भाग है। यह निश्चित ही मूलत: मानवाधिकार है।

उच्चतम न्यायालय ने **मुरली एस. देवड़ा बनाम यूनियन ऑफ इण्डिया एवं अन्य** में धूम्रपान से होने वाले नुकसान को देखते हुये केन्द्र सरकार, राज्य सरकारों तथा संघ शासित प्रदेशों की सरकारों को सार्वजनिक स्थलों पर धूम्रपान रोकने हेतु प्रभावी कदम उठाने के लिए निर्देश दिया।

उच्चतम न्यायालय ने ध्वनि प्रदूषण के एक मामले **चर्च ऑफ गाड इन इण्डिया बनाम के. के. आर. मेजेस्टिक कॉलोनी वेल्फेयर एसोसियेशन एवं अन्य** में चर्च द्वारा प्रार्थना के समय निर्धारित डेसीबल से अधिक ध्वनि किये जाने को रोकने की अपील की गई। उच्चतम न्यायालय ने अभिनिर्धारित किया कि कोई भी धार्मिक प्रार्थनाएँ जो ढोल बजाकर, लाउड स्पीकरों के माध्यम से शोरगुल करके की जाती है उन्हें तुरन्त रोके जाने के कदम उठाये जाने चाहिये जिससे वृद्धजनों, बच्चों, विद्यार्थियों, अशक्तजनों को होने वाली परेशानियों से बचाया जा सके। इनके अधिकारों का सम्मान किया जाना अत्यावश्यक है। लोकहित वाद का उद्देश्य है कि सभी वर्गों के लोगों को खासकर निर्धन वर्ग के लोगों को न्याय मिले। लोकहित वाद के उक्त सभी मुकदमे पर्यावरण को स्वच्छ बनाये रखने के लिये है तथा साथ ही व्यक्तियों को चाहे वह कोई भी स्थिति में हो वाद लाने का अधिकार दिया गया, बशर्ते की वाद लोकहित से जुड़ा होना चाहिए। कई-कई वादों में तो न्यायालयों ने मात्र पत्र या समाचार पत्रों में छपी खबरों को भी लोकहित माना तथा कार्यवाहियाँ की हैं। पर्यावरण प्रदूषण के विरुद्ध उपचारात्मक स्वरूप में उच्च न्यायालय तथा उच्चतम न्यायालय मुख्यत: परमादेश रिट, प्रतिषेध रिट, उत्प्रेषण रिट जारी करते हैं।

7

भारत में जल पर्यावरण कानून

जल प्रदूषण के निवारण तथा नियन्त्रण और जल की स्वास्थ्यप्रदता बनाए रखने या पूर्वावस्था में लाने के लिए, पूर्वोक्त प्रयोजनों को क्रियान्वित करने की दृष्टि से जल प्रदूषण निवारण तथा नियन्त्रण बोर्डों की स्थापना के लिए उनसे सम्बन्धित शक्तियाँ और कृत्य ऐसे बोर्डों को प्रदत्त और समनुदेशित करने के लिए और उनसे सम्बन्धित विषयों के लिए उपबन्ध करने के लिए अधिनियम।

[1974 का अधिनियम संख्याक 6]

धारा-1 संक्षिप्त नाम, लागू होना और प्रारम्भ– (1) इस अधिनियम का संक्षिप्त नाम जल (प्रदूषण निवारण तथा नियन्त्रण) अधिनियम 1974 है।

(2) यह प्रथमत: असम, बिहार, गुजरात, हरियाणा, हिमाचल प्रदेश जम्मू-कश्मीर, कर्नाटक, केरल, मध्य प्रदेश, राजस्थान, त्रिपुरा और पश्चिमी बंगाल राज्यों और संघ राज्य क्षेत्रों में लागू है और यह ऐसे अन्य राज्यों को भी लागू होगा जो संविधान के अनुच्छेद 252 के खण्ड (1) के अधीन उस निमित पारित संकल्प द्वारा इस अधिनियम को अंगीकार करेंगे।

(3) यह असम, बिहार, गुजरात, हरियाणा, हिमाचल प्रदेश, जम्मू-कश्मीर, कर्नाटक, केरल, मध्य प्रदेश, राजस्थान, त्रिपुरा और पश्चिमी बंगाल राज्यों और संघ राज्य क्षेत्रों में तुरन्त

प्रवृत होगा और ऐसे अन्य राज्य में जो संविधान के अनुच्छेद 252 के खण्ड (1) के अधीन इस अधिनियम को अंगीकार करें, उस तारीख को प्रवृत होगा जिस तारीख को अंगीकार किया जाता है और किसी राज्य का या संघ राज्य क्षेत्र के बारे में, इस अधिनियम में इस अधिनियम के प्रारम्भ के प्रति निर्देश से वह तारीख अभिप्रेत है जिसको ऐसे राज्य या संघ क्षेत्र में यह अधिनियम प्रवृत होता है।

टिप्पणी

यह अधिनियम जल प्रदूषण निवारण एवं नियन्त्रण के लिये पारित किया गया है यह अधिनियम जल [प्रदूषण निवारण एवं नियन्त्रण] अधिनियम 1974 कहलाता है। अधिनियम का मुख्य उद्देश्य जल प्रदूषण का निवारण एवं नियन्त्रण करना है। जिसको संक्षेप में हम निम्न प्रकार कह सकते हैं कि जल प्रदूषण के निवारण तथा नियन्त्रण और जल की स्वास्थ्य प्रदत्ता या गुणवत्ता को बनाये रखने या जल को पूर्वावस्था में लाने के लिए पूर्वोक्त प्रयोजनों को क्रियान्वित करने की दृष्टि से जल प्रदूषण निवारण तथा नियन्त्रण बोर्डों की स्थापना के लिए और उनसे सम्बन्धित विवादों के लिये उपबन्ध करने के लिए अधिनियम।

उक्त अधिनियम का पूर्ण प्रभाव असम, बिहार, गुजरात, हरियाणा, हिमाचल प्रदेश, जम्मू एवं कश्मीर, कर्नाटक, केरल, मध्य प्रदेश, राजस्थान, त्रिपुरा एवं पश्चिम बंगाल तथा संघ शासित प्रदेशों में होगा, तथा यह अन्य प्रदेशों मे भी लागू किया जा सकेगा, जबकि इस हेतु कोई प्रस्ताव भारतीय संविधान के अनुच्छेद 252(1) के अन्तर्गत पारित कर दिया जाये।

जैसे उत्तर प्रदेश सरकार ने 1975 में प्रस्ताव पारित करके इस अधिनियम को स्वीकार कर लिया। अतः इस अधिनियम को अन्य राज्यों में लागू करने हेतु अधिनियम की धारा 1 की उपधारा (2) में यह व्यवस्था की गई है कि कोई भी राज्य संविधान के अनुच्छेद 252(1) के अन्तर्गत संकल्प पारित कर उसे अपने राज्य क्षेत्र मे लागू कर सकेगा।

धारा-2 परिभाषाएँ– इस अधिनियम में, जब तक कि सन्दर्भ से अन्यथा अपेक्षित न हो–

(क) **'बोर्ड'** से केन्द्रीय बोर्ड या राज्य बोर्ड अभिप्रेत है।

(ख) **'केन्द्रीय बोर्ड'*** से धारा 3 के अधीन गठित केन्द्रीय प्रदूषण बोर्ड अभिप्रेत है।

(ग) **'सदस्य'** से बोर्ड का सदस्य अभिप्रेत है और इसके अन्तर्गत उसका अध्यक्ष भी है।

(घ) किसी कारखाने या परिसर के सम्बन्ध में **'अधिष्ठाता'*** से कोई ऐसा व्यक्ति अभिप्रेत है जिसका उस कारखाने या परिसर के काम पर नियन्त्रण है और किसी पदार्थ के सम्बन्ध में, इसके अन्तर्गत वह व्यक्ति भी है जिसके कब्जे में ऐसा पदार्थ है।

(घ घ) **'निकास'** के अन्तर्गत मल या व्यावसायिक बहि:स्राव वहन करने वाली कोई खुली या बन्द तार नली या प्रणाली या ऐसी कोई अन्य जमाव व्यवस्था भी है जिससे प्रदूषण होता है या होने की सम्भावना है।

(ङ) **'प्रदूषण'** से जल का ऐसा प्रदूषण या जल के भौतिक रासायनिक या जैविक गुणों का ऐसा परिवर्तन या किसी मेल या व्यावसायिक बहि:स्राव या किसी अन्य द्रव, गैसीय या ठोस पदार्थ का जल में, (प्रत्यक्ष या अप्रत्यक्ष रूप से) ऐसा निस्सरण अभिप्रेत है जो न्यूसेंस उत्पन्न करें या जिससे न्यूसेन्स उत्पन्न होना संभाव्य हो या जो ऐसे जल को लोक स्वास्थ्य या क्षेत्र या घरेलू, वाणिज्यिक, औद्योगिक, कृषि या अन्य विधि सम्मत उपयोगों के लिए या जीव, जन्तुओं या पौधों या जलीय जीवों के जीवन और स्वास्थ्य के लिए अपहानिकर या क्षतिकर बनाता है या बनाना संभाव्य करता है।

(च) **विहित से,** यथा स्थिति, केन्द्रीय सरकार या राज्य सरकार द्वारा इस अधिनियम के अधीन बनाए गए नियमों द्वारा विहित अभिप्रेत है।

(छ) **'मल बहि:स्राव'** से किसी मलवहन प्रणाली या मलव्ययन संकर्म से निकला बहि:स्राव अभिप्रेत है और इसके अन्तर्गत खुली नालियों से निकला मैला पानी भी है।

(छ छ) **'मल नल'**** से मल या व्यावसायिक बहिस्राव वहन करने वाली कोई खुली या बन्द तारनली या प्रणाली अभिप्रेत है।

(ज) **राज्य बोर्ड***** से धारा 4 के अधीन गठित राज्य प्रदूषण नियन्त्रण बोर्ड अभिप्रेत है।

(झ) संघ राज्य क्षेत्र के सम्बन्ध में **''राज्य सरकार''** से संविधान के अनुच्छेद 239 के अधीन नियुक्त उसका प्रशासक अभिप्रेत है।

(ञ) ''सरिता'' के अन्तर्गत निम्नलिखित हैं अर्थात्–

(i) नदी;

(ii) कुल्या (चाहे बहती हो या उस समय सूखी हो);

(iii) अन्तर्देशीय जल (चाहे प्रकृति का हो या कृत्रिम);

(iv) भूमिगत जल;

(v) समुद्र या ज्वारीय जल, यथास्थिति, उस विस्तार तक, या उस बिन्दु तक जो राज्य सरकार राजपत्र में अधिसूचना द्वारा इस निमित्त विनिर्दिष्ट करें।

(र) **व्यावसायिक बहि:स्राव*** के अन्तर्गत कोई ऐसा द्रव, गैसीय या ठोस पदार्थ है जो घरेलू मल से भिन्न किसी उद्योग संक्रिया या प्रक्रिया या अभिक्रिया और व्ययन प्रणाली को चलाने के लिए प्रयुक्त किसी परिसर से निस्सरित होता है।

टिप्पणी

अधिष्ठाता* या अधिभोगी का तात्पर्य किसी कारखाने अथवा परिसर में किये जाने वाले कार्यों को नियन्त्रित करने वाला व्यक्ति अथवा उसका कोई अभिकर्त्ता जो उस कारखाने के अथवा परिसर के कार्यों को नियन्त्रित करता हो ऐसा व्यक्ति अधिष्ठाता कहलाता है।

अधिष्ठाता की उक्त धारा 2घ की परिभाषा 1988 संशोधन द्वारा बदल दी गई है। जिसके अनुसार निम्न प्रकार के दो व्यक्तियों को ही अधिष्ठाता माना गया है:

(i) ऐसा व्यक्ति जिसका किसी कारखाने का परिसर के कामकाज पर नियन्त्रण है, तथा

(ii) किसी पदार्थ के सम्बन्ध में ऐसा व्यक्ति जिसके कब्जे में ऐसा पदार्थ है।

केन्द्रीय बोर्ड की उक्त परिभाषा भी सन् 1988 के संशोधन अधिनियम द्वारा संशोधित परिभाषा है। उस संशोधन से पूर्व केन्द्रीय बोर्ड से अभिप्राय केन्द्रीय जल प्रदूषण निवारण तथा नियन्त्रण बोर्ड से था, उस परिभाषा से शब्द जल तथा निवारण निकाल दिये गये है। ऐसा इसलिये किया गया है क्योंकि जल, वायु तथा अन्य प्रदूषणों के नियन्त्रण के लिए एक ही बोर्ड का गठन किया जाना उचित है। अतः अब केन्द्रीय प्रदूषण नियन्त्रण और सभी प्रकार के प्रदूषणों के नियन्त्रण के लिए कार्य करेगा। केन्द्रीय बोर्ड से हमारा तात्पर्य ऐसे बोर्ड से है जिसका गठन जल (प्रदूषण निवारण एवं नियन्त्रण) अधिनियम 1974 की धारा 3 के अन्तर्गत किया गया हो।

निकास की उक्त परिभाषा में निकास में पानी की मोरी, खुला या बन्ध द्वारा जो मल या व्यावसायिक बहि:स्राव ले जाता हो या कोई कृषि व्यवस्था सम्मिलित है जो प्रदूषण करता है या प्रदूषण उत्पन्न करता है। अतः परिभाषा के अनुसार मल या व्यावसायिक बहिस्राव वहन करने वाली किसी खुली या बन्द तार नली, सख्ती या प्रणाली अथवा प्रदूषण कारित करने वाली अन्य जमाव व्यवस्था से है। प्रदूषण किसी प्रकार के शारीरिक, रासायनिक अथवा बायोलोजीकल जल सम्पत्तियों को निकालने के व्यापारिक प्रयोग में किसी तरल गैस अथवा ठोस पदार्थ के प्रयोग के द्वारा जल को दूषित किया जाता है जो चाहे प्रत्यक्ष अथवा अप्रत्यक्ष रूप से इस प्रकार दूषित किया जाए कि वह जल घरेलू, व्यापारिक, औद्योगिक अथवा कृषि कार्यों के लिए प्रयोग करने के अयोग्य हो जाए अथवा जिसका प्रयोग जानवरों अथवा प्राणियों पर विपरीत प्रभाव डाले, प्रदूषण कहलायेगा।

संक्षेप में जल प्रदूषण जल सम्बन्धी ऐसी कोई क्रिया का प्रयोग है जिससे न्यूसेंस पैदा हो या जो मानव जीवन, पशु-पक्षी, पौधों या जलीय जीवों के जीवन और स्वास्थ्य को अपहानिकारक या क्षतिकारक हो। उक्त परिभाषा के अनुसार प्रदूषण से अभिप्राय जल में ऐसे प्रदूषण का जो जल के भौतिक, रासायनिक या जैविक गुणों का ऐसा परिवर्तन किसी मल या व्यावसायिक बहि:स्राव या किसी अन्य द्रव गैसीय ठोस पदार्थ का जल में प्रत्यक्ष या परोक्ष रूप में ऐसा निस्सरण है जो जीव जन्तुओं पौधों या जलीय जीवों के जीवन और स्वास्थ्य के लिए अपहानिकर हो।

हेल्सबरीज लॉज ऑफ इंग्लैण्ड के पिछले संस्करण के भाग 49 के पैरा 783 में बहुत सरल ढ़ंग से जल प्रदूषण को परिभाषित किया गया है इसके अनुसार ऐसा कुछ किया जाना चाहिए जिससे जल गुणों, जिसमें तापमान सम्मिलित है, में परिवर्तन हो जाए जल प्रदूषण है।

मल बहि:स्राव की उक्त परिभाषा के अनुसार **मल बहि:स्राव** में मल वहन प्रणाली या मल व्ययन संकर्म से निकला बहि:स्राव तथा खुली नालियों से निकला मैला पानी शामिल है। अतः मल बहि:स्राव मल निस्तारण के द्वारा निकलने वाला बेकार पदार्थ है तथा उसमें खुले या

बन्द नाले में बहने वाला कूड़ा करकट भी शामिल है। **मलनल** की उक्त परिभाषा में **मलनल** से तात्पर्य मल या व्यावसायिक बहि:स्राव करने वाली कोई खुली या बन्द तार नली या प्रणाली से है। साधारणतया कोई भी खुला या बन्द नाला जिससे मल बहि:स्राव या गन्दगी का निकास किया जाता है, मलनल कहलाता है।

हैल्सबरी लॉज ऑफ इंग्लैण्ड में जल प्रवाह या नाले के अर्थ में किसी नदी, झरने, जलप्रवाह या भूमिगत जल को सम्मिलित किया गया है चाहे वह प्राकृतिक हो या कृत्रिम। पंजाब एवं हरियाणा उच्च न्यायालय ने **पंजाब स्टेट जल प्रदूषण निवारण एवं नियन्त्रण बोर्ड बनाम कोर्न प्रोडक्टस (पंजाब) प्रा. लि.** के मामले में अभिनिर्धारित किया कि किसी व्यावसायिक बहि:स्राव का निस्सरण होने पर यह या तो अन्तर्देशीय जल में मिलेगा या भूमिगत जल में मिलेगा अथवा वह किसी सरिता या नदी में जा मिलेगा, यदि ऐसे बहि:स्राव को रोका जाता है तो वह भूमिगत जल में मिलेगा और ऐसी दशा में वह सरिता की परिभाषा में आ जायेगा।

व्यावसायिक बहि: [illegible] की उक्त परिभाषा से तात्पर्य कोई ऐसा तरल पदार्थ अथवा गैस या ठोस वस्तु जिसको किसी [illegible]पारिक कारखाने अथवा परिसर से पानी में निकाल दिया जाता है। इसमें घरेलू प्रयोग का गन्दा पानी शामिल नहीं है।

मै. दुर्गा ग्लास वकर्स बनाम यूनियन ऑफ इण्डिया के वाद में उच्च न्यायालय ने कहा कि ग्लास इण्डस्ट्री जल प्रदूषित नहीं करतीं, यह मानना गलत होगा। वास्तव में कोई उद्योग बिना जल प्रदूषित किये नहीं चल सकता।

उक्त परिभाषा में व्यावसायिक बहि:स्राव से अभिप्राय, घरेलू मल से मिल किसी उद्योग की संक्रिया प्रक्रिया अथवा निरुपण और निपटान प्रणाली को चलाने के लिए प्रयुक्त किसी परिसर से किसी द्रव्य गैसीय या ठोस पदार्थ का निस्सरण है। यह व्यापारिक बहि:स्राव खतरनाक रासायनिक पदार्थों को अपने अन्दर समेटे रहता है यदि यह जल में ऐसे अनुपात में मिलता है जो स्वास्थ्य के लिये हानिकारक है तो यह कहा जायेगा कि ऐसा जल प्रदूषित है। ब्रिटेन के लोक स्वास्थ्य अधिनियम 1937 में भी व्यावसायिक बहि:स्राव को परिभाषित किया गया हैं जिसके अनुसार व्यापारिक प्रवाह का अर्थ कोई तरल पदार्थ या प्रवाही जिसमें कण पदार्थ घुले रहते है या लम्बित रहते हैं या नहीं जो किसी व्यापारिक परिसर पर चलाये जाने वाले व्यापार या उद्योग के दौरान अंशत: या पूर्णत: उत्पन्न होते हैं तथा व्यापारिक परिसर के सम्बन्ध में कोई ऐसा तरल पदार्थ जिसमें पदार्थ के कण लम्बित हो जो उस व्यापारिक परिसर पर चलाये जा रहे व्यापार या उद्योग से उत्पन्न होते हैं। परन्तु उसमें घरेलू मल बहि:स्राव शामिल नहीं है।

उपरोक्त धारा 2 में प्रयुक्त शब्दों के निर्वचन करते हुये न्यायालयों ने अपने विभिन्न निर्णयों में इनकी अस्पष्टता को दूर किया है। **उत्तर प्रदेश राज्य बनाम प्रधान संघ क्षेत्र समिति** के वाद में कहा कि निर्वचन दस्तावेजों के सारांश के अनुसार होना चाहिये, इनके प्रारूप के आधार पर नहीं। इसी तरह **एस.सी.गर्ग बनाम देहली विद्युत आपूर्ति अधिकरण** के मामले में कहा गया कि धारा 2 के शब्दों की व्याख्या सामंजस्य पूर्ण होनी चाहिये ताकि रिष्टी को बल न मिलें।

जल (प्रदूषण निवारण तथा नियंत्रण) अधिनियम, 1974 के तहत् धारा 3 एवं 4 में अधिनियम को प्रभावी बनाने हेतु तथा प्रदूषण पर रोकथाम हेतु केन्द्रीय बोर्ड तथा राज्य बोर्डों के गठन सम्बन्धी प्रावधान किये गये हैं।

धारा–3 केन्द्रीय बोर्ड का गठन– (1) केन्द्रीय सरकार ऐसी तारीख से (जो असम, बिहार, गुजरात, हरियाणा, हिमाचल प्रदेश, जम्मू–कश्मीर, कर्नाटक, केरल, मध्य प्रदेश, राजस्थान, त्रिपुरा और पश्चिम बंगाल राज्यों में और संघ राज्य क्षेत्रों में इस अधिनियम के प्रारम्भ से छ: मास के बाद की तारीख नहीं होगी) जो वह राजपत्र में, अधिसूचना द्वारा नियत करें, एक केन्द्रीय बोर्ड का गठन करेगी जिसका नाम केन्द्रीय प्रदूषण नियन्त्रण बोर्ड होगा और वह इस अधिनियम के अधीन उस बोर्ड को प्रदत्त शक्तियों का प्रयोग और समनुदिष्ट कृत्यों का पालन करेगा।

(2) केन्द्रीय बोर्ड में निम्नलिखित सदस्य होंगे, अर्थात्–

(क) केन्द्रीय सरकार द्वारा नाम निर्देशित किया जाने वाला एक पूर्णकालिक अध्यक्ष जो पर्यावरण संरक्षण से सम्बन्धित विषयों की बाबत विशेष जानकारी या व्यावहारिक अनुभव रखने वाला व्यक्ति होगा अथवा पूर्वोक्त विषयों से सम्बन्धित संस्थाओं के प्रशासन की जानकारी और अनुभव रखने वाला व्यक्ति होगा।

(ख) पाँच से अनधिक इतनी संख्या में पदधारी जो केन्द्रीय सरकार का प्रतिनिधित्व करने के लिए उस सरकार द्वारा नाम निर्देशित किए जायेंगे।

(ग) पाँच से अनधिक संख्या में व्यक्ति, जो राज्य बोर्डों के सदस्यों में से केन्द्रीय सरकार द्वारा नाम निर्देशित किए जायेंगे जिनमें से दो से अनधिक धारा 4 की उपधारा (2) के खण्ड (ग) में निर्दिष्ट सदस्यों में से होंगे।

(घ) तीन से अनधिक इतनी संख्या में अशासकीय व्यक्ति जो कृषि, मीन उद्योग या किसी उद्योग या व्यापार के या किसी अन्य हित का, जिसका केन्द्रीय सरकार की राय में प्रतिनिधित्व होना चाहिए, प्रतिनिधित्व करने के लिए केन्द्रीय सरकार द्वारा नाम निर्देशित किए जायेंगे।

(ङ) केन्द्रीय सरकार के स्वामित्व नियन्त्रण या प्रबन्ध के अधीन कम्पनियों या निगमों का प्रतिनिधित्व करने के लिए दो व्यक्ति जो केन्द्रीय सरकार द्वारा नाम निर्देशित किए जायेंगे।

(च) केन्द्रीय सरकार द्वारा नियुक्त किया जाने वाला एक पूर्णकालिक सदस्य, सचिव, जिसके पास प्रदूषण नियन्त्रण के वैज्ञानिक इंजीनियरी या प्रबन्ध सम्बन्धी पहलुओं की अर्हताएँ, ज्ञान और अनुभव है।

(3) केन्द्रीय बोर्ड पूर्वोक्त नाम वाला तथा शाश्वत् उत्तराधिकार और सर्वमुद्रा वाला निगमित निकाय होगा जिसे इस अधिनियम के उपबन्धों के अधीन रहते हुए सम्पत्ति के अर्जन, धारण और व्ययन करने की तथा संविदा करने की शक्ति होगी और उक्त नाम से वह वाद लाएगा या उस पर वाद लाया जाएगा।

धारा–4 राज्य बोर्डों का गठन–

(1) राज्य सरकार ऐसी तारीख से जो वह राजपत्र में, अधिसूचित करे, एक राज्य प्रदूषण नियन्त्रण बोर्ड गठित करेगी जिसका वह नाम होगा जो अधिसूचना में दिया जाएगा और वह इस अधिनियम के अधीन उस बोर्ड को प्रदत्त शक्तियों का प्रयोग और समनुदिष्ट कृत्यों का पालन करेगा।

(2) राज्य बोर्ड में निम्नलिखित सदस्य होंगे, अर्थात्–

(क) राज्य सरकार द्वारा नाम निर्देशित किया जाने वाला एक अध्यक्ष जो पर्यावरणीय संरक्षण से सम्बन्धित विषयों की बाबत् विशेष जानकारी या व्यावहारिक अनुभव रखने वाला व्यक्ति होगा अथवा पूर्वोक्त विषयों से सम्बन्धित संस्थाओं के प्रशासन की जानकारी और अनुभव रखने से सम्बन्धित संस्थाओं के प्रशासन की जानकारी और अनुभव रखने वाला व्यक्ति होगा,

परन्तु अध्यक्ष या तो पूर्णकालिक या अंशकालिक होगा जैसा की राज्य सरकार ठीक समझे,

(ख) पाँच से अनधिक इतनी संख्या में पदधारी जो राज्य सरकार का प्रतिनिधित्व करने के लिए उस सरकार द्वारा नाम निर्देशित किए जायेंगे।

(ग) पाँच से अनधिक इतनी संख्या में व्यक्ति जो राज्य के भीतर कृत्य करने वाले स्थानीय प्राधिकारियों के सदस्यों में से उस राज्य सरकार द्वारा नाम निर्देशित किए जायेंगे।

(घ) तीन से अनधिक इतनी संख्या में अशासकीय व्यक्ति जो कृषि मीन उद्योग या किसी उद्योग या व्यापार के या किसी अन्य हित को जिसका राज्य सरकार की राय में प्रतिनिधित्व होना चाहिए, प्रतिनिधित्व करने के लिए राज्य सरकार द्वारा नाम निर्देशित किए जायेंगे।

(ङ) राज्य सरकार के स्वामित्व नियंत्रण या प्रबन्ध के अधीन कम्पनियों या निगमों का प्रतिनिधित्व करने के लिए दो व्यक्ति जो उस सरकार द्वारा नाम निर्देशित किए जायेंगे।

(च) राज्य सरकार द्वारा नियुक्त किया जाने वाला एक पूर्वकालिक सदस्य सचिव जिसके पास प्रदूषण नियन्त्रण के वैज्ञानिक इंजीनियरी या प्रबन्ध सम्बन्धी पहलुओं की अर्हताएँ, ज्ञान और अनुभव है।

(3) प्रत्येक राज्य बोर्ड राज्य सरकार द्वारा उपधारा (1) के अधीन अधिसूचना में विनिर्दिष्ट नाम वाला तथा शाश्वत उत्तराधिकार और सार्व मुद्रा वाला निगमित निकाय होगा, जिसे इस अधिनियम के उपबन्धों के अधीन रहते हुए, सम्पत्ति के अर्जन धारण और व्ययन करने की तथा संविदा करने की शक्ति होगी और उक्त नाम से वह वाद लाएगा तथा उस पर वाद लाया जायेगा।

(4) इस धारा में किसी बात के होते हुए भी, किसी संघ राज्य क्षेत्र के लिए राज्य बोर्ड गठित नहीं किया जाएगा और किसी संघ राज्य क्षेत्र के सम्बन्ध में केन्द्रीय बोर्ड इस संघ राज्य क्षेत्र के लिये राज्य बोर्ड की शक्तियों का प्रयोग और कृत्यों का पालन करेगा।

परन्तु किसी संघ राज्य क्षेत्र के सम्बन्ध में केन्द्रीय बोर्ड इस उपधारा की अपनी सभी शक्तियों और कृत्य का उनमें से कोई ऐसे व्यक्ति या व्यक्तियों के निकाय को प्रत्यायोजित कर सकेगा जिसे केन्द्रीय सरकार विनिर्दिष्ट करें।

टिप्पणी

जल प्रदूषण निवारण तथा नियन्त्रण अधिनियम, 1974 की **धारा–3** उपबन्धित करती है कि केन्द्रीय बोर्ड का गठन निम्न व्यक्तियों तथा सदस्यों से मिलकर होगा।

केन्द्रीय सरकार एक ऐसे पूर्णकालीन अध्यक्ष की नियुक्ति करेगी जो जल संसाधन अथवा जल प्रदूषण एवं नियन्त्रण हेतु विशेष अनुभव रखता हो, अथवा वह व्यक्ति जो किसी जल प्रदूषण नियन्त्रण संस्थान के अन्तर्गत प्रबन्धकीय क्षमता को धारण करते हुए कार्य कर चुका हो।

पाँच राजकीय अधिकारी केन्द्रीय सरकार द्वारा नामांकित होंगे जो कि केन्द्रीय सरकार के प्रतिनिधि के रूप में केन्द्रीय बोर्ड के सदस्यों के रूप में कार्यरत होंगे।

राज्य बोर्डों में से अधिक से अधिक 5 व्यक्तियों को केन्द्रीय बोर्ड का सदस्य बनाया जायेगा जो कि धारा 4 (2)(C) के अन्तर्गत राज्य बोर्डों के सदस्यों के रूप में कार्यरत होंगे।

कृषि व्यापार वाणिज्य, मत्स्य या अन्य किसी उद्योग से सम्बन्धित अधिक से अधिक तीन व्यक्ति गैर-सरकारी सदस्यों के रूप में बोर्ड के सदस्य बनाये जायेंगे जो कि उपरोक्त में से किसी भी क्षेत्र का प्रतिनिधित्व करेंगे।

केन्द्रीय सरकार द्वारा नियन्त्रित प्रतिबन्धित अथवा सरकारी कम्पनी अथवा निगम के प्रतिनिधित्व हेतु अधिक से अधिक 2 व्यक्ति केन्द्रीय बोर्ड के सदस्य हो सकेंगे।

इसके अतिरिक्त एक पूर्णकालिक सचिव जो जन स्वास्थ्य से सम्बन्धित विशेष योग्यताधारी एवं विशेष प्रबन्धक की क्षमता रखने वाला हो। केन्द्रीय बोर्ड निगमित निकाय के रूप में कार्य करेगा जिसका पृथक् वैधानिक अस्तित्व एवं सार्वमुद्रा होगी। जिसे इस अधिनियम द्वारा प्रदत अधिकार एवं शक्तियों को कार्यान्वयन करने की शक्ति हो, तथा जिसके नाम से वाद लाया एवं चलाया जा सकेगा। इसके अतिरिक्त इसे स्वतन्त्र रूप से अनुबन्ध करने, सम्पत्ति खरीदने एवं रखने का अधिकार भी होगा। यह एक विधिक व्यक्ति होगा।

सेन्टर फॉर अरबन एण्ड रूरल एनवायरमेंट बनाम पर्यावरण अरबन मंत्रालय व अन्य के मामले में आन्ध्रप्रदेश उच्च न्यायालय की खण्डपीठ ने राज्य सरकार को निर्देश दिये कि वह पर्यावरण में सुधार हेतु हर संभव प्रयास करें और हैदराबाद की मुसी नदी के किनारे पड़े मलवे और उसमें पाये जाने वाले गन्दे पानी को रोकने की व्यवस्था करें। फैक्ट्रियों से निकलने वाले ठौसीय, द्रवीय अपशिष्ट पदार्थों के निकाय हेतु नाला, सीवरेज की व्यवस्था करें।

इसी प्रकार **टी.रामकृष्ण राव बनाम चेयरमेन हुडा व अन्य** के वाद में आन्ध्रप्रदेश न्यायालय ने कहा कि पर्यावरण संरक्षण अर्थात् पर्यावरण प्रदूषित होने से बचाने का कर्त्तव्य सरकारों, संगठनों के साथ-साथ नागरिकों का भी बनता है।

जल (प्रदूषण) निवारण तथा नियंत्रण अधिनियम 1974 की धारा-4 उपबन्धित करती है कि राज्य बोर्ड का गठन निम्न व्यक्तियों व सदस्यों से मिलकर होगा।

एक पूर्णकालिक अध्यक्ष की नियुक्ति राज्य सरकार द्वारा की जायेगी। ऐसा व्यक्ति जल संसाधन अथवा प्रदूषण निवारण एवं नियन्त्रण हेतु किये जाने वाले कार्यों में वास्तविक अनुभवी एवं दक्ष होना चाहिए तथा जो इसके कार्यों को संचालित करने की योग्यता एवं दक्षता रखता हो।

राज्य बोर्ड के लिये राज्य सरकार के स्थानीय निकायों के सदस्यों में से अधिक से अधिक 5 व्यक्तियों को बोर्ड के सदस्य के रूप में नामांकित किया जायेगा।

राज्य सरकार को प्रतिनिधित्व हेतु बोर्ड में राज्य सरकार द्वारा 5 राजकीय सदस्य नामित किये जावेंगे।

कृषि, मत्स्य उद्योग, व्यापार में रत व्यक्तियों में से इनका प्रतिनिधित्व करने वाले तीन गैर-सरकारी सदस्यों को बोर्ड हेतु नामित किया जायेगा।

राज्य सरकार द्वारा ग्राह्य संचालित अथवा चलाई जाने वाली कम्पनियों अथवा निगमों का प्रतिनिधित्व करने वाले दो सदस्यों को बोर्ड के सदस्यों के रूप में सम्मिलित किया जावेगा।

राज्य सरकार जन स्वास्थ्य विज्ञान में दक्ष एवं प्रशासन चलाने की वास्तविक क्षमता रखने वाले व्यक्ति को बोर्ड का पूर्णकालिक सचिव नियुक्त करेगी।

राज्य सरकार द्वारा गठित राज्य बोर्ड सरकार द्वारा निर्देशित नाम से निगमित संस्था होगी जिसका पृथक् अस्तित्व होगा, जिसकी एक मोहर होगी जो कि इस अधिनियम के कार्यों को सम्पन्न करने हेतु कोई सम्पत्ति खरीद सकेगा, विक्रय कर सकेगा अथवा इस हेतु कोई संविदा कर सकेगा तथा जिसके नाम से वाद चलाया जा सकेगा और बोर्ड अन्य व्यक्तियों पर भी वाद चला सकता है।

संघ शासित क्षेत्र में एतस्मिन् पश्चात् इस धारा के अन्तर्गत कोई राज्य बोर्ड इस हेतु गठित नहीं किया जा सकता, तथा ऐसे सदस्यों पर केन्द्रीय बोर्ड द्वारा अधिनियम के अन्तर्गत कार्यों एवं शक्तियों का प्रयोग किया जायेगा। केन्द्रीय बोर्ड चाहे तो अपने अधिकारों एवं शक्तियों को संघ शासित क्षेत्रों हेतु किसी व्यक्ति अथवा व्यक्तियों के समूह को सम्पादित करने हेतु हस्तान्तरित कर सकता है जैसा कि केन्द्रीय सरकार की राय में युक्तियुक्त हो।, **[एच. सी. काशीवाला बनाम महाराष्ट्र जल प्रदूषण निवारण तथा नियन्त्रण परिषद्]**

धारा-5 सदस्यों की सेवा के निबन्धन और शर्तें – (1) इस अधिनियम के द्वारा या अधीन, यथा अन्यथा उपबन्धित के सिवाय सदस्य सचिव से भिन्न बोर्ड का कोई सदस्य अपने नाम निर्देश की तारीख से तीन वर्ष की अवधि के लिए पद धारण करेगा।

परन्तु कोई सदस्य अपनी अवधि का अवसान हो जाने पर भी तब तक पद धारण किये रहेगा जब तक कि उसका उत्तराधिकारी उसका पद ग्रहण न कर ले।

(2) धारा (3) की उपधारा (2) के खण्ड (ख) या (ङ) या धारा 4 की उपधारा (2) के खण्ड (ख) या खण्ड (5) के अधीन नामनिर्दिष्ट बोर्ड के सदस्य की पदावधि उसी समय समाप्त हो जायेगी जब वह यथास्थिति, केन्द्रीय सरकार या राज्य सरकार के या ऐसी कम्पनी निगम के अधीन जो केन्द्रीय सरकार या राज्य सरकार के स्वामित्व या नियन्त्रण में या उसके प्रबन्धाधीन है उस पद पर नहीं रह जाता है जिसके आधार पर वह नामनिर्देशित किया गया था।

(3) यथास्थिति, केन्द्रीय सरकार या राज्य सरकार यदि वह ठीक समझे तो बोर्ड के किसी भी सदस्य को उसकी पदावधि के अवसान के पूर्व ही, उसे उसके विरुद्ध हेतु दर्शित करने का युक्तियुक्त अवसर देने के पश्चात् हटा सकेगी।

(4) सदस्य सचिव से भिन्न बोर्ड का कोई सदस्य–

(क) अध्यक्ष की दशा में, यथास्थिति केन्द्रीय सरकार या राज्य सरकार को, तथा

(ख) किसी अन्य दशा में, बोर्ड के अध्यक्ष को सम्बोधित स्वहस्ताक्षरित लेख द्वारा किसी भी समय अपना पद त्याग सकेगा और तदोपरांत अध्यक्ष का या ऐसे किसी अन्य सदस्य का स्थान रिक्त हो जायेगा।

(5) यदि सदस्य सचिव से भिन्न बोर्ड का कोई सदस्य बोर्ड की राय में पर्याप्त कारण के बिना बोर्ड के तीन क्रमवर्ती अधिवेशनों में अनुपस्थित रहेगा या जहाँ वह धारा 3 की उपधारा 2 के खण्ड (ग) या खण्ड (ङ) के अधीन या धारा (4) की उपधारा (2) के खण्ड (ग) या खण्ड (5) के अधीन नाम निर्देशित किया गया है वहाँ यदि वह यथास्थिति राज्य बोर्ड या स्थानीय प्राधिकारी का या ऐसी कम्पनी या निगम का, जो केन्द्रीय सरकार या राज्य सरकार के स्वामित्व या नियन्त्रण में उसके प्रबन्धाधीन हैं, सदस्य नहीं रह जाता है तो उसके बारे में यह समझा जाएगा कि उसने अपना स्थान रिक्त कर दिया है और स्थान की ऐसी रिक्ति उपयुक्त दोनों दशाओं में से किसी दशा में उस तारीख से प्रभावी होगी जो, यथास्थिति केन्द्रीय सरकार या राज्य सरकार राजपत्र में अधिसूचना द्वारा विनिर्दिष्ट करें।

(6) बोर्ड में कोई आकस्मिक रिक्ति नए नाम निर्देशन द्वारा भरी जाएगी, और रिक्ति भरने के लिए नाम निर्देशित व्यक्ति, उस अवधि के केवल शेष भाग के लिए पद धारण करेगा, जिसके लिए वह सदस्य जिसका स्थान वह लेता है नाम निर्देशित किया गया था।

(7) बोर्ड का सदस्य पुनः नाम निर्देशन का पात्र होगा।

(8) अध्यक्ष तथा सदस्य सचिव से भिन्न बोर्ड के सदस्य की सेवा के अन्य निबन्धन और शर्तें ऐसी होगी जो विहित की जाये।

(9) अध्यक्ष की सेवा के अन्य निबन्धन और शर्तें ऐसी होगी जो विहित की जाएँ।

धारा–6 निरर्हताएँ– (1) कोई ऐसा व्यक्ति बोर्ड का सदस्य नहीं होगा–

(क) जो दिवालिया है या किसी भी समय दिवालिया न्याय निर्णित हुआ है या जिसने अपने ऋणों का संदाय निलम्बित कर दिया है या अपने लेनदारों से प्रशमन कर लिया है, अथवा

(ख) जो विकृतचित का है और सक्षम न्यायालय द्वारा वैसा घोषित कर दिया गया है, अथवा

(ग) जो किसी ऐसे अपराध के लिए दोषसिद्ध किया जाए या दोष सिद्ध किया जा चुका है जिसका यथास्थिति के केन्द्रीय सरकार या राज्य सरकार की राय में, नैतिक अधमता अन्तर्ग्रस्त है, अथवा

(घ) जो इस अधिनियम के अधीन किसी अपराध के लिए दोषसिद्ध किया गया है या किसी भी समय दोष सिद्ध किया जा चुका है, अथवा

(ङ) जिसका किसी मल या व्यावसायिक बहि:स्राव की अभिक्रिया के लिए मशीनरी, संयन्त्र, उपस्कर साधित्र या फिटिंग के विनिर्माण, विक्रय या भाड़े पर देने का कारोबार करने वाली किसी फर्म या कम्पनी में प्रत्यक्ष या अप्रत्यक्ष रूप से स्वयं या किसी भागीदार द्वारा कोई अंश या हित है अथवा

(च) जो मल प्रणाली स्कीमों के क्रियान्वयन के लिए या मल या व्यावसायिक बहि:स्राव के अभिक्रियान्वयन के लिए संयन्त्रों की संस्थापना के लिए बोर्ड गठित करने वाली सरकार से या राज्य में किसी स्थानीय प्राधिकारी से या सरकार के स्वामित्व, नियन्त्रण या प्रबन्ध के अधीन किसी कम्पनी या निगम से कोई संविदा करने वाली किसी कम्पनी या फर्म का निदेशक, या सचिव, प्रबन्धक या अन्य वैतनिक अधिकारी या कर्मचारी है, अथवा

(छ) जिसने यथास्थिति, केन्द्रीय सरकार या राज्य सरकार की राय में सदस्य के रूप में अपनी प्रास्थिति का इस प्रकार दुरुपयोग किया है कि उसका बोर्ड में बने रहना जनसाधारण के लिये अहितकर है।

(2) यथास्थिति केन्द्रीय सरकार या राज्य सरकार द्वारा इस धारा के अधीन हटाने का कोई आदेश तभी दिया जाएगा जब सम्पृक्त सदस्य को उसके विरुद्ध हेतुक दर्शित करने के लिए युक्तियुक्त अवसर दे दिया गया हो।

(3) धारा 5 की उपधारा (1) तथा (7) में किसी बात के होते हुए भी कोई सदस्य, जो इस धारा के अधीन हटाया गया है, सदस्य के रूप में पुनः नामनिर्दिष्ट किए जाने का पात्र नहीं होगा।

धारा–7 सदस्यों द्वारा स्थानों की रिक्ति–यदि बोर्ड का कोई सदस्य धारा 6 में विनिर्दिष्ट निरर्हताओं में से किसी से ग्रस्त हो जाए तो उसका स्थान रिक्त हो जाएगा।

धारा–8 बोर्ड के अधिवेशन–बोर्ड का अधिवेशन प्रत्येक तिमाही में कम से कम एक बार होगा और वह अपने अधिवेशनों में काम काज करने के बारे में प्रक्रिया के ऐसे नियमों का पालन करेगा जो विहित किए जाएँ :–

परन्तु यदि अध्यक्ष की राय में कोई अत्यावश्यक प्रकृति का काम किया जाना है तो वह ऐसे समय पर बोर्ड का अधिवेशन बुला सकता है जो उपर्युक्त प्रयोजन के लिए ठीक समझे।

टिप्पणी

धारा 5 यह उपबन्धित करती है कि बोर्ड का प्रत्येक सदस्य (सचिव के अलावा) अपने नामांकन के दिनांक से 3 वर्ष तक अपना पद धारण करेगा तथा जब तक कि उसका उत्तराधिकारी अपना पद ग्रहण नहीं कर लेता, तब तक वह सदस्य अपना पद धारण करता हुआ समझा जावेगा।

बोर्ड का ऐसा सदस्य जिसका कि नामांकन धारा 3 की उपधारा, उपधाराओं के अन्तर्गत राज्य सरकार के प्रतिनिधित्व हेतु किया गया हो केन्द्र सरकार के द्वारा पद छोड़ने के आदेश तक अपना पद धारण करेगा।

राज्य सरकार अथवा केन्द्रीय सरकार यदि बोर्ड के किसी सदस्य को कार्यकाल समाप्त होने से पूर्व हटाना चाहती है तो उस सदस्य को कारण बताओ नोटिस देकर, तथा कारणों की सुनवाई का उचित अवसर देते हुए सन्तुष्ट न होने पर उसे बोर्ड के सदस्य के पद से मुक्त करने का आदेश दे सकती है।

आर.पी. शावी बनाम कर्नाटक सरकार के वाद में यह कहा गया कि जहाँ एक व्यक्ति सरकारी सेवा में रहते हुए किसी परिषद् के अध्यक्ष पद पर नामित या नियुक्त किया गया है तथा सरकारी सेवा पर उसका दावा बरकरार है तथा यदि वह अपनी सरकारी सेवा से परिषद् के अध्यक्ष के रूप में कार्य करते हुए (अध्यक्ष की अपनी पदावधि) सेवानिवृत हो जाता है या इस कारण वह सरकारी सेवक नहीं रह जाता, तो उसे परिषद् के अध्यक्ष के रूप में अपना पद छोड़ना होगा।

सचिव सदस्य के अलावा कोई भी सदस्य अपना कार्यकाल पूर्ण होने से पूर्व अपना स्वलिखित त्याग पत्र बोर्ड के अध्यक्ष को सम्बोधित करते हुए दे सकता है और यदि किसी बोर्ड का अध्यक्ष अपने पद से मुक्त होना चाहता है तो उसे अपना त्याग पत्र प्रस्तुत करने के पश्चात् बोर्ड के सदस्य अथवा अध्यक्ष का पद खाली समझा जावेगा।

सचिव को छोड़ कर यदि बोर्ड का कोई सदस्य युक्तियुक्त कारणों के बिना बोर्ड के क्रमवर्ती बैठकों में अनुपस्थित रहता है तथा जिसका नामांकन धारा 3(2)(ग) तथा धारा 4(2)(ग) के अन्तर्गत हुआ हो, उसका पद बोर्ड के सदस्य के रूप में समाप्त कर दिया जायेगा।

यदि किसी स्थान पर तदर्थ नियुक्ति की गई है तो नया सदस्य अपना पद उसी समय धारण करेगा जब तक पूर्व सदस्य शेष समय तक रहता है। कोई भी बोर्ड का सदस्य 6 साल से अधिक

अवधि के लिये अपना पद धारण नहीं कर सकता अर्थात् उसका नामांकन केवल दो बार ही किया जा सकेगा।

धारा 5 के प्रावधान उस परिस्थिति में भी प्रभावी होंगे जब किसी सदस्य का पद उस सदस्य की अयोग्यता के कारण रिक्त होगा।

सदस्य सचिव द्वारा त्याग पत्र दिये जाने का कोई प्रावधान नहीं है उसे अपनी इच्छा के विरुद्ध कार्य करने के लिये बाध्य नहीं किया जा सकता उसके पास त्याग पत्र देने का अन्तर्निहित अधिकार है।

धारा 6 उपबन्धित करती है कि कोई व्यक्ति दिवालिया हो अथवा उसने अपने लेनदारों के ऋणों का भुगतान करने में असमर्थतता प्रकट कर दी हो अथवा किसी न्यायालय ने उसे दिवालिया घोषित कर दिया हो।

कोई व्यक्ति अस्वस्थ मस्तिष्क का हो या किसी न्यायालय ने उसे अस्वस्थ मस्तिष्क का घोषित कर दिया हो।

किसी व्यक्ति को नैतिक अधः पतन व चारित्रिक लांछन से सम्बन्धित किसी अपराध के लिये किसी न्यायालय द्वारा दण्डित किया जा चुका हो।

यदि कोई व्यक्ति प्रत्यक्ष अथवा अप्रत्यक्ष रूप में किसी ऐसे कम्पनी या फर्म से सम्बन्धित हो जो जल प्रदूषण रोधी शोधक यन्त्र, संयन्त्र, मशीनरी, प्लाण्ट अथवा उसकी फिटिंग से सम्बन्धित पुर्जे बनाती है बेचती है, अथवा किराये पर देती है तो कोई ऐसा व्यक्ति बोर्ड का सदस्य नहीं हो सकता।

यदि कोई कम्पनी अथवा फर्म जिसका कि बोर्ड के नाम अथवा बोर्ड गठित करने वाली सरकार, स्थानीय संस्था जिसका संचालन सरकार द्वारा होता है, से जल प्रदूषण संयन्त्र लगाने हेतु अथवा उन्हें सप्लाई करने हेतु कोई संविदा की हो, उसका कोई संचालक अथवा मैनेजर कोई पारिश्रमिक प्राप्त करता है। उन्हें बोर्ड का सदस्य नहीं बनाया जा सकता है।

यदि सरकार की राय में कोई व्यक्ति जो जन साधारण के कार्यों को करने में दुरुपयोग, असावधानी बरतने का दोषी हो, बोर्ड का सदस्य नहीं हो सकता।

सरकार बोर्ड के किसी सदस्य को सफाई का अवसर दिये बिना उसके पद से नहीं हटा सकती।

पदमुक्त व्यक्ति को पुनः बोर्ड का सदस्य नहीं बनाया जा सकता। धारा 6 में वर्णित किसी अयोग्यता को धारण करने वाले सदस्य का पद रिक्त माना जायेगा।

धारा–7 यह उपबन्ध करती है कि यदि कोई सदस्य धारा 6 के प्रावधानों के तहत् निर्योग्य होता है, तब उसे पदमुक्त किया जाता है जो कि आकस्मिक रिक्तता होती है। ऐसी रिक्ति धारा 5 के खण्ड (6) के प्रावधानों के अनुसार भरी जाती है।

धारा–8 यह उपबन्ध करती है कि साधारणतया बोर्ड के कार्यों से सम्बन्धित नियम प्रक्रिया निर्धारण हेतु बोर्ड की बैठक प्रत्येक तीन माह के बाद आयोजित की जायेगी तथा विशेष परिस्थितियों में जबकि किसी आवश्यक कार्य के लिए निर्णय लेने के लिये हाथों-हाथ बोर्ड की बैठक बुलाना आवश्यक हो तो अध्यक्ष की राय में ऐसी बैठक उचित समय एवं स्थान पर विहित रीति से बुलाई जा सकेगी।

पंजाब राज्य परिषद् बनाम मेसर्स पवन कुमार इस्पात निगम के वाद में बैठक के संक्षिप्त विवरण में यह प्रदर्शित किया गया था कि परिषद की बैठक में कम से कम पाँच सदस्यों ने उपस्थित होकर मतदान किया था। यह निर्णय दिया गया कि प्रथम दृष्ट्या यह प्रदर्शित करता है कि आवश्यक गणपूर्ति पूर्ण थी तथा एक व्यक्ति के विरुद्ध अभियोजन चलाने के लिए परिषद् को अधिकृत करने का परिषद् द्वारा पारित प्रस्ताव वैध था।

धारा–9 समितियों का गठन– (1) बोर्ड ऐसे प्रयोजन या प्रयोजनों के लिये पूर्णतः सदस्यों से या पूर्णतः अन्य व्यक्तियों से या अंशतः सदस्यों से और अशंतः अन्य व्यक्तियों से गठित होने वाली इतनी समितियों का गठन कर सकेगा जो वह ठीक समझे।

(2) इस धारा के अधीन गठित समिति का अधिवेशन ऐसे समय और ऐसे स्थान पर होगा और वह अपने अधिवेशनों में काम काज करने के बारे में प्रक्रिया के ऐसे नियमों का पालन करेगी जो विहित किए जाएँ।

(3) समिति के सदस्यों को जो (बोर्ड के सदस्यों से भिन्न हो) उसके अधिवेशनों में उपस्थित होने के लिए और बोर्ड के किसी अन्य कार्य को करने के लिए फीस और भत्ते दिए जायेंगे जो विहित किए जाएँ।

धारा 10 - बोर्ड के साथ व्यक्तियों का विशिष्ट प्रयोजन के लिए अस्थायी रूप से सहयुक्त किया जाना– (1) बोर्ड ऐसी रीति से और ऐसे प्रयोजनों के लिए जो विहित किए जाएँ, अपने साथ किसी ऐसे व्यक्ति को सहयुक्त कर सकेगा, जिसकी सहायता या सलाह लेने की वह इस अधिनियम के अधीन अपने कृत्यों में से किसी का पालन करने के लिए वांछा करता है।

(2) उपधारा (1) के अधीन बोर्ड के साथ किसी प्रयोजन के लिए सहयुक्त किसी भी व्यक्ति को बोर्ड के उस विचार-विमर्श में भाग लेने का अधिकार होगा जो उस प्रयोजन से सुसंगत हो किन्तु उसे बोर्ड के अधिवेशन में मत देने का अधिकार नहीं होगा और किसी अन्य प्रयोजन के लिए वह बोर्ड का सदस्य नहीं होगा।

(3) बोर्ड के साथ किसी प्रयोजन के लिए उपधारा (1) के अधीन सहयुक्त किसी भी व्यक्ति को बोर्ड के अधिवेशनों में उपस्थित होने और बोर्ड का कोई अन्य कार्य करने के लिए ऐसी फीस और भत्ते दिए जायेंगे जो विहित किए जाएँ।

धारा–11 बोर्ड में रिक्ति का कार्यों या कार्यवाहियों को अविधिमान्य न करना– बोर्ड या उसकी किसी समिति का कोई कार्य या कार्यवाही केवल इस आधार पर प्रश्नगत नहीं की जा सकेगी, कि यथास्थिति, बोर्ड या ऐसी समिति में कोई रिक्त विद्यमान थी या उसके गठन में कोई त्रुटि थी।

धारा–11क बोर्ड अध्यक्ष की शक्तियाँ–बोर्ड का अध्यक्ष ऐसी शक्तियों का प्रयोग और ऐसे कर्त्तव्यों का पालन करेगा जो विहित किए जाएँ या जो बोर्ड द्वारा समय-समय पर उसे प्रत्यायोजित किए जाएँ।*

धारा–12 बोर्ड का सदस्य सचिव तथा अधिकारी और अन्य कर्मचारी–

(1) सदस्य सचिव की सेवा के निबन्धन और शर्तें ऐसी होगी जो विहित की जाएँ।

(2) सदस्य सचिव ऐसी शक्तियों का प्रयोग और ऐसे कर्त्तव्यों का पालन करेगा जो विहित किए जाएँ या बोर्ड या उसके अध्यक्ष द्वारा उसे समय-समय पर प्रत्यायोजित किए जाएँ।

(3) ऐसे नियमों के अधीन रहते हुए जो यथास्थिति केन्द्रीय सरकार या राज्य सरकार इस निमित्त बनाएँ, बोर्ड ऐसे अधिकारियों और कर्मचारियों को नियुक्त कर सकेगा जो वह अपने कृत्यों के दक्ष पालन के लिए आवश्यक समझे।

(3क) केन्द्रीय बोर्ड या किसी राज्य बोर्ड के (सदस्य से भिन्न) अधिकारियों और अन्य कर्मचारियों की भर्ती की पद्धति और सेवा के निबन्धन और शर्तें जिसके अन्तर्गत वेतनमान भी है। ऐसी होगी जो, यथास्थिति केन्द्रीय बोर्ड या राज्य बोर्ड द्वारा बनाए गए विनियमों द्वारा अवधारित की जाए :

परन्तु इस उपधारा के अधीन बनाया गया कोई विनियम तब तक प्रभावी नहीं होगा जब तक कि–

(क) केन्द्रीय बोर्ड द्वारा बनाए गए विनियमों की दशा में उसका अनुमोदन केन्द्रीय सरकार न कर दे, और

(ख) राज्य बोर्ड द्वारा बनाए गये विनियम की दशा में, उसका अनुमोदन राज्य सरकार न कर दें।**

3(ख) बोर्ड साधारण या विशेष आदेश द्वारा और ऐसी शर्तों और परिसीमाओं के यदि कोई हो, अधीन रहते हुए जो आदेश में विनिर्दिष्ट की जाएँ, बोर्ड के किसी अधिकारी को, इस अधिनियम के अधीन अपनी ऐसी शक्तियों और कृत्यों को प्रत्यायोजित कर सकेगा, जैसा वह आवश्यक समझे।**

(4) ऐसी शर्तों के अधीन रहते हुए जो विहित की जाएँ बोर्ड समय-समय पर किसी अर्हित व्यक्ति को बोर्ड का परामर्शी इंजीनियर नियुक्त कर सकेगा और उसे ऐसा वेतन और भत्ते दे सकेगा और उसे सेवा के ऐसे अन्य निबन्धनों और शर्तों के अधीन रख सकेगा, जो वह ठीक समझे।

टिप्पणी

धारा 9 के उपबन्ध के अनुसार बोर्ड अपने कार्यों को सुचारु रूप से सम्पन्न करने के लिए पृथक्-पृथक् अनेक समितियों का गठन कर सकता है। समितियों का केवल सदस्यों के द्वारा अथवा पूर्ण गैर-सदस्यों के द्वारा अथवा कुछ गैर-सदस्यों एवं कुछ सदस्यों को मिलाकर गठन

किया जा सकता है। इस प्रकार की समिति में बाहरी व्यक्ति भी सदस्य बन सकते हैं। उक्त प्रकार की गठित समितियों की बैठक समिति के कार्यों को करने के लिये नियमों प्रक्रियाओं को बनाने, उन पर विचार करने के लिये, किसी निश्चित समय अथवा स्थान पर बुला सकती है।

समितियों के सदस्यों को निश्चित फीस एवं भत्ते समिति के कार्यों को करने अथवा बैठक में भाग लेने के लिए प्रदान किये जायेंगे।

अत: बोर्ड आवश्यकतानुसार समितियों का गठन कर सकता है तथा ऐसी समिति में बोर्ड के सदस्य तथा अन्य व्यक्ति भी सदस्य हो सकते हैं। बोर्ड के सदस्यों के अलावा अन्य व्यक्तियों को समिति की बैठक में भाग लेने के लिए नियमानुसार फीस एवं भत्ते देय होंगे।

धारा 10 के उपबन्धों के अनुसार बोर्ड किसी विशेष व्यक्ति को कार्य करने हेतु अथवा इस अधिनियम के अन्तर्गत वर्णित किसी विषय पर किहीं दक्ष व्यक्तियों की सलाह लेना आवश्यक समझता है, तो वह इसके लिए किसी भी व्यक्ति अथवा व्यक्तियों के समूह को उस विशेष कार्य को पूर्ण करने के लिये अग्रसर होने का अधिकार देकर नियुक्त कर सकेगा।

उक्त प्रकार से नियुक्त व्यक्ति बोर्ड के द्वारा प्रस्तावित विषय पर जिसके लिये उसे नियुक्त किया गया है पर अपने विचार प्रस्तुत कर सकता है, बैठक में भाग ले सकता है परन्तु उसे नीति के मामले में वोट देने का अधिकार नहीं है और ऐसा व्यक्ति केवल उस कार्य हेतु ही बोर्ड का सदस्य माना जायेगा जिस हेतु उसकी सेवाएँ प्राप्त की गयी हों। तथा उसे शुल्क व भत्ते नियमानुसार या नये नियम बनाकर दिये जा सकते हैं।

धारा 11 के अनुसार यदि बोर्ड के किसी सदस्य का स्थान अथवा बोर्ड द्वारा गठित किसी समिति का कोई सदस्य पद रिक्त रहता है और बोर्ड या समिति द्वारा कोई कार्यवाही अथवा कार्य किया जाता है तो ऐसा कार्य अथवा प्रक्रिया को अवैधानिक इस आधार पर नहीं ठहराया जा सकता है कि उक्त बोर्ड अथवा समिति के द्वारा कोई कार्य करते समय अधिनियम द्वारा निर्धारित सभी सदस्य उपस्थित नहीं थे अथवा कोई पद रिक्त होने पर बोर्ड या समिति द्वारा की गई कार्यवाही अवैधानिक नहीं होगी।

धारा 11(क) 1978 के अधिनियम 44 की धारा 7 द्वारा जोड़ी गई, जिसके अनुसार अध्यक्ष को वे सभी शक्तियाँ प्राप्त होगी तथा वे कर्त्तव्य होंगे जो बोर्ड द्वारा समय-समय पर उसे दिये जाये तथा वे जो सरकार नियम बनाकर विहित करें। परन्तु कोई भी अध्यक्ष अपने को सरकार द्वारा या बोर्ड द्वारा प्राप्त शक्तियों का आगे प्रत्यायोजन नहीं कर सकता।

धारा 12 के उपबन्धों के अनुसार बोर्ड का सचिव अधिनियम द्वारा निर्धारित कर्त्तव्यों एवं शक्तियों का प्रयोग यथा सम्भव करेगा इसके अलावा बोर्ड के अध्यक्ष द्वारा निर्देशित कर्त्तव्यों का भी पालन करेगा।

यदि केन्द्रीय सरकार द्वारा पारित नियम अथवा राज्य सरकार द्वारा निर्धारित कोई नियम पास किया जाता है तो इस सन्दर्भ में इन कार्यों को एवं बोर्ड के अधिनियमों द्वारा निर्धारित कार्यों

को कुशलतापूर्वक करने हेतु बोर्ड द्वारा कोई अधिकारी अथवा अन्य कर्मचारी नियुक्त किये जा सकते हैं। जिनकी सेवा के निबन्धन शर्तें वेतन इत्यादि के बारे में बोर्ड द्वारा नियम बनायें जायेंगे।

बोर्ड समय-समय पर विहित रीति से निर्धारित योग्यता रखने वाले किसी सलाहकारी इन्जीनियर को नियुक्त कर सकता है, तथा उसके वेतन, भत्ते इत्यादि के बारे में भी निर्धारण कर सकेगा।

मैसर्स निकोसल्फ इण्डस्ट्रीज एक्सपोर्ट्स प्रा. लि. बनाम गुजरात राज्य व अन्य के मामले में याची कम्पनी के विरुद्ध निकोटिन सल्फेट, स्टफलाइम, केरोसिन, सल्फेरिक एसिड आदि पदार्थ जो लगभग 11,000 लीटर पानी को प्रदूषित करती थी। शिकायत प्रस्तुत किये जाने पर न्यायालय ने कहा कि धारा 49(1) (क) धारा 11 क को साथ-साथ पढ़ने पर न्यायालय किसी अपराध का संज्ञान तभी ले सकता है जब कि शिकायत इस अधिनियम के तहत् बोर्ड या बोर्ड के द्वारा किसी प्राधिकृत व्यक्ति द्वारा की गई है अन्य के द्वारा नहीं।

▣▣▣

8

भारत में जल प्रदूषण निवारण हेतु बोर्ड

जल (प्रदूषण निवारण तथा नियन्त्रण) अधिनियम, 1974 के अध्याय-3 में जल प्रदूषण पर सुचारु रूप से नियन्त्रण के लिए संयुक्त बोर्ड के बारे में प्रावधान किया गया है।

धारा 13 - संयुक्त बोर्ड का गठन – (1) इस अधिनियम में किसी बात के होते हुए भी।

(क) दो या अधिक समीपस्थ राज्यों की सरकारों द्वारा, या

(ख) केन्द्रीय सरकार (एक या अधिक संघ राज्य क्षेत्रों के बारें में) और ऐसे संघ, राज्य क्षेत्र या संघ राज्य क्षेत्रों के समीपस्थ एक या अधिक राज्यों की सरकारों द्वारा करार–

(i) खण्ड (क) में निर्दिष्ट दशा में, भाग लेने वाले सभी राज्यों के लिए, और

(ii) खण्ड (ख) में निर्दिष्ट दशा में, भाग लेने वाले संघ राज्य क्षेत्र या संघ राज्य क्षेत्रों और राज्य या राज्यों के लिए ।

संयुक्त बोर्ड के गठन के लिए उपबन्ध करने के लिए किया जा सकेगा, जो ऐसी अवधि के लिए प्रवृत्त रहेगा और ऐसी अतिरिक्त अवधि के लिए, यदि कोई हो उसका नवीनीकरण किया जा सकेगा जो उस करार में विनिर्दिष्ट की जाए।

(2) इस धारा के अधीन करार –

(क) संयुक्त बोर्ड से सम्बन्धित व्यय के, उपधारा (1) के खण्ड (क) में निर्दिष्ट दशा में भाग लेने वाले राज्यों के बीच प्रभाजन के लिए और उस उपधारा के खण्ड (ख) में निर्दिष्ट दशा में केन्द्रीय सरकार और भाग लेने वाली राज्य सरकार या राज्य सरकारों के बीच प्रभाजन के लिए उपबन्ध कर सकेगा।

(ख) यह अवधारित कर सकेगा कि उपधारा (1) के खण्ड (क) में निर्दिष्ट दशा में भाग लेने वाली कौनसी राज्य सरकार और उस उपधारा के खण्ड (ख) में निर्दिष्ट दशा में क्या केन्द्रीय सरकार या भाग लेने वाली राज्य सरकारों (यदि एक से अधिक भाग लेने वाले राज्य हैं तो यह भी कि भाग लेने वाली राज्य सरकारों में से कौनसी सरकार) इस अधिनियम के अधीन राज्य सरकार की विभिन्न शक्तियों का प्रयोग और कृत्यों का पालन करेगी और इस अधिनियम में राज्य सरकार के प्रति निर्देश का तद्नुसार अर्थ लगाया जाएगा।

(ग) उपधारा (1) के खण्ड (क) में निर्दिष्ट दशा में भाग लेने वाली राज्य सरकारों के बीच और उस उपधारा के खण्ड (ख) में निदिष्ट दशा में केन्द्रीय सरकार और भाग लेने वाले राज्य सरकार या राज्य सरकारों के बीच या तो साधारणतया या इस अधिनियम के अधिनियम के अधीन अद्भूत होने वाले विशिष्ट विषयों के प्रति निर्देश से परामर्श के लिये उपबन्ध कर सकेगा,

(घ) इस अधिनियम से संगत ऐसे आनुषंगिक और अनुषंगी उपबन्ध कर सकेगा जो करार को प्रभावी करने के लिए आवश्यक या समीचीन समझे जाएँ।

(3) इस धारा के अधीन करार उपधारा (1) के खण्ड (क) में निर्दिष्ट दशा में भाग लेने वाले राज्यों के राजपत्र में और उस उपधारा के खण्ड (ख) में निर्दिष्ट दशा में भाग लेने वाले संघ राज्य क्षेत्र या संघ राज्य क्षेत्रों के और भाग लेने वाले राज्यों या राज्य के राजपत्र में प्रकाशित किया जाएगा।

धारा 14– संयुक्त बोर्डों की संरचना–(1) धारा 13 की उपधारा (1) के खण्ड (क) के अधीन किए गए करार के अनुसरण में गठित संयुक्त बोर्ड में निम्नलिखित सदस्य होंगे अर्थात्–

(क) केन्द्रीय सरकार द्वारा नाम निर्देशित किया जाने वाला एक पूर्णकालिक अध्यक्ष जो पर्यावरणीय संरक्षण से सम्बन्धित विषयों की बाबत विशेष जानकारी या व्यावहारिक अनुभव रखने वाला व्यक्ति होगा अथवा पूर्वोक्त विषयों से सम्बन्धित संस्थाओं के प्रशासन की जानकारी और अनुभव रखने वाला व्यक्ति होगा,

(ख) भाग लेने वाले राज्यों में से प्रत्येक से दो पदधारी, जो भाग लेने वाली सम्बद्ध राज्य सरकार द्वारा उस सरकार का प्रतिनिधित्व करने के लिए नाम निर्देशित किए जाएँगे,

(ग) एक व्यक्ति जो भाग लेने वाली राज्य सरकारों में से प्रत्येक द्वारा सम्बद्ध राज्य में कृत्य करने वाले स्थानीय प्राधिकारियों के सदस्य में से नाम निर्देशित किया जायेगा,

(घ) एक अशासकीय व्यक्ति जो सम्बद्ध राज्य में कृषि, मीन उद्योग, या उद्योग या व्यवसाय के हितों का या किसी ऐसे अन्य हित का, जिसका प्रतिनिधित्व भाग लेने वाली राज्य सरकार की राय में होना चाहिए, प्रतिनिधित्व करने के लिए भाग लेने वाली राज्य सरकारों में से प्रत्येक द्वारा नाम निर्देशित किया जायेगा,

(ङ) भाग लेने वाली राज्य सरकारों के स्वामित्व नियन्त्रण या प्रबन्ध के अधीन कम्पनियों या निगमों का प्रतिनिधित्व करने के लिए दो व्यक्ति जो केन्द्रीय सरकार द्वारा नाम निर्देशित किए जायेंगे,

(च) केन्द्रीय सरकार द्वारा नियुक्त किया जाने वाला एक पूर्णकालिक सदस्य सचिव जिसके पास प्रदूषण नियन्त्रण के वैज्ञानिक अभियांत्रिकी या प्रबन्ध सम्बन्धी विषयों की अर्हताएँ ज्ञान और अनुभव है,

(2) धारा 13 की उपधारा (1) के खण्ड (ख) के अधीन किए गए करार के अनुसरण में गठित संयुक्त बोर्ड में अग्रलिखित होंगे– अर्थात्

(क) केन्द्रीय सरकार द्वारा नाम निर्देशित किया जाने वाला एक पूर्णकालिक अध्यक्ष जो पर्यावरण संरक्षण से सम्बन्धित विषयों की बाबत, विशेष जानकारी या व्यावहारिक अनुभव रखने वाला व्यक्ति होगा अथवा पूर्वोक्त विषयों से सम्बन्धित संस्थाओं के प्रशासन की जानकारी और अनुभव रखने वाला व्यक्ति होगा,

(ख) भाग लेने वाला, यथास्थिति संघ राज्य क्षेत्रों में से प्रत्येक से दो पदधारी जो केन्द्रीय सरकार द्वारा नाम निर्देशित किए जाएँगे और भाग लेने वाले, यथास्थिति राज्य या राज्यों में से प्रत्येक से दो पदधारी जो भाग लेने वाली सम्बद्ध राज्य सरकार द्वारा नाम निर्देशित किए जायेंगे।

(ग) केन्द्रीय सरकार द्वारा एक व्यक्ति जो भाग लेने वाले, यथास्थिति, संघ राज्य क्षेत्र या संघ राज्य क्षेत्रों में से प्रत्येक में कृत्य करने वाले स्थानीय प्राधिकारियों के सदस्यों में से नाम निर्देशित किया जाएगा और एक व्यक्ति, जो भाग लेने वाली सम्बद्ध राज्य सरकार द्वारा भाग लेने वाले, यथास्थिति राज्य या राज्यों में से प्रत्येक में कृत्य वाले स्थानीय प्राधिकारियों के सदस्यों में से नाम निर्देशित किया जायेगा,

(घ) केन्द्रीय सरकार द्वारा एक व्यक्ति जो भाग लेने वाली राज्य सरकार या राज्य सरकारों द्वारा यथास्थिति संघ राज्य क्षेत्र या संघ राज्य क्षेत्रों में से प्रत्येक में राज्य या राज्यों में से प्रत्येक में कृषि, मीन उद्योग या उद्योग या व्यवसाय के हितों का प्रतिनिधित्व करने के लिए या किसी ऐसे अन्य हित का जिसका यथास्थिति

केन्द्रीय सरकार या राज्य सरकार की राय में प्रतिनिधित्व होना चाहिए, प्रतिनिधित्व करने के लिए नाम निर्देशित किया जाएगा।

(ङ) केन्द्रीय सरकार के स्वामित्व नियन्त्रण या प्रबन्ध के अधीन और भाग लेने वाले संघ राज्य क्षेत्र या संघ राज्य क्षेत्रों में अवस्थित कम्पनियों या निगमों का प्रतिनिधित्व करने के लिए दो व्यक्ति जो केन्द्रीय सरकार द्वारा नाम निर्देशित किये जायेंगे और भाग लेने वाली राज्य सरकारों के स्वामित्व नियन्त्रण या प्रबन्ध के अधीन कम्पनियों या निगमों का प्रतिनिधित्व करने के लिए दो व्यक्ति जो केन्द्रीय सरकार द्वारा नाम निर्देशित किए जायेंगे।

(च) केन्द्रीय सरकार द्वारा नियुक्त किया जाने वाला एक पूर्णकालिक सदस्य सचिव जिसके पास प्रदूषण नियन्त्रण के वैज्ञानिक इंजीनियरी या प्रबन्ध सम्बन्धी पहलुओं की अर्हताएँ, ज्ञान और अनुभव है।

(3) जब धारा 13 की उपधारा (1) के खण्ड (ख) के अधीन करार के अनुसरण में कोई संयुक्त बोर्ड गठित किया जाता है तब धारा 4 की उपधारा (4) के उपबन्ध उस संघ राज्य क्षेत्र के सम्बन्ध में लागू नहीं होंगे जिसके लिये संयुक्त बोर्ड गठित किया गया हैं।

(4) उपधारा (3) के उपबन्धों के अधीन रहते हुए धारा 4 की उपधारा (3) और धारा 5 से 12 (दोनों सहित) के उपबन्ध संयुक्त बोर्ड और उसके सदस्य सचिव के सम्बन्ध में उसी प्रकार लागू होंगे जैसे वे राज्य बोर्ड और उसके सदस्य सचिव के सम्बन्ध में लागू होते हैं।

(5) इस अधिनियम में जब तक कि संदर्भ से अन्यथा अपेक्षित न हो, राज्य बोर्ड के प्रति किसी निर्देशिका का अर्थ इस प्रकार किया जाएगा मानो उसके अन्तर्गत संयुक्त बोर्ड भी है।

धारा 15– निदेश देने के सम्बन्ध में विशेष उपबन्ध –इस अधिनियम में किसी बात के होते हुए भी जहाँ धारा 13 के अधीन कोई संयुक्त बोर्ड गठित किया जाता है वहाँ–

(क) इस अधिनियम के अधीन कोई निदेश देने के लिए उस राज्य की सरकार जिसके लिए संयुक्त बोर्ड गठित किया जाता है उन्हीं दशाओं में सक्षम होंगी जिनमें ऐसा निदेश उस राज्य की अनन्य राज्य क्षेत्रीय अधिकारिता के भीतर किसी विषय से सम्बन्धित है।

(ख) जहाँ ऐसा निदेश दो या अधिक राज्यों की राज्य क्षेत्रीय अधिकारिता के भीतर किसी विषय से सम्बन्धित है या किसी संघ राज्य क्षेत्र के बारे में है वहाँ इस अधिनियम के अधीन निदेश देने के लिए केवल केन्द्रीय सरकार सक्षम होगी।

टिप्पणी

धारा 13 उपबंध करती है कि इस अधिनियम के अधीन किसी समझौते द्वारा दो राज्यों की सरकारें अथवा केन्द्रीय सरकार एवं अन्य एक या एक से अधिक राज्य सरकारों द्वारा संघ शासित क्षेत्रों की सरकार के साथ संयुक्त बोर्ड की स्थापना की जा सकती है, तथा इस प्रकार गठित बोर्ड अपना कार्य समझौते में दी गई तिथि से प्रारम्भ कर देगा तथा समझौते के नवीनीकरण

होने की दशा तक अपना कार्य करेगा जैसा कि उस समझौते में निर्धारित किया गया हो। संयुक्त बोर्ड में व्यय एवं आय का विभाजन तथा अधिकार एवं उत्तराधिकारी का विभाजन उनके द्वारा किये गये समझौते के अनुसार होगा।

संयुक्त बोर्ड के गठन के बाद राज्य अथवा केन्द्रीय सरकार इनके कार्यों को संचालित करने के लिये आपसी सलाह आदि से कोई नियम बना सकती है।

इस अधिनियम के अन्तर्गत उत्पन्न किसी विशेष समस्या के समाधान हेतु संयुक्त बोर्ड का कोई सदस्य राज्य एवं केन्द्रीय सरकार आदि आपस में मंत्रणा करके उस हेतु नियम बना सकते हैं किसी आकस्मिक घटना एवं उपबन्धों के लिए अधिनियम के प्रावधानों को छोड़कर आवश्यकता पड़ने पर समझौते में फेर-बदल किया जा सकता है।

डालमिया इण्डस्ट्रीज लि. बनाम राजस्थान प्रदूषण निवारण नियंत्रण बोर्ड के मामले में राजस्थान उच्च न्यायालय ने कहा कि ऐसे बोर्ड कठोर कार्यवाही करने के लिए सशक्त हैं।

धारा 14 के उपबन्धों के अनुसार संयुक्त बोर्ड की संरचना निम्न प्रकार होगी–

संयुक्त बोर्ड के लिये एक ऐसा व्यक्ति अध्यक्ष चुना जायेगा जो कि जल प्रदूषण निवारण एवं नियन्त्रण हेतु तथा जल संसाधनों की सुरक्षा हेतु वास्तविक अनुभव रखता हो, तथा जिसको पूर्णकालिक सदस्य के रूप में केन्द्रीय सरकार द्वारा नामित किया गया हो।

प्रत्येक राज्य जो कि संयुक्त बोर्ड में प्रवेश करते हैं के दो-दो प्रतिनिधि सरकारों द्वारा नाम निर्देशित किये जायेंगे।

संयुक्त बोर्ड के सदस्य राज्यों द्वारा एक-एक ऐसा सदस्य नामित किया जायेगा जो कि उन राज्यों की सरकारों के अधीन स्थानीय निकायों का प्रतिनिधित्व करते हों।

संयुक्त बोर्ड के सदस्य राज्यों द्वारा एक-एक गैर-सरकारी सदस्य नामित किया जायेगा जो कि उन राज्यों के कृषि, वाणिज्य, मत्स्य उद्योग का प्रतिनिधित्व करते हों। केन्द्रीय सरकार द्वारा ऐसे दो व्यक्तियों को बोर्ड का सदस्य नामित किया जायेगा जो कि भागीदार राज्य सरकारों के नियन्त्रण, प्रशासन एवं स्वामित्व में कम्पनी अथवा निगमों का प्रतिनिधित्व करते हों, प्रत्येक भागीदार राज्य द्वारा एक-एक सदस्य नामित किया जायेगा।

केन्द्रीय सरकार द्वारा जन स्वास्थ्य विज्ञान में वास्तविक रूप से दक्ष एवं प्रशासन का अनुभव रखने वाले किसी व्यक्ति को संयुक्त बोर्ड का पूर्णकालिक सचिव नियुक्त किया जायेगा।

धारा 14 (2) के उपबन्धों के अनुसार धारा 13(1) के खण्ड (ख) के अधीन किये गये करार के अनुसरण में गठित संयुक्त बोर्ड में निम्नलिखित सदस्य होंगे।

केन्द्रीय सरकार द्वारा नाम निर्देशित किया जाने वाला एक पूर्णकालिक अध्यक्ष जो कि जल संसाधनों के प्रयोग तथा ऐसे मामले का प्रशासन करने की क्षमता रखता हो व्यक्ति को नामित करेगी।

दो-दो सरकारी सदस्य सम्बन्धित संघ क्षेत्र की सरकार से एवं राज्य सरकार से नामित किये जायेंगे। यदि एक से अधिक राज्य अथवा एक से अधिक संघ शासित क्षेत्र से सम्बन्धित हैं तो प्रत्येक सम्बन्धित राज्य एवं संघ शासित क्षेत्र की सरकार से दो-दो सदस्य केन्द्र द्वारा मनोनीत किये जायेंगे।

संघ शासित क्षेत्र एवं सम्बन्धित राज्य सरकार के साथ कार्यरत स्थानीय निकायों में से एक-एक सदस्य का नाम निर्देशित किया जायेगा।

एक-एक सरकारी सदस्य संघ शासित क्षेत्र एवं सम्बन्धित राज्य में से ऐसे क्षेत्र एवं सम्बन्धित राज्य में से ऐसे क्षेत्रों का प्रतिनिधित्व करने वाले व्यक्तियों को नामित किया जाएगा जो कि कृषि, वाणिज्य, मत्स्य पालन अथवा अन्य किसी क्षेत्र में अपना हित रखते हैं, तथा वे राज्य सरकार एवं केन्द्र सरकार का प्रतिनिधित्व करेंगे।

दो-दो व्यक्तियों को बोर्ड हेतु नामित किया जायेगा जो कि संघ शासित क्षेत्रों से अथवा सम्बन्धित राज्य क्षेत्रों में स्थापित एवं संघ सरकार के स्वामित्व में अपना नियन्त्रण में कम्पनी अथवा निगम के रूप में कार्य कर रहे हैं।

केन्द्रीय सरकार द्वारा संयुक्त बोर्ड हेतु पूर्ण कालिक सचिव की भी नियुक्ति की जायेगी जो कि बोर्ड का सदस्य होगा। ऐसा व्यक्ति जन स्वास्थ्य विज्ञान में विशेष योग्यताधारी एवं प्रशासन का अनुभवी व्यक्ति होगा।

धारा 4 तथा धारा 5 से 12 तक के प्रावधान जो कि राज्य बोर्ड पर लागू होते हैं वहीं प्रावधान धारा 14(4) के अन्तर्गत संयुक्त बोर्ड के सन्दर्भ में भी लागू माने जायेंगे।

उपधारा 5 स्पष्ट करती है कि जब तक अन्यथा सन्दर्भ आवश्यक न हो इस अधिनियम में राज्य परिषद् के सन्दर्भ में संयुक्त परिषद् उसमें सम्मिलित समझी जायेगी।

धारा 15 के उपबन्धों के अनुसार कोई राज्य सरकार जिसके लिये संयुक्त बोर्ड का गठन किया गया है। वह अपने क्षेत्रीय क्षेत्राधिकार के मामलों में संयुक्त बोर्ड को निर्देश देने का एकांकी क्षेत्राधिकार रखती है, केन्द्रीय सरकार संयुक्त बोर्ड को कोई भी एंकाकी निर्देश देने में सक्षम है चाहे इसका प्रभाव बोर्ड के सम्बन्धित राज्य क्षेत्र में अथवा संघ शासित क्षेत्र में पड़े।

जल [प्रदूषण निवारण तथा नियंत्रण] अधिनियम, 1974 की धारा 3, धारा 4 व धारा 13 में क्रमशः केन्द्रीय बोर्ड, राज्य बोर्ड व संयुक्त बोर्ड के गठन के उपबन्ध दिये गये हैं। इन बोर्डों के पास क्या-क्या शक्तियाँ होंगी और इनके क्या कार्य होंगे। इस हेतु अधिनियम की **धारा 16 से 18** में व्यवस्था की गई है :-

धारा 16 - केन्द्रीय बोर्ड के कृत्य – (1) इस अधिनियम के उपबन्धों के अधीन रहते हुए केन्द्रीय बोर्ड का मुख्य कृत्य यह होगा कि वह राज्यों के विभिन्न क्षेत्रों की सरिताओं और कुँओं में सफाई की अभिवृद्धि करें।

(2) विशिष्टतया और पूर्वगामी कृत्य की व्यापकता पर प्रतिकूल प्रभाव डाले बिना केन्द्रीय बोर्ड निम्नलिखित कृत्यों में से सभी या किसी का पालन कर सकेगा, अर्थात्–

(क) जल प्रदूषण के निवारण तथा नियन्त्रण से सम्बद्ध किसी विषय पर केन्द्रीय सरकार को सलाह देना;

(ख) राज्य बोर्डों के क्रिया–कलापों में समन्वय करना और उनके बीच के विवादों को सुलझाना,

(ग) राज्य बोर्डों को तकनीकी सहायता देना और उनका मार्ग–दर्शन करना, जल प्रदूषण की तथा जल प्रदूषण के निवारण या उपशमन की समस्याओं से सम्बन्धित अन्वेषण और अनुसंधान क्रियान्वित और प्रायोजित करना,

(घ) जल प्रदूषण के निवारण, नियन्त्रण या उपशमन के कार्यक्रमों में लगे हुए या लगाए जाने वाले व्यक्तियों के प्रशिक्षण की ऐसे निबन्धनों और शर्तों पर योजना बनाना और उसे संगठित करना जिन्हें केन्द्रीय बोर्ड विनिर्दिष्ट करें,

(ङ) जल प्रदूषण के निवारण तथा नियन्त्रण के बारे में जन–सम्पर्क के माध्यम से व्यापक कार्यक्रम बनाना,

(ङङ) राज्य बोर्ड के ऐसे कृत्यों का पालन करना जो धारा 18 की उपधारा (2) के अधीन किए गए किसी आदेश में विनिर्दिष्ट किए जाएँ,

(च) जल प्रदूषण से और उसके प्रभावी निवारण तथा नियन्त्रण के लिए प्रकल्पित उपायों से सम्बन्धित तकनीकी और सांख्यिकीय आँकड़े एकत्र, संकलित और प्रकाशित करना और मल तथा व्यावसायिक बहि:स्राव की अभिक्रिया और व्ययन से सम्बन्धित निर्देशिकाएँ संहिताएँ या पथ प्रदर्शिकाएँ तैयार करना और उनसे सम्बद्ध जानकारी का प्रसार करना,

(छ) सम्बद्ध राज्य सरकारों के परामर्श से सरिता या कुएँ के लिए मानक अभिनिर्धारित करना, उसमें उपान्तरण करना या उसे बातिल करना,

परन्तु जल की क्वालिटी, सरिता या कुएँ में बहाव की प्रकृति और ऐसी सरिता या कुएँ या सरिताओं या कुओं के लिए अथवा विभिन्न सरिताओं या कुओं के लिए विभिन्न मानक अधिकथित किये जा सकेंगे,

(ज) जल प्रदूषण के निवारण नियन्त्रण या उपशमन के लिए राष्ट्रव्यापी कार्यक्रम की योजना बनाना और उसे निष्पादित करना,

(झ) ऐसे अन्य कृत्यों का पालन करना जो विहित किए जाएँ।

(3) बोर्ड इस धारा के अधीन अपने कृत्यों का, जिनके अन्तर्गत किसी सरिता या कुएँ से जल के नमूनों अथवा किसी मल का व्यावसायिक बहि:स्राव के नमूनों का विश्लेषण भी है दक्ष पालन करने के लिए अपने को समर्थ बनाने के लिए एक या अधिक प्रयोगशालाएँ स्थापित कर सकेगा, या उन्हें मान्यता दे सकेगा।

धारा 17 – राज्य बोर्ड के कृत्य – (1) इस अधिनियम के उपबन्धों के अधीन रहते हुए राज्य बोर्ड के कृत्य निम्नलिखित होंगे–

(क) राज्य में सरिताओं और कुओं के प्रदूषण के निवारण, नियन्त्रण या उपशमन के लिए व्यापक कार्यक्रम की योजना बनाना तथा उसके निष्पादन को सुनिश्चित करना।

(ख) जल प्रदुषण और उसके निवारण नियन्त्रण या उपशमन से सम्बन्धित किसी विषय पर राज्य सरकार को सलाह देना।

(ग) जल प्रदूषण के निवारण नियन्त्रण या उपशमन से सम्बन्धित जानकारी एकत्र करना और उसका प्रसार करना।

(घ) जल प्रदूषण या जल प्रदूषण के निवारण, नियन्त्रण या उपशमन की समस्याओं से सम्बन्धित अन्वेषण और अनुसंधान को बढ़ावा देना, उनका संचालन करना और उसमें भाग लेना।

(ङ) जल प्रदुषण के निवारण, नियन्त्रण या उपशमन से सम्बन्धित कार्यक्रम में लगे हुए या लगाए जाने वाले व्यक्तियों के प्रशिक्षण को संगठित करने में केन्द्रीय बोर्ड के साथ सहयोग करना और उससे सम्बन्धित सार्वजनिक शिक्षा के कार्यक्रम बनाना।

(च) मल या व्यावसायिक बहि:स्राव का मल और व्यावसायिक बहि:स्राव की अभिक्रिया के लिये संकर्म और सयन्त्रों का निरीक्षण करना और जल की अभिक्रिया के लिए स्थापित सयन्त्रों से, उसके शुद्ध करने के लिए, संकर्मों से और मल या व्यावसायिक बहि:स्राव के व्ययन की पद्धति से या इस अधिनियम द्वारा अपेक्षित कोई सम्मति प्रदान करने से सम्बन्धित योजनाओं, विनिर्देशों या अन्य आँकड़ों की समीक्षा करना।

(छ) मल और व्यावसायिक बहि:स्रावों के लिए बहि:स्रावों के निस्सरण के परिणाम स्वरूप प्राप्त हो रहे जल की (जो अन्तर्राज्यिक संरिता का जल न हो) क्वालिटी के लिए बहि:स्राव मानक अधिकथित करना, उनमें उपान्तरण करना या उन्हें बातिल करना और राज्य के जल का वर्गीकरण करना।

(ज) विभिन्न क्षेत्रों की मुद्रा, जलवायु और जल स्रोतों की विशेष दशाओं का और विशेष रूप से सरिताओं और कुओं में जल के बहाव की विद्यमान प्रकृति का, जिसके कारण तनुकरण की न्यूनतम डिग्री भी सम्भव नहीं है, ध्यान रखते हुए मल और व्यावसायिक बहि:स्राव कि अभिक्रिया की मितव्ययी और विश्वसनीय पद्धतियाँ निकालना।

(झ) कृषि में मल और उपयुक्त व्यवसायिक बहि:स्रावों के उपयोग की पद्धतियाँ विकसित करना।

(ञ) भूमि पर ऐसे मल और व्यावसायिक बहि:स्रावों के व्यपन की दक्ष पद्धतियाँ विकसीत करना जो सरिता के क्षीण बहाव के कारण तनुकरण की न्यूनतम डिग्री वर्ष के अधिकतर भाग में नहीं हो सकती है, व्ययन के लिए दक्ष पद्धतियाँ विकसित करना।

(2) किसी सरिता में, अच्छे मौसम में न्यूनतम तनुकरण को और ऐसे बहि:स्रावों के निस्सरण के पश्चात् उस सरिता के जल में अनुज्ञेय प्रदूषण की सहन सीमा को ध्यान में रखते हुए किसी विशेष सरिता में निस्सरित किए जाने वाले मल और व्यावसायिक बहि:स्रावों की अभिक्रिया के मानक अधिकथित करना।

(3) निम्नलिखित के लिए आदेश करना, उसमें उपान्तरण करना या उसे वापस लेना,

(i) सरिताओं या कुओं में अपशिष्ट के निस्सरण के निवारण नियन्त्रण या उपशमन के लिए आदेश।

(ii) संयुक्त व्यक्ति से मल और व्यावसायिक बहि:स्रावों के व्ययन की नई पद्धतियों का निर्माण करने की या किसी विद्यमान पद्धति में उपान्तरण परिवर्तन या विस्तार करने की या रोकथाम के ऐसे उपाय अपनाने की जल प्रदूषण के निवारण नियन्त्रण या उपशमन के लिए आवश्यक उपचार करने की अपेक्षा करने वाला आदेश।

(iii) मल या कचरा या दोनों का निस्सरण कराते समय व्यक्तियों द्वारा अनुपालन किए जाने वाले बहि:स्रावों के मानक अधिकथित करना और मल व्यावसायिक बहि:स्रावों के लिए मानक अधिकथित करना, उनमें उपान्तरण करना या उन्हें बातिल करना,

(iv) राज्य सरकार को किसी ऐसे उद्योग के अवस्थान के बारे में सलाह देना जिसके चलाए जाने से किसी सरिता या कुएँ का प्रदूषण सम्भाव्य है।

(v) ऐसे अन्य कृत्यों का पालन करना जो केन्द्रीय बोर्ड या राज्य सरकार द्वारा विहित किये जाएँ या उसे समय-समय पर सौपें जाएँ।

(4) बोर्ड इस धारा के अधीन अपने कृत्यों का, जिनके अन्तर्गत किसी सरिता या कुएँ से जल के नमूने का अथवा किसी मल या व्यावसायिक बहि:स्राव के नमूने का विश्लेषण भी है। दक्ष पालन करने के लिए अपने को समर्थ बनाने के लिए एक या अधिक प्रयोगशालाएँ स्थापित कर सकेगा या उन्हें मान्यता दे सकेगा।

धारा 18 - निदेश देने की शक्तियाँ—(1) इस अधिनियम के अधीन अपने कृत्यों के पालन में—

(क) केन्द्रीय बोर्ड ऐसे लिखित निदेशों से आबद्ध होगा जो केन्द्रीय बोर्ड या राज्य सरकार उसे दे,

परन्तु जहाँ राज्य सरकार द्वारा दिया गया कोई निदेश केन्द्रीय बोर्ड द्वारा दिए गए निदेश से असंगत हो, वहाँ मामला केन्द्रीय सरकार को उसके विनिश्चय के लिए निर्दिष्ट किया जाएगा।

(2) जहाँ केन्द्रीय सरकार की यह राय हो कि किसी राज्य बोर्ड ने उपधारा (1) के अधीन केन्द्रीय बोर्ड द्वारा दिये गये निर्देशों का पालन करने में कोताही बरती है और ऐसी कोताही के कारण कोई गम्भीर संकट उत्पन्न हो गया है, जिससे अविलम्ब निपटना जनहित में है वहाँ वह

केन्द्रीय बोर्ड को निर्देश दे सकेगी की वह ऐसे क्षेत्र, समय और प्रयोजन के लिए जो आदेश में विनिर्दिष्ट किये जाये राज्य बोर्ड के किन्हीं कत्यों का पालन करें।

उपधारा (2) के अधीन दिये गये निर्देश की पालना में केन्द्रीय बोर्ड राज्य बोर्ड के किन्हीं कृत्यों का पालन करता है और ऐसे पालन में व्यय होता है। वहाँ केन्द्रीय बोर्ड ऐसे व्ययों को केन्द्रीय सरकार द्वारा निर्धारित युक्तियुक्त दर से ब्याज सहित उस व्यक्ति या उन व्यक्तियों से भू-राजस्व बकाया की वसूली अथवा लोक माँग की तरह वसूल कर सकेगा। जिनके राज्य बोर्ड वसूल करने का अधिकृत हो।

(3) शंकाओं के निवारण के लिए यह घोषित किया जाता है कि किसी क्षेत्र की बाबत किसी राज्य बोर्ड के कृत्यों का पालन करने के लिए उपधारा (2) के अधीन दिए गये कोई निदेश, राज्य बार्ड को राज्य के किसी अन्य क्षेत्र में ऐसे कृत्यों का या उस क्षेत्र में अपने किसी अन्य कृत्य का पालन करने से प्रवाहित नहीं करेगा।

टिप्पणी

धारा 16 के उपबन्धों के अनुसार केन्द्रीय बोर्ड का मुख्य कार्य राज्यों के विभिन्न क्षेत्रों की सरिताओं और कुओं में सफाई करवाये या सफाई की अभिवृद्धि करें।

इस प्रकार अनेक कार्य हैं जो धारा 16(2) के अन्तर्गत दिये गये हैं वे केन्द्रीय बोर्ड के कार्य समझे जाते हैं।

(i) केन्द्रीय सरकार को प्रदूषण के विषय या उससे सम्बन्धित विषय पर अपनी सलाह देना।

(ii) विभिन्न राज्य बोर्डों के मध्य विवादों को सुलझाकर उनमें तालमेल स्थापित करना।

(iii) राज्य बोर्डों से जल प्रदूषण की रोकथाम हेतु शोध करने, परीक्षण करने आदि से सम्बन्धित तकनीकी ज्ञान एवं अन्य उपायों को उपलब्ध करवाना।

(iv) जल प्रदूषण की रोकथाम के कार्यों में लगे हुए व्यक्तियों को प्रशिक्षण दिलाने के बाबत् योजना तैयार करना।

(v) जन सम्पर्क के द्वारा जल प्रदूषण के कार्यक्रम को वृहद् रूप देना।

(vi) जल प्रदूषण से सम्बन्धित तकनीकी सांख्यिकी आदि संकलनों को एकत्रित करना उसका प्रकाशन करने तथा गन्दे पानी तथा पानी में गन्दे तत्त्वों को मिलने से रोकने के उपायों को सुझाना तथा इससे सम्बन्धित जानकारियों का जनहित में प्रकाशन करना।

(vii) राज्य सरकारों से सलाह करके जलस्रोतों का एक निश्चित मानक निर्धारित करना या अलग-अलग जल स्रोतों व कुओं के अलग अलग मानक निर्धारित करने का अधिकार।

(viii) राष्ट्रीय स्तर पर जल प्रदूषण रोकने के लिए विभिन्न प्रकार की योजना व कार्यक्रमों का आयोजन व संचालन करना।

उपरोक्त कार्यों के अलावा केन्द्रीय बोर्ड कोई ऐसे कार्य भी कर सकती है जो कि तथ्य या परिस्थितियों व समय के अनुसार आवश्यक हो तथा जो विहित किये जायें।

केन्द्रीय बोर्ड द्वारा नमूनों की विश्लेषण प्रक्रिया हेतु जल स्त्रोतों, कुओं, व्यापारिक इकाइयों एवं औद्योगिक इकाइयों में प्रयोग किए गए पानी के नमूने लेकर प्रयोगशालाओं में भेज सकती है।

धारा 17 के उपबन्धों के अनुसार राज्य बोर्ड के निम्न कार्य हैं–

(i) जल प्रदूषण की रोकथाम के लिये प्रभावशाली योजना बनाना तथा उसके निष्पादन के लिये उचित कार्यवाही करना।

(ii) राज्य सरकार को जल प्रदूषण के रोकथाम के बारे में समय–समय पर उचित सलाह देना।

(iii) जल प्रदूषण से सम्बन्धित सूचनाओं से सम्बद्ध तथ्यों को एकत्र करना तथा उनको रोकने व नियन्त्रिण करने के उपाय करना।

(iv) जल प्रदूषण समस्याओं के निवारण व नियन्त्रण से सम्बन्धित शोध कार्यों एवं जाँच आदि में भाग लेने को उत्साहित करना।

(v) जल प्रदूषण रोकथाम के कार्यों में लगे व्यक्तियों के प्रशिक्षण की व्यवस्था करना।

(vi) उद्योगों द्वारा प्रयोग किये गये पानी के बहिस्राव की जाँच के लिये नमूना लेना तथा उसके अशुद्ध पाये जाने पर उसके लिये उचित कदम उठाना तथा उद्योगों के लिये इस प्रकार के बेकार जल को बहाने के लिये प्रक्रिया का निर्धारण करना तथा मानक निर्धारित करना। जल प्रदूषण हेतु राज्य में पानी की गुणवत्ता का क्षेत्रवार वर्गीकरण किया जा सकता है।

(vii) गन्दे पानी के बहाव तथा औद्योगिक प्रदूषित जल से भूमि की रक्षा हेतु वास्तविक एवं सस्ते उपाय विकसित करना

(viii) कृषि में मल और उपयुक्त व्यावसायिक बेकार जल के उपयोग की पद्धतियों को विकसित करना।

(ix) भूमि पर मल और व्यावसायिक बहिःस्रावों के व्ययन की दक्ष पद्धतियाँ विकसित करना।

(x) सरिताओं या कुओं में अपशिष्ट के निस्सरण के निवारण या उपशमन के आदेश करना, उसमें उपान्तर करना या उसे वापिस लेना।

(xi) राज्य सरकार को किसी ऐसे उद्योग के अवस्थान के बारें में सलाह देना जिसके चलाये जाने से किसी सरिता या कुएँ का प्रदूषण सम्भाव्य है।

(xi) सरिता या कुएँ से जल नमूनों अथवा मल या व्यावसायिक बहि:स्राव का निवारण नियन्त्रण एवं उपशमन करता है।

डा. जैड. कोट सोक बनाम बिहार राज्य के वाद में बिहार जल परिषद् ने बाटा इण्डिया शू कम्पनी मोकामा घाट पटना के विरुद्ध एक शिकायत इस अधिनियम की धारा 41 तथा 44 के अन्तर्गत दाखिल की। अभियुक्त बाटा शू कम्पनी ने यह तर्क दिया कि चूँकि गंगा का नाला एक अन्तर्राज्यीय नाला है अत: राज्य परिषद् को इसके सम्बन्ध में कोई क्षेत्राधिकार प्राप्त नहीं है। क्योंकि इस अधिनियम की धारा 17 उपधारा (1) का खण्ड (घ) अन्तर्राज्यीय जल प्रवाह (नाले) को राज्य परिषद् के अधिकार क्षेत्र से बाहर रखता है। परन्तु न्यायालय ने उक्त तर्क को खारिज करते हुए कहा कि हमें सन्देह है कि धारा 17(1)(घ) को सही नहीं समझा गया है इन्होंने प्रस्तुत मामले में अन्तर्निहित प्रावधानों तथा अधिकारों (शक्तियों) को सीमित नहीं किया है इसके अतिरिक्त इस अधिनियम की धारा 17(1) खण्ड (छ) के अर्थों में इसका सम्बन्ध ऐसे जल प्रवाह (नाले) से है जो आत्यन्तिक रूप से अन्तर्राज्यीय आधिपत्य में हो। गंगा का प्रवाह निरन्तर है, तथा प्रदूषण का आरोप एक विशिष्ट बिन्दु या स्थान पर है। अत: यह नहीं कहा जा सकता कि (इस खण्ड द्वारा) राज्य बोर्ड का क्षेत्राधिकार बाहर कर दिया गया है।

इसी तरह **किसान सरकारी चीनी मिल्स लि. बंदायू बनाम स्टेट ऑफ उत्तर प्रदेश** के वाद में अभिनिर्धारित किया गया कि जल को प्रदूषित होने से रोकना बोर्ड का कर्त्तव्य भी है और शक्ति भी। बोर्ड इसके लिये आवश्यक प्रभावी कदम उठा सकता है।

धारा 18 के उपबन्ध के अनुसार इस अधिनियम के अन्तर्गत निर्धारित कार्यों को करने हेतु केन्द्रीय सरकार द्वारा लिखित रूप से दिये गये आदेशों एवं निर्देशों को केन्द्रीय बोर्ड को मानना होगा तथा राज्य बोर्ड, केन्द्रीय बोर्ड व राज्य सरकार के निर्देशों के अन्तर्गत कार्य करेगा। यदि किसी विषय पर केन्द्रीय बोर्ड एवं राज्य सरकार के निर्देश में मतभेद हो तो वहाँ पर केन्द्रीय सरकार का निर्णय मान्य होगा।

जहाँ केन्द्रीय सरकार की यह राय है कि किसी राज्य बोर्ड ने केन्द्रीय बोर्ड द्वारा उपधारा (1) के अधीन दिए गए किन्हीं अनुदेशों का अनुपालन करने में व्यतिक्रम किया है और ऐसे व्यतिक्रम के परिणामस्वरूप एक गम्भीर आपात स्थिति उत्पन्न हो गई है और लोकहित में ऐसा करना आवश्यक या समीचीन है, वहाँ वह आदेश द्वारा, केन्द्रीय बोर्ड को ऐसे क्षेत्र के सम्बन्ध में, ऐसी कालावधि के लिए और ऐसे प्रयोजनों के लिए जो आदेश में विनिर्दिष्ट किए जाएँ, राज्य बोर्ड के किन्हीं कृत्यों का पालन करने का निदेश दे सकेगी।

(4) जहाँ केन्द्रीय बोर्ड उपधारा (2) के अधीन किसी निदेश के अनुसरण में राज्य बोर्ड के किन्हीं कृत्यों का पालन करता है वहाँ केन्द्रीय बोर्ड द्वारा ऐसे कृत्यों के पालन की बाबत उपगत व्यय, यदि कोई हो, राज्य बोर्ड के ऐसे व्ययों को वसूल करने के लिए सशक्त है। केन्द्रीय बोर्ड द्वारा, उस तारीख से जब ऐसे व्ययों के लिए माँग की जाती है उस तारीख तक के लिए जब उनका संदाय कर दिया जाता है। उस सम्बन्धित व्यक्ति या व्यक्तियों से (ऐसी युक्तियुक्त दर पर जो केन्द्रीय सरकार आदेश द्वारा नियत करें) भू-राजस्व की बकाया या लोक माँग के रूप में

ब्याज सहित वसूल किए जा सकेंगे। यदि उपधारा (2) के अधीन दिये गये निर्देशों की पालना में केन्द्रीय बोर्ड किसी क्षेत्र विशेष के लिये राज्य बोर्ड के किन्हीं कृत्यों का पालन करता है तो इसका अभिप्राय यह नहीं होगा कि राज्य बोर्ड अन्य क्षेत्रों के लिए ऐसे कृत्यों का पालन करने से निवारित हो गया है। अर्थात् यदि किसी क्षेत्र विशेष के लिये राज्य बोर्ड को कोई निर्देश दिया गया है तो किसी अन्य क्षेत्र के लिये उस कार्य को करने के लिये राज्य बोर्ड को रोका नहीं जा सकता। उक्त धारा के लिये लोकहित एक व्यापक शब्द है तथा यह प्रत्येक मामले के तथ्यों पर निर्भर करता है।

9

जल संरक्षण हेतु जन चेतना

जल (प्रदूषण निवारण तथा नियंत्रण) अधिनियम, 1974 के उद्देश्यों की प्राप्ति हेतु इस अधिनियम के अध्याय 5 में धारा 19 से 33क में महत्त्वपूर्ण प्रावधान दिये गये हैं। इन प्रावधानों के द्वारा जल के प्रदूषण का निवारण और नियन्त्रण किया जा सकता है।

धारा 19 - राज्य सरकार की इस अधिनियम के लागू होने को कतिपय क्षेत्रों तक निर्बन्धित करने की शक्ति–(1) इस अधिनियम में किसी बात के होते हुए भी, यदि राज्य सरकार, राज्य बोर्ड से परामर्श करने के पश्चात् या उसकी सिफारिश पर यह राय बनाती है कि इस अधिनियम के उपबन्ध सम्पूर्ण राज्य में लागू होना आवश्यक नहीं हैं तो वह राजपत्र में अधिसूचना द्वारा, इस अधिनियम के लागू होने को ऐसे क्षेत्र या क्षेत्रों तक निर्बन्धित कर सकेगी जो उससे जल प्रदूषण निवारण तथा नियन्त्रण क्षेत्र या क्षेत्रों के रूप में घोषित किये जाएँ और तब इस अधिनियम के उपबन्ध ऐसे क्षेत्र या क्षेत्रों को लागू होंगे।

(2) हर एक जल प्रदूषण निवारण तथा नियन्त्रण क्षेत्र या तो किसी मानचित्र के प्रतिनिर्देश द्वारा या किसी जल शेड की रेखा या किसी जिले की सीमा के प्रति निर्देश द्वारा अथवा अंशतः एक पद्धति द्वारा और अशंतः, किसी अन्य के द्वारा घोषित किया जा सकेगा।

(3) राज्य सरकार राजपत्र में अधिसूचना द्वारा (क) किसी जल प्रदूषण निवारण तथा नियन्त्रण क्षेत्र को चाहे उसका विस्तार करके या उसे कम करके परिवर्तित कर सकेगी, (ख)

ऐसा नया जल प्रदूषण निवारण तथा नियन्त्रण क्षेत्र परिनिश्चित कर सकेगी, जिससे एक या अधिक जल प्रदूषण निवारण तथा नियन्त्रण क्षेत्र या उसका कोई भाग अथवा उसके कोई भाग सम्मिलित किए जा सकें।

धारा 20 – जानकारी अभिप्राप्त करने की शक्ति – (1) राज्य बोर्ड को इस अधिनियम द्वारा या के अधीन प्रदत्त कृत्यों का पालन करने में उसे समर्थ बनाने के प्रयोजन के लिए, राज्य बोर्ड या उसके द्वारा उस निमित सशक्त कोई अधिकारी किसी क्षेत्र का सर्वेक्षण कर सकेगा और ऐसे क्षेत्र में किसी सरिता या कुएँ के प्रवाह का आयतन तथा अन्य विशेषताओं का प्रमापन कर सकेगा और उनके अभिलेख रख सकेगा, तथा ऐसे क्षेत्र या उसके किसी भाग में वर्षा के माप और अभिलेख के लिए और उन प्रयोजनों के लिए प्रमापियों और अन्य साधित्रों तथा तत्संसक्त संकर्मों के संस्थापन और अनुरक्षण के लिए कार्यवाही कर सकेगा और सरिता सर्वेक्षण तथा ऐसी अन्य कार्यवाहियाँ कर सकेगा जो पूर्वोक्त प्रयोजनों के लिए अपेक्षित कोई जानकारी अभिप्राप्त करने की दृष्टि से आवश्यक हो।

(2) राज्य बोर्ड किसी ऐसे व्यक्ति से, जो उसकी राय में उस क्षेत्र में किसी सरिता या कुएँ से ऐसे परिमाण में, जो उस सरिता या कुएँ के प्रवाह या आयतन के सम्बन्ध में सारवान हो, जल निकाल रहा हो या किसी ऐसी सरिता या कुएँ में चल या व्यावसायिक बहिःस्राव निःस्सरित कर रहा हो यह अपेक्षा करते हुए निर्देश दे सकेगा कि वह ऐसे निकालने या निस्सरण के सम्बन्ध में ऐसी जानकारी ऐसे समय पर और ऐसे प्रारूप में दे जो निर्देशों में विनिर्दिष्ट किए जाएँ।

(3) उपधारा (2) के उपबन्धों पर प्रतिकूल प्रभाव डाले बिना, राज्य बोर्ड जल के प्रदूषण के निवारण या नियन्त्रण की दृष्टि से किसी ऐसे स्थापन के प्रभारी किसी व्यक्ति से, जहाँ कोई उद्योग संक्रिया या प्रक्रिया या अभिक्रिया और व्यन प्रणाली किया जाता है। यह अपेक्षा करते हुए निदेश दे सकेगा कि यह बोर्ड को ऐसे स्थापन या किसी व्ययन पद्धति के या उसके किसी विस्तार या परिवर्धन के निर्माण, संस्थापन या संक्रिया के बारे में उसे जानकारी और ऐसी अन्य विशिष्टियाँ दे जो विहित की जाएँ।

धारा 21 बहिःस्रावों के नमूने लेने की शक्ति और उसके सम्बन्ध में अनुसरित की जाने वाली प्रक्रिया–(1) राज्य बोर्ड या उसके द्वारा इस निमित सशक्त किसी अधिकारी को यह शक्ति होगी कि वह विश्लेषण के प्रयोजन के लिए क्षेत्र की किसी सरिता या कुएँ से जल के अथवा किसी ऐसे मल अथवा व्यावसायिक बहिःस्राव के जो किसी संयत्र या जलयान में या किसी स्थान से या उसके ऊपर से किसी ऐसी सरिता या कुएँ में जा रहा हो नमूने ले।

(2) उपधारा (1) के अधीन किसी मल या व्यावसायिक बहिःस्राव के लिए गए नमूने किसी विश्लेषण का परिणाम किसी विधिन कार्यवाही में साक्ष्य में तब तक ग्राह्य नहीं होगा जब तक कि उपधारा (3) (4) तथा (5) के उपबन्धों का पालन न कर दिया जाए।

(3) उपधारा (4) और उपधारा (5) के उपबन्धों के अधीन रहते हुए जब किसी मल या व्यावसायिक बहिःस्राव का नमूना (मिश्रित या अन्यथा जैसा भी प्रयुक्त प्रक्रिया में आवश्यक

हो) उपधारा (1) के अधीन विश्लेषण के लिये लिया गया हो, तब नमूना लेने वाला व्यक्ति–

(क) संयन्त्र या जलयान के प्रभारी या उस पर नियन्त्रण रखने वाले या उस स्थान के अधिष्ठाता व्यक्ति को (जिस व्यक्ति को इसमें इसके पश्चात् अधिष्ठाता कहा गया है) अथवा ऐसे अधिष्ठाता से किसी अभिकर्त्ता को वहीं तत्काल उसके विश्लेषण करने के अपने किसी आशय की सूचना की तामील ऐसे प्रारूप में करेगा जो विहित किया जाए।

(ख) अधिष्ठाता या अधिष्ठाता के अभिकर्त्ता की उपस्थिति में नमूने को दो भागों में विभाजित करेगा।

(ग) हर भाग को एक आधान में रखवायेगा जिसे चिन्हित और सील बन्द कर दिया जाएगा और नमूना लेने वाले व्यक्ति और अधिष्ठाता या उसके अभिकर्त्ता, दोनों द्वारा हस्ताक्षरित भी किया जाएगा।

(घ) एक आधान को तुरन्त–

(i) उस दशा में, जहाँ ऐसा नमूना किसी संघ राज्य क्षेत्र में स्थित किसी क्षेत्र से लिया गया है धारा 5 की उपधारा (1) के अधीन स्थापित या विनिर्दिष्ट प्रयोगशाला को भेजेगा, और

(ii) किसी अन्य दशा में, धारा 52 की उपधारा (1) के अधीन स्थापित या विनिर्दिष्ट प्रयोगशाला को भेजेगा।

(4) जब उपधारा (1) के अधीन विश्लेषण के लिए किसी मल या व्यावसायिक बहि:स्राव का नमूना लिया जाता है और नमूना लेने वाला व्यक्ति अधिष्ठाता या उसके अभिकर्त्ता पर उपधारा (3) के खण्ड (क) के अधीन सूचना तामील करता है और अधिष्ठाता या उसका अभिकर्त्ता जानबूझकर अनुपस्थित रहता है तब–

(क) इस प्रकार लिया गया नमूना एक आधान में रखा जायेगा जिसे चिन्हित तथा सील बन्द किया जाएगा। और नमूना लेने वाला व्यक्ति उस पर अपना हस्ताक्षर भी करेगा और उसे उपधारा (3) के खण्ड (ङ) के यथास्थिति उपखण्ड (i) या उपखण्ड (ii) में निर्दिष्ट प्रयोगशाला में विश्लेषण के लिए तुरन्त भेजेगा और वह व्यक्ति धारा 53 की यथास्थित उपधारा (1) या उपधारा (2) के अधीन नियुक्त सरकारी विश्लेषकों अधिष्ठाता या उसके अभिकर्त्ता के जानबूझकर अनुपस्थित होने के बारे में लिखित जानकारी देगा।

(ख) ऐसे नमूने का विश्लेषण कराने में उपगत खर्च अधिष्ठाता या उसके अभिकर्त्ता द्वारा संदेय होगा और ऐसे संदाय में व्यतिक्रम होने की दशा में वह, यथास्थिति, अधिष्ठाता या उसके अभिकर्त्ता से भू-राजस्व या लोक माँग की बकाया के रूप में वसूल किया जा सकेगा।

परन्तु ऐसी कोई वसूली तब तक नहीं की जाएगी जब तक कि यथास्थिति अधिष्ठाता या उसके अभिकर्त्ता को उस विषय में सुनवाई का युक्तियुक्त अवसर न दे दिया गया हो।

(5) जब उपधारा (1) के अधीन विश्लेषण के लिए किसी मल या व्यावसायिक बहि:स्राव का नमूना लिया जाता है और नमूना लेने वाला व्यक्ति अधिष्ठाता या उसके अभिकर्त्ता पर उपधारा (3) के खण्ड (क) के अधीन सूचना तामील करता है और अधिष्ठाता या उसका अभिकर्त्ता जो नमूना लेने के समय उपस्थित है उपधारा (3) के खण्ड (क) में यथा उपबंधित नमूने के दो भागों में विभाजित करने के लिए अनुरोध नहीं करता है, तब, इस प्रकार लिया गया नमूना एक ऐसे आधान में रखा जायेगा, जिसे चिन्हित तथा सीलबन्द किया जाएगा और नमूना लेने वाले व्यक्ति द्वारा उस पर हस्ताक्षर भी किये जायेंगे और उपधारा (2) के खण्ड (घ) के यथास्थिति उपखण्ड (i) या उपखण्ड (ii) में निर्दिष्ट प्रयोगशाला को विश्लेषण के लिए उस व्यक्ति द्वारा तुरन्त भेजा जाएगा।

धारा 22 - धारा 21 के अधीन लिए गए नमूनों के विश्लेषण के परिणाम की रिपोर्ट–(1) जहाँ किसी मल या व्यावसायिक बहि:स्राव का नमूना यथास्थिति, केन्द्रीय बोर्ड या राज्य बोर्ड द्वारा स्थापित या मान्यता प्राप्त प्रयोगशाला को विश्लेषण के लिए भेजा गया है वहाँ धारा 53 की उपधारा (3) के अधीन नियुक्त सम्बद्ध बोर्ड विश्लेषक नमूने का विश्लेषण करेगा और विहित प्रारूप में ऐसे विश्लेषण के परिणाम की रिपोर्ट तीन प्रतियों में यथास्थिति केन्द्रीय बोर्ड या राज्य बोर्ड को भेजेगा।

(2) उपधारा (1) के अधीन रिपोर्ट की प्राप्ति पर रिपोर्ट की एक प्रति, यथास्थिति केन्द्रीय बोर्ड या राज्य बोर्ड द्वारा धारा 21 में निर्दिष्ट अधिष्ठाता या उसके अभिकर्त्ता को भेजी जाएगी। दूसरी प्रति उस दशा में जहाँ उसके विरुद्ध कोई विधिक कार्यवाही की जाए, न्यायालय के समक्ष पेश करने के लिए रखी जाएगी और अन्य प्रति सम्बद्ध बोर्ड द्वारा रखी जाएगी।

(3) जहाँ कोई नमूना धारा 21 की उपधारा (3) के खण्ड (ङ) या उपधारा 4 के अधीन विश्लेषण के लिए उसमें उल्लिखित किसी प्रयोगशाला को भेजा गया है वहाँ उस उपधारा में निर्दिष्ट सरकारी विश्लेषक नमूने का विश्लेषण करेगा और विश्लेषण के परिणाम की विहित प्रारूप में एक रिपोर्ट प्रतियों में, यथास्थिति केन्द्रीय बोर्ड या राज्य बोर्ड को भेजेगा जो उपधारा (2) के उपबन्धों का पालन करेंगे।

(4) यदि, यथास्थिति केन्द्रीय बोर्ड या राज्य बोर्ड द्वारा स्थापित या मान्यता प्राप्त प्रयोगशाला द्वारा किए गए विश्लेषण के परिणामों और यथास्थिति धारा 51 या धारा 52 के अधीन स्थापित या विनिर्दिष्ट प्रयोगशाला द्वारा किए गए विश्लेषण के परिणामों में कोई असंगति या कर्म हो या उनमें कोई फेरफार है तो पश्चात् कथित की रिपोर्ट अभिभावी होगी।

(5) अधिष्ठाता या उसके अभिकर्त्ता के अनुरोध पर किसी नमूने का विश्लेषण करने में उपगत खर्च ऐसे अधिष्ठाता या उसके अभिकर्त्ता द्वारा संज्ञेय होगा और व्यतिक्रम की दशा में वह उससे भू-राजस्व या लोक माँग की बकाया के रूप में वसूलनीय होगा।

टिप्पणी

धारा 19 के उपबन्धों के अनुसार यदि राज्य सरकार की राय में इस अधिनियम को उस राज्य के समूचे क्षेत्र में अथवा किसी विशेष क्षेत्र में लागू करने की आवश्यकता नहीं है तो राज्य सरकार राज्य बोर्ड से सलाह करने के पश्चात् अथवा उसकी पूर्व स्वीकृति से, उस क्षेत्र विशेष को इस अधिनियम के प्रभाव क्षेत्र से मुक्त कर सकती है, तथा प्रदूषण के निवारण एवं नियन्त्रण हेतु क्षेत्रों को सरकारी गजट में अधिसूचना प्रकाशित करके जल प्रदूषण निवारण क्षेत्र घोषित कर सकेगी तथा अधिसूचना द्वारा प्रभाव क्षेत्र से बाहर रखे गये क्षेत्रों की भी घोषणा की जायेगी।

प्रत्येक जल प्रदूषण निवारण एवं नियन्त्रण क्षेत्र किसी मानचित्र के माध्यम से उस पर लाइन खींच कर अथवा उस क्षेत्र को जल के रंगों से भर कर अथवा जिलेवार बाउण्ड्री का प्रदर्शन करके उस क्षेत्र को उस अधिनियम के प्रभाव क्षेत्र में दर्शाया जायेगा।

राज्य सरकार सरकारी गजट में अधिसूचना प्रकाशित करके जल प्रदूषण निवारण एवं नियन्त्रण क्षेत्रों में परिवर्तन करके इसके क्षेत्र को बढ़ा भी सकती है अथवा कम भी कर सकती है। तथा किसी नए जल प्रदूषण निवारण एवं नियन्त्रण क्षेत्र को परिभाषित करते हुए किसी क्षेत्र को उसमें मिला सकती है अथवा अलग कर सकती है।

धारा 20 के उपबन्धों के अनुसार बोर्ड संसूचनाएँ एकत्रित कर सकता है। इसके अनुसार राज्य बोर्ड को इस अधिनियम के अधीन प्राप्त कार्यों का पालन करने में उसे समर्थ बनाने के प्रयोजन के लिए राज्य बोर्ड या उसके द्वारा उस निर्मित सशक्त कोई अधिकारी किसी क्षेत्र का सर्वेक्षण कर सकेगा और ऐसे क्षेत्र में किसी सरिता या कुएँ के प्रवाह या आयतन या अन्य विशेषताओं का मापन कर सकेगा और उनके अभिलेख रख सकेगा। ऐसा अधिकारी वर्षा को मापने एवं उस क्षेत्र में वर्षा का रिकार्ड रखने हेतु किसी प्रमाणित माप एवं अन्य यन्त्रों एवं इससे सम्बन्धित कार्यों को करने हेतु कोई भी कदम उठा सकेगा तथा वह जल प्रवाह आदि का सर्वेक्षण करने हेतु कोई कदम उठा सकेगा।

राज्य बोर्ड की राय में यदि किसी ऐसे व्यक्ति से कोई सूचना प्राप्त करनी हो जो कि किसी जल स्रोत से अथवा अन्य जल साधनों को प्रयोग करता है तो राज्य बोर्ड द्वारा ऐसे व्यक्ति को पानी प्रयोग करने हेतु की मात्रा से सम्बन्धित अथवा प्रयोग किये जाने वाले पानी से सम्बन्धित क्रिया की सूचना प्रेषित करने का निर्देश दिया जा सकता है। इसके अतिरिक्त ऐसे व्यक्ति के गन्दे पानी के बहाव की मात्रा से सम्बन्धित सूचनाएँ विहित रीति से किसी भी समय एवं निर्धारित प्रारूप में प्रेषित करने हेतु निर्देश दिया जा सकता है।

राज्य बोर्ड किसी उद्योग अथवा व्यापार चलाने वाले व्यक्ति को जल प्रदूषण रोकने हेतु कोई भी आदेश दे सकता है जैसा कि वह इस हेतु उचित समझे तथा किसी ध्वनित निधि को बदलने उसमें फेरबदल करने तथा ध्वनित करने के साधन को हटाने अथवा चालू करने अथवा लगाने से सम्बन्धित सूचनाएँ बोर्ड के प्रेषित करने का आदेश दे सकते हैं।

धारा 21 के उपबन्धों के अनुसार राज्य बोर्ड अथवा ऐसा कोई भी अधिकारी जिसे बोर्ड द्वारा इस हेतु अधिकृत किया गया हो जल विश्लेषण हेतु किसी भी जल स्रोत अथवा पानी के कुएँ से पानी का नमूना ले सकता है। ऐसा अधिकारी किसी संयन्त्र से अथवा उद्योग से पानी के साथ बहने वाले प्रदूषण तत्त्वों एवं उद्योग में प्रयोग किये गये पानी के अवशेष जिसको बहाया जाता है का नमूना लेने का अधिकार रखता है। इस प्रकार का नमूना वह किसी भी क्षेत्र अथवा स्थान से ले सकता है।

उपरोक्त प्रकार से लिया गया नमूना या उसकी विश्लेषक रिपोर्ट न्यायिक कार्यवाही में किसी अधिभोगी के विरुद्ध उपधारा 3, 4, 5 के अतिरिक्ति प्रयोग को छोड़कर ग्राह्य नहीं मानी जायेगी।

धारा 21 की उपधारा (4) व (5) के उपबन्धों के अधीन रहते हुए नमूना लेने के लिये प्राधिकृत अधिकारी नमूना लेने के बाद निम्न कार्य करेगा–

संयन्त्र या जलयान के प्रभारी या उस पर नियन्त्रण रखने वाले उस स्थान के अधिष्ठाता व्यक्ति को अथवा ऐसे अधिष्ठाता के किसी अभिकर्त्ता को वहीं तत्काल उसके विश्लेषण करने के अपने किसी आशय की सूचना की तामील ऐसे प्रारूप में करेगा जो विहित किये जाये।

अधिभोगी अथवा उसके अभिकर्त्ता की उपस्थिति में लिए गए नमूनों को दो भागों में विभाजित किया जायेगा तथा इस नमूने को दो पृथक् पृथक् पात्रों में रखकर सील कर दिया जायेगा, जिस पर नमूना लेने वाले एवं अधिभोगी अथवा उसके ऐजेण्ट के हस्ताक्षर होंगे।

इस प्रकार एक पात्र को तुरन्त उस दशा में, जहाँ ऐसा नमूना किसी संघ राज्य क्षेत्र में स्थित किसी क्षेत्र से लिया गया है धारा 16 के अधीन केन्द्रीय बोर्ड द्वारा स्थापित या मान्यता प्राप्त प्रयोग- शाला को भेजेगा तथा दूसरा पात्र अधिभोगी या उसके ऐजेंट की प्रार्थना पर संघ शासित क्षेत्र की दशा में केन्द्रीय जल प्रयोगशाला में जो धारा 51(1) के अन्तर्गत स्थापित की गई। राज्य सरकार की दशा में धारा 52(1) के अन्तर्गत राज्य जल प्रयोगशाला में नमूना विश्लेषण हेतु भेजा जा सकता है।

इस प्रकार धारा 21 (4) के अनुसार धारा 21(1) के अन्तर्गत किसी गन्दे पानी के स्थान अथवा व्यापारिक अवशेष के स्थान से जल का नमूना जो कि विश्लेषण हेतु लिया गया है तथा नमूना लेने वाले अधिकारी द्वारा अधिभोगी को अथवा ऐजेण्ट को सूचना देने के पश्चात् भी वह आशय पूर्वक नमूने लेने के समय अनुपस्थित रहता है तो ऐसा अधिकारी नमूना लेकर उन्हें पात्रों में रखकर एवं हस्ताक्षर करके उसकी विश्लेषण हेतु राज्य अथवा केन्द्र की प्रयोगशाला में जैसी भी स्थिति हो भेजने के पश्चात् धारा 53 के अन्तर्गत नियुक्त राज्य के विश्लेषक अधिकारी के पास लिखित रूप से अधिभोगी अथवा उसके एजेण्ट की सआशय अनुपस्थित रहने की सूचना प्रेषित कर देगा। ऐसे नमूनों का विश्लेषण कराने में हुआ खर्च अधिष्ठाता या उसके अभिकर्त्ता द्वारा संदेय होगा और ऐसे संदाय में व्यतिक्रम होने की दशा में वह यथास्थिति अधिष्ठाता या उसके अभिकर्त्ता से भू राजस्व या लोक मांग की बकाया के रूप में वसूल कर सकेगा।

परन्तु ऐसी वसूली तभी की जा सकती है जबकि अधिष्ठाता या उसके अभिकर्त्ता को उस विषय में सुनवाई का अवसर दिया गया है।

जब उपधारा (1) के अधीन विश्लेषण बहि:स्राव का नमूना लिया जाता है और नमूना लेने वाला व्यक्ति अधिष्ठाता या उसका अभिकर्त्ता पर उपधारा (3) के खण्ड (क) के अधीन सूचना तामील करता है और अधिष्ठाता या उसका अभिकर्त्ता जो नमूना लेने के समय उपस्थित है उपधारा (3) के खण्ड (क) में उपबन्धित नमूने को दो भागों में विभाजित करने के लिए अनुरोध नहीं करता है तब इस प्रकार लिया गया नमूना एक आधार में रखा जायेगा और उपधारा (3) के खण्ड (घ) को निर्दिष्ट प्रयोगशाला को विश्लेषण हेतु भेजा जायेगा।

मैसर्स दिल्ली बोटलिंग कम्पनी प्रा.लि. नई दिल्ली बनाम जल प्रदूषण निवारण तथा नियन्त्रण के लिए केन्द्रीय बोर्ड के वाद में दिल्ली उच्च न्यायालय ने धारा 21 के परिप्रेक्ष्य में दो अवलोकन किए–

(i) यह निष्कर्ष निकालना ठीक नहीं होगा कि यद्यपि किसी मामले में धारा 21 लागू होती है फिर भी नमूने को दो भागों में विभाजित किया जाना तथा विश्लेषण किया जाना इस धारा की उपधारा (5) के प्रावधानों के अनुसार आवश्यक नहीं है।

(ii) इस अधिनियम की धारा 21 उपधारा 3 खण्ड (घ) उपखण्ड (i) यह आवश्यक बनाता है कि यदि जिस स्थान से नमूना लिया गया है वह स्थान केन्द्र शासित क्षेत्र में स्थित है तो नमूने का मुहरबन्द पात्र इस अधिनियम की धारा 16 में केन्द्रीय परिषद् द्वारा स्थापित तथा मान्यता प्राप्त प्रयोगशाला को विश्लेषण हेतु प्रेषित कर किया जाएगा तथा नमूना लेते समय अभिधारी या उसका अभिकर्त्ता उपस्थित था तथा अभिवचन से यह पता लगता है कि उक्त अभिधारी या दूसरे अभिकर्त्ता द्वारा परिषद् के अधिकारी को दो नमूने को दो भागों में विभाजित करने का अनुरोध स्वीकार नहीं किया गया था। तब ऐसी स्थिति में नमूना लेने वाला अधिकारी द्वारा नमूने का विश्लेषण धारा 21 उपधारा (5) के अनुसार दिल्ली प्रशासक की प्रयोगशाला द्वारा भी विश्लेषण न कराकर सिर्फ परिषद् द्वारा मान्यकृत प्रयोगशाला द्वारा ही करवाये जाने को उचित नहीं कहा जा सकता।

ऐसा होने पर भी यह निष्कर्ष नहीं निकाला जा सकता कि याची द्वारा किसी नाले या सरिता में बहि:स्राव को विसर्जित किया जाना, जिससे प्रदूषण हो सके, किसी भी प्रकार उचित नहीं कहा जा सकता। इस वाद में धारा 33 के अन्तर्गत पारित प्रतिबन्धित आदेश निरस्त किया जाता है।

धारा 22 के उपबन्धों के अनुसार जब कोई नमूना विश्लेषण के लिये धारा 16 या 17 के अन्तर्गत लिया गया तथा प्रयोगशाला में भेज दिया जाता है तो उस नमूने का विश्लेषण धारा 53 के उपखण्ड (3) के अन्तर्गत नियुक्त विश्लेषण अधिकारी द्वारा किया जाएगा, तथा उस नमूने की रिपोर्ट का परिणाम विहित रीति से निर्धारित फार्मों पर तीन प्रतिलिपियों में केन्द्रीय बोर्ड अथवा राज्य बोर्ड को अपनी हस्ताक्षर युक्त रिपोर्ट के साथ प्रेषित कर देगा।

उपरोक्त प्रकार से रिपोर्ट प्राप्त होने के पश्चात् बोर्ड द्वारा रिपोर्ट की एक प्रति अधिभोगी अथवा उसके ऐजेण्ट के पास भेज दी जायेगी तथा उस रिपोर्ट के आधार पर कोई विधिक कार्यवाही उस अधिभोगी के विरुद्ध किया जाना बोर्ड को आवश्यक प्रतीत होता है तो एक प्रति न्यायालय के समक्ष प्रस्तुत की जायेगी तथा एक प्रति बोर्ड अपने रिकोर्ड में सुरक्षित रख लेगा।

यदि कोई नमूना धारा 21(3) के अनुसार अधिभोगी की प्रार्थना पर पृथक् रूप से विश्लेषण हेतु केन्द्रीय अथवा राज्य की प्रयोगशाला में भेजा गया है अथवा धारा 21(4) के अनुसार नमूना विश्लेषण हेतु भेजा गया है तो प्रयोगशाला के विश्लेषण की रिपोर्ट भी बोर्ड के पास तीन प्रतियों में निर्धारित फार्म पर विश्लेषक के हस्ताक्षर सहित उसके परिणामों को दर्शाते हुए भेजी जायेगी।

यदि किसी राज्य के बोर्ड द्वारा अथवा केन्द्रीय बोर्ड द्वारा मान्यता प्राप्त अथवा स्थापित प्रयोगशाला द्वारा किसी नमूने के विश्लेषण की रिपोर्ट और राज्य सरकार अथवा केन्द्रीय सरकार (जैसी भी स्थिति हो) द्वारा स्थापित प्रयोगशाला के द्वारा अथवा केन्द्रीय सरकार द्वारा स्थापित धारा 51 व 52 के अधीन कार्यरत प्रयोगशाला की रिपोर्ट मान्य होगी।

किसी नमूने के लेने अथवा उसके विश्लेषण में अधिभोगी की प्रार्थना पर भेजे गये विश्लेषण के नमूने पर आए हुए व्यय को अधिभोगी अथवा ऐजेण्ट उस व्यय को देने में असफल रहता है तो उपरोक्त पर किया गया व्यय भू-राजस्व की बकाया के रूप में वसूल कर लिया जायेगा।

धारा 23 - प्रवेश और निरीक्षण की शक्ति – (1) इस धारा के उपबन्धों के अधीन रहते हुए राज्य बोर्ड द्वारा इन निमित्त सशक्त किसी व्यक्ति को यह अधिकार होगा कि वह किसी भी समय ऐसी सहायता से, जो वह आवश्यक समझे किसी स्थान में निम्नलिखित प्रयोजनों के लिए प्रवेश करें–

(क) उसे सौंपे गये बोर्ड के कृत्यों में से किसी का पालन करने के प्रयोजन के लिए,

(ख) यह अवधारित करने के प्रयोजन के लिए कि क्या, और यदि हाँ, तो किस रीति से ऐसे किन्हीं कृत्यों का पालन किया जाना है या क्या इस अधिनियम या तद्‌धीन बनाए गए नियमों के किन्हीं उपबन्धों का या इस अधिनियम के अधीन तामील की गई सूचना किए गए आदेश, दिए गए निदेश अथवा अनुदत्त प्राधिकरण का पालन किया जा रहा है या किया गया है।

(ग) किसी संयन्त्र, अभिलेख, रजिस्ट्रर, दस्तावेज या किसी अन्य सारवान् पदार्थ की परीक्षा करने के प्रयोजन से अथवा किसी ऐसे स्थान की तलाशी लेने के लिए जिसके सम्बन्ध में उसे यह विश्वास करने का कारण हो कि उसके भीतर इस अधिनियम या तद्‌धीन बनाए गए नियमों के अधीन कोई अपराध किया गया है या किया जा रहा है या किया जाने वाला है तथा किसी ऐसे संयन्त्र अभिलेख, रजिस्टर दस्तावेज या अन्य सारवान पदार्थ का उस दशा में अभिग्रहण करने के लिए जब उसे यह विश्वास करने का कारण हो की उससे इस अधिनियम

या तद्धीन बनाए गए नियमों के अधीन दण्डनीय किसी अपराध को करने का साक्ष्य दिया जा सकेगा।

परन्तु कुएँ के निरीक्षण के लिए इस उपधारा के अधीन प्रवेश के अधिकार का प्रयोग, उस दशा में जहाँ कुआँ किसी ऐसे परिसर में है जिसका उपयोग निवासीय प्रयोजनों के लिए होता है। तो उसका जल अनन्यत: घरेलू प्रयोजनों के लिए उपयोग होता है, उचित समय पर ही किया जा सकेगा।

(2) दण्ड प्रक्रिया संहिता 1973 (1974 का 2) के उपबन्ध या जम्मू-कश्मीर राज्य के सम्बन्ध में उस राज्य में प्रवृत किसी तत्स्थानी विधि के उपबन्ध इस धारा के अधीन किसी तलाशी या अभिग्रहण को यथासम्भव, वैसे ही लागू होंगे, जैसे वे यथास्थिति उक्त संहिता की धारा 94 के अधीन या उक्त विधि के तत्स्थानी उपबन्धों के अधीन निकाले गए वारण्ट के प्राधिकार के अधीन की गई किसी तलाशी या किए गए अभिग्रहण को लागू होते हैं।

स्पष्टीकरण – इस धारा के प्रयोजनों के लिए 'स्थान' के अन्तर्गत जलयान भी है।

धारा 24– प्रदूषक पदार्थ आदि के व्ययन के लिए सरिता या कुएँ के उपयोग पर प्रतिषेध–(1) इस धारा के उपबन्धों के अधीन रहते हुए–

(क) कोई भी व्यक्ति जानबूझकर किसी विषाक्त, अपायकर या प्रदूषक पदार्थ को जो ऐसे मानकों के अनुसार अवधारित हो जो राज्य बोर्ड द्वारा अधिकथित हो किसी सरिता या कुएँ या मल नाली में या भूमि पर (प्रत्यक्षत: या अप्रत्यक्षत:) न तो प्रवेश कराएगा और न प्रवेश करना अनुज्ञात करेगा, अथवा

(ख) कोई भी व्यक्ति जानबूझकर किसी ऐसे अन्य पदार्थ को, जो कि अन्य कारणों से या अपने परिणामों से प्रदूषण की सारवान अपवृद्धि ऐसी रीति से करने वाली या करने के लिए सम्भाव्य है कि जिसमे वह सरिता के जल के उचित प्रवाह में या तो सीधे या वैसे ही पदार्थों से मिलकर अड़चन डाल सके, सरिता में न तो प्रवेश कराएगा और न प्रवेश करना अनुज्ञात करेगा।

(2) कोई व्यक्ति केवल इस कारण से कि उसने निम्नलिखित कार्यों में से किसी को किया है या कराया है उपधारा (1) के अधीन किसी अपराध का दोषी नहीं होगा अर्थात्–

(क) किसी सरिता में या उसके आर-पार या उसके किनारे पर या तल के ऊपर कोई भवन, पुल, वीयार, जल कपाट, बांध, डाक, बंगसार, नाली या मल नाली या अन्य ऐसे स्थायी संकर्मों का जिनका संनिर्माण करने, सुधार करने या बनाए रखने का अधिकार उसे है, संनिर्माण करना, विकास करना या बनाये रखना,

(ख) भूमि को ठीक करने के प्रयोजन के लिए या ऐसी सरिता के किनारे या तल को अवलम्ब देने, उसकी मरम्मत करने या उसे संरक्षित करने के लिए किसी सरिता के किनारे पर या उसके तल में कोई सामग्री उस दशा में निक्षिप्त करना। जब ऐसी सामग्री ऐसी सरिता को प्रदूषित करने के लिए समर्थ न हो।

(ग) किसी सरिता में कोई रेत या कंकड़ या ऐसा अन्य प्राकृतिक निक्षेप रखना जो ऐसी सरिता की धारा में से प्रवाहित हुआ हो या उसके द्वारा निक्षिप्त हो गया हो,

(घ) किसी कुएँ, ताल या जलाशय में इक्ट्ठे हुए निक्षेप का राज्य बोर्ड की सहमति से किसी सरिता में प्रवेश कराना या प्रवेश करना, अनुज्ञात करना।

(3) राज्य सरकार राज्य बोर्ड से परामर्श करने के पश्चात् या उसकी सिफारिश पर राजपत्र में अधिसूचना द्वारा किसी व्यक्ति को ऐसी शर्तों के अधीन रहते हुए यदि कोई हो जो अधिसूचना में विनिर्दिष्ट की जाएँ, उपधारा (1) के प्रवर्तन से छूट दे सकेगी और इस प्रकार विनिर्दिष्ट शर्त ऐसी ही अधिसूचना द्वारा परिवर्तित या संशोधित की जा सकती है।

धारा 25 – नये निकासों और नये निस्सरणों पर निर्बन्धन – (1) इस धारा के उपबन्धों के अधीन रहते हुए, राज्य बोर्ड की पूर्व सहमति के बिना कोई भी व्यक्ति (क) कोई ऐसा उद्योग, संक्रिया या प्रक्रिया, या कोई ऐसी अभिक्रिया और व्ययन प्रणाली या उसमें विस्तार या परिवर्तन न तो स्थापित करेगा और न स्थापित करने की कोई कार्यवाही करेगा जिसमें मल या व्यावसायिक बहि:स्राव किसी सरिता या कुएँ या मल नाली में या भूमि पर निस्सरित होने की सम्भावना है (ऐसा निस्सरण जिसे इसके पश्चात् इस धारा में मल का निस्सरण कहा गया है) या,

(ख) मल के निस्सरण के लिए कोई नया या परिवर्तित निकास उपयोग में नहीं लायेगा, या

(ग) मल का कोई नया निस्सरण आरम्भ नहीं करेगा,

परन्तु जल (प्रदूषण निवारण तथा नियन्त्रण) संशोधन अधिनियम 1988 के प्रारम्भ होने के ठीक पूर्व कोई उद्योग संक्रिया या प्रक्रिया स्थापित करने की कार्यवाही की ऐसी प्रक्रिया में जिसके लिए ऐसे प्रारम्भ के पूर्व सहमति आवश्यक नहीं थी, कोई व्यक्ति ऐसे प्रारम्भ से तीन मास की अवधि के लिए या, यदि उसने तीन मास की उक्त अवधि के भीतर ऐसी सहमति के लिये आवेदन किया है तो ऐसे आवेदन का निपटारा होने तक ऐसा करना जारी रख सकेगा।

(2) उपधारा (1) के अधीन राज्य बोर्ड की सहमति के लिए ऐसे प्रारूप में आवेदन किया जायेगा, उसमे ऐसी विशिष्टियाँ होंगी और उसके साथ ऐसी फीस होगी जो विहित की जाए।

(3) राज्य बोर्ड उपधारा (1) में निर्दिष्ट सहमति के लिए आवेदन के सम्बन्ध में ऐसी जाँच करेगा जो वह ठीक समझे और ऐसी जाँच करते समय ऐसी प्रक्रिया का अनुसरण करेगा जो विहित की जाए।

(4) राज्य बोर्ड–

(क) उपधारा (i) में विनिर्दिष्ट अपनी सहमति ऐसी शर्तों के अधीन रहते हुए दे सकेगा जो वह अधिरोपित करे, जो

(i) धारा 25 की उपधारा (1) के खण्ड (क) और (ख) में निर्दिष्ट दशाओं में मल के निस्सरण के बिन्दु के बारे में या मल के निस्सरण के लिए उस निकास या किसी अन्य निकास के उपयोग के बारे में शर्तें हो सकेंगी।

(ii) निस्सरण जो की नया हो, में, उस भूमि या परिसर से जहाँ से निस्सरण या नया निस्सरण किया जाना है, बहि:स्राव की प्रकृति और सरंचना, तापमान, आयतन, या निस्सरण की दर के बारे में शर्ते हो सकेंगी और,

(iii) वह सहमति केवल ऐसी अवधि के लिए विधिमान्य होगी जो आदेश में विनिर्दिष्ट की जाएँ, और अधिरोपित ऐसी कई शर्तें किसी ऐसे व्यक्ति पर आबद्धकर होगी जो कोई उद्योग संक्रिया या प्रक्रिया या अभिक्रिया और व्ययन प्रणाली या उसमे विस्तार या परिवर्तन स्थापित कर रहा है या स्थापित करने के लिए कोई कदम उठा रहा है या नए परिवर्तित निकास का उपयोग कर रहा है या भूमि या पूर्वोक्त परिसर से बहि:स्राव निस्सरित कर रहा है।

(ख) राज्य बोर्ड उपधारा (1) में लेखबद्ध किए जाने वाले कारणों से, ऐसी सहमति से इन्कार कर सकेगा।

(5) जहाँ, राज्य बोर्ड की सहमति के बिना कोई उद्योग, संक्रिया या प्रक्रिया या कोई अभिक्रिया और व्ययन प्रणाली या उसमे कोई विस्तार या परिवर्धन स्थापित किया जाता है या ऐसे स्थापन के लिए कोई कदम उठाए गए हैं या कोई नया या परिवर्तित निकास मल के निस्सरण के लिए उपयोग में लाया जाता है या मल का नया निस्सरण किया जाता है। वहाँ राज्य बोर्ड उस व्यक्ति पर जिसने यथास्थिति कोई उद्योग संक्रिया या प्रक्रिया या अभिक्रिया और व्ययन प्रणाली या उसमें कोई विस्तार या परिवर्तन स्थापित किया है, या स्थापित करने के लिए कदम उठाए हैं या जो निकास का उपयोग कर रहा है या निस्सरण कर रहा है ऐसी शर्तें अधिरोपित करने वाली सूचना की तामिल कर सकेगा जो वह ऐसे स्थापन, ऐसे निकास या निस्सरण की बाबत अपनी सहमति के लिए किसी आवेदन पर अधिरोपित कर सकता है।

(6) हर राज्य बोर्ड एक रजिस्टर रखेगा, जिसमें इस धारा के अधीन अधिरोपित शर्तों की विशिष्टियाँ अन्तर्विष्ट होगी और रजिस्टर का उतना भाग जिसका सम्बन्ध किसी भूमि या परिसर से किसी निकास से, या किसी बहि:स्राव से ही, यथास्थिति उस निकास भूमि या परिसर में हितबद्ध या उसमें प्रभावित किसी व्यक्ति या उसके द्वारा इस निमित्त प्राधिकृत किसी व्यक्ति द्वारा निरीक्षण के लिए सभी उचित समयों पर खुला रहेगा और ऐसे रजिस्टर में इस प्रकार अन्तर्विष्ट शर्तें इस बात का निश्चायक सबूत होंगी कि सहमति ऐसी शर्तों के अधीन की गई थी।

(7) उपधारा (1) में निर्दिष्ट सहमति के बारे में जब तक कि वह पहले से की या नामंजूर न कर दी जाए, यह समझा जाएगा की वह राज्य बोर्ड को इस निमित्त किए गए सभी प्रकार से पूर्ण आवेदन किये जाने से चार मास की कालावधि के अवसान पर बिना शर्तें दे दी गई हैं।

(8) इस धारा और धाराएँ 27 तथा 30 के प्रयोजन के लिये–

(क) 'नए या परिवर्तित निकास' पर से ऐसा कोई निकास अभिप्रेत है जो इस अधिनियम के प्रारम्भ पर या उसके पश्चात् पूर्णतः या अशंतः सन्निर्मित किया जाए या जो (चाहे इस प्रकार निर्मित हो या न हो) ऐसे प्रारम्भ के पश्चात् सारतः परिवर्तित किया जाए,

(ख) 'नए निस्सरण' पद के ऐसा निस्सरण अभिप्रेत है जो बहिःस्राव की प्रकृति और संरचना, तापमान, आयतन और निस्सरण की दर के बारे में पूर्ववर्ती बारह मास के भीतर (चाहे उसी या किसी विभिन्न निकास द्वारा) किए गए निस्सरण का सारतः चालू रहना नहीं है, किन्तु यह इस प्रकार के किसी निस्सरण के बारे में जो अन्य बातों में इस प्रकार यथापूर्वोक्त किए गए पूर्व निस्सरण का चालू रहना है यह नहीं समझा जाएगा की वह पूर्ण निस्सरण की तुलना में उस बहिःस्राव के तापमान या आयतन या निस्सरण की रफ्तार में कोई कमी के कारण नया निस्सरण है।

धारा 26 – मल या व्यावसायिक बहिःस्राव के विद्यमान निस्सरण के बारे में उपबन्ध– जहाँ इस अधिनियम के प्रारम्भ होने के ठीक पहले कोई व्यक्ति किसी सरिता या कुएँ या मलनल में या भूमि पर कोई मल या व्यावसायिक बहिःस्राव का निस्सरण कर रहा था, वहाँ धारा 25 के उपबन्ध जहाँ तक हो सके ऐसे व्यक्ति के सम्बन्ध में उसी प्रकार लागू होंगे जैसा कि वे उस धारा में निर्दिष्ट व्यक्ति के सम्बन्ध में लागू होते हैं, किन्तु इस उपान्तरण के अधीन रहते हुए की इस धारा कि उपधारा (2) के अधीन दी जाने वाली सहमति के लिए आवेदन ऐसी तारीख को या उसके पूर्व किया जाएगा, जो राज्य सरकार इस निमित्त राजपत्र में अधिसूचना द्वारा विनिर्दिष्ट करें।

धारा 27 – राज्य बोर्ड द्वारा सहमति देने से इन्कार करना या सहमति का वापस लिया जाना– (1) राज्य बोर्ड, धारा 25 की उपधारा (4) के अधीन कोई उद्योग, संक्रिया या प्रक्रिया या अभिक्रिया और व्ययन प्रणाली या उसमें विस्तार या परिवर्धन स्थापित करने के लिए या कोई नया या परिवर्तित निकास का उपयोग करने के लिए अपनी सहमति तब तक नहीं देगा जब तक कि उद्योग संक्रिया, प्रक्रिया या अभिक्रिया और व्ययन प्रणाली या उसमें विस्तार या परिवर्धन या निकास को इस प्रकार स्थापित न किया गया हो कि उन शर्तों का अनुपालन हो जाए जो बोर्ड को बहिःस्राव के नमूने लेने के अधिकार का प्रयोग करने के लिए समर्थ बनाने के निमित्त बोर्ड द्वारा अधिरोपित कि गई हो।

(2) राज्य बोर्ड–

(क) धारा 25 या धारा 26 के अधीन अधिरोपित किसी शर्त का समय-समय पर पुनर्विलोकन कर सकेगा और उस व्यक्ति पर जिसकी धारा 25 या धारा 26 के अधीन सहमति दी गई है ऐसी शर्तों में, कोई युक्तियुक्त परिवर्तन करने वाली या उसका प्रतिसंहरण करने वाली सूचना को जारी कर सकेगा।

(ख) धारा 25 की उपधारा (1) या धारा 26 में निर्दिष्ट किसी सहमति से इन्कार का या किसी शर्त के बिना ऐसी सहमति देने में पुनर्विलोकन समय-समय पर कर सकेगा और ऐसे आदेश कर सकेगा, जो वह ठीक समझे

(3) धारा 25 और धारा 26 के अधीन कोई शर्त उपधारा (2) के अधीन किए गए किसी परिवर्तन के अधीन होगी और वह तब तक प्रवृत रहेगी जब तक कि वह उस उपधारा के अधीन प्रतिसंहत नहीं कर दी जाती है।

धारा 28 – अपीलें– (1) धारा 25, धारा 26 तथा धारा 27 के अधीन राज्य बोर्ड द्वारा किए गए किसी आदेश से व्यथित कोई व्यक्ति उस तारीख से, जिसको उसे वह आदेश संसूचित किया गया हो तीस दिन के भीतर ऐसे प्राधिकारी को (जिसे इसमें इसके पश्चात् अपील प्राधिकारी कहा गया है) अपील कर सकेगा जिसे राज्य सरकार गठित करना ठीक समझे।

परन्तु अपील प्राधिकारी तीस दिन की उक्त कालावधि के आवसान के पश्चात् अपील उस दशा में ग्रहण कर सकेगा जब ऐसे प्राधिकारी का समाधान हो जाए कि अपीलार्थी समय के भीतर अपील फाइल करने में पर्याप्त हेतु से निवारित हो गया था।

(2) अपील प्राधिकारी ऐसे व्यक्ति या तीन व्यक्तियों से मिलकर बनेगा जिन्हें राज्य सरकार ठीक समझे और जो उस सरकार द्वारा नियुक्त किए जाएँगे।

(3) वह प्रारूप जिसमें और वह रीति जिसमें उपधारा (1) के अधीन अपील की जा सकेगी, ऐसी अपील के लिए संदेय फीस और अपील प्राधिकारी द्वारा अनुसरित की जाने वाली प्रक्रिया ऐसी होगी जो विहित की जाए!

(4) उपधारा (1) के अधीन की गई अपील की प्राप्ति पर अपील प्राधिकारी, अपीलार्थी और राज्य बोर्ड को सुनवाई का अवसर देने के पश्चात् अपील का निपटारा यथा सम्भव शीघ्र करेगा।

(5) यदि अपील प्राधिकारी यह अवधारित करता है कि, यथास्थिति अधिरोपित शर्त या किसी शर्त में कोई परिवर्तन अयुक्तियुक्त था तो–

(क) जहाँ अपील, अधिरोपित किसी शर्त की अयुक्तियुक्तता की बाबत हो वहाँ ऐसा प्राधिकारी यह निर्देश दे सकेगा की वह शर्त या तो बातिल की हुई मानी जाएगी या उसके स्थान पर ऐसी शर्त रखी जाएगी जो उसे युक्तियुक्त प्रतीत हो।

(ख) जहाँ अपील किसी शर्त में परिवर्तन की अयुक्तियुक्तता की बाबत हो, वहाँ ऐसा प्राधिकारी यह निर्देश दे सकेगा की ऐसी शर्त बिना परिवर्तन के प्रदत्त मानी जाएगी या उससे ऐसी रीति से परिवर्तन किया जाएगा जो उसे युक्तियुक्त प्रतीत हो।

धारा 29 – पुनरीक्षण– (1) राज्य सरकार या तो स्वप्रेरणा से या उसे इस निमित किए गए आवेदन पर ऐसे किसी मामले के, जिसमें राज्य बोर्ड द्वारा धारा 25, 26, 27 के अधीन कोई आदेश किया गया हो, अभिलेख को किसी ऐसे आदेश की वैधता या औचित्य के बारे में अपना समाधान करने के प्रयोजन के लिए किसी भी समय माँग सकेगी और उसके सम्बन्ध में ऐसा आदेश कर सकेगी जो वह ठीक समझे।

परन्तु राज्य सरकार राज्य बोर्ड को और ऐसे आदेश से व्यथित होने वाले व्यक्ति को मामले में सुने जाने का युक्तियुक्त अवसर दिए बिना इस उपधारा के अधीन पारित नहीं करेगी।

(2) राज्य सरकार धारा 25, 26, 27 के अधीन किए गए किसी भी आदेश का पुनरीक्षण उस दशा में नहीं करेगी जब उस आदेश के विरुद्ध कोई अपील, अपील प्राधिकारी की हो सकती है। किन्तु नहीं की गई है या जहाँ कोई अपील की जा चुकी है वहाँ ऐसी अपील प्राधिकारी के समक्ष लम्बित है।

धारा 30 – कतिपय संक्रमों को क्रियान्वित करने की राज्य बोर्ड की शक्ति– (1) जहाँ इस अधिनियम के अधीन किसी व्यक्ति पर धारा 25, 26 के अधीन सहमति देने के दौरान कोई शर्तें अधिरोपित की गई हैं और ऐसी शर्तों के अधीन ऐसे व्यक्ति से यह अपेक्षित है कि वह उनके सम्बन्ध में कोई कार्य निष्पादित करें और ऐसा कार्य ऐसे समय के भीतर, जो इस निमित्त विनिर्दिष्ट किया जाए, निष्पादित नहीं किया गया है वहाँ राज्य बोर्ड सम्बन्धित व्यक्ति पर यह अपेक्षा करने वाली सूचना तामिल कर सकेगा कि वह तीस दिन से अन्य ऐसे समय के भीतर जो सूचना में विनिर्दिष्ट किया जाए, उसमें विनिर्दिष्ट कार्य निष्पादित करें।

(2) यदि सम्बद्ध व्यक्ति उपधारा (1) में निर्दिष्ट सूचना में अपेक्षित कार्य निष्पादित करने में असफल रहता है तो उक्त सूचना में विनिर्दिष्ट समय के अवसान के पश्चात् राज्य बोर्ड ऐसा कार्य स्वयं निष्पादित कर सकेगा या निष्पादित करा सकेगा।

(3) उस तारीख से, जिसकी व्यय की माँग की जाए, संदत्त किये जाने तक ऐसी दर पर जो राज्य सरकार आदेश द्वारा नियत करें, ब्याज सहित पूर्वोक्त कार्य के निष्पादन में राज्य बोर्ड द्वारा उपगत सभी व्यय सम्बद्ध व्यक्ति से उस बोर्ड द्वारा भू-राजस्व या लोक माँग की बकाया के रूप में वसूल किए जा सकेंगे।

धारा 31 कतिपय दशाओं में राज्य बोर्डों और अन्य अभिकरणों को जानकारी देना– (1) यदि किसी ऐसे स्थान पर जहाँ कोई उद्योग, संक्रिया या प्रक्रिया या कोई अभिक्रिया और व्ययन प्रणाली या उसमें विस्तार या परिवर्धन किया जा रहा है या दुर्घटना या कुएँ या मलनाली में या भूमि पर कोई विषक्त, अपायकर या प्रदूषक पदार्थ निस्सरित रहा है या उनका निस्सरित होना सम्भाव्य है और ऐसे निस्सरण के परिणामस्वरूप ऐसी सरिता या कुएँ का जल प्रदूषित हो रहा है या उनका प्रदूषित होना सम्भाव्य है तो ऐसे स्थान का भारसाधक व्यक्ति ऐसी दुर्घटना, कार्य या घटना के होने की संसूचना राज्य बोर्ड को और ऐसे अन्य प्राधिकारियों या अभिकरणों को, जो विहित किये जाये, तुरन्त देगा।

(2) जहाँ कोई स्थानीय प्राधिकारी कोई मल वहन पद्धति या मल वहन संकर्म चलाता है। वहाँ उपधारा (1) के उपबन्ध ऐसे स्थानीय प्राधिकारी को उसी प्रकार लागू होंगे जैसे वे उस स्थान के भार साधक व्यक्ति के सम्बन्ध में लागू होते हैं। जहाँ कोई उद्योग या व्यापार चलाया जाता है।

धारा 32 – सरिता या कुएँ के प्रदूषण की दशा में आपात उपाय– (1) जहाँ राज्य बोर्ड को यह प्रतीत हो की सरिता या कुएँ में या ऐसे पदार्थ के निस्सरण के कारण किसी सरिता

कुएँ में या भूमि पर कोई विषक्त अपायकर या प्रदूषक पदार्थ है या किसी दुर्घटना या अन्य अकल्पित कार्य या घटना के कारण उस सरिता या कुएँ में या भूमि पर प्रवेश कर गया है और यदि बोर्ड की यह राय हो कि तत्काल कार्यवाही करना आवश्यक या समीचीन है तो वह ऐसे कारणों से, जो लेखबद्ध किए जाएँगे, ऐसी संक्रियाएँ कर सकेगा जो वह निम्नलिखित सभी या उनमें से किन्हीं प्रयोजनों के लिए आवश्यक समझे, अर्थात्–

(क) सरिता या कुएँ से उस पदार्थ को हटाना और उसका ऐसी रीति से व्ययन करना जो बोर्ड समुचित समझे,

(ख) सरिता या कुएँ में उस पदार्थ के मौजूद होने के कारण हुए किसी प्रदूषण का उपचार करना या उसमें कमी करना,

(ग) सम्बद्ध व्यक्ति को सरिता या कुएँ में या भूमि पर किसी विषक्त अपायकर या प्रदूषक पदार्थ का निस्सरण या सरिता या कुएँ के अस्वास्थकर उपयोग करने के तुरन्त अवरुद्ध उपचार करना या प्रतिषिद्ध करने वाले आदेश जारी करना।

(2) उपधारा (1) द्वारा प्रदत्त शक्ति के अन्तर्गत किन्ही ऐसे सकंर्मों का संनिर्माण करने की शक्ति के अन्तर्गत किन्हीं ऐसे संकर्मों का संनिर्माण करने की शक्ति नहीं है जो अस्थायी स्वरूप से उन संकर्मों से भिन्न हो जो सक्रियाओं के पूरे होने पर या उसके पूर्व हटा दिया जाए।

धारा 33 – सरिताओं या कुओं के जल के आशंकित प्रदूषण को अवरुद्ध करने के लिए बोर्ड की न्यायालयों को आवेदन करने की शक्ति – (1) जहाँ बोर्ड को यह आशंका है कि किसी सरिता या कुएँ का जल ऐसी सरिता या कुएँ या किसी मल नाली में या किसी भूमि पर किसी पदार्थ के व्ययन या सम्भाव्य व्ययन के कारण या अन्यथा प्रदूषित होने की सम्भावना है वहाँ बोर्ड ऐसे व्यक्ति को जिसके द्वारा ऐसा प्रदूषण कारित होना सम्भाव्य है, ऐसा प्रदूषण कारित करने से अवरुद्ध करने के लिए ऐसे न्यायालय को आवेदन दे सकेगा जो पेट्रोलियम मजिस्ट्रेट या प्रथम वर्ग न्यायिक मजिस्ट्रेट से अवर न हो।

(2) उपधारा (1) के अधीन आवेदन की प्राप्ति पर न्यायालय ऐसा आदेश कर सकेगा जो वह ठीक समझे।

(3) जहाँ न्यायालय किसी व्यक्ति को किसी सरिता या कुएँ के जल को प्रदूषित करने से अवरुद्ध करने का आदेश उपधारा (2) के अधीन करता है वहाँ न्यायालय आदेश में–

(i) यह निदेश दे सकता है कि वह व्यक्ति जिसके द्वारा सरिता या कुएँ के जल में प्रदूषण कारित होना सम्भाव्य है या कारित किया गया है, यथास्थिति ऐसा कार्य करने से प्रविरत रहे, जिससे प्रदूषण कारित होना सम्भाव्य है या ऐसी सरिता या कुएँ से ऐसे पदार्थ को हटाएँ, और

(iii) बोर्ड को प्राधिकृत कर सकेगा, कि यदि खण्ड (i) के अधीन निदेश का (जो ऐसी सरिता या कुएँ से किसी पदार्थ को हटाने का निर्देश है) उस व्यक्ति द्वारा, जिसे ऐसा निदेश जारी किया गया है, पालन नहीं किया जाता है तो वह ऐसी रीति में, जो न्यायालय द्वारा विनिर्दिष्ट की

जाए, उस पदार्थ के हटाने और व्ययन का काम करें।

(4) उपधारा (3) के खण्ड (ii) के अधीन प्राधिकृत किए जाने के अनुसरण में किसी पदार्थ को हटाने में या किसी ऐसे पदार्थ के व्ययन में बोर्ड द्वारा उपगत सभी व्यय ऐसे व्ययन से बोर्ड को प्राप्त किसी धन में से चुकाएँ जायेंगे और अतिशेष बकाया सम्बद्ध व्यक्ति से भू-राजस्व या लोक माँग की बकाया के रूप में वसूल किया जा सकेगा।

धारा 33 (क) निर्देश देने की शक्ति– किसी अन्य विधि में किसी बात के होते हुए भी किन्तु इस अधिनियम के उपबन्धों और किन्ही निदेशों, जो केन्द्रीय सरकार द्वारा इस निमित दे, के अधीन रहते हुए बोर्ड इस अधिनियम के अधीन अपनी शक्तियों का प्रयोग और अपने कृत्यों का पालन करने में किसी व्यक्ति अधिकारी, या प्राधिकारी को लिखित रूप में कोई निर्देश दे सकेगा और ऐसा व्यक्ति, अधिकारी या प्राधिकारी ऐसे निदेशों का पालन करने के लिए आबद्ध होगा।

स्पष्टीकरण– शंकाओं को दूर करने के लिए यह घोषित किया जाता है कि इस धारा के अधीन निर्देश देने कि शक्ति के अन्तर्गत निम्नलिखित के सम्बन्ध में निर्देश देने की शक्ति भी है–

(क) किसी उद्योग, संक्रिया या प्रक्रिया का बन्द किया जाना, प्रतिषेध या विनियमन।

(ख) विद्युत, जल के प्रदाय या किसी अन्य सेवा का बन्द किया जाना या विनियमन।

टिप्पणी

धारा 23 के उपबन्धों के अनुसार बोर्ड द्वारा अधिकृत किसी भी व्यक्ति को यह अधिकार होगा कि वह किसी भी समय ऐसी सहायता से जो वह आवश्यक समझे किसी स्थान में अग्रलिखित प्रयोजनों के लिये प्रवेश करें–

उसे सौंपे गये बोर्ड के कार्यों में से किसी का पालन करने के प्रयोजन के लिये, इस अधिनियम के द्वारा निर्धारित एवं निर्देशित कार्यों के सम्बन्ध में बोर्ड द्वारा प्रदूषण को रोकने एवं नियन्त्रित करने से सम्बन्धित विधियों व रीतियों के पालन कराने के लिए, तथा उनको देखने हेतु किसी भी समय आ सकेगा तथा उसके रख-रखाव एवं प्रयोग हेतु किये गये निर्देश की जाँच कर सकेगा तथा पालन करने हेतु पुनः निर्देश कर सकेगा।

किसी संयन्त्र अभिलेख रजिस्टर दस्तावेज या किसी सारवान पदार्थ को परीक्षा के लिए अपने अधिकार में ले सकता है तथा यदि किसी परिसर में इस अधिनियम अथवा बोर्ड के द्वारा जारी किन्हीं आदेशों की अवहेलना से कोई अपराध होने की सम्भावना के अन्तर्गत दण्ड दिलाने हेतु उसके विरुद्ध साक्ष्य में प्रस्तुत करने हेतु किसी रजिस्टर प्रलेख, संयन्त्र या अन्य सारवान् पदार्थ को सील कर सकता है अथवा अपने अधिकार में ले सकता है।

यदि कोई कुँआ पूर्णतः घरेलू उपयोग हेतु प्रयुक्त होता है और वह किसी के रहने के स्थान पर स्थित है तो ऐसा अधिकारी उस स्थान पर केवल उचित घण्टों या समय के अन्दर ही प्रवेश करने का पात्र होगा।

धारा 24 के उपबन्धों के अनुसार कोई व्यक्ति किसी जहरीली गैस अथवा अस्वस्थ्यकारी प्रदूषित जल को किसी जलधारा में अथवा कुएँ में प्रत्यक्ष अथवा अप्रत्यक्ष रूप से बोर्ड द्वारा निर्धारित मानक से अधिक खतरनाक अवस्था में करके प्रवाहित नहीं करा सकेगा तथा वह जानबूझकर प्रत्यक्ष तथा संशोधित रूप से किसी जल प्रवाह के बहाव में गतिरोध उत्पन्न नहीं करेगा अर्थात् उस बहाव में अपने द्वारा अन्य प्रवाह सम्मिलित करके उसके बहाव में ऐसा गतिरोध अथवा तीव्रता उत्पन्न नहीं करेगा जिससे जल प्रदूषण कारित हो।

कोई व्यक्ति किसी अधिकार के अन्तर्गत किसी जल धारा में अथवा बाहर उसके किनारे कोई स्थान बनाता है या कोई मकान, पूल, बाँध, तट जिसका उद्देश्य जनहित है तो उसे इस अधिनियम के तहत् दोष सिद्ध नहीं किया जायेगा।

कोई व्यक्ति भूमि ठीक करने के प्रयोजन के लिए या सरिता के किनारे तल को आलम्ब देने उसकी मरम्मत करने या उसे संरक्षित करने के लिए किसी सरिता के किनारे पर या उसे तल में इस तरह निशिप्त करना कि उससे सरिता का जल प्रदूषित न हो तो वह व्यक्ति इस अधिनियम के तहत् दोष सिद्ध नहीं किया जायेगा। किसी अधिकार के अन्तर्गत कोई व्यक्ति किसी नदी द्वारा अपने साथ लायी गई रेत अथवा अन्य प्राकृतिक वस्तुओं जो कि उसके बहाव के साथ आती है, उन्हें हटा लेता है तो वह इस अधिनियम के तहत् दोषसिद्ध नहीं ठहराया जा सकेगा। किसी कारण किसी कुएँ, ताल या जलाशय में एकत्रित हुए निक्षेप का राज्य बोर्ड की सहमति से किसी जलधारा में प्रवाहित करने पर भी वह दोषसिद्ध नहीं ठहराया जायेगा।

इन्दौर मालवा यूनाईटेड बनाम मध्यप्रदेश प्रदूषण निवारण बोर्ड के वाद में इन्दौर मालवा यूनाईटेड मिल्स ब्लिचिंग डाईंग और स्पिनिंग आदि का निर्माण करती थी। इसके व्यावसायिक बहि:स्राव का निस्सरण सरिता और नालों में होता था जो मानव व पशुओं के लिए संकटापन्न था, इस पर रोक लगाना वैध माना गया।

मैसर्स अग्रवाल टैक्सटाइल्स इण्डस्ट्री बनाम राजस्थान राज्य के वाद में इस अधिनियम की धारा 24 की संवैधानिक वैधता को चुनौती दी गई थी। इस वाद में राजस्थान उच्च न्यायालय से यह प्रार्थना की गई थी कि यह धारा संविधान के अनुच्छेद 19 खण्ड (1) उपखण्ड (छ) के अन्तर्गत प्रत्याभूत व्यापार तथा वृत्ति चलाने के संवैधानिक अधिकार के उल्लंघन में होने के कारण असंवैधानिक है।

राजस्थान उच्च न्यायालय की जयपुर पीठ ने इस तर्क को अस्वीकार करते हुए इस धारा को संविधान के अनुच्छेद 19 खण्ड (1) उपखण्ड (छ) के उल्लंघन में नहीं माना। माननीय उच्च न्यायालय के अनुसार इस धारा में राज्य बोर्ड की सहमति से कोई कार्य करने की छूट दी गई है तथा, इस सहमति के लिए कुछ मानकों का निर्धारण किया गया है तथा बोर्ड के आदेश के विरुद्ध पुनर्निरीक्षण या अपील के उपयुक्त प्रावधान भी हैं। अत: यह धारा पूर्ण रूप से संवैधानिक है, छूट देने की धारा 24 उपधारा (3) में दी गई शक्ति अनियन्त्रित या अनिर्देशित नहीं कही जा सकती क्योंकि इस शक्ति के अधीन ही प्रयोग किया जाना होगा, जिसका प्रयोग राज्य सरकार द्वारा राज्य के परामर्श से ही किया जाना है जो एक विशेष निकाय है।

धारा 25 के उपबन्धों के अनुसार, राज्य बोर्ड की पूर्व स्वीकृति के बिना कोई नया निकास जो की गन्दे पानी या अवशेष को निकालने हेतु प्रयोग किया जाता है किसी जलधारा या कुएँ में नहीं मिलाया जा सकता अथवा कोई निर्बंधन या नया निकास नहीं बनाया जा सकता, जिसके द्वारा कोई औद्योगिक अवशेष या गन्दा पानी किसी जलधारा या कुएँ में प्रवाहित करना हो। राज्य बोर्ड की पूर्व स्वीकृति हेतु विहित रीति से प्रार्थना देकर जिसमें धारा 25(3) के अनुसार कोई औद्योगिक अथवा व्यापारिक संस्थान की स्थापना में प्रयुक्त होने वाले गन्दे पानी के निकास हेतु कोई साधन या निकास वाली नाली बनवाना प्रस्तावित है, अथवा उसमें फेर-बदल करना है तो राज्य बोर्ड की स्वीकृति लेनी आवश्यक है।

उपरोक्त के सम्बन्ध में राज्य बोर्ड उपयुक्त जाँच करने के पश्चात् अपनी सन्तुष्टि के बाद इस प्रकार की स्वीकृति दे सकता है तथा स्वीकृति देने के साथ-साथ निम्न शर्ते भी यदि उचित समझे तो लगा सकता है, जैसे किसी नये निर्बंधन या उन्मोचन पदार्थ से मिश्रित जल को निकालने से सम्बन्धित मिश्रण की प्रकृति उससे उत्पन्न गर्मी के सम्बन्ध में शर्त लगा सकता है या उसमें उत्पन्न ध्वनि, बहने की गति एवं उत्पन्न गर्मी के सम्बन्ध में कोई पूर्ति लगा सकता है। तथा इस प्रकार बोर्ड द्वारा लगाई गई शर्तें बाध्यात्मक प्रकृति की होती हैं।

यदि कोई व्यक्ति किसी ऐसी निकासी अथवा अवशेषों को ऐसे ढंग से बहाने में रत है जिसकी पूर्व स्वीकृति बोर्ड द्वारा लेनी आवश्यक है तो बोर्ड को उक्त तथ्य के ज्ञात होने पर बोर्ड द्वारा उक्त व्यक्ति से नोटिस द्वारा उस अवशेषों के बारे में पूर्ण विवरण माँगा जायेगा और ऐसे व्यक्ति को दोषी पाये जाने पर उसे बोर्ड से स्वीकृति लेने को कहा जाएगा।

प्रत्येक जल प्रदूषण बोर्ड द्वारा एक रजिस्टर रखा जाएगा जिससे किसी स्थान अथवा भूमि परिसर में किसी निकास नाली अथवा प्रवाह हेतु लगाई शर्तों एवं दशाओं का उल्लेख किया जायेगा। जिसे देखकर यह आसानी से पता लगाया जा सके कि किस क्षेत्र अथवा परिसर में किस प्रकार के निकास ग्रह अथवा प्रवाह की स्वीकृति प्राप्त कर ली गई है। यह रजिस्टर भी सक्षम अधिकारी द्वारा काम के घण्टों में देखा अथवा निरीक्षण किया जा सकता है तथा, उन शर्तों की जांच की जा सकती है जो कि अधिभोगी को प्रदान की गई है।

जहाँ इस अधिनियम के प्रारम्भ होने से ठीक पहले कोई व्यक्ति किसी कुएँ या मल नल में या भूमि पर कोई मल या व्यावसायिक बहि:स्राव का निस्सरण कर रहा था वहाँ धारा 25 के उपबन्ध ऐसे व्यक्ति के सम्बन्ध में लागू होते हैं किन्तु इस उपान्तरण के अधीन रहते हुए धारा 25 की उपधारा (2) के अधीन दी जाने वाली सहमति के लिए आवेदन ऐसी तारीख को या उसके पूर्व किया जायेगा, जो राज्य सरकार इस निमित राजपत्र में अधिसूचना जारी करें।

मैसर्स ओरिएण्ट पेपर मिल्स बनाम मध्य प्रदेश प्रदूषण निवारण मण्डल के वाद में जल (प्रदूषण निवारण तथा नियन्त्रण) अधिनियम, 1974 की धारा 4 जो धारा 47 के साथ पढ़ी जाए के अन्तर्गत एक शिकायत दाखिल की गई कि आवेदनकर्त्ता कागज का निर्माण बाँस व कठोर लकड़ी के प्रयोग से करते हैं, इसके फलस्वरूप प्रतिदिन 12,00,000 तथा 6,00,000 लीटर घरेलू तथा औद्योगिक बहि:स्राव विसर्जित किया जाता है जो सोन नदी में गिरता है। धारा

25 की उपधारा (6) यह प्रावधान करती है कि प्रत्येक नवीन या वर्तमान उद्योग नवीन या परिवर्तित निकास से व्यापारिक बहि:स्राव का विर्सजन करने के लिए मण्डल की सहमति के लिए आवेदन करेगा, तथा सहमति पत्र में अधिरोपित शतों का पालन करेगा। आवेदन कर्त्ता ने 5 जनवरी, 1976 को उनके द्वारा अवलोकित शर्तों पर प्रथम सहमति प्राप्त की, शिकायत में यह भी कहा गया कि यद्यपि आवेदनकर्त्ता अपने व्यापारिक बहि:स्राव को अपने संयत्र में परिष्कृत या शोधित करते हैं परन्तु व्यापारिक बहि:स्राव निर्धारित सीमा के अनुरूप नहीं होता। आवेदनकर्त्ता ने धारा 25 के अन्तर्गत शर्तों का नवीनीकरण 19 मार्च, 1984 के पश्चात् नहीं कराया। अत: उनके द्वारा दिनाँक 19 मार्च, 1984 के पश्चात् किया जाने वाला बहि:स्राव प्रतिदिन निरन्तर अपराध माना जाएगा। इसके लिए उन्हें इस अधिनियम की **धारा 44** के अन्तर्गत दण्डित किया जाना चाहिए।

धारा 26 के प्रावधानों के अनुसार इस अधिनियम के लागू होने से पूर्व यदि किसी क्षेत्र में कोई व्यक्ति किसी जल स्रोत अथवा कुएँ या गड्ढ़े को अपने यहाँ के व्यापारिक अवशेष अथवा गन्दे पानी को निकालने के लिये प्रयोग कर रहा था, तो ऐसे व्यक्ति को भी धारा 25 के प्रावधानों की पूर्ति के लिये राज्य बोर्ड को तीन माह के अन्दर इस आशय का प्रार्थना–पत्र अधिभोगी द्वारा प्रस्तुत किया जायेगा तथा इसमें कोई परिवर्तन करने पर भी बोर्ड की पूर्व स्वीकृति प्राप्त करनी होगी।

एस. पेठास बनाम केरल राज्य के वाद में न्यायालय ने कहा कि प्रार्थी की बर्फ बनाने की फैक्ट्री की अनुज्ञप्ति (लाइसेंस) इस आधार पर निरस्त कर देना कि बर्फ बनाने से सारा वातावरण दूषित हो जावेगा गलत है, अनुज्ञप्ति तभी निरस्त की जायेगी जब यह सिद्ध हो जायें की वह पर्यावरण को दूषित करती है या ऐसी गैस निकलती है जो कि पर्यावरण पर अनुचित प्रभाव डालती है।

धारा 27 के उपबन्धों के अनुसार यदि कोई व्यक्ति किसी नये निकासी नाले अथवा प्रत्यावर्तित नाले अथवा किसी प्रदूषित जल को निकालने हेतु बोर्ड द्वारा निर्देशित शर्तों का उल्लंघन करता है, जिनका पालन अनिवार्य था तो उल्लंघन होने पर बोर्ड अपनी पूर्व में दी गई सहमति वापस ले लेगा तथा उक्त स्थान से किसी प्रदूषक जल का नमूना भी ले सकेगा।

इस प्रकार बोर्ड अधिभोगी की शर्तों में परिवर्तन भी कर सकता है तथा परिवर्तन की सूचना युक्तियुक्त कारणों सहित सही समय पर अधिभोगी को देगा तथा किसी प्रकार की नई शर्त भी लगा सकता है। जिसके द्वारा कुछ फेरबदल भी करवा सकता है। ये उक्त सभी परिवर्तन तब तक प्रवृत रहेंगे जब तक की धारा 27(2) के प्रावधानों के अन्तर्गत पुन: न बदल दिये जाये।

धारा 28 के उपबन्धों के अनुसार बोर्ड के आदेश से क्षुब्ध व्यक्ति इस धारा के अधीन ऐसे आदेश अथवा नोटिस के विरुद्ध राज्य सरकार द्वारा नियुक्त अपीलीय प्राधिकारी के समक्ष अपील प्रस्तुत करता है तथा अपीलीय प्राधिकारी को अपीलार्थी 30 दिन के पश्चात् अपील करने के युक्तियुक्त कारणों से सन्तुष्ट कर देता है तो ऐसा सक्षम अपीलीय अधिकारी 30 दिन के पश्चात् भी अपील हेतु समयावधि समाप्त हो जाने पर भी अपील की सुनवाई कर सकता है। अपीलीय प्राधिकरण में तीन सदस्य होंगे तथा इन अधिकारियों के द्वारा विहित रीति से निर्धारित फीस एवं प्रक्रिया से इस धारा के अन्तर्गत पीड़ित पक्षकार आदेश या निर्देश के विरुद्ध अपील प्रस्तुत करेगा।

निर्धारित रीति से की गई अपील पर विचारण करने के पश्चात् निर्णय देने से पहले अपीलार्थी तथा राज्य बोर्ड को सफाई प्रस्तुत करने के लिये कहा जाएगा तथा उसके बाद जैसा अपीलीय अधिकारी उचित समझे निर्णय दिया जायेगा। साथ ही अपीलीय अधिकारी यदि उचित समझे तथा तथ्यों व परिस्थितियों के अनुसार ऐसा करना उचित प्रतीत हो, तब अपीलीय प्राधिकारी किसी अनावश्यक शर्त को शून्य घोषित कर सकता है, और इस प्रकार की शर्त में परिवर्तन भी कर सकता है।

मेघ श्याम शर्मा व अन्य बनाम उत्तर प्रदेश राज्य व अन्य के वाद में यह कहा गया कि कोई विशेष अधिनियम इस प्रकार का है जिसके अन्तर्गत कोई उपचार प्रदान किया गया है, तथा इसके अन्तर्गत किसी विशिष्ट अपीलीय अधिकरण के स्थापना की व्यवस्था है तो ऐसे विशिष्ट सांविधिक प्रावधानों को नकारा नहीं जा सकता क्योंकि ऐसा करना अपने आप में विधिक प्रक्रिया का दुरुपयोग होगा। जबकि अन्तर्निहित अधिकार विधिक प्रक्रिया के दुरुपयोग रोकने के लिये ही होता है।

एस.एस. उखाडे बनाम पश्चिम बंगाल जल प्रदूषण निवारण तथा नियन्त्रण बोर्ड के वाद में कलकत्ता उच्च न्यायालय ने उक्त सिद्धान्त का समर्थन किया।

धारा 29 के उपबन्धों के अनुसार राज्य सरकार उक्त धाराओं 25, 26 तथा 27 के अन्तर्गत किसी रिकार्ड एवं रजिस्टर को अपनी सन्तुष्टी के लिये मँगा सकती है। यदि राज्य बोर्ड द्वारा लागू किया जाने वाला आदेश राज्य सरकार द्वारा उपयुक्त समझा जाता है तो उस प्रस्तावित या लागू किये जाने वाले आदेश से सम्बन्धित आदेश विहित रीति से पारित करके नियम बनाया जा सकता है परन्तु राज्य सरकार बिना राज्य बोर्ड के द्वारा सुझाये गये आदेशों पर कोई विधि इस धारा के अधीन पारित नहीं कर सकती। यदि इस आदेश से कोई व्यक्ति प्रभावित होता है तो उस प्रभावी व्यक्ति को सुनवाई का अवसर प्रदान किया जायेगा।

यदि कोई अपील धारा 25, 26 एव 27 के प्रावधानों के विरुद्ध राज्य सरकार द्वारा गठित किये गये अपीलीय प्राधिकरण में लम्बित है तो उसका निर्णय होने से पूर्व राज्य सरकार पूर्व पारित नियम को अथवा आदेश को तब तक पुर्नजीवित नहीं कर सकती जब तक कि उसका फैसला न हो जाये।

धारा 30 के उपबन्धों के अनुसार राज्य बोर्ड द्वारा किसी व्यक्ति पर गन्दे पानी के निकास के बारे में जो शर्त लगायी गई है या वह व्यक्ति उस गन्दे पानी को इस अधिनियम के लागू होने के पँहले से ही बहा रहा है तो इस अधिनियम के पश्चात् उस व्यक्ति पर वे सभी शर्ते लागू होंगी जो कि अधिनियम में दी गई है तथा ऐसी शर्तें अधिनियम लागू होने की तारीख से ही लागू मानी जायेगी। यदि सम्बन्धित व्यक्ति बोर्ड के आदेशानुसार कार्यों को करने में असफल रहता है तो निर्धारित समय के बाद बोर्ड स्वयं के निर्देशन में उक्त कार्य सम्पन्न करेगा तथा बोर्ड द्वारा किये जाने वाले समस्त कार्यों के खर्चों का भार उक्त सम्बन्धित व्यक्ति द्वारा वहन किया जायेगा। इस प्रकार के खर्च को राज्य बोर्ड वसूल भी कर सकता है।

धारा 31 के उपबन्धों के अनुसार यदि किसी व्यापार अथवा उद्योग के चलाये जाने के स्थान पर दुर्घटना होती है या होना सम्भावित हो तो इस प्रकार उद्योग के इन्चार्ज का यह कर्त्तव्य होता है कि वह तुरन्त इस प्रकार की सूचना राज्य बोर्ड को देवें। इसी प्रकार कोई स्थानीय संस्था जो कि गन्दे पानी के निकास का कार्य करती है तो ऐसी दुर्घटना की दशा में, सूचना देवें।

धारा 32 अनुसार यदि किसी दुर्घटना अथवा अन्य कारणों से किसी जलस्रोत में प्रदूषण हो गया है या सम्भावना हो गई है तो राज्य बोर्ड उस को रोकने के लिए उपाय करेगा, बोर्ड चाहे तो प्रदूषण हटाने वाले पदार्थ को वहाँ से हटा सकता है, प्रदूषण की मात्रा को घटाने के लिये अथवा प्रतिबन्धित करने हेतु आवश्यक कदम उठा सकता है, तथा सम्बद्ध व्यक्ति को आदेश दे सकता है कि जल स्रोत अथवा कुएँ में जहरीला अपशिष्ट न बहाये या उसे शुद्ध करके बहाये इत्यादि।

परन्तु उक्त शक्तियाँ किसी अस्थाई निर्माण पर लागू नहीं होती, यदि उसे बनाने के लिये पूर्व में ही स्वीकृति प्राप्त कर ली गई हो। **एम. सी. मेहता बनाम भारत संघ** के वाद में न्यायालय ने कहा कि अविलम्ब गोकुल बैराज का निर्माण किया जाए।

सर शादीलाल एण्टरप्राइजेज लि. बनाम मुख्य न्यायिक मजिस्ट्रेट सहारनपुर के वाद में एक कारखाने से बहि:स्राव एक दलदल या छिछली झील में विसर्जित किया जा रहा था, न्यायालय द्वारा यह बहि:स्राव तब तक करने से रोकने के आदेश दिये गये जब तक पूरे दलदल या छिछली झील पर पोलीथीन की सतह न बिछा दी जाये।

धारा 33 के उपबन्धों के अनुसार यदि बोर्ड को जल स्रोत अथवा कुएँ में किसी प्रदूषित पदार्थ से जल प्रदूषण उत्पन्न होने की आशंका है तो उसको रोकने के लिये प्रार्थना-पत्र किसी प्रथम श्रेणी के न्यायालय के समक्ष दे सकता है। इस प्रकार आवेदन प्राप्त होने पर मजिस्ट्रेट तथ्यों व परिस्थितियों के अनुसार प्रदूषण रोकथाम के लिये आदेश देगा। जैसे किसी व्यक्ति को जलस्रोत अथवा कुएँ से प्रदूषण हटाने के लिये बहि:स्राव को रोकने के आदेश दे सकता है तथा न्यायालय उक्त प्रकार के खर्च, यदि कोई होता है तो उसे वसूल कर सकता है।

मेसर्स स्वदेशी कॉटन मिल पाण्डीचेरी बनाम भारत संघ के वाद में जहाँ मजिस्ट्रेट ने याची को उत्पादन करने से रोक दिया था, उसके कारण याची की उत्पादन प्रक्रिया ठप्प हो गई थी निर्णय दिया गया कि चूँकि मजिस्ट्रेट के आदेश से पक्षकार के हित पर प्रतिकूल प्रभाव पड़ा है। अत: मजिस्ट्रेट के लिए उस व्यक्ति को सुने जाने का उपयुक्त अवसर प्रदान करना अनिवार्य था। इस प्रकार धारा 33 के अन्तर्गत किसी व्यक्ति के विरुद्ध आदेश पारित करने के पूर्व मजिस्ट्रेट के लिए आवश्यक है कि वह प्राकृतिक न्याय के सिद्धान्तों का पालन करते हुए सम्बन्धित व्यक्ति को उचित सुनवाई का अवसर प्रदान करने के लिए सूचना जारी करें।

मै. अम्बुका पेट्रोकेमिकल लिमिटेड बनाम आन्ध्र प्रदेश प्रदूषण नियन्त्रण बोर्ड के वाद में न्यायालय ने कहा कि उद्योग के यन्त्र से पानी तालाब में जाता है इससे तालाब का पानी दूषित होता है जिससे मानव के जीवन को खतरा पहुँचता है। ऐसी परिस्थिति में उद्योग बन्द करने

के बोर्ड के आदेश को अवैध नहीं कहा जा सकता। यही निर्णय **स्टेला सिल्क लि. बनाम कर्नाटक राज्य** में दिया गया। **मेघश्याम शर्मा बनाम उत्तर प्रदेश राज्य** के वाद में धारा 33 के अन्तर्गत किए गए आदेश को इस आधार पर चुनौती दी गई थी कि चूँकि धारा 33 में आवेदन देने का प्राविधान किया गया है अत: उपधारा (3) के अन्तर्गत न्यायालय में प्रतिबन्ध आदेश हेतु पृथक् आवेदन किया जाना चाहिए। न्यायालय ने इस तर्क में कोई बल न पाते हुए इस तर्क को निरस्त कर दिया। न्यायालय के अनुसार इस प्रावधान को तकनीकी अर्थ न देकर विस्तृत अर्थ दिया जाना चाहिए।

दिल्ली बाटलिंग कं. प्रा. लि. बनाम केन्द्रीय जल संरक्षण एवं जल प्रदूषण नियंत्रण बोर्ड के वाद में न्यायालय ने कहा कि धारा 33 के अन्तर्गत की जाने वाली कार्यवाही स्पष्ट तथा विधिक कार्यवाही है। **भन्दू डिस्टलरी बनाम मध्य प्रदेश प्रदूषण निवारण बोर्ड** के वाद में न्यायालय ने कहा कि बोर्ड को प्राकृतिक न्याय के सिद्धान्त के अन्तर्गत प्रदूषण करने वाले को सूचना देनी पड़ती है तथा सुनवाई का युक्तियुक्त अवसर देना पड़ता है। यदि ऐसा नहीं होता तो यह संवैधानिक रूप से गलत है।

महाराजा श्री उम्मेद मिल्स बनाम राजस्थान राज्य के वाद में यह निर्धारित किया गया कि धारा 33 की कार्यवाही अपराधात्मक होती है और दण्ड प्रक्रिया संहिता में प्रतिस्थापन का प्रार्थना पत्र प्रस्तुत करने या पुनर्विलोकन का प्रार्थना पत्र प्रस्तुत करने का कोई प्रावधान नहीं होता अत: इस प्रकार प्रार्थना न्यायालय द्वारा ग्राह्य नहीं है। **भवानी रीवर केस** के वाद में उच्चतम न्यायालय ने यह मत व्यक्त किया कि किसी भी उद्योग को नदी का पानी गन्दा करने का अधिकार नहीं है। इस वाद में औद्योगिक स्थल का गन्दा पानी नालियों द्वारा नदी में बहाया जाता था, जिससे नदी के जल में प्रदूषण होता था। बोर्ड ने निर्देश पारित किया कि उद्योग का गन्दा पानी गढ्ढे में एकत्रित किया जाना चाहिए, नाली द्वारा नदी में प्रवाहित नहीं करना चाहिए। नदी में प्रवाहित होने से स्वास्थ्य पर प्रभाव पड़ता है। उद्योग को काफी अवसर प्रदान किये गये लेकिन उद्योग लगातार चलता रहा और उसने बोर्ड के निर्देशों का पालन नहीं किया। अत: न्यायालय ने धारा 33क के अन्तर्गत आदेश पारित किया कि उद्योग बन्द कर दिया जावे और तब तक बन्द रहे जब तक कि वह बोर्ड के निर्देशों का पालन नहीं करें। **धारा 33** क इस अधिनियम में 1988 के अधिनियम संख्या 53 की धारा 18 द्वारा जोड़ी गई है। इसके अनुसार बोर्ड इस अधिनियम के अनुसार अपनी शक्तियों का प्रयोग करके किसी भी व्यक्ति को निर्देश दे सकता है, जो कि आज्ञात्मक होते हैं। **भन्दू डिस्टलरी प्रा. लि. बनाम मध्य प्रदेश प्रदूषण निवारण मण्डल भोपाल** के वाद में कहा गया कि **धारा 33क** के अधीन निर्देश जारी करने के अधिकार को नैसर्गिक सिद्धान्तों के तहत् ही काम में लिया जा सकता है।

▣▣▣

10

जल प्रदूषण अधिनियम 1974

जल [प्रदूषण निवारण तथा नियंत्रण] अधिनियम, 1974 के अन्तर्गत गठित केन्द्रीय तथा राज्य बोर्डों के सुचारु रूप से कार्य करने के लिए आवश्यक आर्थिक संसाधनों के स्रोत, विधियाँ, आर्थिक संसाधनों का सदुपयोग करने तथा इनका लेखा-जोखा रखने और जाँच किये जाने हेतु अधिनियम की **धारा 34 से 40** में प्रावधान किये गये हैं-

धारा 34 - केन्द्रीय सरकार द्वारा अभिदाय- केन्द्रीय सरकार, संसद के विधि द्वारा, इस निमित किए गए सम्यक् विनियोग के पश्चात् हर एक वित्तीय वर्ष में केन्द्रीय बोर्ड को ऐसे अभिदाय कर सकेगी, जो वह उस बोर्ड को इस अधिनियम के अधीन अपने कृत्यों के पालन के लिए समर्थ बनाने के लिए आवश्यक समझे।

धारा 35 - राज्य सरकार द्वारा अभिदाय - राज्य सरकार राज्य के विधान मण्डल के विधि द्वारा इस निमित्त किए गए सम्यक् विनियोग के पश्चात् हर एक वित्तीय वर्ष में राज्य बोर्ड को ऐसे अभिदाय (विनियोग बिल द्वारा)कर सकेगी जो वह उस बोर्ड को इस अधिनियम के अधीन अपने कृत्यों के पालन के लिए समर्थ बनाने के लिए आवश्यक समझे।

धारा 36 - केन्द्रीय बोर्ड की निधि- (1) केन्द्रीय बोर्ड स्वयं अपनी निधि रखेगा, और वे सभी राशियाँ जो समय-समय पर, उसे केन्द्रीय सरकार द्वारा संदत्त की जाएँ तथा उस बोर्ड की

(दान, अनुदान, संदान, अपकृति, फीस के रूप में अन्यथा) सभी अन्य प्राप्तियाँ उस बोर्ड की निधि में जमा की जाएँगी और उस बोर्ड द्वारा सभी संदाय उसी में से किए जाएँगे।

(2) केन्द्रीय बोर्ड इस अधिनियम के अधीन अपने कृत्यों का पालन करने के लिए और जहाँ वायु प्रदूषण के निवारण, नियन्त्रण या उपशमन से सम्बन्धित तत्समय प्रवृत्त किसी विधि में केन्द्रीय बोर्ड द्वारा उस विधि के अधीन कोई कृत्य किए जाने के लिए उपबन्ध किया गया हो, वहाँ उस विधि के अधीन अपने कृत्यों का पालन करने के लिए भी ऐसी राशियाँ कर सकेगा, जो वह ठीक समझे और ऐसी राशियाँ उस बोर्ड की निधि में से संदेय व्यय मानी जायेगी।

धारा 37 - राज्य बोर्ड की निधि– (1) राज्य बोर्ड स्वयं अपनी निधि रखेगा, और वे सभी राशियाँ, जो समय-समय पर, उसे राज्य सरकार द्वारा संदत्त की जाएँ तथा उस बोर्ड की (दान, अनुदान, संदान या उपकृति फीस के रूप में या अन्यथा) सभी अन्य प्राप्तियाँ उस बोर्ड की निधि में जमा की जाएँगी और उस बोर्ड द्वारा सभी संदाय उसी में से किए जायेंगे।

(2) राज्य बोर्ड इस अधिनियम के अधीन अपने कृत्यों का पालन करने के लिए और जहाँ वायु प्रदूषण के निवारण, नियन्त्रण या उपशमन से सम्बन्धित तत्समय प्रवृत्त किसी विधि में राज्य बोर्ड द्वारा उस विधि के अधीन कोई कृत्य किए जाने के लिए उपबन्ध किया गया हो, वहाँ उस विधि के अधीन अपने कृत्यों का पालन करने के लिए भी ऐसी राशियाँ व्यय कर सकेगा जो वह ठीक समझे, और ऐसी राशियाँ उस बोर्ड की निधि में संदेय व्यय मानी जाएँगी।

धारा 37क - बोर्ड की धन उधार लेने की शक्ति–बोर्ड यथास्थिति केन्द्रीय सरकार या राज्य सरकार की सहमति से या उसके द्वारा उसके दिए गए साधारण या विशेष प्राधिकार के निबन्धनों के अनुसार उधार के रूप में या बंध पत्र, डिबेंचर या ऐसी अन्य लिखतों को जो वह ठीक समझे निर्गमित करके इस अधिनियम के अधीन अपने सभी या किन्हीं कृत्यों के पालन के लिए किसी भी स्रोत से धन उधार ले सकेगा।

धारा 38-बजट - यथास्थिति, केन्द्रीय बोर्ड या राज्य बोर्ड हर एक वित्तीय वर्ष के दौरान आगामी वित्तीय वर्ष की बाबत ऐसे प्रारूप में और ऐसे समय पर, जो विहित किया जाए, बजट तैयार करेगा जिसमें प्राक्कलित प्राप्तियाँ और व्यय दर्शित होंगे तथा उसकी प्रतियाँ, यथास्थिति केन्द्रीय सरकार या राज्य सरकार को प्रेषित की जाएँगी।

धारा 39-वार्षिक रिपोर्ट – (1) **केन्द्रीय बोर्ड** प्रत्येक वित्तीय वर्ष के दौरान ऐसे प्रारूप में जो विहित किया जाए, एक वार्षिक रिपोर्ट तैयार करेगा जिसमें पूर्ववर्ती वित्तीय वर्ष के दौरान इस अधिनियम के अधीन उसके क्रिया-कलापों का पूरा विवरण दिया होगा और उसकी प्रतियाँ पूर्ववर्ती वित्तीय वर्ष की अन्तिम तारीख से चार मास के भीतर केन्द्रीय सरकार को प्रेषित की जाएँगी और वह सरकार ऐसी प्रत्येक रिपोर्ट को पूर्ववर्ती वितीय वर्ष की अन्तिम तारीख से नौ मास के भीतर संसद के दोनों सदनों के समक्ष रखवाएँगी।

(2) प्रत्येक **राज्य बोर्ड,** प्रत्येक वित्तीय वर्ष के दौरान ऐसे प्रारूप में जो विहित किया जाए, एक वार्षिक रिपोर्ट तैयार करेगा जिसमें पूर्ववर्ती वित्तीय वर्ष के दौरान इस अधिनियम के

अधीन उसके क्रिया-कलापों का पूरा विवरण दिया गया होगा और उसकी प्रतियाँ पूर्ववर्ती वित्तीय वर्ष की अन्तिम तारीख से चार मास के भीतर राज्य सरकार को प्रेषित की जाएँ और वहाँ सरकार ऐसी प्रत्येक रिपोर्ट को पूर्ववर्ती वित्तीय वर्ष की अन्तिम तारीख से नौ मास के भीतर राज्य विधान मण्डल के समक्ष रखवाएँगी।

धारा 40- लेखा और लेखा परीक्षा –

(1) प्रत्येक बोर्ड समुचित लेखा और अन्य सुसंगत अभिलेख रखेगा तथा लेखाओं का वार्षिक विवरण ऐसे प्रारूप में तैयार करेगा जो, यथास्थिति केन्द्रीय सरकार या राज्य सरकार द्वारा विहित किया जाए।

(2) बोर्ड के लेखाओं की लेखा परीक्षा ऐसे लेखा परीक्षकों द्वारा की जाएगी जो कम्पनी अधिनियम 1956 की धारा 226 के अधीन कम्पनियों के लेखा परीक्षा के रूप में कार्य करने के लिए सम्यक रूप में अर्हित है।

(3) उक्त लेखा परीक्षक, यथास्थिति केन्द्रीय सरकार या राज्य सरकार द्वारा भारत के नियन्त्रक और महालेखा परीक्षक की सलाह पर नियुक्त किया जाएगा।

(4) इस अधिनियम के अधीन बोर्ड के लेखाओं की लेखा परीक्षा करने के लिए नियुक्त प्रत्येक लेखा परीक्षक की बहियों, लेखाओं, सम्बद्ध वाउचरों और अन्य दस्तावेजों तथा कागज-पत्रों के पेश किए जाने की माँग करने का और बोर्ड के कार्यालयों में किसी कार्यालय का निरीक्षण करने का अधिकार होगा।

(5) प्रत्येक ऐसा लेखा परीक्षक लेखाओं की लेखा परीक्षा प्रति सहित अपनी रिपोर्ट की एक प्रति, यथास्थिति केन्द्रीय सरकार को भेजेगा।

(6) केन्द्रीय सरकार उपधारा (5) के अधीन लेखा परीक्षा रिपोर्ट की प्राप्ति के पश्चात् यथा शीघ्र, उसे संसद के दोनों सदन के समक्ष रखवाएगी।

(7) राज्य सरकार उपधारा (5) के अधीन लेखा परीक्षा रिपोर्ट की प्राप्ति के पश्चात् यथाशीघ्र उसे राज्य के विधान मण्डल के समक्ष रखवाएगी।

टिप्पणी

धारा 34 व धारा 35 के उपबन्धों के अनुसार केन्द्रीय बोर्ड तथा राज्य बोर्ड, क्रमशः संसद तथा विधान मण्डल की स्वीकृति से प्रत्येक वित्तीय वर्ष में आवश्यक कार्यों को करने के लिये एक फण्ड या कोष का निर्माण कर सकती है।

धारा 36 व धारा 37 के उपबन्धों के अनुसार केन्द्रीय फण्ड तथा राज्य फण्ड को क्रमशः केन्द्रीय सरकार व राज्य सरकार द्वारा धन दिया जाएगा। इस प्रकार का कोष स्वयं बोर्ड का निजी कोष होगा तथा केन्द्रीय और राज्य द्वारा किये जाने वाले समस्त भुगतान इसी बोर्डों द्वारा कोष में से किये जायेंगे।

धारा 37क के अनुसार बोर्ड (केन्द्रीय तथा राज्य) अपने उद्देश्य तथा कर्त्तव्य पालन के लिये धन उधार प्राप्त कर सकती है। बोर्ड ऋण के द्वारा, बॉण्डों को जारी करके, ऋणपत्रों को जारी करके ऐसे ही किसी अन्य लिखित को जारी करके, प्राप्त कर सकता है।

धारा 38 के अनुसार केन्द्रीय व राज्य बोर्ड दोनों ही अपनी-अपनी सरकारों को वित्तीय वर्ष हेतु प्राप्तियाँ एवं व्ययों का अनुमान विहित समय पर तैयार करके अपनी-अपनी सरकारों को अनुमति के लिये भेजेगा जिसके आधार पर बजट तैयार होता है तथा सरकारें धन की व्यवस्था करती हैं।

धारा 39 के अनुसार केन्द्रीय व राज्य बोर्ड दोनों बोर्ड प्रत्येक वित्तीय वर्ष में विहित रीति एवं निर्धारण समय पर जैसा कि पूर्व निर्धारित हो, राज्य सरकार के पास गत वर्ष के खातों एवं कार्यवाहियों कि एक सत्यापित प्रतिलिपि भेजेगा जिसे सरकार 6 मास के अन्तर्गत विचार करने हेतु संसद व विधानमण्डल में प्रस्तुत करेगी।

धारा 40 के उपबन्धों के अनुसार दोनों बोर्ड (केन्द्रीय व राज्य बोर्ड) प्रत्येक वर्ष के लिये विहित प्रारूप एवं विधि से अपने खाते व अन्य रिकॉर्ड बनायेंगे जैसा कि सरकारें समय-समय पर बोर्डों को निर्देशित करें तथा उक्त प्रकार के खातों का समय-समय पर सक्षम ऑडिटर द्वारा ऑडिट करवाया जायें, तथा ऑडिटर द्वारा सत्यापित एक प्रतिलिपि सम्बन्धित सरकार को भेजी जायेगी। सरकार इस प्रकार प्राप्त हुए ऑडिट रिपोर्ट को संसद व विधान मण्डल में प्रस्तुत करेगी।

प्रत्येक अधिनियम में अधिनियम के प्रावधानों के अपालन की दशा में दाण्डिक प्रावधानों का समावेश किया जाता है ताकि अधिनियम के पालन किये जाने को संभव बनाया जा सके। इसी उद्देश्य को लेकर जल (प्रदूषण निवारण तथा नियंत्रण) अधिनियम, 1974 की **धारा 41 से 50** में दाण्डिक प्रावधान व न्यायालयों की प्रक्रिया के सम्बन्ध में प्रावधान दिये गये हैं।

धारा 41 - धारा 20 की उपधारा (2) या उपधारा (3) के अधीन निर्देशों का, या धारा 32 की उपधारा (1) के खण्ड (ग) के अधीन जारी किए गए आदेशों का या धारा 33 की उपधारा (2) या धारा 33क के अधीन जारी किए गए निर्देशों का अनुपालन करने में असफल रहने पर दण्ड– (1) जो कोई धारा 20 की उपधारा (3) के अधीन दिये गये किसी निर्देश का पालन ऐसे समय के भीतर, जो निर्देश में विनिर्दिष्ट किया जाए, करने में असफल रहता है, वह दोषसिद्धि पर कारावास से जिसकी अवधि तीन मास तक की हो सकेगी, या जुर्माने से, जो दस हजार रुपये तक का हो सकेगा, या दोनों से, दण्डनीय होगा और यदि असफलता जारी रहती है, तो ऐसे अतिरिक्त जुर्माने से, जो प्रथम असफलता के लिए दोषसिद्ध किए जाने के पश्चात् ऐसे प्रत्येक दिन के लिए जिसके दौरान ऐसी असफलता जारी है पाँच हजार रुपये तक का हो सकेगा, दण्डनीय होगा।

(2) जो कोई धारा 32 की उपधारा (1) के खण्ड (ग) के अधीन जारी किये गये किसी आदेश का या धारा 33 की उपधारा (2) के अधीन किसी न्यायालय द्वारा जारी किये गये किसी निर्देश का या धारा 33क के अधीन जारी किये गये किसी निर्देश का पालन करने में असफल रहेगा, वह प्रत्येक ऐसी असफलता के सम्बन्ध में ऐसी दोषसिद्धि पर कारावास से, जिसकी

अवधि एक वर्ष और छः मास से कम की नहीं होगी, किन्तु जो छः वर्ष तक की हो सकेगी और जुर्माने से, दण्डनीय होगा और यदि असफलता जारी रहती है तो ऐसे अतिरिक्त जुर्माने से दण्डनीय होगा और यदि असफलता जारी रहती है पाँच हजार रुपये तक का हो सकेगा, दण्डनीय होगा।

(3) यदि उपधारा (2) में निर्दिष्ट असफलता दोषसिद्ध की तारीख में पश्चात् एक वर्ष की कालावधि से परे जारी रहती है तो अपराधी कारावास से जिसकी अवधि दो वर्ष से कम की नहीं होगी, किन्तु जो सात वर्ष तक की हो सकेगी और जुर्माने से दण्डनीय होगा।

धारा 42 – कतिपय कार्यों के लिए शास्ति– (1) जो कोई (क) बोर्ड के प्राधिकार द्वारा या के अधीन भूमि पर लगाए गए किसी स्तम्भ, थम्ब या खूँटे को या प्रस्तुत अन्तर्लिखित या रखी गई किसी सूचना या अन्य पदार्थ को नष्ट करेगा, गिराएगा, हटाएगा, क्षति पहुँचाएगा या विरूपित करेगा, अथवा

(ख) बोर्ड के आदेशों या निर्देशों के अधीन कार्य करने वाले किसी व्यक्ति को इस अधिनियम के अधीन अपनी शक्तियों का प्रयोग और अपने कृत्यों का पालन करने में बाधित करेगा, अथवा

(ग) बोर्ड के किसी संकर्म या सम्पत्ति को नुकसान पहुँचाएगा, अथवा

(घ) बोर्ड के किसी अधिकारी या अन्य कर्मचारी को ऐसी कोई जानकारी देने में असफल रहेगा जिसकी वह इस अधिनियम के प्रयोजन के लिए अपेक्षा करे, अथवा

(ङ) धारा 31 के अधीन किसी दुर्घटना या अन्य अकल्पित कार्य या घटना के होने की सूचना उस धारा द्वारा यथा अपेक्षित बोर्ड और अन्य प्राधिकारियों या अभिकरणों को देने में असफल रहेगा, अथवा

(च) कोई ऐसी जानकारी देने में, जिसका दिया जाना उसमें इस अधिनियम के अधीन अपेक्षित है जानते हुए या जानबूझकर ऐसा कथन करता है जिसका कोई महत्वपूर्ण अंश मिथ्या है, अथवा

(छ) धारा 25 या 26 के अधीन कोई सहमति प्राप्त करने के प्रयोजन के लिए जानते हुए या जानबूझकर ऐसा कथन करता है जिसका कोई महत्त्वपूर्ण अंश मिथ्या है।

वह कारावास से जिसकी अवधि तीन मास की हो सकेगी, या जुर्माने से, जो दस हजार रुपये तक का हो सकेगा या दोनों से, दण्डनीय होगा।

(2) जहाँ धारा 25 या धारा 26 के उपबन्धों के अनुसरण में सहमति देने के लिए मीटर या प्रमापी या अन्य नापने या मानीटर करने की युक्ति अपेक्षित है और ऐसी युक्ति का प्रयोग उन उपबन्धों के प्रयोजनों के लिए किया जाता है। वहाँ कोई व्यक्ति जो जानते हुए या जानबूझकर ऐसी युक्ति को परिवर्तित करता है या उसमें हस्तक्षेप करता है जिससे वह सही मानीटर अवधि तीन मास तक की हो सकेगी, या जुर्माने से जो दस हजार रुपये* तक का हो सकेगा या दोनों से दण्डनीय होगा।

धारा 43–धारा 24 के उपबन्धों के उल्लंघन के लिए शास्ति–जो कोई धारा 24 के उपबन्धों का उल्लंघन करेगा वह कारावास से जिसकी अवधि एक वर्ष और छः मास से कम न होगी किन्तु जो एक वर्ष और छः वर्ष तक की हो सकेगी और जुर्माने से दण्डनीय होगा।

धारा 44–धारा 25 या धारा 26 के उल्लंघन के लिये शास्ति– जो कोई धारा 25 या धारा 26 के उपबन्धों का उल्लंघन करेगा, वह कारावास (साधारण कारावास) से, जिसकी अवधि एक वर्ष और छःमास से कम न होगी किन्तु जो छः वर्ष तक की हो सकेगी और जुर्माने से दण्डनीय होगा।

धारा 45–पूर्व दोष सिद्धि के पश्चात् वर्णित शास्ति– यदि कोई व्यक्ति जो धारा 24 या धारा 25 या धारा 26 के अधीन किसी अपराध के लिए दोष सिद्ध किया गया है पुनः उस उपबन्ध के उल्लंघन के किसी अपराध का दोषी पाया जाता है तो वह द्वितीय और प्रत्येक पश्चात्वर्ती दोषसिद्धि पर कारावास से जिसकी अवधि दो वर्ष से कम न होगी किन्तु जो सात वर्ष तक की हो सकेगी और जुर्माने से दण्डनीय होगा। परन्तु इस धारा के प्रयोजन के लिए उस अपराध के लिए जिसके लिए दण्ड दिया जा रहा है, किए जाने से दो वर्ष से अधिक पूर्व की गई किसी दोषसिद्धि का संज्ञान नहीं किया जाएगा।

धारा 45क–अधिनियम के कुछ उपबन्धों के उल्लंघन के लिए शास्ति– जो कोई इस अधिनियम के किसी उपबन्ध का उल्लंघन करेगा या इस अधिनियम के अधीन दिए गए किसी आदेश या निर्देश का अनुपालन करने में असफल रहेगा जिसके लिए इस अधिनियम में अन्यत्र किसी शास्ति का उपबन्ध नहीं किया गया है, वह ऐसे कारावास से, जो तीन मास तक का हो सकेगा, या जुर्माने से जो दस हजार रुपये तक का हो सकेगा या दोनों से, दण्डनीय होगा और उल्लंघन या असफलता के लिए दोष सिद्ध किए जाने के पश्चात् ऐसे प्रत्येक दिन के लिए जिसके दौरान ऐसा उल्लंघन या ऐसी असफलता जारी रहती है। पाँच हजार रुपये तक हो सकेगा, दण्डनीय होगा। [1988 संशोधन अधिनियम द्वारा जोड़ी गई।]

धारा 46 - अपराधियों के नामों का प्रकाशन– यदि इस अधिनियम के अधीन किसी अपराध के लिए दोषसिद्ध किया गया कोई व्यक्ति बाद में उसी प्रकार का कोई अपराध करता है तो न्यायालय के लिए यह विधिपूर्ण होगा की वह द्वितीय या पश्चात्वर्ती दोष सिद्धि होने के पूर्व अपराधी का नाम, निवास स्थान, अपराध और अधिरोपित शास्ति अपराधी के खर्चे पर ऐसे समाचार पत्रों में और ऐसी अन्य रीति में प्रकाशित कराए जैसा न्यायालय निर्देश करें और ऐसे प्रकाशन का खर्चा दोषसिद्धि में होने वाले खर्चों का भाग समझा जाएगा और वह उसी रीति से वसूलनीय होगा जैसा जुर्माना वसूल किया जाता है।

धारा 47–कम्पनियों द्वारा अपराध–(1) जहाँ इस अधिनियम के अधीन कोई अपराध किसी कम्पनी द्वारा किया गया हो, वहाँ प्रत्येक व्यक्ति जो उस अपराध के किए जाने के समय उस कम्पनी के कारोबार के संचालन के लिए उस कम्पनी का भार साधक और उसके प्रति उत्तरदायी था और साथ ही वह कम्पनी भी उस अपराध के दोषी समझे जायेंगे और तद्नुसार अपने विरुद्ध कार्यवाही किए जाने और दण्डित किए जाने के भागी होंगे,

परन्तु इस उपधारा की कोई बात किसी ऐसे व्यक्ति को इस अधिनियम में उपबन्धित किसी शब्द का भागी नहीं बनाएगी यदि वह यह साबित कर दे कि अपराध उसकी जानकारी के बिना किया गया था या उसने ऐसे अपराध के किए जाने का निवारण करने के लिए सब सम्यक् तत्परता बरती थी।

(2) उपधारा (1) में किसी बात के होते हुए भी, जहाँ इस अधिनियम के अधीन कोई अपराध कम्पनी द्वारा किया गया हो और यह साबित हो कि वह अपराध कम्पनी के किसी निदेशक प्रबन्धक सचिव या अन्य अधिकारी भी उस अपराध का दोषी समझा जाएगा और तद्नुसार अपने विरुद्ध कार्यवाही किए जाने और दण्डित किए जाने का भागी होगा।

स्पष्टीकरण– इस धारा के प्रयोजनों के लिए–

(क) कम्पनी से कोई निगमित निकाय अभिप्रेत है और इसके अन्तर्गत फर्म या व्यष्टियों का अन्य संगम भी है, तथा

(ख) फर्म के सम्बन्ध में 'निदेशक' से उस फर्म का भागीदार अभिप्रेत है।

धारा 48–सरकारी विभागों द्वारा अपराध– जहाँ इस अधिनियम के अधीन कोई अपराध किसी सरकारी विभाग द्वारा किया गया है वहाँ, विभागाध्यक्ष को अपराध का दोषी समझा जाएगा और तद्नुसार अपने विरुद्ध कार्यवाही किए जाने और दण्डित किए जाने का भागी होगा,

परन्तु इस धारा की कोई बात किसी विभागाध्यक्ष को किसी दण्ड का भागी नहीं बनाएगी यदि वह यह साबित कर दे कि अपराध उसकी जानकारी के बिना किया गया था या उसने ऐसे अपराध के किए जाने का निवारण करने के लिए सम्यक् तत्परता बरती थी।

धारा 49–अपराधों का संज्ञान– (1) कोई भी न्यायालय इस अधिनियम के अधीन किसी अपराध का संज्ञान निम्नलिखित द्वारा किये गये परिवाद पर ही करेगा अन्यथा नहीं–

(क) किसी बोर्ड या उसके द्वारा इस निमित्त प्राधिकृत किसी अधिकारी, या

(ख) ऐसा कोई व्यक्ति जिसने अभिकथित अपराध की ओर परिवाद करने के, अपने आशय को यथोपूर्वोक्त बोर्ड या प्राधिकृत अधिकारी को विहित रीति में, कम से कम साठ दिन की सूचना दी है।

और किसी महानगर माजेस्ट्रेट या प्रथम वर्ग मजिस्ट्रेट के न्यायालय से अब कोई न्यायालय इस अधिनियम के अधीन किसी दण्डनीय अपराध का विचारण नहीं करेगा।

(2) जहाँ उपधारा (1) के खण्ड (ख) के अधीन कोई परिवाद किया गया है वहाँ बोर्ड ऐसे व्यक्तियों द्वारा माँग किए जाने पर अपने कब्जे में की सुसंगत रिपोर्ट उस व्यक्ति को उपलब्ध कराएगा,

परन्तु बोर्ड ऐसे व्यक्ति को कोई ऐसी रिपोर्ट उपलब्ध कराने में इन्कार कर सकेगा यदि उसकी राय में वह लोकहित के विरुद्ध है।

(3) दण्ड प्रक्रिया संहिता 1973 की धारा 29 में किसी बात के होते हुए भी किसी प्रथम वर्ग न्यायिक मजिस्ट्रेट या किसी महानगर मजिस्ट्रेट के लिए इस अधिनियम के अधीन दण्डनीय किसी अपराध के लिए दोषसिद्ध किए गए किसी व्यक्ति पर दो वर्ष से अधिक की अवधि के कारावास के लिए या दो हजार रुपये से अधिक के जुर्माने के लिए दण्डादेश पारित करना विधि पूर्ण होगा।

धारा 50–बोर्ड के सदस्यों, अधिकारियों और सेवकों का लोक सेवक होना– बोर्ड के सभी सदस्य अधिकारी और सेवक जब से इस अधिनियम और तद्धीन बनाए गए नियमों के किसी उपबन्ध के अनुसरण में कार्य कर रहे हो या जब उनका ऐसा कार्य करना तात्पर्यित हो, भारतीय दण्ड संहिता की धारा 21 के अर्थ में लोक सेवक समझे जायेंगे।

टिप्पणी

धारा 41 के उपबन्धों के अनुसार जब राज्य बोर्ड द्वारा धारा 20(2)या 20(3) के अन्तर्गत निर्धारित समय पर अपने द्वारा प्रयोग किये जाने वाले पानी के प्रवाह अथवा किसी से सम्बन्धित सुचनाएँ बोर्ड के निर्देशानुसार देने में असमर्थ रहता है अथवा गन्दे पानी को निकालने सम्बन्धित संयंत्र निर्माण अथवा उसमें फेर-बदल करने सम्बन्धी निर्देशों के अन्तर्गत कार्य नहीं करता है अथवा बोर्ड द्वारा इस बाबत माँगी गई सूचनाएँ देने में समर्थ रहता है इसी प्रकार किसी जल स्त्रोत अथवा कुएँ के सम्बन्ध में उत्पन्न प्रदूषण के अन्तर्गत किसी जहरीली अथवा अस्वास्थ्यकारी जल को किसी प्राकृतिक जल धारा में मिलाने पर प्रदूषण होता है तथा उसे रोकने के लिए कोई आदेश दिया गया है तथा सम्बन्धित व्यक्ति द्वारा आदेश के पालन में असफल रहने पर ऐसे दोषी व्यक्ति को 3 माह के कारावास तथा 5,000 का जुर्माने से अथवा दोनों से दण्डित किया जा सकेगा अत: धारा 20(2), 20(3) तथा 32(1),31(ग) तथा धारा 33 के प्रावधानों के उल्लंघन करने पर दण्डित किया जा सकता है या किया जा सकेगा।

धारा 42 के उपबन्धों के अनुसार कोई व्यक्ति जो बोर्ड के किसी आदेश के बावजूद किसी मैदान में कोई रुकावट खड़ी करता है अथवा रुकावट को हटाता है, तथा बोर्ड द्वारा अधिकृत किसी व्यक्ति के कार्य में बाधा डालता है। अथवा बोर्ड की किसी सम्पत्ति को नष्ट करता है, या कोशिश करता है, अथवा बोर्ड के अधिकृत व्यक्ति द्वारा कोई सूचना माँगे जाने पर असफल रहता है, अथवा किसी व्यावसायिक परिसर में हुई दुर्घटना की सूचना नहीं देता है, अथवा कोई ऐसी जानकारी देने में जिसका दिया जाना उससे इस अधिनियम के अधीन अपेक्षित है जानते हुए या जानबूझकर ऐसा कथन करता है जो कि मिथ्या है तो इस प्रकार के व्यक्ति को तीन मास के कारावास अथवा दस हजार रुपये तक का जुर्माना अथवा दोनों से दण्डित किया जायेगा।

इस प्रकार कोई व्यक्ति किसी जगह के नाप या संयन्त्र या बहि:स्त्राव की निकासी के नाप के बारें में या उससे सम्बन्धित अन्य कोई बात जो की बोर्ड द्वारा दिये गये नाप के अनुकूल नहीं

है तो इस प्रकार के व्यक्ति को भी दस हजार रुपये जुर्माना अथवा तीन मास की कैद की सजा अथवा दोनों दी जा सकती है।

धारा 43 के उपबन्ध के अनुसार जो कोई किसी जल स्रोत अथवा कुएँ में अवशेष पदार्थों को डालने के लिये प्रतिबन्धित किया गया हो वह व्यक्ति इस प्रतिबन्ध का उल्लंघन करता है तो वह व्यक्ति एक वर्ष छः मास से अधिक की अवधि के दण्ड से दण्डित जुर्माने से दण्डित किया जा सकेगा।

हरियाणा राज्य परिषद् बनाम भारत स्टार्च एण्ड केमिकल्स के वाद में कहा गया कि धारा 43 के अन्तर्गत अपराधों के लिए परिवाद या तो परिषद् द्वारा किया जा सकता है या परिषद् की अनुमति से किसी अन्य व्यक्ति द्वारा प्रस्तुत किया जा सकता है।

धारा 44 के उपबन्ध के अनुसार यदि कोई व्यक्ति धारा 25 व 26 के अन्तर्गत किसी नये निकास नाले अथवा औद्योगिक अवशेष को निकालने के लिये किसी साधन को प्रयोग में लाने के लिये प्रतिबन्धित होने के बाद भी प्रयोग करता हो तो, ऐसे व्यक्ति छः माह से अधिक से और जुर्माने से दण्डनीय होगा।

एस. एस. उखाडे बनाम पश्चिम बंगाल जल के प्रदूषण निवारण तथा नियन्त्रण परिषद् के वाद में प्रश्नगत कारखाना हुगली जिले के सेरापोर उपसभांग में स्थित था तथा कम्पनी अपनी बहिःस्राव रेल्वे झील नामक नाले में विसर्जित करती थी। कलकत्ता मेट्रोपोलिटन मजिस्ट्रेट के न्यायालय में इस अधिनियम की धारा 44 के अन्तर्गत परिवाद दाखिल किया गया। यह तर्क दिया गया कि यह निष्कर्ष निकालना गलत होगा कि कार्य का शुरू का परिणाम जिसके अपराध का गठन होता है। मेट्रोपोलिटन मजिस्ट्रेट कलकत्ता के क्षेत्राधिकार के न्यायालय में दाखिल कर सकती है।

एल. आर. वाधवानी बनाम जल प्रदूषण निवारण नियन्त्रण बोर्ड हरियाणा के वाद में कहा गया कि धारा 43 व धारा 44 के अन्तर्गत किये जाने वाले अपराधों का समझौतों द्वारा शमन नहीं किया जा सकता।

धारा 45 के उपबन्ध के अनुसार यदि कोई व्यक्ति धारा 24,25,26 के अन्तर्गत पूर्व में दोषसिद्ध हो चुका है तथा उसे दण्डित भी किया जा चुका है। वह वापस इन्हीं प्रावधानों के अन्तर्गत दोषी पाया जाता है तो उसे कम से कम 2 वर्ष से लेकर 7 वर्ष तक की सजा या जुर्माने से दण्डित किया जायेगा।

धारा 45 (क) 1988 के संशोधन के अधिनियम द्वारा जोड़ी गई है। यह धारा व्यवस्था करती है कि जिस बारे में इस अधिनियम में दण्ड की कोई व्यवस्था नहीं है, वहाँ पर इस धारा के अन्तर्गत दण्डित किया जा सकता है।

धारा 46 के उपबन्ध के अनुसार यदि किसी व्यक्ति को किसी अपराध के लिये वापस दण्डित किया जाता है तो बोर्ड उस व्यक्ति का नाम, पता एवं अपराध की प्रवृति तथा जुर्माने की

रकम स्थानीय समाचार पत्रों में प्रकाशित करा सकेगा तथा इस प्रकार का व्यय उक्त व्यक्ति से वसूला जा सकेगा।

धारा 47 के उपबन्धों के अनुसार कम्पनियों द्वारा किये जाने वाले अपराध के बारे में ऐसे व्यक्ति को जो इस प्रकार का अपराध होने पर कम्पनी के कार्यों के प्रति उत्तरदायी था दोषी माना जायेगा लेकिन यदि इस प्रकार के दोषी व्यक्ति द्वारा यह सिद्ध कर दिया जाता है कि उक्त अपराध उसके ज्ञान में या अस्वीकृति से किया गया है तो उसे दोषी करार नहीं दिया जा सकता ऐसी स्थिति में केवल कम्पनी ही दोषी होती है। इस प्रकार यदि कोई अपराध हुआ है तथा यह भी सिद्ध हो जाता है कि उक्त अपराध कम्पनी के किसी भारसाधक अधिकारी की सहमति से हुआ है तो कम्पनी के साथ वह भी दण्डित होगा। सहमति के अन्तर्गत उपेक्षा भी शामिल है अर्थात् उपेक्षा के या लापरवाही के कारण भी अपराध होता है तो दोषसिद्ध करके दण्डित किया जा सकेगा।

म्युनिसिपल कॉरपोरेशन दिल्ली बनाम भगवानदास के वाद में कहा गया कि कम्पनी अथवा फर्म के ऐसे किसी भी व्यक्ति को अपराध के लिए दोषी माना जा सकता है यदि उसका अपराध से सम्बन्ध रहा है अथवा, उस अपराध को उसकी सहमति से किया गया है।

महमूद अली बनाम बिहार राज्य के वाद में कहा गया कि व्यक्तिगत उत्तरदायित्व से बचने के लिये यह साबित करना आवश्यक है कि अपराध उसकी अज्ञानता में हुआ तथा वह अपराध के निवारण हेतु पूर्णरूप से सतर्क या सावधान था।

उत्तर प्रदेश प्रदूषण नियन्त्रण बोर्ड बनाम मोदी डिस्टीलरी के मामले में कहा गया कि किसी कम्पनी द्वारा कारित अपराध की दशा में उस कम्पनी के भार साधक अधिकारी पर अध्यक्ष, उपाध्यक्ष प्रबन्ध निदेशक, निदेशक मण्डल के सदस्यों आदि का प्रतिनिधिक दायित्व होता है।

दिल्ली नगर निगम बनाम रामकिशन रस्तोगी के वाद में उच्चतम न्यायालय ने यह निर्णय दिया कि जहाँ तक प्रबन्धक का सम्बन्ध है, प्रबन्धक की स्थिति निर्देशक के समान नहीं है। प्रबन्धक के सम्बन्ध में यह स्पष्ट है कि प्रबन्धक कम्पनी के विरुद्ध अपराधों के लिए प्रतिनिधिक दायित्व के अन्तर्गत उत्तरदायी होगा।

डा. जेड कोटोसेक बनाम बिहार राज्य के वाद में याची ने प्रबन्धक के रूप में कम्पनी के भार साधक के कार्यों का दायित्व ग्रहण किया था अत: उसकी ओर से किया गया यह तर्क स्वीकार करना कठिन है कि इस अधिनियम की धारा 47 के अन्तर्गत अपराध का उसके विरुद्ध संज्ञान लेना या उसके विरुद्ध आपराधिक अभियोजन चलाना विधि के अन्तर्गत गलत होगा।

धारा 48 के अनुसार यदि कोई अपराध किसी सरकारी विभाग द्वारा कारित किया जाता है। तो उसके लिए प्रथम दृष्टया उस विभाग का अध्यक्ष दण्ड का भागी होगा परन्तु यदि इस प्रकार का कोई अपराध उसकी सहमति के बिना तथा उसके मना करने के बावजूद किया गया हो तो उक्त व्यक्ति आपराधिक नहीं होगा।

धारा 49 के उपबन्धों के अनुसार किसी अपराध के लिये बिना राज्य बोर्ड की प्रार्थना अथवा शिकायत के अथवा किसी अपराधी की जिसने बोर्ड को 60 दिनों का नोटिस दिया है के अलावा किसी के परिवाद पर न्यायालय विचारण नहीं करेगा तथा प्रथम वर्ग मजिस्ट्रेट से नीचे का मजिस्ट्रेट या न्यायालय इस अधिनियम के तहत् सुनवाई नहीं करेगा। मैट्रोपोलिटन मजिस्ट्रेट या प्रथम श्रेणी मजिस्ट्रेट ही इस धारा के अन्तर्गत संज्ञान लेकर दण्डित कर सकता है और दो वर्ष से अधिक का कारावास तथा दो हजार रुपये का आर्थिक दण्ड दे सकता है।

मैसर्स लिप्टन लिमिटेड, जी.टी. रोड गाजियाबाद बनाम उत्तर प्रदेश के वाद में उच्च न्यायालय ने यह निर्णय दिया कि धारा 49 के अन्तर्गत सहायक पर्यावरण अभियन्ता के माध्यम से परिषद् द्वारा वाद प्रस्तुत करना वैध परिवाद होगा।

धारा 50 के उपबन्धों के अनुसार बोर्ड के सभी सदस्य अधिकारी तथा सेवक जब इस अधिनियम के उपबन्धों के अनुसार कार्य कर रहे हो या उनका ऐसे कार्य करना तात्पर्यित हो तो भारतीय दण्ड संहिता के तहत् लोक सेवक माने जायेंगे।

जे. एस. हुजा बनाम उत्तर प्रदेश राज्य के बाद में कहा गया कि जब बोर्ड द्वारा या उसके किसी अधिकारी द्वारा परिवाद किया गया है तो मजिस्ट्रेट प्रक्रिया जारी करने के पूर्व परिवादी का परीक्षण नहीं कर सकता।

11

जल पर्यावरण कानून

जल (प्रदूषण निवारण तथा नियंत्रण) अधिनियम, 1974 का अन्तिम अध्याय विभिन्न बातों की विस्तृत व्याख्या करता है। अधिनियम की **धारा 51 से 64** तक में जल प्रयोगशालाओं के गठन, उनकी रिपोर्ट, केन्द्र व राज्य सरकार की शक्ति आदि के सम्बन्ध में विस्तृत वर्णन है:–

धारा 51 – केन्द्रीय जल प्रयोगशाला–

(1) केन्द्रीय सरकार राजपत्र में अधिसूचना द्वारा–

(क) एक केन्द्रीय जल प्रयोगशाला स्थापित कर सकेगी, या

(ख) इस अधिनियम के अधीन केन्द्रीय जल प्रयोगशाला को सौपे गए कृत्य करने के लिए किसी प्रयोगशाला या संस्थान के केन्द्रीय जल प्रयोगशाला के रूप में विनिर्दिष्ट कर सकेगी।

(2) केन्द्रीय सरकार केन्द्रीय बोर्ड से परामर्श करने के पश्चात् निम्नलिखित को विहित करने के लिए निमय बना सकेगी

(क) केन्द्रीय जल प्रयोग शाला के कृत्य,

(ख) जल या मल या व्यावसायिक बहिःस्राव के नमूने विश्लेषण या परीक्षण के लिए उक्त प्रयोगशाला को भेजने के लिए प्रक्रिया, उस पर प्रयोगशाला की रिपोर्ट का प्रारूप और ऐसी रिपोर्ट की बाबत संदेय फीस,

(ग) ऐसे अन्य विषय जो उस प्रयोगशाला को अपने कृत्य करने के लिए समर्थ बनाने की दृष्टि से आवश्यक या समीचीन हो।

धारा 52 - राज्य जल प्रयोगशाला–

(1) राज्य सरकार राजपत्र में अधिसूचना द्वारा–

(क) एक राज्य जल प्रयोगशाला स्थापित कर सकेगी, या

(ख) इस अधिनियम के अधीन राज्य जल प्रयोगशाला को सौंपे गये कृत्य करने के लिए किसी प्रयोगशाला या संस्थान को राज्य जल प्रयोगशाला के रूप में विनिर्दिष्ट कर सकेगी।

(2) राज्य सरकार, राज्य बोर्ड से परामर्श करने के पश्चात् अग्रलिखित को विहित करने के लिए नियम बना सकेगी–

(क) राज्य जल प्रयोगशाला के कृत्य,

(ख) जल या मल या व्यावसायिक बहिःस्राव के नमूने विश्लेषण या परीक्षण के लिए उक्त प्रयोगशाला को भेजने के लिए प्रक्रिया उस प्रयोगशाला की रिपोर्ट का प्रारूप और ऐसी रिपोर्ट की बाबत संदेय फीस,

(ग) ऐसे अन्य विषय जो उस प्रयोगशाला को अपने कृत्य करने के लिए समर्थ बनाने की दृष्टि से आवश्यक या समीचीन हो।

धारा 53 - विश्लेषक– (1) केन्द्रीय सरकार राजपत्र में अधिसूचना द्वारा ऐसे व्यक्तियों को, जिन्हें वह ठीक समझे और जो विहित अर्हताएँ रखते हैं। धारा 51 की उपधारा (1) के अधीन स्थापित या विनिर्दिष्ट किसी प्रयोगशाला को विश्लेषण के लिए भेजे गए जल या मल या व्यावसायिक बहिःस्राव के नमूनों के विश्लेषण के प्रयोजन के लिए सरकारी विश्लेषक नियुक्त कर सकेगी।

(2) राज्य सरकार राजपत्र में अधिसूचना द्वारा ऐसे व्यक्तियों को जिन्हें वह ठीक समझे और जो विहित अर्हताएँ रखते है, धारा 52 की उपधारा (1) के अधीन स्थापित या विनिर्दिष्ट प्रयोग शालाओं को विश्लेषण के लिए भेजे गये जल या मल या व्यावसायिक बहिःस्राव के नमूनों के विश्लेषक के प्रयोजनों के लिए सरकारी विश्लेषक नियुक्त कर सकेंगी।

(3) धारा 12 की उपधारा (3) के उपबन्धों पर प्रतिकूल प्रभाव डाले बिना यथास्थिति केन्द्रीय बोर्ड या राज्य बोर्ड, राजपत्र में अधिसूचना द्वारा और यथास्थिति, केन्द्रीय सरकार या राज्य सरकार के अनुमोदन से, ऐसे व्यक्तियों को, जिन्हें वह ठीक समझे और जो विहित अर्हताएँ

रखते हैं यथास्थिति, धारा 16 या धारा 17 के अधीन स्थापित या मान्यता प्राप्त किसी प्रयोगशाला को विश्लेषण के लिए भेजे गए जल या मल या व्यावसायिक बहि:स्राव के नमूनों के विश्लेषण के प्रयोजन के लिए बोर्ड विश्लेषक नियुक्त कर सकेगा।

धारा 54 - विश्लेषक की रिपोर्ट– कोई दस्तावेज जिसका यथास्थिति, सरकारी विश्लेषक या बोर्ड विश्लेषक द्वारा हस्ताक्षरित रिपोर्ट होना तात्पर्यित है, इस अधिनियम के अधीन किसी कार्यवाही में उसमे कथित तथ्यों के साक्ष्य के रूप में उपयोग की जा सकती है।

धारा 55 - स्थानीय प्राधिकारियों द्वारा सहायता किया जाना– सभी स्थानीय प्राधिकारी बोर्ड को ऐसी मदद तथा ऐसी जानकारी देंगे जिसकी वह अपने कृत्यों के निर्वहन के लिए अपेक्षा करें और बोर्ड को निरीक्षण तथा परीक्षा के लिए ऐसे अभिलेख मानचित्र, योजनाएँ और अन्य दस्तावेज उपलब्ध कराएँगे, जो उसके कृत्यों के निर्वहन के लिए आवश्यक हो।

धारा 56 - राज्य बोर्ड के लिए भूमि का अनिवार्य अर्जन– इस अधिनियम के अधीन अपने कृत्यों के दक्ष पालन के लिए राज्य बोर्ड द्वारा अपेक्षित भूमि लोक प्रयोजन के लिए आवश्यक समझी जाएगी और ऐसी भूमि राज्य बोर्ड के लिए भूमि अर्जन अधिनियम 1894 के उपबन्धों के अधीन या तत्समय प्रवृत किसी अन्य तत्स्थानी विधि के अधीन अर्जित की जाएगी।

धारा 57 - विवरणियाँ और रिपोर्ट– केन्द्रीय बोर्ड केन्द्रीय सरकार को, और राज्य बोर्ड राज्य सरकार को और केन्द्रीय बोर्ड को अपनी निधि या क्रियाकलापों की बाबत ऐसी रिपोर्टें, विवरणियाँ, सांख्यिकी लेखाएँ और अन्य जानकारी देगा जिनकी, यथास्थिति, वह सरकार या केन्द्रीय बोर्ड समय-समय पर अपेक्षा करे।

धारा 58 - अधिकारिता का वर्जन– किसी सिविल न्यायालय को किसी ऐसे मामले की बाबत कोई वाद या कार्यवाही ग्रहण करने की अधिकारिता नहीं होगी जिसका अवधारण करने के लिए इस अधिनियम द्वारा या उसके अधीन सशक्त किया गया है, और इस अधिनियम द्वारा या उसके अधीन प्रदत्त किसी शक्ति के अनुसरण में की गई या की जाने वाली किसी कार्यवाही की बाबत् कोई न्यायालय या अन्य प्राधिकारी कोई व्यादेश नहीं देगा।

धारा 59 - सद्भावपूर्वक की गई कार्यवाही के लिए संरक्षण– कोई भी वाद या अन्य विधिक कार्यवाही किसी भी ऐसी बात के बारें में जो इस अधिनियम या तद्धीन बनाएँ गए नियमों के अनुसरण में सद्भावपूर्वक की गई हो या की जाने के लिए आशयित हो सरकार या सरकार के किसी अधिकारी या बोर्ड के किसी सदस्य या अधिकारी के विरुद्ध न होगी।

धारा 60 - अध्यारोही प्रभाव– इस अधिनियम के उपबन्ध, इस अधिनियम से भिन्न किसी अधिनियमिति में उनसे असंगत किसी बात के होते हुए भी, प्रभावी होंगे।

धारा 61 - केन्द्रीय सरकार की केन्द्रीय बोर्ड और संयुक्त बोर्डों को अतिष्ठित करने की शक्ति–

(1) यदि किसी समय केन्द्रीय सरकार की यह राय हो–

(क) कि केन्द्रीय बोर्ड या किसी संयुक्त बोर्ड ने इस अधिनियम द्वारा या उसके अधीन अपने को अधिरोपित कृत्यों के पालन में बार–बार व्यतिक्रम किया है, या

(ख) कि ऐसी परिस्थितियाँ विद्यमान हैं जिनमें ऐसा करना लोकहित में आवश्यक है तो, केन्द्रीय सरकार राजपत्र के अधिसूचना द्वारा यथास्थिति केन्द्रीय बोर्ड या ऐसे सयुंक्त बोर्ड को एक वर्ष से अनधिक की ऐसी कालावधि के लिए, जो अधिसूचना में विनिर्दिष्ट की जाए, अतिष्ठित कर सकेगी।

परन्तु खण्ड (क) में उल्लिखित कारणों के लिए इस उपधारा के अधीन अधिसूचना जारी करने के पूर्व, केन्द्रीय सरकार, यथास्थिति, केन्द्रीय बोर्ड या ऐसे संयुक्त बोर्ड को यह हेतुक दर्शित करने के लिए युक्तियुक्त अवसर देगी कि क्यों उसे अतिष्ठित न किया जाए और यथास्थिति केन्द्रीय बोर्ड या ऐसे संयुक्त बोर्ड के स्पष्टीकरणों और आक्षेपों पर, यदि कोई हो, विचार करेगी।

(2) केन्द्रीय बोर्ड या किसी संयुक्त बोर्ड को अतिष्ठित करने वाली उपधारा (1) के अधीन अधिसूचना के प्रकाशन पर–

(क) अतिष्ठित की तारीख से सभी सदस्य उस रूप में अपने पद रिक्त कर देंगे।

(ख) ऐसी सभी शक्तियाँ कृत्य और कर्त्तव्य जो इस अधिनियम द्वारा या उसके अधीन केन्द्रीय बोर्ड द्वारा प्रयोग, पालन या निर्वघ्न किए जा सकते हैं, यथास्थिति, जब तक केन्द्रीय बोर्ड या संयुक्त बोर्ड को उपधारा (3) के अधीन पुन: गठित नहीं किया जाता है तब तक ऐसा व्यक्ति या ऐसे व्यक्तियों द्वारा प्रयोग पालन या निर्विघ्न किए जाएँगे जिसे या जिन्हें केन्द्रीय सरकार निर्देश दे।

(ग) केन्द्रीय बोर्ड या ऐसे संयुक्त बोर्ड के स्वामित्वाधीन या उसके नियन्त्रणाधीन सभी सम्पत्ति जब तक, यथास्थिति केन्द्रीय बोर्ड या संयुक्त बोर्ड को उपधारा (3) के अधीन पुनर्गठित नहीं किया जाता है केन्द्रीय सरकार में निहित होगी।

(3) उपधारा (1) के अधीन जारी की गई अधिसूचना में विनिर्दिष्ट अतिष्ठिति की अवधि की समाप्ति पर केन्द्रीय सरकार–

(क) कालावधि को छ: मास से अनधिक कि ऐसी और अवधि के लिए बढ़ा सकेगी जो वह आवश्यक समझे, या

(ख) यथास्थिति, केन्द्रीय बोर्ड या संयुक्त बोर्ड को यथास्थिति, नए नाम–निर्देशन या नियुक्ति द्वारा पुनर्गठित कर सकेगी और ऐसी दशा में वह व्यक्ति जिसने उपधारा (2) के खण्ड (क) के अधीन अपना पद रिक्त किया है। नाम निर्देशन या नियुक्ति के लिए अनर्हित नहीं समझा जाएगा।

परन्तु केन्द्रीय सरकार अतिष्ठिति की कालावधि की समाप्ति के पूर्व किसी भी समय, चाहे वह कालावधि उपधारा (1) के अधीन आरम्भ में विनिर्दिष्ट हो या इस उपधारा के अधीन जैसी बढ़ाई गई हो, इस उपधारा के खण्ड (ख) के अधीन कार्यवाही कर सकती है।

धारा 62 – राज्य सरकार की राज्य बोर्ड को अतिष्ठित करने की शक्ति– (1) यदि किसी समय राज्य सरकार की यह राय हो–

(क) कि राज्य बोर्ड ने इस अधिनियम द्वारा या इसके अधीन अपने पर अधिरोपित कृत्यों के पालन में बार-बार व्यतिक्रम किया है, या

(ख) कि ऐसी परिस्थितियाँ विद्यमान हैं जिनमें ऐसा करना लोकहित में आवश्यक है तो, राज्य सरकार राजपत्र में अधिसूचना द्वारा राज्य बोर्ड को एक वर्ष से अनधिक की ऐसी कालावधि के लिए जो अधिसूचना में विनिर्दिष्ट की जाए, अतिष्ठित कर सकेगी।

परन्तु खण्ड (क) में उल्लिखित कारणों के आधार पर इस उपधारा के अधीन अधिसूचना जारी करने के पूर्व राज्य सरकार, राज्य बोर्ड को यह हेतुक दर्शित करने के लिए समुचित अवसर देगी कि क्यों उसे अतिष्ठित न किया जाए और राज्य बोर्ड के स्पष्टिकरणों और आक्षेपों पर, यदि कोई हो, विचार करेगी।

(2) राज्य बोर्ड को अतिष्ठित करने वाली उपधारा (1) के अधीन अधिसूचना के प्रकाशन पर **धारा 61** की उपधारा (2) और उपधारा (3) के उपबन्ध राज्य बोर्ड की अतिष्ठित के सम्बन्ध में वैसे ही लागू होंगे जैसे वे केन्द्रीय सरकार, केन्द्रीय बोर्ड या संयुक्त बोर्ड की अतिष्ठति के सम्बन्ध में लागू होते हैं।

धारा 63 – केन्द्रीय सरकार की नियम बनाने की शक्ति–

(1) केन्द्रीय सरकार उपधारा (2) में विनिर्दिष्ट विषयों की बाबत् नियम केन्द्रीय बोर्ड के गठन के साथ-साथ बना सकेगी,

परन्तु जब केन्द्रीय बोर्ड गठित कर दिया गया हो तब उस बोर्ड से परामर्श किए बिना ऐसे कोई नियम न तो बनाया जाएगा और न परिवर्तित संशोधित या निरसित किया जाएगा।

(2) विशिष्टतया और पूर्वगामी शक्ति की व्यापाकता पर प्रतिकूल प्रभाव डाले बिना, ऐसे नियम निम्नलिखित सभी या उनमें से किसी विषय के सम्बन्ध में उपबन्ध कर सकेंगे, अर्थात्

(क) धारा 5 की उपधारा (8) के अधीन केन्द्रीय बोर्ड के (अध्यक्ष और सदस्य सचिव के भिन्न) सदस्यों की सेवा के निबन्धन और शर्तें,

(ख) वे अन्तराल तथा वह समय और स्थान जिन या जिस पर केन्द्रीय बोर्ड के या इस अधिनियम के अधीन गठित उसकी किसी समिति के अधिवेशन किये जाएँगे, तथा ऐसे अधिवेशनों पर अनुसरित की जाने वाली प्रक्रिया जिसके अन्तर्गत धारा 8 के अधीन और धारा 9 की उपधारा (2) के अधीन कामकाज करने के लिए आवश्यक गणपूर्ति भी है,

(ग) केन्द्रीय बोर्ड की किसी समिति के ऐसे सदस्यों को, जो धारा 9 की उपधारा (3) के अधीन बोर्ड के सदस्य न हो संदत्त की जाने वाली फीस और भत्ते,

(घ) वह रीति जिसमें और वे प्रयोजन जिनके लिए धारा 10 की उपधारा (1) के अधीन केन्द्रीय बोर्ड के साथ व्यक्ति सहयुक्त किए जा सकेंगे और ऐसे व्यक्तियों को संदेय फीस और भत्ते,

(ङ) धारा 5 की उपधारा (9) और धारा 12 की उपधारा (1) के अधीन केन्द्रीय बोर्ड के अध्यक्ष और सदस्य सचिव की सेवा के निबन्धन और शर्तें,

(च) वे शर्तें जिनके अधीन कोई व्यक्ति धारा 12 की उपधारा (4) के अधीन केन्द्रीय बोर्ड का परामर्शी इन्जीनियर नियुक्त किया जा सकेगा,

(छ) केन्द्रीय बोर्ड के अध्यक्ष और सदस्य सचिव द्वारा प्रयोग की जाने वाली शक्तियाँ और पालन किए जाने वाले कर्त्तव्य

(ज) - - -

(ञ) धारा 22 की उपधारा (1) के अधीन केन्द्रीय बोर्ड विश्लेषक की रिपोर्ट का प्रारूप,

(ट) धारा 22 की उपधारा (3) के अधीन सरकारी विश्लेषण की रिपोर्ट का प्रारूप

(ठ) वह प्रारूप जिसमें और वह समय जिसके भीतर केन्द्रीय बोर्ड का बजट धारा 30 के अधीन तैयार किया जा सकेगा,

(ठठ) वह प्रारूप जिसमें, केन्द्रीय बोर्ड की वार्षिक रिपोर्ट धारा 39 के अधीन तैयार की जा सकेगी,

(ड) वह प्रारूप जिसमें केन्द्रीय बोर्ड के लेखे धारा 40 की उपधारा (1) के अधीन रखे जा सकेंगे,

(डड) वह रीति जिसमें धारा 49 के अधीन परिवार करने के आशय की सूचना केन्द्रीय बोर्ड या उसके द्वारा प्राधिकृत अधिकारी को दी जाएँगी,

(ढ़) केन्द्रीय बोर्ड से सम्बन्धित कोई अन्य विषय जिनके अन्तर्गत संघ राज्य क्षेत्रों के सम्बन्ध में उस बोर्ड की शक्तियाँ और कृत्य भी हैं,

(ण) अन्य कोई विषय जो विहित किया जाना है या जो विहित किया जाए।

(3) इस अधिनियम के अधीन केन्द्रीय सरकार द्वारा बनाया गया प्रत्येक नियम बनाए जाने के पश्चात् यथाशीघ्र संसद के प्रत्येक सदन के समक्ष, जब वह सत्र में हो, तीस दिन की अवधि के लिए रखा जाएगा। यह अवधि एक सत्र में अथवा दो या अधिक आनुक्रमिक सत्रों के ठीक बाद के सत्र के अवसान के पूर्व दोनों सदन उस नियम में कोई परिवर्तन करने के लिए सहमत हो जाएँ तो तत्पश्चात् वह ऐसे परिवर्तित रूप में ही प्रभावी होगा। यदि उक्त अवसान के

पूर्व दोनों सदन सहमत हो जाये कि वह नियम नहीं बनाया जाना चाहिए तो तत्पश्चात् वह निष्प्रभाव हो जाएगा। किन्तु नियम के ऐसे परिवर्तित या निष्प्रभाव होने से उसके अधीन पहले की गई किसी बात की विधिमान्यता पर प्रतिकूल प्रभाव नहीं पडेगा।

धारा 64 – राज्य सरकार की नियम बनाने की शक्ति (1) राज्य सरकार इस अधिनियम के प्रयोजनों को कार्यान्वित करने के लिए उन विषयों की बाबत जो धारा 63 की परिधि में नहीं आते नियम, राज्य बोर्ड के गठन के साथ-साथ बना सकेगी,

परन्तु जब राज्य बोर्ड गठित कर दिया गया हो तब ऐसा कोई नियम उस बोर्ड से परामर्श किए बिना न तो बनाया जाएगा और न परिवर्तित संशोधित या निर्मित किया जाएगा।

(2) विशिष्टत: और पूर्वगामी शक्ति की व्यापकता पर प्रतिकूल प्रभाव डाले बिना ऐसे नियम निम्नलिखित सभी विषयों के लिए या उनमें से किसी के लिए उपबन्ध कर सकेंगे अर्थात्

(क) धारा 5 की उपधारा (8) के अधीन राज्य बोर्ड के (अध्यक्ष और सदस्य सचिव से भिन्न) सदस्यों की सेवा के निर्बन्धन और शर्तें,

(ख) इस अधिनियम के अधीन गठित राज्य बोर्ड के या उस बोर्ड की किसी समिति के अधिवेशनों का समय और स्थान तथा ऐसे अधिवेशन पर अनुसरित की जाने वाली प्रक्रिया जिसके अन्तर्गत धारा 8 के अधीन और धारा 9 की उपधारा (2) के अधीन कार्य करने के लिए आवश्यक गणपूर्ति भी है।

(ग) राज्य बोर्ड की किसी समिति के ऐसे सदस्यों को, जो धारा 9 की उपधारा (3) के अधीन बोर्ड के सदस्य न हो सदंत्त की जाने वाली फीस और भत्ते।

(घ) वह रीति जिसमें और वे प्रयोजन जिनके लिए राज्य बोर्ड के साथ व्यक्ति धारा 10 की उपधारा (1) के अधीन सहयुक्त किए जा सकेंगे और ऐसे व्यक्तियों को संदेय फीस और भत्ते,

(ङ) धारा 5 की उपधारा (9) के अधीन और धारा 12 की उपधारा (4)के अधीन राज्य बोर्ड का परामर्शी इन्जीनियर नियुक्त किया जा सकेगा,

(छ) राज्य बोर्ड के अध्यक्ष और सदस्य सचिव द्वारा प्रयोग की जाने वाली शक्तियाँ और निर्वहन किए जाने वाले कर्त्तव्य,

(ज) धारा 21 में निर्दिष्ट सूचना का प्रारूप,

(झ) धारा 22 की उपधारा (1) के अधीन राज्य बोर्ड विश्लेषण की रिपोर्ट का प्रारूप,

(ञ) धारा 22 की उपधारा (3) के अधीन सरकारी विश्लेषक की रिपोर्ट का प्रारूप,

(ट) धारा 25 की उपधारा (2) के अधीन राज्य बोर्ड की सहमति के लिए आवेदन का प्रारूप, और वे विशिष्टियाँ जो उसमें अन्तर्विष्ट की जाएँ,

(ठ) वह रीति जिसमें धारा 25 की उपधारा (3) के अधीन जाँच राज्य बोर्ड की सहमति अभिप्राप्त करने के लिए किसी आवेदन की बाबत की जा सकेगी और वे विषय जिन पर सहमति देने या इनकार करते समय विचार किया जाएगा,

(ड) वह प्रारूप और रीति जिसमें अपीलें फाइल की जा सकेंगी ऐसी अपीलों की बाबत संदेय फीस, और धारा 28 की उपधारा (3) के अधीन अपीलों के निपटारे में अपील प्राधिकरण द्वारा अनुसरित की जाने वाली प्रक्रिया।

(ढ) वह प्रारूप जिसमें और वह समय जिसके भीतर राज्य बोर्ड का बजट धारा 38 के अधीन तैयार किया जा सकेगा और राज्य सरकार को अग्रेषित किया जा सकेगा,

(ढढ) वह प्रारूप जिसमें राज्य बोर्ड की वार्षिक रिपोर्ट धारा 39 के अधीन तैयार की जा सकेगी,

(ण) वह प्रारूप जिसमें राज्य बोर्ड के लेखे धारा 40 की उपधारा (1) के अधीन रखे जाएँगे,

(णण) वह रीति जिसमें धारा 49 के अधीन परिवाद करने के आशय की सूचना राज्य बोर्ड या उसके द्वारा प्राधिकृत अधिकारी को दी जाएगी,

(त) कोई अन्य विषय जो विहित किया जाना है या किया जाए।

टिप्पणी

धारा 51 के उपबन्ध के अनुसार केन्द्रीय सरकार एक केन्द्रीय जल प्रयोगशाला की स्थापना कर सकेगी या किसी अन्य जल प्रयोगशाला को मान्यता प्रदान कर सकेगी। केन्द्रीय सरकार बोर्ड से सलाह के बाद निम्न कार्य के बारे में नियम बना सकती है जैसे– केन्द्रीय जल प्रयोगशाला में किये जाने वाले कार्य, प्रयोगशाला को दिये गये कार्य जैसे किसी जल या व्यावसायिक बहिःस्राव के नमूने का विश्लेषण, परीक्षण की प्रक्रिया तथा रिपोर्ट का प्रारूप तथा फीस के बारे में, अथवा अन्य कार्य जो प्रयोगशाला की स्थापना के उद्देश्य को पूर्ण करने में सहायक हो, के बारे में नियम बना सकती हैं।

धारा 52 के उपबन्धों के अनुसार राज्य सरकार एक राज्य जल प्रयोगशाला की स्थापना कर सकेगी या किसी अन्य जल प्रयोगशाला को मान्यता प्रदान कर सकेगी या केन्द्रीय सरकार के बोर्ड से सलाह करने के बाद कई कार्यों के बारे में नियम बन सकती है। जैसे– राज्य जल प्रयोगशाला में किये जाने वाले कार्य प्रयोगशाला को दिये गये कार्य जैसे किसी जल या व्यावसायिक बहिःस्राव के नमूने का विश्लेषण, परीक्षण की प्रक्रिया तथा रिपोर्ट का प्रारूप तथा फीस के बारे में, अथवा अन्य कार्य जो की प्रयोगशाला के स्थापना के उद्देश्यों को पूर्ण करने में सहायक हो के बारे में नियम बना सकती है।

धारा 53 के उपबन्ध के अनुसार केन्द्रीय व राज्य सरकारें किसी नमूने के विश्लेषण के लिये प्रयोगशाला में एक विश्लेषक की नियुक्ति करेगी ऐसा व्यक्ति केन्द्रीय सरकार अथवा राज्य सरकारों द्वारा निर्धारित योग्यता रखने वाला होगा। इस प्रकार केन्द्रीय बोर्ड तथा राज्य बोर्ड

अलग-अलग विश्लेषक भी नियुक्त कर सकते हैं। वे सभी उन्हीं योग्याताओं को धारण करने वाले होने चाहिए जो की केन्द्रीय व राज्य सरकारों द्वारा विहित किये जाये। इस प्रकार की नियुक्तियाँ बोर्डों द्वारा सरकारी गजट में सूचना प्रकाशित करके की जाती हैं।

धारा 54 के उपबन्ध के अनुसार विश्लेषक की रिपोर्ट को तभी मान्य समझा जाता है। जब वह विश्लेषक द्वारा पूर्णतया हस्ताक्षरित है अन्यथा साक्ष्य में ग्राह्य नहीं होगी।

धारा 55 के उपबन्ध के अनुसार स्थानीय प्राधिकारी जिनमें नगरपालिका समिति, जिला परिषद् तथा इस प्रकार के अन्य सरकारी अधिकारी जिन्हें स्थानीय निधि का अधिकार दिया गया है। उनके द्वारा बोर्डों को उनके कार्य से सम्बन्धित हर सम्भावित मदद करेंगे तथा उनके माँगे जाने पर अन्य जानकारी उपलब्ध करायेंगे।

धारा 56 के राज्य बोर्ड को अपने कार्यों को पूर्ण करने तथा कर्त्तव्यपालन के लिये भूमि पर कब्जा करने का अधिकार देती है, यदि आवश्यकता हो।

धारा 57 के उपबन्ध के अनुसार केन्द्रीय बोर्ड केन्द्रीय सरकार को तथा राज्य बोर्ड केन्द्रीय व राज्य सरकार को अपने उद्देश्य के अग्रसरण में किये गये कार्यों की सूचना, विवरण तथा रिपोर्ट, प्रतिवेदन, आँकड़े समय-समय पर देता रहेगा।

धारा 58 के उपबन्धों के अनुसार राज्य सरकार द्वारा इस अधिनियम के अन्तर्गत गठित किसी अपीलीय प्राधिकरण के अधिकार क्षेत्र में कोई भी दीवानी न्यायालय हस्तक्षेप नहीं करेगा।

धारा 59 के उपबन्धों के अनुसार यदि इस अधिनियम के अन्तर्गत इसके कार्यों को करने में किसी बोर्ड के अधिकारी द्वारा सद्भावनापूर्वक कार्य करते हुए कोई कार्यवाही की गई है तो उसके विरुद्ध कोई वाद अथवा विधिक प्रक्रिया क्रियान्वित नहीं की जायेगी। यह उपबन्ध सरकार या बोर्ड के सदस्य अधिकारियों को सुरक्षा प्रदान करता है ताकि अधिनियम के प्रावधानों की पालना को सुनिश्चित किया जा सके।

भारतीय दण्ड संहिता 1860 की धारा 52 में सद्भावपूर्वक कोई बात तभी होती है जब वह सम्यक् सतर्कता और ध्यानपूर्वक की गई है। अर्थात् उस कार्य के परिणाम, महत्त्व, प्रकृति आदि की जानकारी होनी चाहिये।

धारा 60 के उपबन्ध के अनुसार इस अधिनियम के उपबन्ध इस अधिनियम के अलावा किसी अधिनियम में उनसे असंगत किसी बात के होते हुए भी प्रभावी होंगे।

धारा 61 के उपबन्धों के अनुसार केन्द्रीय सरकार की सम्मति में किसी समय यदि केन्द्रीय बोर्ड या संयुक्त बोर्ड उस अधिनियम के अथवा केन्द्रीय सरकार द्वारा आरोपित कार्यों को करने में असफल रहता है अथवा कार्यों को उचित तरीके से नहीं कर पाता है तो सरकार राजपत्र में सूचना प्रकाशित कर के उस बोर्ड को अतिष्ठित कर सकती है। परन्तु बोर्ड को हमेशा के लिये समाप्त नहीं किया जा सकता अर्थात् एक वर्ष तक के लिये अतिष्ठित कर सकती है। उसे नोटिस भेजकर सफाई का एक युक्तियुक्त अवसर देते हुए पूछती है कि क्यों न आपको अतिष्ठित कर

लिया जाये तथा सन्तुष्ट न होने पर अतिष्ठित की सूचना जारी कर देगी तथा सूचना की तारीख से बोर्ड के सभी सदस्यों के पद रिक्त माने जायेंगे एवं वे कार्य जो कि ऐसे बोर्ड द्वारा किये जा रहे थे वे किसी अन्य संस्था या व्यक्ति को सौपे जा सकते हैं। इस प्रकार केन्द्रीय सरकार द्वारा केन्द्रीय बोर्ड के निलम्बन के बाद नये बोर्ड का गठन किया जायेगा अथवा पुनः उस अवधि को छः माह तक बढ़ाया जा सकेगा। नये बोर्ड में पुराने सदस्यों को भी लिया जा सकता है।

धारा 62 के उपबन्धों के अनुसार यदि राज्य सरकार कि सम्मति में किसी समय यदि राज्य बोर्ड उस अधिनियम में अथवा राज्य सरकार द्वारा आरोपित कार्यों को करने में असफल रहता है अथवा कार्यों को उचित तरीके से नहीं कर पाता है, तो सरकार राजपत्र में अधिसूचना प्रकाशित करके उस राज्य बोर्ड को अतिष्ठित कर सकती है। परन्तु यह अतिष्ठित की अवधि एक वर्ष से अधिक की नहीं हो सकती लेकिन उससे पूर्व वह बोर्ड को नोटिस भेजकर सफाई का तथा सुनवाई का एक अवसर देते हुए उसके असफलता के कारणों को पूछ सकती है, तथा सन्तुष्ट न होने पर अतिष्ठित की सूचना प्रकाशित (जारी) कर सकती है तथा सूचना की तारीख से बोर्ड के सभी सदस्यों का पद रिक्त माना जायेगा एवं वे कार्य जो कि ऐसे बोर्ड द्वारा किये जा रहे थे, वे किसी अन्य व्यक्ति अथवा सस्था को सौपे जा सकते हैं इस प्रकार केन्द्रीय सरकार द्वारा केन्द्रीय बोर्ड के निलम्बन के बाद नये बोर्ड का गठन किया जायेगा अथवा पुनः उस अवधि को 6 माह तक बढ़ाया जा सकेगा। इस प्रकार के बोर्ड में सभी सदस्य नये लिये जा सकते हैं या कुछ सदस्य पुराने तथा कुछ सदस्य नये लिये जा सकते हैं।

धारा 63 के उपबन्धों के अनुसार केन्द्रीय सरकार इस अधिनियम के अन्तर्गत गठित केन्द्रीय बोर्ड के संविधान के साथ-साथ धारा 63(2) में उल्लिखित विषयों में सम्बन्धित नियम बना सकती है। जिन का वर्णन निम्न प्रकार से है-

(i) सदस्यों के कार्यकाल एवं सेवा सम्बन्धी नियमों को बना सकती है परन्तु सचिव सदस्य के कार्यकाल एवं सेवा सम्बन्धी के बारे में नही।

(ii) बोर्डों की बैठकों के बारे में तथा उनके बीच के अन्तराल तथा गणपूर्ति के बारे में नियम बना सकती है।

(iii) किसी सदस्य या समिति अथवा अन्य व्यक्ति के फीस एवं भत्ते सम्बन्धी नियम जो कि कमेटी का सदस्य नहीं है।

(iv) बोर्ड के सचिव सदस्य अथवा अध्यक्ष के कार्यकाल एवं दशाओं से सम्बन्धित व नियम।

(v) किसी सलाहकार इंजीनियर की नियुक्ति एवं शर्ते सम्बन्धी नियम।

(vi) बोर्ड के सचिव सदस्य एवं अध्यक्ष द्वारा किये जाने वाले कार्य एवं अधिकार सम्बन्धी नियम

(vii) किसी जलाशय अथवा जल स्त्रोत अथवा कुएँ के जल में नहाने कपड़े धोने अथवा व्यापारिक अवशेष एवं गन्दे जल को निकालने सम्बन्धी प्रावधानों से सम्बन्धित नियम

जिनके अन्तर्गत उनमें से जल न निकालने अथवा उसमे जल प्रयोगों को प्रतिबन्धित करने सम्बन्धी नियम भी आते हैं।

(viii) किसी जल संस्थान अथवा व्यापारिक संस्थान को जल स्वास्थ रखने हेतु कोई विशेष संयत्र लगाने सम्बन्धी निर्देश एवं विधि सम्बन्धी नियम।

(ix) किसी जल संस्थान अथवा व्यापारिक संस्था को जल स्वस्थ रखने हेतु कोई विशेष सयन्त्र लगाने सम्बन्धी निर्देश एवं विधि सम्बन्धी नियम।

(x) केन्द्रीय सरकार के विश्लेषण अधिकारी एवं बोर्ड के विश्लेषण अधिकारी द्वारा किसी नमूने के परिणामों की रिपोर्ट देने सम्बन्धी रीति से सम्बन्धित नियम।

(xi) बोर्ड द्वारा बजट रिपोर्ट एवं सूचनाएँ देने सम्बन्धी नियम।

(xii) संघ क्षेत्रों के बोर्ड द्वारा किये जाने वाले कार्यों से सम्बन्धित निर्देश।

धारा 64 के अनुसार राज्य सरकार इस अधिनियम के अन्तर्गत राज्य बोर्ड के साथ-साथ निम्न विषयों से सम्बन्धित नियम बना सकती है–

(i) बोर्ड के सदस्यों के कार्यकाल एवं सेवा सम्बन्धी नियमों को बना सकती है।

(ii) बोर्डों की बैठकों के समय अन्तराल तथा बैठक के गणापूर्ति से सम्बन्धित नियम तथा निर्णित विषयों को लागू करने सम्बन्धित नियम।

(iii) किसी समिति अथवा अन्य व्यक्ति के फीस एवं भत्ते सम्बन्धी नियम जो कि कमेटी का सदस्य नहीं रहा है।

(iv) बोर्ड के सचिव सदस्य अथवा अध्यक्ष के कार्यकाल एवं दशाओं से सम्बन्धित नियम।

(v) किसी सलाहकार इंजीनियर की नियुक्ति एवं शर्तों सम्बन्धी नियम।

(vi) बोर्ड के सचिव सदस्य एवं अध्यक्ष द्वारा किये जाने वाले कार्य एवं अधिकार सम्बन्धी नियम

(vii) किसी जलाशय अथवा जल स्रोत अथवा कुएँ में नहाने, कपड़े धोने अथवा व्यापारिक अवशेष एवं गन्दे जिनके अन्तर्गत उनमें से जल न निकालने अथवा उसके जल प्रयोगों को प्रतिबन्धित करने सम्बन्धी नियम भी आते हैं।

(viii) किसी जल संस्थान अथवा व्यापारिक संस्था को जल स्वस्थ रखने हेतु कोई विशेष संयन्त्र लगाने सम्बन्धी निर्देश एवं विधि सम्बन्धी नियम।

(ix) केन्द्रीय सरकार के विश्लेषण अधिकारी एवं बोर्ड के विश्लेषण अधिकारी द्वारा किसी नमूने के परिणामों की रिपोर्ट देने सम्बन्धित नियम।

12

वायु प्रदूषण अधिनियम

वायु प्रदूषण के निवारण, नियन्त्रण तथा उपशमन के लिए पूर्वोक्त प्रयोजनों को क्रियान्वित करने की दृष्टि से बोर्डों की स्थापना के लिए उनसे सम्बन्धित शक्तियों और कृत्य ऐसे बोर्डों को प्रदत्त और समनुदेशित करने के लिए और उनसे सम्बन्धित विषयों के लिए उपबन्ध करने के लिए अधिनियम।

धारा 1 – संक्षिप्त नाम, विस्तार और प्रारम्भ– (1) इस अधिनियम का नाम' वायु (प्रदूषण निवारण एवं नियन्त्रण) अधिनियम, 1981 है

(2) इसका विस्तार सम्पूर्ण भारत में है

(3) यह उस दिनाँक को जिसे केन्द्रीय सरकार राजकीय राजपत्र में अधिसूचना द्वारा नियत करें प्रवृत होगा।

धारा 2 – परिभाषाएँ– इस अधिनियम में जब तक कि सन्दर्भ में अन्यथा अपेक्षित न हो–

(क) 'वायु प्रदूषण' से तात्पर्य किसी ऐसे ठोस, तरल या गैसीय पदार्थ के (जिनमें शोर शामिल है) वायुमण्डल में इस प्रकार विद्यमान होने से है जो मानव जीवन, दूसरे जीवों, पौधों सम्पत्ति अथवा पर्यावरण के लिए हानिकर हो सकता है या हानिकर होने की प्रवृत्ति वाला है।

(ख) 'वायु प्रदूषण' से तात्पर्य किसी वायु प्रदूषक पदार्थ के वायुमण्डल में विधमान होने से है।

(ग) 'अनुमोदित उपकरण' से तात्पर्य किसी उपस्कर या प्रतिभावान युक्ति से है जो किसी ज्वलनशील पदार्थ के दहन के लिए किसी धुएँ गैस या विशिष्ट वस्तु के ज्वलन या उपभोग के लिए प्रयोग में लाया जाता है और जो इस अधिनियम के लिए राज्य बोर्ड द्वारा अनुमोदित है।

(घ) 'अनुमोदित ईंधन' से तात्पर्य किसी ऐसे ईंधन से है जो इस अधिनियम के लिए राज्य बोर्ड द्वारा अनुमोदित है।

(ङ) 'मोटर यान' से तात्पर्य किसी अन्तर दाह्य इन्जन द्वारा घूर्णित होने वाले वाहन अथवा किसी भी प्रकार में ईंधन जलाकर उत्पन्न की गई शक्ति से चालित वाहन से है।

(च) 'बोर्ड से तात्पर्य केन्द्रीय बोर्ड अथवा राज्य बोर्ड से है।

(छ) 'केन्द्रीय बोर्ड' से तात्पर्य जल [प्रदूषण निवारण तथा नियन्त्रण] अधिनियम, 1974 की धारा 3 के अन्तर्गत केन्द्रीय प्रदूषण नियन्त्रण बोर्ड से है।

(ज) 'धुँआकश' अपने में उस किसी भी निर्माण को अन्तर्विष्ट करता है जो वायु प्रदूषक के निर्गमन हेतु किसी भी छिद्र या निकास मार्ग से युक्त हो।

(झ) 'नियन्त्रण उपस्कर' से तात्पर्य वायु प्रदूषक के निर्गमन की श्रेणी एवं ढंग को नियन्त्रण करने वाले किसी भी साधित्र युक्ति, उपस्कर या प्रणाली से है तथा यह किसी भी उद्योगीय संयन्त्र के कार्य साधक संक्रिया के लिये प्रयुक्त युक्ति को भी अन्तर्विष्ट करती है।

(ञ) 'निःस्रण' से तात्पर्य किसी धुँआकश, नली निकास या अन्य कोई निर्गम से निःसृत किसी ठोस अथवा तरल अथवा गैसीय पदार्थ से है।

(ट) 'औद्योगिक प्लाण्ट' से तात्पर्य उद्योग या व्यवसाय के लिए प्रयुक्त किसी भी ऐसे प्लाण्ट से है जो वायु प्रदूषक को वायुमण्डल में निःसृण करता है।

(ठ) 'सदस्य' से तात्पर्य केन्द्रीय बोर्ड या राज्य बोर्ड जैसा भी मामला हो, के सदस्य से है एवं इसमें उसका अध्यक्ष (चेयरमेन) भी सम्मिलित है।

(ड) 'अध्यामी' से तात्पर्य किसी कारखाने या परिसर के सम्बन्ध में उस व्यक्ति से है जिसका कारखाने या परिसर के मामलों पर नियन्त्रण है और इसमें, किसी पदार्थ के सम्बन्ध में पदार्थ का कब्जाधारी व्यक्ति शामिल है।

(ढ) 'विहित' से यथास्थिति केन्द्रीय सरकार या राज्य सरकार द्वारा इस अधिनियम के अधीन बनाए गए नियमों द्वारा विहित अभिप्रेत है।

(ण) राज्य बोर्ड से तात्पर्य–

(i) राज्य के सम्बन्ध में जिसमें जल (प्रदूषण निवारण एवं नियन्त्रण) अधिनियम 1974 लागू है एवं राज्य सरकार ने उस राज्य में उस अधिनियम की धारा 4 के अन्तर्गत (राज्य प्रदूषण नियन्त्रण बोर्ड) की संरचना की है वह राज्य बोर्ड, तथा

(ii) किसी दूसरे राज्य के सम्बन्ध में राज्य सरकार द्वारा वायु प्रदूषण के निवारण एवं नियन्त्रणार्थ इस अधिनियम की धारा 5 के अन्तर्गत निर्मित राज्य बोर्ड से है।

टिप्पणी

इस अधिनियम का नाम वायु (प्रदूषण निवारण तथा नियन्त्रण) अधिनियम, 1981 है। इसका विस्तार पूरे भारत जिसमें सभी राज्य तथा केन्द्रशासित प्रदेश शामिल हैं समान रूप से लागू होगा। इस अधिनियम को 16 मई, 1981 को लागू किया गया तथा 30 मार्च 1981 को भारत के गजट में प्रकाशित किया गया था।

इस अधिनियम के निम्न उद्देश्य हैं–

(i) वायु प्रदूषण का निवारण नियन्त्रण तथा शमन,

(ii) वायु प्रदूषण के निवारण नियन्त्रण तथा शमन के उद्देश्य को मूर्त स्वरूप देने के लिये अर्थात् कार्यान्वित करने के लिये केन्द्रीय तथा राज्य बोर्ड की स्थापना करना,

(iii) उपरोक्त उद्देश्यों को पूरा करने के लिए बोर्डों को उसमें सम्बन्धित शक्ति सौंपना, प्रदान करना,

(iv) उपरोक्त से सम्बन्धित अन्य विषय–वस्तु से सम्बन्धित शक्तियों से बोर्डों को परिपूर्ण करना।

इस अधिनियम की धारा 2 के अन्तर्गत अनेक पदों की परिभाषाएँ दी गई हैं।

वायु प्रदूषण तत्त्व के अन्तर्गत वे ठोस, तरल तथा गैसीय तत्त्व आते हैं जिनके कारण मानव तथा अन्य जीवधारी अथवा सम्पत्ति अथवा पर्यावरण आदि के ऊपर बुरा प्रभाव पड़ा है और जिनसे वातावरण प्रदूषित होता है, तथा जो मानव तथा दूसरे जीवों व पौधों के लिये हानिकारक होते हैं।

वायु प्रदूषण का तात्पर्य उक्त प्रकार के प्रदूषण का वातावरण में उपस्थित होना तथा अपने हानिकारक प्रभाव को फैलाना वायु प्रदूषण की परिधि में आता है। अर्थात् वायु प्रदूषक की वायु तथा वातावरण, पर्यावरण में होना भी वायु प्रदूषण है। एक वाद में **के. रामाकृष्णन् एवं अन्य बनाम केरल राज्य व अन्य** में सार्वजनिक स्थानों पर भी धूम्रपान को वायु प्रदूषण की संज्ञा में माना है।

'अनुमोदित उपकरण' ऐसा उपकरण होता है जिसका उपयोग किसी ज्वलनशील चीज को उत्तेजित करने अथवा किसी धुएँ, गैस या कणीय वस्तु को उत्पादित या नष्ट करने के लिये

किया जाता है और इस अधिनियम के प्रयोजनार्थ राज्य बोर्ड द्वारा अनुमोदित कर दिया जाये या किसी अन्य विधि द्वारा समर्थित होता है।

अनुमोदित ईंधन से तात्पर्य ऐसा ईंधन जिसके प्रयोग के मानदण्ड इस अधिनियम द्वारा निर्धारित किये गये हों अर्थात् इस अधिनियम के मानक के अनुसार यदि कोई ईंधन हो तो उसे अनुमोदित ईंधन कहते हैं। **स्वचालित वाहन** से तात्पर्य मोटरयान से है जिसे किसी ईंधन के द्वारा चलाया जाता है और उसमे ईंधन जलने पर शक्ति पैदा होती है व मोटरयान चलता है।

धुँआकश से तात्पर्य ऐसी चिमनी से है जिसमें होकर कोई वायु प्रदूषक तत्त्व वायु में मिल जाता है। चिमनी या धुँआकश कहलाता है।

नियन्त्रण उपस्कर से किसी वायु प्रदूषणकारी के उत्सर्जन की गुणवत्ता और रीति को नियन्त्रित करने वाला कोई उपकरण साधन उपस्कर अथवा प्रणाली अभिप्रेत है और इसमें किसी औद्योगिक संयत्र के कुशलतापूर्वक चालन को सुनिश्चित करने के लिए उपयोग में लाया जाने वाला साधन सम्मिलित है।

अध्यामी से तात्पर्य अधिभोगी से है कारखाना अधिनियम 1948 की परिभाषा के अनुसार "एक कारखाने के अधिभोगी का तात्पर्य उस व्यक्ति से है जिसका कारखाने के कार्य कलाप पर अन्तिम नियन्त्रण है।"

ब्रिटिश इण्डिया कॉर्पोरेशन बनाम उत्तर प्रदेश राज्य के वाद में कम्पनी के निदेशक मण्डल ने एक व्यक्ति को महाप्रबन्धक के रूप में प्रस्ताव पारित कर अधिभोगी नामांकित किया तथा उसमें कम्पनी के क्रियाकलापों का अन्तिम नियन्त्रण निहित किया। इलाहाबाद उच्च न्यायालय की खण्डपीठ ने यह निर्णय दिया कि कारखाने के मुख्य निरीक्षक द्वारा ऐसे व्यक्ति को कारखाने या परिसर के अधिभोगी के रूप में इस आधार पर मान्यता न देना कि वह कम्पनी का निदेशक नहीं था, सही नहीं था।

इस अधिनियम के अनुसार किसी स्थान, कारखाने अथवा पदार्थ पर नियन्त्रण या कब्जा तथा संज्ञान कब्जा होना चाहिए यदि एक स्थान या पदार्थ या कारखाना कई व्यक्तियों के संयुक्त कब्जे में है ऐसी दशा में वही व्यक्ति उत्तरदायी होगा जिसका कब्जा संज्ञान कब्जा है।

वायु प्रदूषण की रोकथाम हेतु वायु (प्रदूषण निवारण तथा नियन्त्रण) अधिनियम, 1981 पारित किया गया। जल [प्रदूषण निवारण तथा नियंत्रण] अधिनियम, 1974 के अन्तर्गत गठित केन्द्रीय बोर्ड, राज्य बोर्डों को ही वायु प्रदूषण की रोकथाम हेतु अधिकृत किया गया है। वायु [प्रदूषण निवारण तथा नियंत्रण] अधिनियम, 1981 की **धारा 3 से 18** में इस सम्बन्ध में प्रावधान दिये गये हैं।

धारा 3 – केन्द्रीय प्रदूषण बोर्ड– जल [प्रदूषण निवारण तथा नियन्त्रण] अधिनियम, 1974 की धारा 3 के अधीन गठित केन्द्रीय प्रदूषण बोर्ड उस अधिनियम के अधीन अपनी शक्तियों तथा कृत्यों के प्रयोग तथा निर्वहन पर प्रतिकूल प्रभाव डालें बिना, इस अधिनियम के

अधीन वायु प्रदूषण के निवारण तथा नियन्त्रण के लिए केन्द्रीय प्रदूषण नियन्त्रण बोर्ड की शक्तियों का प्रयोग करेगा तथा कृत्यों का निर्वहन करेगा।

धारा 4 - 1974 के अधिनियम संख्या 6 की धारा 4 के अधीन गठित राज्य प्रदूषण नियन्त्रण बोर्ड इस अधिनियम के अधीन राज्य बोर्ड होंगे– किसी राज्य में, जिसमें जल प्रदूषण निवारण तथा नियन्त्रण अधिनियम 1974 प्रवृत्त है और राज्य सरकार ने उस राज्य के लिए उस अधिनियम की धारा 4 के अधीन राज्य प्रदूषण नियन्त्रण बोर्ड गठित किया है, ऐसे बोर्ड को इस अधिनियम की धारा 5 के अधीन वायु प्रदूषण के निवारण और नियन्त्रण के लिए राज्य बोर्ड होना माना जाएगा तथा तद्नुसार वह राज्य प्रदूषण नियन्त्रण बोर्ड, उस अधिनियम के अधीन अपनी शक्तियों तथा कृत्यों के प्रयोग तथा निर्वहन के प्रतिकूल हुए बिना इस अधिनियम के अधीन वायु प्रदूषण के निवारण एवं नियन्त्रण के लिए राज्य बोर्ड की शक्तियों का प्रयोग करेगा और कृत्यों का निर्वहन करेगा।

धारा 5 - राज्य बोर्डों का गठन– (1) किसी भी राज्य में जिसमें जल (प्रदूषण निवारण तथा नियन्त्रण) अधिनियम 1974 (1974 का संख्याक 6) लागू नहीं है या वहाँ अधिनियम लागू है परन्तु सरकार ने (राज्य प्रदूषण नियन्त्रण बोर्ड) उस अधिनियम के अन्तर्गत निर्मित नहीं किया है राज्य सरकार ऐसी तिथि से जिसे वह राजपत्र में अधिसूचना द्वारा नियत कर वायु प्रदूषण के निवारण एवं नियन्त्रणार्थ एक राज्य बोर्ड को ऐसे नाम से जो अधिसूचना में विनिर्दिष्ट हो, इस अधिनियम के अन्तर्गत प्रदत शक्तियों के प्रयोग के लिए और निर्दिष्ट कृत्यों के पालन करने के लिए निर्मित करेगी।

(2) इस अधिनियम के अन्तर्गत निर्मित राज्य बोर्ड के निम्नलिखित सदस्य होंगे, अर्थात्–

(क) राज्य सरकार द्वारा नाम निर्देशित किया जाने वाला एक अध्यक्ष जो पर्यावरणीय संरक्षण से सम्बन्धित विषयों की बाबत विशेष जानकारी या व्यावहारिक अनुभव रखने वाला व्यक्ति होगा।

परन्तु अध्यक्ष पूर्णकालिक या अंशकालिक हो सकता है जैसा कि राज्य सरकार उचित समझे।

(ख) पाँच से अनधिक इतनी संख्या में पदधारी जो राज्य सरकार का प्रतिनिधित्व करने के लिए उस सरकार द्वारा नाम निर्देशित किये जायेंगे।

(ग) पांच से अनधिक इतनी संख्या में व्यक्ति जो राज्य सरकार ठीक समझे जो राज्य के भीतर कृत्य करने वाले स्थानीय प्राधिकारियों के सदस्यों में उस राज्य द्वारा नाम निर्देशित किये जायेंगे।

(घ) तीन से अनधिक इतनी संख्या में अशासकीय व्यक्ति जिसे राज्य सरकार ठीक समझे जिन्हें कृषि मत्स्य उद्योग या व्यापार या श्रम या किसी अन्य हित का जिसका राज्य सरकार की राय में प्रतिनिधित्व होना चाहिए, प्रतिनिधित्व करने के लिए राज्य सरकार द्वारा नाम निर्देशित किये जायेंगे।

(ङ) राज्य सरकार के स्वामित्व नियन्त्रण या प्रबन्ध के अधीन कम्पनियों का निगमों का प्रतिनिधित्व करने के लिए दो व्यक्ति जो सरकार द्वारा नाम निर्देशित किए जाएँगे।

(च) राज्य सरकार द्वारा नियुक्त किया जाने वाला एक पूर्णकालिक सदस्य सचिव होगा जिसको प्रदूषण नियन्त्रण के वैज्ञानिक, अभियांत्रिकी या प्रबन्धन पहलुओं की ऐसी अर्हता ज्ञान, तथा अनुभाव हो जैसा कि विहित किया जाए,

परन्तु यह आश्वस्त करेगी की सदस्यों में से कम से कम दो व्यक्ति वायु गुण सुधार या वायु प्रदूषण निवारण नियन्त्रण अथवा उन्मूलन से सम्बन्धित विषयों में विशेष जानकारी या व्यावहारिक अनुभव वाले हो।

(3) इस अधिनियम के अधीन प्रत्येक राज्य बोर्ड, राज्य सरकार द्वारा उपधारा (1) के अधीन अधिसूचना में विनिर्दिष्ट नाम वाला तथा शाश्वत् उत्तराधिकार और सामान्य मुद्रा वाला निगमित निकाय होगा जिसे इस अधिनियम के उपबन्धों के अधीन रहते हुए सम्पत्ति के अर्जन धारण और व्ययन करने की तथा संविदा करने कि शक्ति होगी और उक्त नाम से वाद लाएगा या उस पर वाद लाया जायेगा।

धारा 6 - संघ राज्य क्षेत्र में राज्य बोर्ड की शक्तियों का प्रयोग एवं कृत्यों का पालन केन्द्रीय बोर्ड द्वारा किया जाना– किसी भी संघ राज्य क्षेत्र में राज्य बोर्ड निर्मित नहीं होगा, इस अधिनियम के अधीन उस संघ क्षेत्र के लिए शक्तियों का प्रयोग तथा कृत्यों का पालन केन्द्रीय बोर्ड करेगा,

परन्तु केन्द्रीय बोर्ड किसी भी संघ राज्य क्षेत्र के सम्बन्ध में इस धारा के अन्तर्गत अपनी समस्त शक्तियों एवं कृत्यों को या इनमें से कोई ऐसे व्यक्ति को या व्यक्तियों के समूह को प्रत्यायोजित कर सकता है, जिसे केन्द्रीय बोर्ड विनिर्दिष्ट करें।

धारा 7 - सदस्यों की सेवा के निबन्धन तथा शर्तें– (1) इस अधिनियम के द्वारा या अधीन यथा उपबन्धित के सिवाय सदस्य सचिव से भिन्न बोर्ड का कोई सदस्य अपने पद को राजपत्र में अधिसूचित तारीख से तीन वर्ष की अवधि के लिए धारण करेगा:

परन्तु कोई सदस्य अपनी अवधि का अवसान हो जाने पर भी तब तक पद धारण किए रहेगा जब तक कि उसका उत्तराधिकारी उसका पद ग्रहण न कर ले।

(2) इस अधिनियम के अधीन निर्मित राज्य बोर्ड के एवं धारा 5 की उपधारा (2) के खण्ड (ख) अथवा (ङ) के अधीन नाम निर्दिष्ट सदस्य की पदावधि उसी समय समाप्त हो जायेगी जब वह यथास्थिति, राज्य सरकार के या ऐसी कम्पनी या निगम के अधीन जो राज्य सरकार के स्वामित्व या नियन्त्रण में अथवा उसके प्रबन्धाधीन है उस पद पर नहीं रह जाता है जिसके आधार पर वह नाम निर्देशित किया गया था।

(3) सदस्य सचिव से भिन्न इस अधिनियम के अधीन निर्मित राज्य बोर्ड का कोई सदस्य स्व-हस्तलिखित लेख द्वारा किसी भी समय अपना पद त्याग–

(क) अध्यक्ष की दशा में राज्य सरकार को,

(ख) किसी अन्य दशा में, राज्य बोर्ड के अध्यक्ष को सम्बोधित करते हुए कर सकेगा और तदुपरि अध्यक्ष का या ऐसे किन्हीं अन्य सदस्य का स्थान रिक्त हो जायेगा।

(4) यदि सदस्य सचिव से भिन्न राज्य बोर्ड का सदस्य राज्य बोर्ड की राय में पर्याप्त कारण के बिना राज्य बोर्ड के तीन क्रमवर्ती अधिवेशनों में अनुपस्थित रहेगा या जहाँ वह धारा 5 की उपधारा (2) के खण्ड (ग) के अधीन नाम निर्देशित किया गया है वह स्थानीय प्राधिकारी का सदस्य नहीं रह जाता है, तथा स्थान की ऐसी रिक्ति उपर्युक्त दोनों दशाओं में से किसी दशा में उस तारीख से प्रभावित होगी जो राज्य सरकार राजपत्र में अधिसूचना द्वारा विनिर्दिष्ट करें।

(5) इस अधिनियम के अधीन निर्मित राज्य बोर्ड में कोई आकस्मिक रिक्ति नये नाम निर्देशन द्वारा भरी जायेगी और रिक्ति भरने के लिए वह सदस्य जिसका स्थान वह लेता है नाम निर्देशित किया गया था।

(6) इस अधिनियम के अधीन निर्मित राज्य बोर्ड का कोई सदस्य पुनः नाम निर्देशन का पात्र होगा।

(7) इस अधिनियम के अधीन निर्मित राज्य बोर्ड के अध्यक्ष तथा सदस्य सचिव से भिन्न सदस्य की सेवा के निबन्धन और शर्तें ऐसी होंगी जो विहित की जाएँ।

धारा 8 - निरर्हताएँ–(1) इस अधिनियम के अधीन निर्मित राज्य बोर्ड का कोई ऐसा व्यक्ति सदस्य नहीं होगा–

(क) जो दिवालिया है या किसी भी समय दिवालिया न्यायनिर्णित हुआ है, या

(ख) जो विकृतचित का है और सक्षम न्यायालय द्वारा घोषित कर दिया गया है, या

(ग) जो किसी ऐसे अपराध के लिए दोषसिद्ध किया जाए या दोषसिद्ध किया जा चुका है जिसमें राज्य सरकार की राय में, नैतिक अधमता अन्तर्ग्रस्त है, या

(ध) जो इस अधिनियम के अधीन किसी अपराध के लिए दोषसिद्ध किया गया है या किसी भी समय दोषसिद्ध किया जा चुका है, या

(ङ) जिसका किसी वायु के गुणों की अभिवृद्धि के लिए या वायु प्रदूषण के निवारण, नियन्त्रण अथवा उपशमन के लिए मशीनरी संयन्त्र उपस्कर या किसी साधित्र के विनिर्माण, विक्रय या भाड़े पर देने का कारोबार करने वाली किसी फर्म या कम्पनी में प्रत्यक्ष या अप्रत्यक्ष रूप से स्वयं या किसी भागीदार द्वारा कोई अंश अथवा हित है, अथवा

(च) जो वायु के गुणों की अभिवृद्धि के कार्यान्वयन के लिए अथवा वायु प्रदूषण के निवारण, नियन्त्रण अथवा उपशमन के लिए बोर्ड से या बोर्ड गठित करने वाली सरकार से या राज्य में किसी स्थानीय प्राधिकारी के या सरकार के स्वामित्व, नियन्त्रण या प्रबन्ध के अधीन

किसी कम्पनी या निगम से कोई संविदा करने वाली कम्पनी या फर्म या फर्म का निदेशक या सचिव, प्रबन्ध या अन्य वैतनिक अधिकारी अथवा कर्मचारी है, अथवा

(छ) जिसने राज्य सरकार की राय में सदस्य के रूप में अपनी प्रास्थिति का इस प्रकार दुरुपयोग किया है कि उसका बोर्ड में बने रहना जनसाधारण के लिए अहितकर है।

(2) राज्य सरकार, लिखित आदेश द्वारा किसी भी सदस्य को जो उपधारा (1) में वर्णित किसी निरर्हता से ग्रस्त है या ग्रस्त हो गया है हटा सकती है।

परन्तु राज्य सरकार द्वारा इस धारा के अधीन हटाने का कोई आदेश दिया जाएगा जब कि सम्बन्धित सदस्य को उसके विरुद्ध हेतुक दर्शित करने के लिए युक्ति युक्त अवसर दे दिया गया हो।

(3) धारा 7 की उपधारा (1) या (6) में किसी बात के होते हुए भी कोई सदस्य जो इस धारा के अधीन हटाया गया है, यथास्थिति जब तक उसका उत्तराधिकारी उसका पद ग्रहण नहीं कर लेता, सदस्य के रूप में पुनः नाम निर्दिष्ट किये जाने का पात्र नहीं होगा।

धारा 9 - सदस्यों द्वारा स्थानों की रिक्ति– इस अधिनियम के अधीन गठित राज्य बोर्ड का कोई सदस्य यदि धारा 8 में विनिर्दिष्ट निरर्हताओं में से किसी से ग्रस्त हो जाये।

धारा 10 - बोर्ड के अधिवेशन– (1) इस अधिनियम के वास्ते बोर्ड का अधिवेशन प्रत्येक तिमाही में कम से कम एक बार होगा और वह अपने अधिवेशनों में काम-काज करने के बारे में ऐसे नियमों का पालन करेगा जो विहित किये जाएँ,

परन्तु यदि अध्यक्ष की राय में कोई अत्यावश्यक प्रकृति का काम किया जाना है तो वह ऐसे समय पर बोर्ड का अधिवेशन बुला सकता है जो वह उपर्युक्त प्रयोजन के लिए ठीक समझे।

(2) उपधारा (1) के अधीन अधिवेशनों के विवेचनों की प्रतिलिपियाँ केन्द्रीय बोर्ड तथा सम्बन्धित राज्य सरकार को अग्रसरित कर दी जाएँगी।

धारा 11 - समितियों का गठन– (1) बोर्ड ऐसे प्रयोजनों के लिए या प्रयोजन के लिए पूर्णतः सदस्यों से अथवा पूर्णतः अन्य व्यक्तियों से या अंशतः सदस्यों से और अंशतः अन्य व्यक्तियों से गठित होने वाली इतनी समितियों का गठन कर सकेगा जिसे वह ठीक समझे।

(2) इस धारा के अधीन गठित समिति का अधिवेशन ऐसे समय एवं ऐसे स्थान पर होगा और वह अपने अधिवेशनों में काम-काज के बारे में प्रक्रिया के ऐसे नियमों का पालन करेगी जो विहित किए जाएँ।

धारा 12 - बोर्ड के साथ व्यक्तियों का विशिष्ट प्रयोजनों के लिए अस्थायी रूप से सहयुक्त किया जाना– (1) बोर्ड ऐसी रीति से और ऐसे प्रयोजनों के लिए, जो विहित किए जाएँ, अपने साथ किसी ऐसे व्यक्ति को सहयुक्त कर सकेगा जिसकी सहायता या सलाह लेने की वह इस अधिनियम के अधीन अपने कृत्यों में से किसी का पालन करने के लिए वांछा करता है।

(2) उपधारा (1) के अधीन बोर्ड के साथ किसी प्रयोजन के लिए सहयुक्त किसी भी व्यक्ति को बोर्ड के उस विचार-विमर्श में भाग लेने का अधिकार होगा जो उस प्रयोजन से सुसंगत हो किन्तु उसे बोर्ड के अधिवेशन में मत देने का अधिकार नहीं होगा और किसी अन्य प्रयोजन के लिए वह बोर्ड का सदस्य नहीं होगा।

(3) बोर्ड के साथ किसी प्रयोजन के लिए उपधारा (1) के अधीन सहयुक्त कोई भी व्यक्ति ऐसी फीस और भत्ते का अधिकारी होगा जो विहित किये जाये।

धारा 13 - बोर्ड में रिक्ति का कार्यों या कार्यवाहियों को अवमान्य न करना– बोर्ड या उसकी किसी समिति का कोई कार्य या कार्यवाही केवल इस आधार पर प्रश्नगत नहीं की जा सकेगी, कि यथास्थिति बोर्ड या ऐसी समिति में कोई रिक्ति विद्यमान थी अथवा उसके गठन में कोई त्रुटि थी।

धारा 14 - बोर्ड का सदस्य सचिव तथा अधिकारी और अन्य कर्मचारी– (1) इस अधिनियम के अधीन गठित राज्य बोर्ड का सदस्य सचिव की सेवा के निबन्धन और शर्तें ऐसी होंगी जो विहित की जायें।

(2) राज्य बोर्ड का चाहे इस अधिनियम के अधीन गठित हो या नहीं सदस्य सचिव समय में ऐसी शक्तियों का प्रयोग करेगा और ऐसे कर्त्तव्यों का निर्वहन करेगा, जैसा कि विहित किया जाए और जो राज्य बोर्ड या उसके अध्यक्ष द्वारा उसे प्रत्यायोजित किया जाए।

(3) ऐसे नियमों के रहते हुए जो राज्य सरकार ने इस निमित्त बनाये, राज्य बोर्ड जो भले ही इस अधिनियम के अधीन गठित हुआ हो अथवा नहीं ऐसे अधिकारियों और कर्मचारियों को नियुक्त कर सकेगा जो वह इस अधिनियम के अधीन अपने कृत्यों के दक्ष पालन के लिए आवश्यक समझे।

(4) उपधारा (3) के अधीन नियुक्त राज्य बोर्ड के अधिकारियों (सदस्य सचिव से भिन्न) तथा अन्य कर्मचारियों की नियुक्ति की पद्धति तथा सेवा की शर्तें और वेतनमान ऐसे होंगे जो राज्य बोर्ड द्वारा इस अधिनियम के अधीन विनियमों द्वारा अवधारित किये जाये।

(5) ऐसी शर्तों के रहते हुए, जो विहित की जाये, इस अधिनियम के अधीन गठित राज्य बोर्ड समय-समय पर किसी अर्हित व्यक्ति को बोर्ड का परामर्शदाता नियुक्त कर सकेगा और उसे ऐसा वेतन और भत्ता या फीस दे सकेगा जो वही ठीक समझे।

धारा 15 - शक्तियों का प्रत्यायोजन– राज्य बोर्ड सामान्य अथवा विशिष्ट आदेश द्वारा ऐसी किन्हीं भी शर्तों और परिसीमाओं के रहते हुए जो आदेश में विनिर्दिष्ट हो, इस अधिनियम के अधीन ऐसी शक्तियों एवं कृत्यों को जो आवश्यक हो बोर्ड के अध्यक्ष या सदस्य सचिव या किसी अन्य अधिकारी को प्रत्यायोजित कर सकता है।

टिप्पणी

धारा 3 के उपबन्धों के अनुसार जल [प्रदूषण निवारण तथा नियन्त्रण] अधिनियम, 1974 में बिना किसी पहले घोषणा के इस अधिनियम के केन्द्रीय बोर्ड के रूप में कार्य करेगा जिसे इस अधिनियम के कार्यों को पूरा करने के लिये उसके नियम को लागू करने के लिये तथा वायु प्रदूषण को रोकने के लिए तथा वायु प्रदूषण के निवारण के लिये समस्त अधिकार होंगे, इस अधिनियम के प्रयोजनों के लिये जल [प्रदूषण निवारण तथा नियन्त्रण] बोर्ड, वायु प्रदूषण निवारण एवं नियन्त्रण बोर्ड भी होगा।

आर. पी. शब्बी बनाम कर्नाटक राज्य के मामले में केन्द्रीय बोर्ड को 1982 के वाद **एच.सी काठीवाल बनाम महाराष्ट्र जल प्रदूषण निवारण नियंत्रण बोर्ड** के निर्णयानुसार एक निगमित निकाय के रूप में माना है।

धारा 4 के उपबन्ध के अनुसार जल [प्रदूषण निवारण तथा नियंत्रण] अधिनियम, 1974 बिना किसी पहले घोषणा के इस अधिनियम के राज्य बोर्ड के रूप में कार्य करेगा जिसे इस अधिनियम के कार्यों को पूरा करने के लिए उसके नियमों को लागू करने के लिए तथा वायु प्रदूषण को रोकने के लिए तथा वायु प्रदूषण के निवारण व नियन्त्रण के लिए समस्त अधिकार होंगे, इस अधिनियम के प्रयोजनों के लिये जल प्रदूषण निवारण तथा नियन्त्रण बोर्ड भी होगा।

उक्त दोनों धाराओं में वायु प्रदूषण [निवारण तथा नियन्त्रण] हेतु किसी अलग से बोर्ड स्थापित नहीं किया गया बल्कि यह कहा गया है कि जल [प्रदूषण निवारण तथा नियन्त्रण] अधिनियम 1974 के अधीन गठित बोर्ड की वायु प्रदूषण निवारण तथा नियन्त्रण हेतु अपनी समस्त शक्तियों का प्रयोग करेगा।

धारा 5 के उपबन्ध के अनुसार ऐसे किसी राज्य में जहाँ जल [प्रदूषण निवारण तथा नियन्त्रण] अधिनियम, 1974 लागू नहीं है यदि लागू है लेकिन वहाँ की राज्य सरकार के द्वारा इस अधिनियम के अधीन राज्य प्रदूषण बोर्ड का गठन नहीं किया गया है तब राज्य सरकार ऐसी तारीख से जो वह राजपत्र में अधिसूचना द्वारा बताये वायु प्रदूषण के [निवारण तथा नियन्त्रण] के लिए राज्य प्रदूषण बोर्ड गठित करेगी जिसमें निम्नलिखित सदस्य होंगे।

एक अध्यक्ष, जिसका चुनाव राज्य सरकार द्वारा होगा तथा वह व्यक्ति वातावरण को स्वच्छ रखने से सम्बन्धित बातों का ज्ञाता होगा अथवा विशेष रूप से इस क्षेत्र का अनुभवी होगा और उसका कार्यकाल राज्य सरकार जैसा उचित समझे पूर्णकालीन अथवा अल्पकालीन हो सकता है।

पाँच या पाँच से अधिक संख्या में पदधारी जो कि राज्य सरकार द्वारा राज्य सरकार का प्रतिनिधित्व करने के लिये नियुक्त किये जायेंगे।

राज्य सरकार द्वारा सहयोगी स्थानीय प्राधिकरणों में से कुछ सदस्य जैसा कि राज्य सरकार उचित समझे तथा जिनकी संख्या 5 से अधिक न हो नामनिर्देशित किये जायेंगे।

राज्य सरकार जैसा उचित समझे तीन से अधिक संख्या में न हो अशासकीय व्यक्ति जो कृषि मीन उद्योग (मत्स्य उद्योग) या किसी उद्योग या व्यापार या किसी अन्य हित का प्रतिनिधित्व करने के लिए नाम निर्देशित किये जायेंगे।

सरकार द्वारा अधिक से अधिक ऐसे दो सदस्य नामांकित किये जावेंगे जो कि ऐसी कम्पनी अथवा निगमों का प्रतिनिधित्व करते हैं जिसका स्वामित्व प्रबन्ध एवं नियन्त्रण सरकार द्वारा होता है।

परन्तु राज्य सरकार यह सुनिश्चित करेगी की ऐसे सदस्यों में से कम से कम दो सदस्य ऐसे हों जो वायु की गुणवत्ता में सुधार से सम्बन्धित विषयों अथवा वायु प्रदूषण के निवारण नियन्त्रण एवं उपशमन के बारे में विशेष ज्ञान अथवा व्यावहारिक अनुभव रखते हो।

प्रत्येक राज्य बोर्ड राज्य सरकार द्वारा अधिसूचना में विनिर्दिष्ट नाम वाला तथा शाश्वत् उत्तराधिकारी और सामान्य मुद्रा वाला निगमित निकाय होगा जिसे इस अधिनियम के अन्तर्गत उपबन्धों के अधीन रहते हुए सम्पत्ति अर्जन धारण और व्ययन करने की तथा संविदा करने की शक्ति होगी और उक्त नाम से वह वाद लायेगा तथा उस पर वाद लाया जायेगा।

धारा 6 के उपबन्ध के अनुसार केन्द्रीय बोर्ड संघ शासित प्रदेशों के कार्यों के लिये अपनी शक्तियों बोर्ड संघ शासित प्रदेशों के कार्यों के लिये अपनी शक्तियों का प्रयोग कर सकता है। साथ ह्री परन्तुक में यह कहा गया है कि केन्द्रीय बोर्ड इस प्रकार संघ शासित प्रदेश के लिए अपनी शक्तियों का प्रत्यायोजन किसी व्यक्ति अथवा संस्था को कर सकता है।

धारा 7 के उपबन्धों के अनुसार बोर्ड के सदस्य तीन वर्ष के लिये नियुक्त किये जायेंगे तथा तीन वर्ष समाप्त होने के बाद तब तक पद नहीं छोडेंगे जब तक कि उसका कोई उत्तराधिकारी पद ग्रहण न कर ले तथा इस प्रकार कोई सदस्य त्याग पत्र द्वारा भी अपने पद को छोड़ सकता है। यदि वह अध्यक्ष है तो वह राज्य सरकार को त्याग पत्र देगा, उक्त प्रकार के सदस्य में सदस्य सचिव शामिल नहीं है। अर्थात् उक्त उपबन्ध में सदस्य का जिक्र किया गया है वह सदस्य सचिव से भिन्न है। यदि कोई सदस्य बोर्ड की तीन बैठकों में लगातार बिना किसी युक्तियुक्त कारण के अनुपस्थित रहता है तो ऐसे सदस्य को बोर्ड तुरन्त हटा सकती है। राज्य सरकार किसी सदस्य के स्थान पर जिसका पद खाली हो किसी अन्य व्यक्ति को उस पद पर कार्यवाहक रूप में कार्य करने के लिये नियुक्त कर सकती है तथा उसे उसके पहले कार्य कर रहे व्यक्ति के कार्यकाल तक नियुक्ति कर सकेगी। कोई सदस्य बोर्ड का पुनः भी सदस्य नियुक्त किया जा सकता है। सदस्य सचिव की सेवा शर्तें वे होंगी जो उसकी उस सेवा पर लागू थी जहाँ वह सदस्य सचिव होने से पूर्व कार्यरत था।

धारा 8 के उपबन्ध के अनुसार अयोग्यताओं के बारे में कि किसी भी प्रकार से दिवालिया तथा अस्वस्थ मस्तिष्क तथा नैतिक अध:पतन वाला व्यक्ति चाहे सामान्यता अथवा न्यायालय द्वारा घोषित हो, व्यक्ति इस प्रकार नियुक्त बोर्ड का सदस्य होने के योग्य नहीं है। इस अधिनियम के अन्तर्गत अपराध के लिए दोषसिद्ध किया जा चुका है तो वह भी इसके सदस्य बनने के योग्य नहीं होगा तथा साथ ही इस प्रकार का व्यक्ति जो कि वायु प्रदूषण के निवारण नियन्त्रण तथा अन्य

सुधारों के लिये काम में आने वाले उपकरण को बेचने, निर्माण तथा इससे सम्बन्धित अन्य व्यवसाय करने वाला हो अथवा भागीदार हिस्सेदार हो अयोग्य घोषित किया गया है।

किसी कम्पनी का कोई सदस्य सचिव अथवा मैनेजर या कर्मचारी इस बोर्ड का सदस्य बनने की योग्यता नहीं रखता तथा जिसने बोर्ड के साथ-साथ किसी वायु प्रदूषण अथवा नियन्त्रण करने हेतु कोई संविदा की हो, इस बोर्ड का सदस्य बनने के योग्य नहीं है। जिसने राज्य सरकार की राय में सदस्य के रूप में अपनी प्रास्थिति का इस प्रकार दुरुपयोग किया है कि उसका राज्य बोर्ड में बने रहना जनसाधारण के लिए हितकर नहीं है।

राज्य सरकार द्वारा उक्त अयोग्यताओं से ग्रस्त व्यक्ति को सुनवाई का उचित अवसर देकर पद मुक्त किया जा सकता है। ऐसा सदस्य जिसे उक्त धारा के अधीन हटाया गया है उसके उत्तराधिकारी से पद ग्रहण करने तक अथवा सदस्य के रूप में पुनः नाम निर्दिष्ट होने के लिए पात्र नहीं होगा।

धारा 9 के उपबन्ध के अनुसार यदि कोई सदस्य जिसे उक्त अयोग्यताओं के रहते हटा दिया जाये तो उसका स्थान खाली हो जायेगा तथा बोर्ड के प्रावधानों के अनुसार उस स्थान को भरा जायेगा।

धारा 10 के अनुसार बोर्ड की बैठकें तीन महिने के अन्तराल के बाद होनी चाहिए अर्थात् हर तीन महिने के बाद बोर्ड की बैठक होनी आवश्यक है। अत्यावश्यक कार्य होने पर अध्यक्ष ऐसी बैठक तीन महिने से पहले भी कर सकता है। इस प्रकार की गई बैठकों की कार्यविधि केन्द्रीय बोर्ड एवं राज्य सरकार दोनों के पास भेजना अनिवार्य होगा तथा इसको उक्त दोनों के द्वारा अनुमोदित भी कराना होगा।

धारा 11 के अनुसार बोर्ड अपने प्रयोजनों व उद्देश्यों की पूर्ति के लिये समितियों का गठन कर सकती है। जिसे वह चाहे तो कुछ सदस्य अपने तथा कुछ अन्य या अन्य व्यक्तियों को नियुक्त कर समिति का निर्माण कर सकती है। इस प्रकार गठित समिति निश्चित समय एवं स्थान पर बोर्ड के कार्यों के विचार-विमर्श के लिये इकठ्ठी होगी। तथा इस अधिनियम के अनुसार जो विहित किये जाये के अनुसार अन्य व्यक्तियों को (बोर्ड के सदस्यों को छोड़कर) जो समिति के सदस्य है को कार्यों के लिये पारिश्रमिक, भत्ते प्रदाय किये जायेंगे।

धारा 12 के उपबन्धों के अनुसार बोर्ड को विशेष शक्ति प्राप्त है कि वह किसी बाहरी व्यक्ति को बोर्ड की मीटिंग में भाग लेने हेतु अस्थायी रूप से विशेष प्रयोजन के लिए आमंत्रित कर सकता है ऐसा व्यक्ति सलाह व सहायता दे सकेगा। ऐसा व्यक्ति मत देने का अधिकारी नहीं होगा तथा ऐसा सदस्य अन्य प्रयोजन के लिए बोर्ड का सदस्य नहीं माना जायेगा।

धारा 13 के उपबन्ध के अनुसार केवल रिक्तियाँ, बोर्ड के गठन में गलती, के आधार पर बोर्ड की बैठकें तथा समिति या समिति की कोई कार्यवाही अनुचित नहीं ठहरायी जायेंगी।

धारा 14 के उपबन्धों के अनुसार राज्य बोर्ड के सचिव का कार्यकाल तथा अन्य

नियम व शर्तें निर्धारित रीति, जिस प्रकार कि बोर्ड का गठन किया जाता है विहित प्रकार से की जायेगी। सदस्य सचिव समस्त शक्तियाँ जो कि उसे प्रदान की गई है का उपयोग कर सकेगा। इस धारा के अधीन राज्य बोर्ड के कार्यों के सम्पादन के लिये राज्य सरकार द्वारा अधिकारी या कर्मचारी की नियुक्ति की जा सकती है। जिनका वेतन, सेवा शर्तें एवं नियम आदि राज्य बोर्ड के नियमों के अनुसार निर्धारित किये जायेंगे तथा साथ ही किसी विशेषज्ञ की सलाह लेने के लिये नियुक्ति जाती है तो उसे उचित पारिश्रमिक तथा फीस दी जा सकती है।

द्वारका सीमेण्ट वर्क्स बनाम राज्य के वाद में यह कहा गया कि सिर्फ इसलिए कि इस अधिनियम में कोई विशिष्ट प्रावधान नहीं है यह नहीं कहा जा सकता कि प्रत्यर्थी अपनी जानकारी में तथ्यों को प्रकट करने के सामान्य कर्त्तव्य से उन्मुक्त है।

धारा 15 राज्य बोर्ड को यह अधिकार देती है कि बोर्ड साधारण या विशेष आदेश द्वारा जैसी भी स्थिति हो अपनी सीमाओं के अधीन में रहते हुए अपनी शक्तियों को प्रत्यायोजित कर सकती है। ऐसा प्रत्यायोजन किसी अधिकारी तथा कर्मचारी को किया जा सकता है। यदि राज्य बोर्ड ऐसा करना आवश्यक समझे।

वायु (प्रदूषण निवारण तथा नियन्त्रण) अधिनियम, 1981 के अन्तर्गत केन्द्रीय बोर्ड व राज्य बोर्डों के गठन सम्बन्धी प्रावधानों का समावेश किया गया है। **धारा 16 से 18** में इनकी शक्तियों तथा कार्यों के प्रावधानों का उल्लेख किया गया है। इन प्रावधानों के माध्यम से केन्द्रीय बोर्ड व राज्यों के बोर्डों को शक्तियाँ प्रदान की गई हैं।

धारा 16 - केन्द्रीय बोर्ड के कृत्य– (1) इस अधिनियम के उपबन्धों के अधीन रहते हुए और जल (प्रदूषण निवारण तथा नियन्त्रण) अधिनियम 1974 के अधीन कृत्यों के पालन पर प्रतिकूल प्रभाव डाले बिना, केन्द्रीय बोर्ड का मुख्य कर्त्तव्य यह होगा कि वह देश में वायु के गुणों में अभिवृद्धि और वायु प्रदूषण के निवारण, नियन्त्रण अथवा उपशमन करें।

(2) विशिष्टतया और पूर्वगामी कृत्य की व्यापाकता पर प्रतिकूल प्रभाव डाले बिना, केन्द्रीय बोर्ड–

(क) वायु के गुणों में अभिवृद्धि एवं वायु प्रदूषण के निवारण, नियन्त्रण या उपशमन के लिए सम्बन्धित विषय पर केन्द्रीय सरकार को सलाह देना,

(ख) वायु प्रदूषण के निवारण, नियन्त्रण अथवा उपशमन के लिए राष्ट्र स्तर पर योजना बनाना और निष्पादित कराना,

(ग) राज्य के क्रिया–कलापों में समन्वय करना तथा उनके बीच के विवादों को सुलझाना,

(घ) राज्य बोर्ड को तकनीकी सहायता देना एवं उनका मार्गदर्शन करना, वायु प्रदूषण की तथा वायु प्रदूषण के निवारण, नियन्त्रण अथवा उपशमन की समस्याओं से सम्बन्धित अन्वेषण और अनुसन्धान क्रियान्वित और प्रायोजित करना।

(घघ) किसी राज्य बोर्ड के कृत्यों में से ऐसे का निर्वहन करना, जैसा कि धारा 18 की उपधारा (2) के अधीन किये गये आदेश में विनिर्दिष्ट किया जाया,

(ङ) वायु प्रदूषण के निवारण, नियन्त्रण अथवा उपशमन के बारे में जन-सम्पर्क के माध्यम से व्यापक कार्यक्रम बनाना,

(छ) वायु प्रदूषण से और उसके प्रभावी निवारण, नियन्त्रण या उपशमन के लिए प्रकल्पित उपायों से सम्बन्धित तकनीकी और सांख्यिकीय आँकड़े एकत्र, संकलित और प्रकाशित करना तथा निर्देशिकायें, संहिताएँ या पथ प्रदर्शिकायें तैयार करना और उनसे सम्बद्ध जानकारी का प्रसार करना।

(ज) वायु के गुणों के लिये मानक निर्धारित करना

(झ) वायु प्रदूषण से सम्बन्धित जानकारी एकत्रित एवं प्रचारित करना,

(ञ) ऐसे अन्य कृत्यों का पालन करना जो विहित किये जाये,

(3) केन्द्रीय बोर्ड इस धारा के अधीन अपने कृत्यों का दक्ष पालन करने के लिए अपने को समर्थ बनाने के लिए एक या अधिक प्रयोगशालाएँ स्थापित कर सकेगा अथवा मान्यता दे सकेगा।

(4) केन्द्रीय बोर्ड-

(क) सामान्यता या विशिष्टतया अपने द्वारा नियुक्त समितियों को इस अधिनियम के अधीन कृत्यों में से किसी को भी प्रत्यायोजित कर सकता है।

(ख) सामान्यता इस अधिनियम के उद्देश्यों को कार्यान्वित करने के ध्येय से अपने कृत्यों के उचित व्ययन हेतु ऐसी दूसरी चीजें और दूसरे कार्य कर सकता है जो यह आवश्यक समझे।

धारा 17 - राज्य बोर्ड के कृत्य—इस अधिनियम के उपबन्धों के अधीन रहते हुए और जल प्रदूषण निवारण तथा नियन्त्रण अधिनियम 1974 के अधीन किसी कृत्य पर कोई प्रतिकूल प्रभाव डाले बिना, राज्य बोर्ड के कृत्य निम्नलिखित होंगे-

(क) वायु प्रदूषण के निवारण, नियन्त्रण या उपशमन के लिए व्यापक कार्यक्रम की योजना बनाना तथा उसके निष्पादन को सुनिश्चित करना,

(ख) वायु प्रदूषण के निवारण, नियन्त्रण या उपशमन से सम्बन्धित किसी विषय में राज्य सरकार को सलाह देना,

(ग) वायु प्रदूषण से सम्बन्धित जानकारी एकत्रित करना एवं उसका प्रसार करना,

(घ) वायु प्रदूषण के निवारण, नियन्त्रण अथवा उपशमन से सम्बन्धित कार्यक्रमों में लगे हुए या लगाये जाने वाले व्यक्तियों के प्रशिक्षण को संगठित करने में केन्द्रीय बोर्ड के साथ सहयोग करना तथा उससे सम्बन्धित सार्वजनिक शिक्षा के कार्यक्रम बनाना,

(ङ) उचित समय पर किसी नियन्त्रण उपस्कर औद्योगिक प्लाण्ट या निर्माण प्रक्रिया का निरीक्षण करना तथा वायु प्रदूषण के निवारण नियन्त्रण अथवा उपशमन के लिए आवश्यक कदम उठाने के लिए ऐसे व्यक्तियों को आदेश द्वारा ऐसे निर्देश देना जैसा कि वह आवश्यक समझे,

(च) वायु प्रदूषण नियन्त्रण क्षेत्र का ऐसे अन्तराल पर निरीक्षण करना जो वह आवश्यक समझे, उस क्षेत्र में वायु के गुणों को निर्धारित करना और उस क्षेत्र में वायु प्रदूषण के निवारण, नियन्त्रण अथवा उपशमन के लिए आवश्यक कदम उठाना,

(छ) केन्द्रीय बोर्ड से परामर्श करके केन्द्रीय बोर्ड द्वारा निर्धारित वायु के गुणों के मानक को ध्यान में रखकर औद्योगिक प्लाण्ट और मोटर यान से वायुमण्डल में निकलने वाले वायु प्रदूषकों का अथवा जहाज या वायुयान को छोड़कर कोई और दूसरे स्रोत से वायुमण्डल में व्ययित वायु प्रदूषकों का मानक निर्धारित करना,

परन्तु इस खण्ड के अधीन भिन्न औद्योगिक प्लाण्ट के लिए उस औद्योगिक प्लाण्ट से वायुमण्डल में निकलने वाले वायु प्रदूषकों को ध्यान में रखकर उत्सर्जन के लिए भिन्न मानक निर्धारित करना,

(ज) वायु प्रदूषण करने की सम्भावना वाले किसी उद्योग को चलाने वाले परिसर या स्थान की उपयुक्तता के सम्बन्ध में सलाह देना,

(झ) ऐसे अन्य कृत्यों का पालन करना जो केन्द्रीय बोर्ड या राज्य सरकार द्वारा विहित किये जाये या समय-समय पर न्यस्त किये जाएँ,

(ञ) सामान्यतया इस अधिनियम के उद्देश्यों को कार्यान्वित करने के ध्येय से अपने कृत्यों के उचित व्ययन हेतु ऐसी दूसरी चीजें और दूसरे कार्य कर सकता है जो यह आवश्यक समझे।

(2) राज्य बोर्ड इस धारा के अधीन अपने कृत्यों का दक्ष पालन करने के लिए एक अथवा अधिक प्रयोगशालायें स्थापित कर सकेगा या किसी अन्य प्रयोगशाला को मान्यता दे सकेगा।

धारा 18 - निर्देश देने की शक्ति– (1) इस अधिनियम के अधीन अपने कृत्यों के पालन में–

(क) केन्द्रीय बोर्ड ऐसे लिखित निर्देशों से आबद्ध होगा जो केन्द्रीय सरकार उसे दे, तथा

(ख) प्रत्येक राज्य बोर्ड ऐसे लिखित निर्देश से आबद्ध होगा जो केन्द्रीय सरकार उसे दे, तथा

परन्तु जहाँ सरकार द्वारा दिया गया कोई निर्देश केन्द्रीय बोर्ड द्वारा दिये गये निर्देश से असंगत हो वहाँ यह मामला केन्द्रीय सरकार को उसके विनिश्चय के लिए निर्दिष्ट किया जाएगा।

(2) जहाँ केन्द्रीय सरकार की राय है कि किसी राज्य बोर्ड ने उपधारा (1) के अधीन केन्द्रीय बोर्ड द्वारा उपधारा (1) के अधीन दिये गये किसी निर्देश का अनुपालन करने में गम्भीर स्थिति उत्पन्न हो गई है और लोकहित में ऐसा करना आवश्यक या समीचीन है वहाँ वह आदेश द्वारा, केन्द्रीय बोर्ड को ऐसे क्षेत्र के सम्बन्ध में ऐसी अवधि के लिए तथा ऐसे प्रयोजनों के लिए जैसा कि आदेशों में विनिर्दिष्ट दिया जाए, राज्य बोर्ड के कृत्यों में से किसी का निर्वहन करने का निर्देश दे सकेगा।

(3) जहाँ केन्द्रीय बोर्ड उपधारा (2) के अधीन निर्देश के अनुसरण में राज्य बोर्ड के कृत्यों में से किसी का निर्वहन करता है वहाँ ऐसे कृत्यों के निर्वहन के सम्बन्ध में केन्द्रीय बोर्ड द्वारा उपगत व्यय, यदि कोई हो केन्द्रीय बोर्ड द्वारा भू-राजस्व या लोक माँग के बकाये के रूप में सम्बद्ध व्यक्ति या व्यक्तियों से उस तिथि से जब ऐसे व्यय के लिए माँग की जाती है। भुगतान किये जाने तक ब्याज सहित (ऐसे युक्तियुक्त दर पर, जैसा कि केन्द्र सरकार आदेश द्वारा नियत करे) वसूल किया जा सकेगा यदि राज्य सरकार ऐसे व्यय को वसूल करने के लिए सशक्त है।

(4) सन्देह के निवारण के लिए एतद् द्वारा यह घोषित किया जाता है कि किसी क्षेत्र के सम्बन्ध में उपधारा (2) के अधीन किसी राज्य बोर्ड के कृत्यों का निर्वहन करने के लिए दिया गया कोई निर्देश राज्य बोर्ड को उस क्षेत्र में उसके अन्य कृत्यों में किसी या राज्य में किसी अन्य क्षेत्र में ऐसे कृत्यों के निर्वहन से प्रवारित नहीं करेगा।

टिप्पणी

धारा 16 के उपबन्धों के अनुसार वायु प्रदूषण कार्यों पर प्रभाव डाले बिना वायु की गुणवत्ता में सुधार लाना एवं प्रदूषण को रोकना एवं इसके नियन्त्रण हेतु पूरे देश में कार्य करना।

इस धारा के अनुसार बोर्ड अपने कार्यों पर बिना प्रभाव डाले–

(i) केन्द्रीय सरकार को वायु प्रदूषण रोकने हेतु नियन्त्रण करने एवं वायुमण्डल में सुधार लाने हेतु सलाह देना।

(ii) योजना बनाकर एवं राष्ट्रव्यापी कार्यक्रम के माध्यम से वायु प्रदूषण रोकने के नियमन एवं नियन्त्रण के उपाय कर सकता है।

(iii) राज्य बोर्डों के क्रियाकलापों में समन्वय करना और उनके बीच के विवादों को सुलझाना।

(iv) राज्य बोर्डों को वायु प्रदूषण से सम्बन्धित तकनीकी ज्ञान एवं सलाह देकर वायु प्रदूषण को रोकने, कम करने तथा इसके नियन्त्रण के उपाय सुझाना।

(v) वायु प्रदूषण निवारण नियन्त्रण या उपशमन के कार्यक्रमों में लगे हुए, लगाए जाने वाले व्यक्तियों के प्रशिक्षण की ऐसी निबन्धनों और शर्तों पर योजना बनाना और उसे संगठित करना जिन्हें केन्द्रीय बोर्ड विनिर्दिष्ट करें।

(vi) वायु प्रदूषण सम्बन्धी तकनीकी एवं सांख्यिकीय आकड़ें एकत्रित करने उन्हें प्रकाशित करने तथा उन्हें रोकने, नियमन एवं नियन्त्रण हेतु सुझाव तरीकों एवं स्रोतों की जानकारी को जनता तक पहुँचाने का कार्य कर सकता है।

(vii) वायु की गुणवत्ता के मानक निर्धारित करना।

(viii) वायुमण्डल में सुधार लाने हेतु मान्य मानकों का ज्ञान कराने एवं अन्य कार्य जो कि विहित रीति से करने हेतु सौंपे जाये, उन्हें करने का कार्य कर सकता है।

बोर्ड एक केन्द्रीय प्रयोगशाला स्थापित कर सकता है अथवा किसी प्रयोगशाला या प्रयोगशालाओं को अपने कार्यों को सम्पन्न कराने हेतु मान्यता प्रदान कर सकता है। जहाँ वायु प्रदूषण नमूने आदि की जाँच की जा सकती है।

केन्द्रीय बोर्ड अपना कोई कार्य किसी ऐसी समिति को सम्पादित करने के लिए सौंप सकता है जिसका गठन इस बोर्ड द्वारा हुआ हो, शेष अन्य सभी कार्य कर सकता है जो इस अधिनियम द्वारा बताये गये हैं।

धारा 17 – के उपबन्धों के अनुसार राज्य बोर्ड के निम्न कार्य होंगे–

(i) राज्य सरकार को प्रदूषण को रोकने, नियमन एवं नियन्त्रण के लिये सलाह देना।

(ii) वायु प्रदूषण को रोकने एवं नियन्त्रित करने के लिये कल्याणकारी योजना बहु कार्यक्रम तैयार करना एवं उसको उचित ढंग से लागू करना।

(iii) वायु प्रदूषण और उसके निवारण, नियन्त्रण या उपशमन सम्बन्धित जानकारी एकत्र करना और उसका प्रसार करना।

(iv) केन्द्रीय बोर्ड के सहयोग से उसके द्वारा आयोजित प्रशिक्षण एवं शिक्षण कार्यक्रम में इसके लिये चयनित व्यक्तियों को दक्ष करने के लिये उसमें भाग लेने के लिए भेजना।

(v) युक्तियुक्त समय पर किसी भी नियन्त्रण और उपशमन के लिए आदेश द्वारा ऐसे निर्देश देना जो वह आवश्यक समझे।

(vi) समयानुसार वायु की शुद्धता में सुधार लाने हेतु आवश्यक कदम उठाना।

(vii) राज्य सरकार को किसी उद्योग जो कि प्रदूषण फैलाते हैं को किसी अन्य स्थान पर ले जाने की सलाह देना।

(viii) केन्द्रीय बोर्ड के पश्चात् वातावरण में फैलने वाले प्रदूषण को जो कि औद्योगिक तथा स्वचालित वाहनों द्वारा अथवा अन्य प्रदूषक तत्त्वों के कारण फैलता है, रोकने हेतु मानक तैयार करना एवं उन्हें लागू करने हेतु कदम उठाना परन्तु यह बोर्ड वायु एवं जल में चलने वाले जहाजों के सम्बन्ध में कोई नियम नहीं बना सकता।

(ix) विहित रीति से इसमे सम्बन्धित अन्य कार्य सम्पादित करना।

(x) इस अधिनियम के कार्यों के सम्बन्ध में उचित एवं आवश्यकतानुसार कार्य करना जैसा कि बोर्ड आवश्यक समझे।

(xi) प्रयोगशाला की स्थापना करना या किसी प्रयोगशाला को मान्यता देना ताकि नमूनों की जाँच की जा सके।

नवीन केमिकल मेंन्युफेक्चरिंग एण्ड ट्रेडिंग कम्पनी बनाम न्यू ओखला इण्डस्ट्रियल डवलपमेण्ट ऑथोरिटी के वाद में यह अभिनिर्धारित किया गया कि राज्य प्रदूषण नियन्त्रण बोर्ड का यह कर्त्तव्य है कि वह वायु प्रदूषण के निवारण एवं नियन्त्रण तथा उपशमन के लिए आवश्यक कदम उठाये तथा इस सम्बन्ध में सम्बन्धित उद्योगों को निर्देश दें।

चेयरमेन गुरुद्वारा बनाम पुलिस आयुक्त के वाद में न्यायालय ने कहा कि लाउडस्पीकर जोर-जोर से तेज आवाज में चलाने पर भी वायु प्रदूषण होता है। अत: धार्मिक स्थलों पर भी इस प्रकार के लाउडस्पीकर इस्तेमाल किये जाये जिनमें वायु प्रदूषण न हो।

डालमिया इण्डस्ट्रीज लि.बनाम प्रदूषण के निवारण के लिए राजस्थान बोर्ड के वाद में राजस्थान उच्च न्यायालय ने कहा कि यदि उद्योग विहित मानक की आवशकताओं को पूरा नहीं करता है तो बोर्ड कठोर कार्यवाही करने के लिए स्वतन्त्र है। **बी.एस. दामोदरन बनाम केरल राज्य** के वाद में अभिनिर्धारित किया गया कि यदि वायु में प्रदूषण उत्पन्न होता है तो म्युनिसिपल अधिकारियों का यह कर्त्तव्य है कि वायु प्रदूषण होने के कारणों को जाने तथा उनको दूर करने का प्रयत्न करें ताकि शहरी व्यक्ति वायु प्रदूषण से ग्रस्त न हो।

धारा 18 के उपबन्धों के अनुसार केन्द्रीय सरकार द्वारा दिये गये निर्देशों को बोर्ड मानने के लिये बाध्य होगा।

इस प्रकार राज्य बोर्ड भी केन्द्रीय बोर्ड के निर्देशों तथा राज्य सरकार के निर्देशों को मानने के लिये बाध्य होगा यदि केन्द्रीय बोर्ड एवं राज्य सरकार के निर्देशों में आपस में कोई टकराव या मतभेद है तो केन्द्रीय सरकार द्वारा फैसला किया जायेगा कि राज्य बोर्ड को किसका निर्देश पालन करना है।

केन्द्रीय सरकार की राय (फैसला) युक्तियुक्त आधारों पर दिया गया होना चाहिए।

13

विश्व में वायु संरक्षण की अनिवार्यता

वायु [प्रदूषण निवारण तथा नियंत्रण] अधिनियम, 1981 के अध्याय 4 में वायु प्रदूषण का निवारण तथा नियंत्रण करने हेतु **धारा 19 से 31 क** तक में विभिन्न उपायों के बारे में प्रावधान किये गये हैं।

धारा 19 वायु प्रदूषण नियन्त्रण क्षेत्र घोषित करने की शक्ति– (1) इस अधिनियम के प्रयोजनों के लिए राज्य सरकार राज्य बोर्ड से परामर्श करने के बाद राजपत्र में अधिसूचना द्वारा ऐसी पद्धति से जो विहित की जाए राज्य के अन्तर्गत कोई एक क्षेत्र या अनेक वायु प्रदूषण क्षेत्र घोषित कर सकती है।

(2) राज्य सरकार राजपत्र में अधिसूचना द्वारा–

(क) किसी वायु प्रदूषण नियन्त्रण क्षेत्र को चाहे उसका विस्तार करके अथवा उसे कम करके परिवर्तित कर सकेगी, अथवा

(ख) ऐसा नया वायु प्रदूषण क्षेत्र घोषित कर सकेगी जिसमें एक या अधिक वायु प्रदूषण नियन्त्रण क्षेत्र अथवा उसका कोई भाग या उसके कोई भाग सम्मिलित किये जा सकें।

(3) राज्य बोर्ड से परामर्श करने के बाद यदि राज्य सरकार की राय में वायु प्रदूषण नियन्त्रण क्षेत्र में या उसके किसी भाग में अनुमोदित ईंधन के अतिरिक्त किसी ईंधन का उपयोग

वायु प्रदूषण कारित करता है अथवा कारित करने की सम्भावना वाला है तो वह राजपत्र में अधिसूचना में निर्दिष्ट हो, ऐसे ईंधन का उपयोग रोक सकती है।

(4) राज्य बोर्ड से परामर्श करने के बाद सरकार राजपत्र में अधिसूचना द्वारा उसमें विहित तिथि से प्रभावी करते हुए निर्देशित कर सकती है कि अनुमोदित साधित्र से भिन्न कोई दूसरा साधित्र वायु प्रदूषण नियन्त्रण क्षेत्र में स्थित परिसर में उपयोग नहीं किया जायेगा।

परन्तु वायु प्रदूषण नियन्त्रण क्षेत्र के विभिन्न भागों के लिए विभिन्न साधित्र उपयोग के लिए भिन्न तिथियाँ विनिर्दिष्ट की जा सकती हैं।

(5) राज्य बोर्ड से सलाह करने के बाद यदि राज्य सरकार का यह मत है कि वायु प्रदूषण नियन्त्रण क्षेत्र में या उसके किसी भाग में किसी पदार्थ (ईंधन न हो) का दहन वायु प्रदूषण कर सकता है या करने की सम्भावना वाला है तब वह राजपत्र में अधिसूचना द्वारा ऐसे क्षेत्र में या उसके किसी भाग में ऐसे पदार्थ का दोहन रोक सकती है।

धारा 20 – मोटर यान निःसरण के लिए मानक सुनिश्चित करने के लिए अनुदेश देने की शक्ति– राज्य सरकार राज्य बोर्ड से परामर्श करने के पश्चात् राज्य बोर्ड द्वारा निर्धारित मोटर यान के निःसरण को धारा 17 की उपधारा (1) के खण्ड (छ) के अधीन अनुपालन को सुनिश्चित करने के ध्येय से मोटर यान अधिनियम 1939 (1939 का संख्याक 4) के अधीन मोटर यान के पंजीकरण प्रभारी को ऐसे अनुदेश जो आवश्यक समझे, दे सकती है और ऐसा प्राधिकारी इस अधिनियम के अधीन किसी बात के होते हुए अथवा उसके अधीन बने नियमों के रहते हुए ऐसे अनुदेशों का अनुपालन करने के लिये बाध्य होगा।

धारा 21 – औद्योगिक संयन्त्र के उपयोग पर कुछ प्रतिबन्ध–(1) इस अधिनियम के प्रावधानों के अध्यधीन कोई व्यक्ति, राज्य बोर्ड की अनुमति के बिना, वायु प्रदूषण नियन्त्रण क्षेत्र में किसी औद्योगिक संयन्त्र की स्थापना नहीं करेगा तथा उसका परिचालन नहीं करेगा।

परन्तु वायु (प्रदूषण निवारण तथा नियन्त्रण) संशोधन अधिनियम, 1987 की धारा 9 के प्रारम्भ के तत्काल पूर्व किसी वायु प्रदूषण नियन्त्रण क्षेत्र में किसी औद्योगिक संयन्त्र को जिसके लिये ऐसे प्रारम्भ के पूर्व कोई सम्मति आवश्यक नहीं थी, संचालित करने वाला व्यक्ति ऐसे प्रारम्भ से तीन मास की अवधि तक, अथवा यदि उसने तीन मास की उक्त अवधि के भीतर ऐसी सम्मति के लिए आवेदन किया है तब ऐसे आवेदन के निस्तारण तक ऐसा करना जारी रख सकेगा।

(2) उपधारा (1) के अधीन राज्य बोर्ड की अनुमति के लिए दिया गया आवेदन ऐसी फीस से जो विहित की जाए अनुगमित होगा और एक विहित प्रारूप में दिया जायेगा और वह औद्योगिक प्लाण्ट का विवरण जो विहित किए जाएँ अन्तर्विष्ट करेगा,

परन्तु जहाँ कोई व्यक्ति किसी क्षेत्र के वायु प्रदूषण नियन्त्रण क्षेत्र घोषित होने के ठीक पूर्व ऐसे क्षेत्र में किसी औद्योगिक संयंत्र का परिचालन करता है तब ऐसा व्यक्ति इस उपधारा के

अधीन ऐसे समय में (ऐसी घोषणा की तिथि से तीन महिने से अनधिक) जो विहित हो आवेदन करेगा और जहाँ कोई व्यक्ति ऐसा आवेदन करता है। वह औद्योगिक प्लाण्ट का परिचालन राज्य बोर्ड की अनुमति से करता हुआ माना जायेगा जब तक कि आवेदित अनुमति अस्वीकृत न कर दी गई हो।

(3) राज्य बोर्ड उपधारा (1) के अधीन अनुमति के लिए दिये गये आवेदन के सम्बन्ध में ऐसी जाँच जो वह ठीक समझे कर सकता है। और इस प्रकार की गई जाँच में विहित की गई प्रक्रिया को अपनायेगा।

(4) उपधारा (1) के अन्तर्गत अनुमति के लिए प्रेषित आवेदन की प्राप्ति के समय की चार महिने की अवधि में, राज्य बोर्ड लिखित आदेश और आदेश में लेखबद्ध किये जाने वाले कारणों से ऐसी शर्तों के अध्यधीन और ऐसी अवधि के लिए जो आदेश में विनिर्दिष्ट हो, या तो सम्मति, जिसके लिए आवेदन किया गया है, प्रदान कर सकेगा या नामंजूर कर सकेगा।

परन्तु राज्य बोर्ड ऐसी सम्मति को अवधि के, जिसके लिये उसे मंजूर किया जाता है। पर्यावसान के पूर्व निरस्त करने या ऐसे पर्यावसान के बाद पुनः सम्मति को नामंजूर करने के लिए स्वतन्त्र होगा यदि शर्तें, जिनके अध्यधीन ऐसी सम्मति प्रदान की गई है पूरी नहीं की जाती,

परन्तु यह और कि प्रथम परन्तुक के अधीन सम्मति को निरस्त करने या पुनः सम्मति को नामंजूर करने के पूर्व सम्बद्ध व्यक्ति को सुनवाई का अवसर दिया जाएगा।

(5) प्रत्येक व्यक्ति जिसे उपधारा (4) के अधीन राज्य बोर्ड द्वारा अनुमति स्वीकृत हो गई है। निम्न शर्तों का अनुपालन करेगा अर्थात्–

(i) ऐसी निर्दिष्टियों के नियन्त्रण उपस्करों को जिन्हें राज्य बोर्ड ने इस निमित्त अनुमोदित किया है उस परिसर में जहाँ उद्योग लगाया गया है या लगाये जाने के लिए प्रस्तावित है, अधिष्ठापित और प्रचालित किया जायेगा,

(ii) वर्तमान समय में स्थित कोई भी नियन्त्रण उपस्कर राज्य बोर्ड के निदेशानुसार परिवर्तित अथवा प्रतिस्थापित कर दिया जाएगा।

(iii) खण्ड (i) अथवा खण्ड (ii) में निर्देशित नियन्त्रण उपस्कर सभी समयों पर अच्छी चालू स्थति में रखेगा,

(iv) इस निमित्त यदि आवश्यक हो तो राज्य बोर्ड द्वारा अनुमोदित निर्दिष्टियों के अन्तर्गत किसी चिमनी का निर्माण या पुनर्निर्माण किया जा सकता है।

(v) इस निमित ऐसी अन्य शर्तों को जो राज्य बोर्ड विनिर्दिष्ट करे।

(vi) खण्ड (i)(ii) और (iv) में निर्दिष्ट शर्तें ऐसी समयावधि में जो राज्य बोर्ड इस निमित्त विनिर्दिष्ट करे, अनुपालित की जायेगी।

परन्तु ऐसी विनिर्दिष्ट समयावधि किसी वायु प्रदूषण नियन्त्रण क्षेत्र में किसी व्यक्ति द्वारा किसी औद्योगिक संयन्त्र चलाए जाने की दशा में उस क्षेत्र के वायु प्रदूषण नियन्त्रण क्षेत्र घोषित होने की तिथि से ठीक पूर्व 6 माह से कम की नहीं होगी,

परन्तु और–

(क) खण्ड (i) के अधीन विशिष्टियों के अनुसार किसी नियन्त्रण उपस्कर के संस्थापन के बाद, या

(ख) खण्ड (ii) के अधीन राज्य बोर्ड के निर्देशों के अनुसार किसी नियन्त्रण उपस्कर के परिवर्तन, या

(ग) खण्ड (iv) के अधीन किसी निर्माण या पुनर्निर्माण के पश्चात् राज्य बोर्ड के पूर्व अनुमोदन के बिना कोई भी नियन्त्रण उपस्कर या चिमनी परिवर्तित नहीं की जाएगी न प्रतिस्थापित की जाएगी, यथास्थिति, न निर्मित की जायेगी न पुन:निर्मित की जायेगी।

(6) यदि किसी तकनीकी सुधार के कारण अथवा अन्यथा राज्य बोर्ड की राय है कि उपधारा (5) में निर्दिष्ट सभी या कोई शर्त घट बढ़ की अपेक्षा करती है या (नियन्त्रण उपस्कर की पूर्व या आंशिक बदल सम्मलित करते हुए) राज्य बोर्ड अनुमति दिए जाने वाले व्यक्ति को सुनवाई का एक अवसर देकर उन शर्तों में से सभी या किसी में घट बढ़ करेगा और तब वह व्यक्ति ऐसी घटी बढ़ी शर्तों के अनुपालन के लिए बाध्य होगा।

(7) जहाँ कोई व्यक्ति जिसे उपधारा (4) के अधीन राज्य बोर्ड द्वारा अनुमति स्वीकृत कर दी गई है उद्योग में अपने हित या किसी अन्य व्यक्ति को विक्रय कर देता है, ऐसी अनुमति इस दूसरे व्यक्ति को स्वीकृत कर दी गई समझी जाएगी और वह उन सभी शर्तों को जिसके अधीन उसे स्वीकृत किया गया था, पालन करेगा मानो कि अनुमति उसको प्रारम्भत: ही स्वीकृत की गई थी।

धारा 22 – उद्योग आदि चलाने वाले व्यक्ति राज्य बोर्ड द्वारा निर्धारित स्तर से अधिक वायु प्रदूषकों के नि:सरण की नियन्त्रण क्षेत्र में किसी औद्योगिक संयन्त्र का परिचालन कर रहा है वह धारा 17 की उपधारा (1) के खण्ड (छ) के अधीन राज्य बोर्ड द्वारा निर्धारित स्तर से अधिक वायु प्रदूषकों को नि:सरण का न व्ययन करेगा अथवा न कराएगा अथवा न व्ययन करने की अनुज्ञा देगा।

धारा 22क – बोर्ड की वायु प्रदूषण कारित से व्यक्तियों को निर्बन्धित करने के लिए न्यायालय के समक्ष आवेदन करने की शक्ति– (1) जहाँ बोर्ड द्वारा यह आशंका की जाता है कि धारा 17 की उपधारा (1) के खण्ड (छ) के अधीन राज्य बोर्ड द्वारा अधिकथित मानक के आधिक्य में किसी वायु प्रदूषक का उत्सर्जन किसी वायु प्रदूषण नियन्त्रण क्षेत्र में औद्योगिक संयन्त्र संचालित करने वाले किसी व्यक्ति के कारण या अन्यथा होने के लिए सम्भाव्य है, तो बोर्ड न्यायालय के समक्ष जो महानगर मजिस्ट्रेट से अवर न हो ऐसे वायु प्रदूषक को उत्सर्जित करने से ऐसे व्यक्ति को निर्बन्धित करने के लिए आवेदन कर सकेगा।

(2) उपधारा (1) के अधीन आवेदन प्राप्त करने पर न्यायालय ऐसा आदेश कर सकेगा जैसा वह ठीक समझे।

(3) जहाँ उपनियम (2) के अधीन न्यायालय किसी व्यक्ति को किसी वायु प्रदूषक के उत्सर्जन का निर्वहन करने या करने या करने के लिए अनुमति देने से निर्बन्धित करते हुए आदेश देता है, वहाँ वह आदेश में–

(क) ऐसे व्यक्ति को ऐसा कार्य करने से, जो उत्सर्जन करने के लिए सम्भाव्य हो, विरत रहने का निर्देश दे सकेगा,

(ख) बोर्ड को, यदि खण्ड (क) के अधीन निर्देश का अनुपालन ऐसे व्यक्ति द्वारा नहीं किया जाता जिसको ऐसा निर्देश जारी किया जाता है, तो ऐसे ढंग में निर्देश को क्रियान्वित करने के लिए प्राधिकृत कर सकेगा जैसा कि न्यायालय द्वारा विनिर्दिष्ट किया जाए।

(4) बोर्ड द्वारा उपधारा (3) के खण्ड (ख) के अधीन न्यायालय के निर्देशों के क्रियान्वयन में उपगत सभी व्यय सम्बद्ध व्यक्ति में भू-राजस्व या लोक माँग के बकाये के रूप में वसूलनीय होगा।

धारा 23 - कतिपय मामलों में राज्य बोर्ड और दूसरे अभिकर्त्ताओं को सूचना देना– (1) जहाँ किसी क्षेत्र में राज्य बोर्ड द्वारा निर्धारित स्तर से अधिक वायु प्रदूषक वायु मण्डल में किसी दुर्घटना या किसी अन्य अप्रत्याशित कार्य या घटना के कारण विद्यमान हैं या होने की आंशका है उस परिसर का भार साधक अधिकारी जहाँ नि:सरण है या होने की आंशका है ऐसी घटना के होने की या होने की आंशका की सूचना राज्य बोर्ड को और ऐसे प्राधिकारियों या अभिकर्त्ताओं को करेगा जो विहित हो।

(2) उपधारा (1) में निर्दिष्ट प्रकृति के तथ्य या घटना की आंशका के सम्बन्ध में सूचना प्राप्त होने पर चाहे वह इत्तिला इस उपधारा या अन्यथा मिति हो, राज्य बोर्ड और प्राधिकारी या अभिकर्त्ता ऐसे वायु प्रदूषकों के नि:सरण को कम करने के लिए ऐसे प्रतिकारक उपाय करेगा जो व्यावहारिक हो।

(3) उपधारा (1) में निर्दिष्ट प्रतिकारक उपायों के सम्बन्ध में राज्य बोर्ड प्राधिकारी या अभिकर्त्ता द्वारा खर्च किये गये खर्चे की माँग की तिथि से उसकी अभिकर्त्ता द्वारा खर्च किये गये खर्चे की माँग की तिथि से उसकी अदायगी तक ब्याज सहित (ऐसी उचित दर पर जो राज्य सरकार आदेश द्वारा नियत करें) वह बोर्ड प्राधिकारी या अभिकर्त्ता सम्बन्धित व्यक्ति से भू-राजस्व के बकाया या लोक माँग की तरह वसूल किये जा सकते हैं।

धारा 24 - प्रवेश तथा निरीक्षण की शक्ति– (1) इस धारा के उपबन्धों के अधीन रहते हुए इस निमित्त सशक्त किसी व्यक्ति को यह अधिकार होगा कि वह किसी भी समय ऐसी सहायता से जो वह आवश्यक समझे किसी स्थान में निम्नलिखित प्रयोजनों के लिये प्रवेश करें–

(क) उसे सौपे गए बोर्ड के कृत्यों में से किसी का पालन करने के प्रयोजन के लिए,

(ख) यह अवधारित करने के प्रयोजन के लिए कि क्या और यदि हाँ, तो किस रीति से ऐसे किन्हीं कृत्यों का पालन किया जाना है। क्या इस अधिनियम या तद्धीन बनाए गए नियमों के किन्हीं उपबन्धों का या इस अधिनियम के अधीन तामील की गई सूचना किए गए आदेश अनुदत्त प्राधिकरण का पालन किया जा रहा है या किया गया है।

(ग) किसी नियन्त्रण उपस्कर औद्योगिक संयन्त्र अभिलेख रजिस्टर दस्तावेज या किसी अन्य सारवान पदार्थ की परख या परीक्षा करने के प्रयोजन से अथवा किसी ऐसे स्थान की तलाशी लेने के लिए जिसके सम्बन्ध में उसे यह विश्वास करने का कारण हो कि उसके भीतर इस अधिनियम या तद्धीन बनाए गए नियमों के अधीन कोई अपराध किया गया है, या किया जा रहा है, या किया जाने वाला है तथा किसी ऐसे संयन्त्र अभिलेख रजिस्टर दस्तावेज या अन्य सारवान पदार्थ का उस दशा में अधिग्रहण करने के लिए जब उसे यह विश्वास करने का कारण हो कि उसने इस अधिनियम या तद्धीन बनाए गए नियमों के अधीन दण्डनीय किसी अपराध के करने का साक्ष्य दिया जा सकेगा।

(2) वायु प्रदूषण नियन्त्रण क्षेत्र में किसी औद्योगिक संयन्त्र में किसी नियन्त्रण उपस्कर को प्रचलित करने वाला प्रत्येक व्यक्ति उपधारा के अधीन राज्य बोर्ड द्वारा उस उपधारा के लिए कृत्यों के जारी रखने के लिए सशक्त व्यक्ति को सभी आवश्यक सहायता पहुँचाने के लिए बाध्य होगा तथा अगर वह ऐसा करने में बिना किसी कारण या प्रति हेतु के असमर्थ होता है तो वह इस अधिनियम के अधीन अपराध का दोषी होगा।

(3) यदि कोई व्यक्ति राज्य बोर्ड द्वारा उपधारा (1) के अधीन अपने कर्त्तव्य व्ययन में सशक्त व्यक्ति को जानबूझकर विलम्ब करता है या बाधा डालता है वह इस अधिनियम के अधीन अपराध का दोषी होगा।

(4) दण्ड प्रक्रिया संहिता 1973 के उपबन्ध या जम्मू कश्मीर राज्य के सम्बन्ध में अथवा किसी अन्य क्षेत्र में जहाँ यह संहिता लागू नहीं है उस राज्य क्षेत्र में प्रवृत किसी तत्स्थानीय विधि के उपबन्ध इस धारा के अधीन किसी तलाशी या अभिग्रहण को यावत्शक्य वैसे ही लागू होंगे, जैसे वे, यथास्थिति, उक्त संहिता की धारा 94 के अधीन या उक्त विधि के तत् स्थानीय उपबन्धों के अधीन निकाले गए वारण्ट के प्राधिकार के अधीन की गई किसी तलाशी या किए गए अभिग्रहण को लागू होते हैं।

धारा 25 - जानकारी अभिप्राप्त करने की शक्ति– सौंपे गये कृत्यों को कार्यान्वित करने के उद्देश्यों से राज्य बोर्ड अथवा इसके द्वारा सशक्त कोई अधिकारी उस निमित्त किसी अध्यासी अथवा किसी व्यक्ति को जो कोई उद्योग चला रहा है या नियन्त्रण उपस्कर या औद्योगिक संयन्त्र को परिचालन कर रहा है किसी सूचना (जिसके अन्तर्गत वायुमण्डल में नि:सरण सभी प्रकार के वायु प्रदूषक और इस वायु प्रदूषक नि:सरण का स्तर आते हैं) के लिए बुला सकता है और ऐसी सूचना की यथार्थता के सत्यापन के लिए राज्य बोर्ड या उस अधिकारी

को उस परिसर का जहाँ उद्योग, नियन्त्रण, उपस्कर अथवा औद्योगिक संयन्त्र चालू है अथवा परिचालन में है निरीक्षण करने का अधिकार होगा।

धारा 26 – वायु अथवा निःसरण के नमूने लेने की शक्ति और उसके सम्बन्ध में अनुसरित की जाने वाली प्रक्रिया–

(1) राज्य बोर्ड या उसके द्वारा इस निमित्त सशक्त किसी अधिकारी को यह शक्ति होगी कि वह विश्लेषण के प्रयोजन के लिए किसी चिमनी धुएँ के मार्ग या नली या किसी दूसरे निकास से इस पद्धति से जो विहित की जाए नमूने ले।

(2) उपधारा (1) के अधीन निःसरण के लिए लिये गए किसी विश्लेषण का परिणाम किसी विधिक कार्यवाही के साक्ष्य में तब तक ग्राह्य नहीं होगा जब तक कि उपधारा (3) या (4) के उपबन्धों का पालन न कर दिया जाए।

(3) उपधारा (4) के उपबन्धों के अधीन रहते हुए जब किसी निःसरण का नमूना उपधारा (1) के अधीन विश्लेषण करने के लिए लिया जाता है तो नमूना लेने वाला व्यक्ति–

(क) अध्यासी अथवा उसके अभिकर्त्ता को वही और तत्काल उसके विश्लेषण करने के अपने किसी आशय की सूचना की तामील ऐसे प्रारूप में करेगा जो विहित किया जाए।

(ख) अध्ययी अथवा अध्यासी के अभिकर्त्ता की उपस्थिति में विश्लेषण के लिए निःसरण का नमूना एकत्र करेगा।

(ग) प्रत्येक भाग को एक आधान में रखवायेगा जिसे चिन्हित और सीलबन्द कर दिया जाएगा और नमूना लेने वाले व्यक्ति और अध्यासी या उसके अभिकर्त्ता, दोनों द्वारा हस्ताक्षरित भी किया जायेगा।

(घ) धारा 17 के अधीन बिना किसी विलम्ब के उस आधान या आधानों को राज्य बोर्ड द्वारा स्थापित प्रयोगशाला को अथवा यदि इस निमित्त अध्यासी या उसके अभिकर्त्ता के अनुरोध पर खण्ड (क) के अधीन उसे सूचना की तामील कर दी गई है तब धारा 28 की उपधारा (1) के अधीन स्थापित अथवा विनिर्दिष्ट प्रयोगशाला को भेजेगा।

(4) जब उपधारा (1) के अधीन विश्लेषण करने के लिए कोई नमूना लिया जाता है और नमूना लेने वाला व्यक्ति उपधारा (3) के खण्ड (क) के अधीन अध्यासी या उसके अभिकर्त्ता पर किसी सूचना की तामील कर देता है। तब–

(क) उस दशा में जब की अध्यासी या उसका अभिकर्त्ता जानबूझकर अनुपस्थित रहता है, नमूना लेने वाला व्यक्ति विश्लेषण करने के लिए नमूने आधान या आधानों में रखने के लिए एकत्र करेगा जिन्हें चिन्हित और सील बन्द किया जाएगा और नमूना लेने वाला व्यक्ति उस पर अपना हस्ताक्षर भी करेगा।

(ख) उस दशा में जब कि नमूना लेते समय अध्यासी अथवा उसका अभिकर्त्ता उपस्थित रहता है परन्तु उपधारा (3) के खण्ड ग के अधीन निःसरण के लिए लिये गये नमूने वाले चिन्हित तथा सीलबन्द आधान या आधानों पर हस्ताक्षर करने से इन्कार कर देता है। ऐसे चिन्हित और सीलबन्द आधान या आधानों एर नमूना लेने वाला व्यक्ति हस्ताक्षर करेगा और नमूना लेने वाला व्यक्ति बिना किसी विलम्ब के उस आधान या आधानों को धारा 28 की उपधारा (1) के अधीन स्थापित या विनिर्दिष्ट प्रयोगशाला को भेज देगा तथा यह व्यक्ति धारा 29 की उपधारा (1) के अधीन नियुक्त राजकीय विश्लेषक की अध्यासी या उसके अभिकर्त्ता के जानबूझकर अनुपस्थित रहने को जैसा भी मामला हो आधान या आधानों पर हस्ताक्षर करने से इन्कार को लिखित रूप में सूचित कर देगा।

धारा 27– नमूने के विश्लेषण के परिणामों की रिपोर्ट–(1) जहाँ किसी निःसरण का नमूना राज्य बोर्ड द्वारा स्थापित प्रयोगशाला को विश्लेषण के लिए भेजा गया है वहाँ धारा 29 की उपधारा (2) के अधीन नियुक्त विश्लेषक नमूने का विश्लेषण करेगा तथा विहित प्रारूप में ऐसे विश्लेषण के परिणाम की रिपोर्ट तीन प्रतियों में, राज्य बोर्ड को भेज देगा।

(2) उपधारा (1) के अधीन रिपोर्ट की प्राप्ति पर रिपोर्ट की एक प्रति राज्य बोर्ड द्वारा धारा 26 में निर्दिष्ट अध्यासी या उसके अभिकर्त्ता को भेजी जायेगी, दूसरी प्रति उस दशा में, जहाँ उसके विरुद्ध विधिक कार्यवाही की जाये, न्यायालय के समक्ष पेश करने के लिए रखी जायेगी और अन्य प्रति राज्य बोर्ड द्वारा रखी जायेगी।

(3) जहाँ कोई नमूना धारा 26 की उपधारा (3) या उपधारा (4) के अधीन विश्लेषण के लिए उसमे उल्लिखित किसी प्रयोगशाला को भेजा गया है वहाँ उस उपधारा में निर्दिष्ट सरकारी विश्लेषक नमूने का विश्लेषण करेगा और विश्लेषण के परिणाम की विहित प्रारूप में एक रिपोर्ट तीन प्रतियों में राज्य बोर्ड को भेजेगा जो उपधारा (2) के उपबन्धों का पालन करेंगे।

(4) धारा 26 की उपधारा (3) के खण्ड (घ) के अधीन अध्यासी या उसके अभिकर्त्ता के अनुरोध पर किसी नमूने का विश्लेषण करने में अथवा जब वह जानबूझ कर स्वयं अनुपस्थित रहता है। अथवा उसी धारा की उपधारा (4) के अधीन लिये गये निःसरण के नमूने वाले चिन्हित तथा सीलबन्द आधान या आधानों पर अस्वीकार करता है। उपगत खर्च ऐसे अध्यासी या उसके अभिकर्त्ता द्वारा संदेय होगा और व्यक्तिक्रम की दशा में वह उससे भू-राजस्व अथवा लोक माँग की बकाया के रूप में वसूलनीय होगा।

धारा 28– राज्य वायु प्रयोग शाला–

(1) राज्य सरकार राजपत्र में अधिसूचना द्वारा–

(क) एक राज्य वायु प्रयोगशाला स्थापित करेगी, या

(ख) इस अधिनियम के अधीन राज्य वायु प्रयोगशाला को सौंपे गए कृत्य करने के लिए किसी प्रयोगशाला या संस्थान को राज्य वायु प्रयोगशाला के रूप में विनिर्दिष्ट कर सकेगी।

(2) राज्य सरकार राज्य बोर्ड से परामर्श के पश्चात् निम्नलिखित को विहित करने के लिए नियम बना सकेगी

(क) राज्य वायु प्रयोगशाला के कृत्य,

(ख) वायु या नि:सरण के नमूने विश्लेषण या परख के लिए उक्त प्रयोगशाला को भेजने के लिए प्रक्रिया, उस प्रयोगशाला की रिपोर्ट का प्रारूप तथा रिपोर्ट की बाबत् संदेय फीस,

(ग) ऐसे अन्य विषय जो प्रयोगशाला को अपने कृत्य के लिए समर्थ बनाने की दृष्टि से आवश्यक या समीचीन हो।

धारा 29 - विश्लेषक– (1) राज्य सरकार राजपत्र में अधिसूचना द्वारा ऐसे व्यक्तियों को जिन्हें वह ठीक समझे और जो विहित अर्हताएँ रखते हैं धारा 28 की उपधारा (1) के अन्तर्गत स्थापित या विनिर्दिष्ट किसी प्रयोगशाला को भेजे गये वायु अथवा नि:सरण के नमूने के विश्लेषण के प्रयोजन के लिए राजकीय विश्लेषक नियुक्त कर सकती है।

(2) धारा 14 के उपबन्धों पर प्रतिकूल प्रभाव डाले बिना राज्य बोर्ड राजपत्र में अधिसूचना द्वारा राज्य सरकार के अनुमोदन से, ऐसे व्यक्तियों को, जिन्हें वह ठीक समझे और जो विहित अर्हताएँ रखते हैं, धारा 17 के अधीन स्थापित या मान्यता प्राप्त किसी प्रयोगशाला को विश्लेषण के लिए भेजे गये वायु या नि:सरण के नमूनों के विश्लेषण के प्रयोजन के लिए बोर्ड विश्लेषक नियुक्त कर सकता है।

धारा 30 - विश्लेषकों की रिपोर्ट– कोई दस्तावेज जिसका यथास्थिति सरकारी विश्लेषक या राज्य बोर्ड विश्लेषक द्वारा हस्ताक्षरित रिपोर्ट होना तात्पर्यित है, इस अधिनियम के अधीन किसी कार्यवाही में उसमें कथित तथ्यों के पाठ्य के रूप में उपयोग की जा सकती है।

धारा 31 - अपीलें– (1) इस अधिनियम के अधीन राज्य बोर्ड द्वारा किये गये किसी आदेश से व्यथित कोई व्यक्ति उस तारीख से जिसको उसे वह आदेश संसूचित किया गया हो तीस दिन के भीतर ऐसे प्राधिकारी को जिसे इसमें इसके पश्चात् अपील प्राधिकारी कहा गया है। अपील कर सकता है जिसे राज्य सरकार गठित करना ठीक समझे,

परन्तु अपील प्राधिकारी तीस दिन की उक्त कालावधि के अवसान के बाद अपील उस दशा में ग्रहण कर सकेगा जब ऐसा प्राधिकारी सन्तुष्ट हो जाए कि अपीलार्थी समय के भीतर अपील निवेशित करने में पर्याप्त हेतुक से निवासित हो गया था।

(2) अपील प्राधिकारी ऐसे एक या तीन व्यक्तियों से मिलकर बनेगा, जिन्हें राज्य सरकार ठीक समझे तथा जो उस सरकार द्वारा नियुक्त किये जायेंगे।

(3) वह प्रारूप जिसमें और वह रीति जिसमें उपधारा (1) के अधीन अपील की जा सकेगी ऐसी अपील के लिए संदेय फीस तथा अपील प्राधिकारी द्वारा अनुसरित की जाने वाली प्रक्रिया ऐसी होगी जो विहित की जाए।

(4) उपधारा (1) के अधीन की गई अपील की प्राप्ति पर अपील प्राधिकारी, अपीलार्थी एवं राज्य बोर्ड को सुनवाई का अवसर देने के पश्चात् अपील का निपटारा यथासम्भव शीघ्र करेगा।

धारा 31 क निर्देश देने की शक्ति– किसी अन्य विधि में अन्तर्विष्ट किसी चीज के होते हुए भी किन्तु इस अधिनियम के प्रावधानों और किन्हीं निदेशों, जो केन्द्र सरकार इसके लिए दे के अध्यधीन, बोर्ड इस अधिनियम के अधीन अपनी शक्तियों के प्रयोग तथा अपने कृत्यों के निर्वहन में किसी व्यक्ति अधिकारी अथवा प्राधिकारी को लिखित में कोई निर्देश जारी कर सकेगा और ऐसा व्यक्ति, अधिकारी अथवा प्राधिकारी ऐसे निर्देशों का अनुपालन करने के लिए बाध्य होगा।

स्पष्टीकरण – सन्देहों के निवारण के लिए एतद् यह घोषित किया जाता है कि इस धारा के अधीन निर्देश जारी करने की शक्ति में–

(क) किसी उद्योग परिचालन या प्रक्रिया की बन्दी, प्रतिषेध या विनियमन था,

(ख) विद्युत जल या किसी अन्य सेवा की आपूर्ति के स्थगन या विनियमन का निर्देश देने की शक्ति भी शामिल है।

टिप्पणी

धारा 19 के उपबन्ध के अनुसार राज्य सरकार राज्य बोर्ड से परामर्श करने के पश्चात् राजपत्र में अधिसूचना द्वारा ऐसी रीति से जो विहित की जाये, राज्य के किसी भी क्षेत्र अथवा क्षेत्रों को इस अधिनियम के प्रयोजनार्थ वायु प्रदूषण नियन्त्रण क्षेत्र के रूप में घोषित कर सकेगी।

राज्य सरकार बोर्ड से परामर्श लेने के पश्चात् सरकारी गजट में सूचना प्रकाशित करके, किसी पूर्व प्रदूषण नियन्त्रण घोषित क्षेत्र की सीमाओं को कम अधिक घोषित कर सकती है या किसी नये क्षेत्र को वायु प्रदूषण नियन्त्रित क्षेत्र घोषित कर सकती है, तथा एक से अधिक क्षेत्रों को इसमें मिला सकती है। तथा किसी पूर्व घोषित क्षेत्र के किसी भाग को नियन्त्रण से मुक्त कर सकती है।

यदि राज्य सरकार बोर्ड से परामर्श करने के बाद इस नतीजे पर पहुँचती है कि कोई ईंधन जो अनुमोदित नहीं है के कारण वातावरण दूषित हो रहा है, तो वह इस प्रकार के ईंधन के प्रयोग पर प्रतिबन्ध लगाने की सूचना प्रकाशित करेगी। ऐसे किसी ईंधन को किसी क्षेत्र में या उसके किसी भाग में इस प्रकार के ईंधन का उपयोग निषेधित कर सकती है।

राज्य सरकार बोर्ड से परामर्श करके सूचना प्रकाशित करके किसी नियन्त्रित क्षेत्र में किसी सांधित्य जो कि अनुमोदित सांधित्य नहीं है के प्रयोग पर प्रतिबन्ध लगा सकती है।

यदि सरकार की राज्य बोर्ड से परामर्श करने के पश्चात् यह राय हो कि ईंधन से भिन्न किसी सामग्री के उत्तेजन से किसी वायु प्रदूषण का कारित होना सम्भव है तो वह राजपत्र में अधिसूचना द्वारा ऐसे किसी क्षेत्र या उसके किसी भाग में ऐसी सामग्री के उत्तेजन को निषेधित कर सकेगी।

धारा 20 के उपबन्धों के अनुसार मोटर गाडियों के उत्सर्जन के लिए मानक सुनिश्चित करने के लिए सरकार मोटर वाहन अधिनियम 1988 के अधीन प्रभारी अधिकारी को आवश्यक अनुदेश दे सकेगी तथा इस प्रकार के आदेशों को मानना बाध्यकारी होगा।

धारा 21 के उपबन्धों के अनुसार कोई व्यक्ति बिना बोर्ड की अनुमति के किसी भी औद्योगिक संयन्त्र का प्रयोग नहीं कर सकता, जिसका कि वायु नियन्त्रण क्षेत्र में प्रयोग करना वर्जित हो यदि उपयोग करना चाहता है तो विदित रीति से फार्म भरकर प्रार्थना-पत्र देकर स्वीकृति प्राप्त कर सकता है। ऐसी स्वीकृति देना या न देना बोर्ड के विवेक पर निर्भर करता है। यदि स्वीकृति देने के पूर्व बोर्ड कोई जाँच आवश्यक समझे, तो कर सकता है। आवेदन प्राप्त होने के चार महिने के अन्दर बोर्ड अपनी राय उल्लखित करते हुए स्वीकृति देगा या इन्कार करेगा तथा बोर्ड अपने विवेकानुसार ऐसी सहमति को निरस्त कर सकता है। किसी शर्त के पूर्ण नहीं होने पर भी निरस्त कर सकता है।

यदि किसी व्यक्ति को उक्त प्रकार की स्वीकृति दी गई है तो उसे निम्न शर्तों का पालन करना आवश्यक है-

(i) ऐसे परिसर में जहाँ उद्योग चल रहा हो या चलाया जाना प्रस्तावित हो ऐसे परिसर में जहाँ उद्योग चल रहा हो या चलाया जाना प्रस्तावित हो ऐसे नियन्त्रण उपकरण को जो राज्य बोर्ड द्वारा इस निमित्त अनुमोदित किये जाये, लगाये एवं प्रचालित किये जायेंगे।

(ii) पूर्व स्थापित संयन्त्र के सम्बन्ध में नियमित संयन्त्र यदि कोई है तो उसको बदलने अथवा उसमें सुधार करने के लिये बोर्ड के निर्देशों का पालन करना होगा। जैसे, किसी चिमनी का धुआँ अधिक पहुँचाने के लिए चिमनी की लम्बाई बढ़ाने के लिए दिये गये निर्देश या चिमनी बदलने के लिये दिये गये आदेश।

(iv) उपरोक्त वर्णित उपकरणों को सद्चालू हालत में रखा जाना।

(v) वहाँ राज्य बोर्ड द्वारा निर्मित अनुमोदित चिमनी लगाया जाना आवश्यक हो, वहाँ ऐसी विनिर्दिष्ट चिमनी का निर्माण तथा पुर्ननिर्माण किया जायेगा।

(vi) किसी नियन्त्रण यन्त्र से सम्बन्धित अन्य निर्देशों एवं शर्तों का पालन बोर्ड के निर्देशों के अनुसार बोर्ड द्वारा निर्धारित समय के अन्तर्गत कराना आवश्यक है।

परन्तु जहाँ कोई व्यक्ति किसी क्षेत्र में उसे वायु प्रदूषण नियन्त्रण क्षेत्र घोषित किये जाने के पूर्व ही कोई औद्योगिक सयन्त्र चला रहा है तो वहाँ ऐसी विनिर्दिष्ट अवधि 6 महिने से कम नहीं होगी।

उपरोक्त उपबन्ध के अतिरिक्त उक्त संयन्त्र के नियन्त्रण यन्त्र की व्यवस्था अथवा उसके बदलने अथवा स्थापित करने के लिए चिमनी लगाने अथवा न लगाने के सम्बन्ध में उपबन्धों के अन्तर्गत निर्देश मान्य होंगे। परन्तु बोर्ड की पूर्व अनुमति प्राप्त होने की दशा में किसी ऐसे यन्त्र को हटाने, बदलने अथवा लगाने सम्बन्धी अनुदेश बाद में परिवर्तित नहीं किये जायेंगे।

जहाँ किसी व्यक्ति को उपधारा (4) के अन्तर्गत बोर्ड द्वारा सहमति प्रदान की जाती है। तथा वह उद्योग में अपने हित को किसी अन्य को स्थानान्तरित कर देती है वहाँ पर ऐसी सहमति उसी व्यक्ति को प्रदान की गई समझी जायेगी और ऐसा व्यक्ति उन शर्तों का पालन करने के लिये प्रथम व्यक्ति की तरह आबद्ध रहेगा। जैसे उसे ही ऐसी स्वीकृति प्रदान की गई है।

महावीर कोक व अन्य बनाम प्रदूषण नियन्त्रण बोर्ड के वाद में कहा गया कि चिमनी से हवा निकलने का कोई विशेष मापदण्ड नहीं है लेकिन इससे यह तात्पर्य नहीं निकाला जा सकता है कि चिमनी कितनी ही गन्दी हवा बाहर निकाले बोर्ड का यह दायित्व है कि वह समय-समय पर चिमनी का मुआयना करके उचित प्रतिबन्ध लगावें।

यह मामला कोक उत्पादन के कारखाने से सम्बन्धित है जिसे भागीदारी फर्म के रूप में पंजीकृत करवाया गया था। फर्म ने जल प्रदूषण अधिनियम के तहत् की असम प्रदूषण नियंत्रण बोर्ड की एनओसी प्राप्त कर रखी थी किन्तु बोर्ड ने वायु प्रदूषण अधिनियम के तहत् भी एनओसी लेने के लिये कहा। बोर्ड (फर्म) ने 14.8.95 को एनओसी वास्ते आवेदन किया। बोर्ड ने फर्म की तीनों इकाइयों को 27 सितम्बर 1995 को बन्द करने का आदेश दिया कि इनकी चिमनियों से काला धुँआ निकलता है। फर्म द्वारा कोई प्रयास नहीं किये गये और जो उपाय किये गये उनका निरीक्षण किया गया वे अपर्याप्त पाये गये।

इकाइयाँ बंद करने के आदेश के विरुद्ध उच्च न्यायालय में अपील की गई जिसे उच्च न्यायालय ने खारिज कर दिया। उच्च न्यायालय की खण्डपीठ के समक्ष प्रस्तुत अपील को निरस्त कर दिया और कहा कि बोर्ड ऐसा करने का आदेश (धारा 21 के अन्तर्गत) तभी दे सकता है जबकि धारा 26 की प्रक्रिया का पालन किया गया हो तथा धारा 17 (1) (छ) के मानकों का भी पालन किया गया हो।

श्री कृष्ण गोपाल बनाम मध्य प्रदेश राज्य के वाद में ऐसे आदेश को वैध ठहराया गया जो आवासीय क्षेत्र में औषधि निर्माण के एक संयन्त्र में धुँआ छोड़ने वाले बॉयलर से कारित उपताप को रोकने के लिये दिया गया था जो जनस्वास्थ्य के लिए अहितकर था।

छत्तीसगढ़ हाइड्रेट लाइम इण्डस्ट्रीज बीसलपुर बनाम स्पेशल स्टील डवलेपमेण्ट अथारिटी बीसलपुर के वाद में मध्य प्रदेश उच्च न्यायालय ने यह निर्णय दिया कि किसी व्यक्ति को वायु दूषित करने से रोकने के उद्देश्य से यदि कोई प्रतिबन्धात्मक आदेश दिया जाता है, तो उससे संविधान के अनुच्छेद 14 का उल्लंघन नहीं होता। परन्तु ऐसा आदेश जल्दबाजी में नहीं दिया गया हो तथा उद्योग में कार्यरत कर्मचारियों के हितों के प्रतिकूल न हो।

मुरली पुरुषोत्तम बनाम भारत संघ के वाद में यह अभिनिर्धारित किया गया कि केन्द्रीय मोटर वाहन का नियम 116 धुएँ के उत्सर्जन के स्तर की जाँच करने, तथा चालक के विरुद्ध कार्यवाही किए जाने का प्रावधान करता है। इस कार्य में विलम्ब इस आधार पर नहीं किया जायेगा कि केन्द्रीय सरकार द्वारा इस नियम में कोई परिवर्तन विचाराधीन है।

राज्य बनाम सनमुगम के वाद में यह निर्णय दिया गया कि धारा 21 की उपधारा (2) के अन्तर्गत किया जाने वाला अपराध निरन्तर किया जाने वाला अपराध नहीं है।

आन्ध्राप्रदेश उच्च न्यायालय ने **ए.पी.गन्नीज मर्चेन्ट ऐसोसियेशन हैदराबाद व अन्य बनाम आन्ध्रप्रदेश सरकार व अन्य** के मामले में कहा कि संविधान द्वारा प्रदत्त अनुच्छेद 19(3) (जी) का मूल अधिकार आत्यन्तिक नहीं है। यदि कोई औद्योगिक इकाई न्यूसेंस पैदा करती है तो उसकी व्यापारिक गतिविधि अनुज्ञप्ति को रद्द किया जा सकता है।

धारा 22 के अनुसार कोई भी व्यक्ति अनुसूची में वर्णित किसी उद्योग में राज्य बोर्ड द्वारा निर्धारित मानकों से अधिक वायु प्रदूषण तत्त्वों को वातावरण में नहीं छोड़ सकते अर्थात् ऐसे उद्योग मानक से अधिक प्रदूषक तत्त्वों का प्रयोग नहीं कर सकते।

शोबना रामसुब्रमन्यम व अन्य बनाम सचिव, चैन्नई महानगर विकास प्राधिकरण के मामले में कहा गया कि लोकहित से बढ़कर व्यक्तिगत हित नहीं हो सकता।

एम.सी. मेहता बनाम भारत संघ के वाद में उच्चतम न्यायालय ने कहा कि प्रदूषण मानवता के विरुद्ध एक गम्भीर अपराध है अतः ऐसे मामलों में वायु प्रदूषण के निवारण से सम्बन्धित आदेशों का पालन करने में व्यतिक्रम करने वाले व्यक्ति से कठोरता से निपटा जाना चाहिए।

श्री कृष्ण गोपाल बनाम मध्यप्रदेश के वाद के अनुसार किसी कारखाने को जो अनुमति के बिना या अनुमति समाप्त होने के बाद भी जारी रहता है, को अन्यन्त्र स्थापित हस्तान्तरित किये जाने का मजिस्ट्रेट द्वारा जारी आदेश एक वैध आदेश है।

धारा 22 (क) के उपबन्धों के अनुसार बोर्ड की आज्ञा का उल्लंघन करने वाले के खिलाफ बोर्ड प्रथम वर्ग के न्यायिक मजिस्ट्रेट या महानगर न्यायिक मजिस्ट्रेट को आवेदन कर सकेगा।

धारा 23 के उपबन्धों के अनुसार किसी वायु प्रदूषण नियन्त्रित क्षेत्र में किसी वायु प्रदूषण तत्त्व के वातावरण में बोर्ड के द्वारा निर्धारित मानकों से अधिक प्रदूषण किसी दुर्घटना या अनिश्चित घटना के कारण होता है तो उस घटना से सम्बन्धित तथ्यों की जानकारी राज्य बोर्ड अथवा निर्धारित एँजेन्सियों को देनी चाहिए।

उक्त उपधारा में निर्दिष्ट प्रकृति की घटना के कारित होने अथवा कारित होना सम्भाव्य होने की जानकारी अथवा अन्यथा सूचना मिलने पर राज्य बोर्ड अथवा प्राधिकारी या अभिकरण ऐसे वायु प्रदूषणकारी के उत्सर्जन के निवारण के लिए भाव साध्य ऐसे उपचारात्मक कदम उठायेगा जैसा वह आवश्यक समझे।

बोर्ड अथवा ऐजेन्सी द्वारा उन पर खर्च होने वाले धन को भू-राजस्व की बकाया के रूप में वसूल कर लिया जायेगा।

धारा 24 के उपबन्धों के अनुसार राज्य बोर्ड द्वारा प्राधिकृत कोई व्यक्ति राज्य बोर्ड की ओर से किसी भी उचित समय पर जैसा कि आवश्यक हो किसी उद्योग क्षेत्र में प्रवेश कर सकता है। ऐसे प्रवेश करने के लिए वह किसी भी स्थान में जाने के लिए :–

(i) उसे सौंपे गये कार्यों में से किसी कार्य का पालन करने के लिये।

(ii) इस अधिनियम के उपबन्धों के अनुसार यह देखने अथवा अवधारित करने के लिये कि अधिनियम के अन्तर्गत दिये गये निर्देशों अथवा नियमों का पालन विहित रीति से हो रहा है। अथवा नहीं और यदि पालन किया जा रहा है तो किस तरह से किया जा रहा है। इस प्रकार के निर्देशों जिनको पालन करने की अपेक्षा निर्देशित व्यक्ति से की जाती है का पालन आदेशों या सूचनाओं के अनुसार किया जा रहा है या नहीं।

(ii) किसी नियन्त्रण, उपकरण, संयन्त्र, अभिलेख रजिस्टर दस्तावेज या किसी अन्य सारवान् पदार्थ की परीक्षा करने के प्रयोजन को अथवा किसी ऐसे स्थान की तलाशी लेने के लिए जिनके सम्बन्ध में उसे यह विश्वास हो कि उसके भीतर इस अधिनियम या अधिनियमों के अधीन कोई अपराध किया गया है या किया जाने वाला है तथा ऐसे संयन्त्र अभिलेख, रजिस्टर, दस्तावेज या अन्य सारवान पदार्थ का उस दशा में अधिग्रहण करने के लिए जब उसे यह विश्वास करने का कारण हो कि उसके द्वारा इस अधिनियम के अधीन किसी अपराध के करने का साक्ष्य दिया जा सकेगा। प्रत्येक व्यक्ति जो ऐसा उद्योग चला रहा है अनुसूची में वर्णित है तथा ऐसे क्षेत्र में किसी प्लान्ट अथवा वायु नियन्त्रित यन्त्र का प्रयोग कर रहा है, वायु प्रदूषण नियन्त्रित क्षेत्र में वायु प्रदूषण के लिए अधिकृत है तो उस प्लाण्ट या संयन्त्र से सम्बन्धित समस्त अवधारित बातों की सूचना प्राधिकृत्त व्यक्ति को बताने के लिये बाध्य है और यदि वह व्यक्ति बिना किसी उचित कारण के धारा 21(1) में वर्णित बातों को बताने में असमर्थ रहता है, तो वह दण्डनीय अपराध करता है।

यदि कोई व्यक्ति उपधारा 21(1) में वर्णित राज्य बोर्ड द्वारा सशक्त किये गये व्यक्ति के कर्त्तव्य पालन में जानबूझकर बाधा पहुँचाता है तो वह अपराध का दोषी होगा तथा ऐसे व्यक्ति के विरुद्ध वारण्ट जारी किया जा सकता है। जिसके अन्तर्गत अधिकृत व्यक्ति संदिग्ध स्थान पर जाकर सम्पत्ति का अधिग्रहण कर सकता हैं।

धारा 25 के अनुसार राज्य बोर्ड द्वारा किसी भी प्रकार की सूचना किसी भी ऐसे व्यक्ति अथवा लाभार्थी के द्वारा प्राप्त की जा सकेगी जो कि कोई उद्योग चला रहे है।

धरा 26 के अनुसार राज्य बोर्ड अथवा उसके द्वारा प्राधिकृत कोई अधिकारी वायु प्रदूषण की मात्रा के विश्लेषण के लिए किसी भी प्रदूषण की वस्तु चिमनी का धुआँ किसी भी प्रकार के संयन्त्र से निकलने वाली गैस, मिट्टी, धूल आदि के नमूने लिये जाने का अधिकारी होगा।

उक्त उपधारा के अधीन किसी व्यावसायिक बहि:स्राव के लिये गये किसी नमूने के किसी विश्लेषण का परिणाम विधिक कार्यवाही के साक्ष्य में तब तक ग्राह्य नहीं होगा जब तक उपधारा (3)व (4) के उपबन्धों का पालन न किया जाये।

यदि धारा 26(4) के उपबन्धों के अधीन यदि किसी प्रदूषण वस्तु का नमूना लिया गया है तो जिस व्यक्ति से नमूना लिया है वह अधिभोगी अथवा उसके अभिकर्त्ता को एक नोटिस किसी वस्तु को विश्लेषण के लिए विधि द्वारा विहित रीति से उसकी जाँच हेतु अपनी इच्छा को सूचित करेगा। अधिभोगी या उसकी अभिकर्ता की उपस्थिति में नमूना लेगा तथा नमूने के किसी डिब्बे में बन्द करके दोनों व्यक्ति द्वारा हस्ताक्षर किये जायेंगे और मोहर लगाई जायेगी। बाद में इन नमूनों को प्रयोगशाला में विश्लेषण के लिये भेजेगा। विश्लेषण के लिये नमूना लेने वाले व्यक्ति द्वारा अधिभोगी अथवा उसके अभिकर्त्ता को सूचना देने के बाद भी वह जानबूझकर अनुपस्थित रहता है तो नमूना लेने वाला नमूना लेगा तथा उसे एक डिब्बे में बन्द करेगा तथा सील लगाकर स्वयं हस्ताक्षर करेगा। इसी प्रकार यदि अभिकर्त्ता या अधिभोगी स्वयं उपस्थित हो फिर भी हस्ताक्षर करने से इन्कार करता है तो भी नमूना लेने वाला सील लगाकर अपने स्वयं के हस्ताक्षर करके प्रयोगशाला को विश्लेषण के लिये भेज देगा।

धारा 27 के उपबन्ध के अनुसार प्रदूषित वस्तु की रिपोर्ट विश्लेषण अधिकारी द्वारा तीन प्रतियों में विहित रीति में राज्य बोर्ड एक प्रति उस अधिभोगी अथवा उसके ऐजेण्ट को भेजेगा। एक प्रति न्यायालय को उचित वैधानिक कार्यवाही करने के लिये प्रस्तुत की जायेगी तथा एक प्रति राज्य बोर्ड द्वारा स्वयं के पास रखी जायेगी यदि अधिभोगी की प्रार्थना पर किसी विशेष प्रयोगशाला में कोई नमूना परीक्षण के लिये भेजा जाता है तो उस पर होने वाला व्यय एवं भार उस अधिभोगी द्वारा वहन किया जायेगा तथा ऐसी रकम न देने पर यह भू-राजस्व की बकाया के रूप में वसूल की जायेगी।

धारा 28 के अनुसार राज्य सरकार अपने सरकारी अधिपत्र में सूचना प्रकाशित करके एक या अधिक प्रयोगशालाओं को स्थापित कर सकती है या किसी प्रयोगशाला को मान्यता दे सकती है। प्रयोगशाला के कार्य उसकी रिपोर्ट, फीस, प्रक्रिया आदि के बारे में नियम बना सकती है।

धारा 29 के अनुसार राज्य सरकार अपने द्वारा स्थापित प्रयोगशाला के लिये, भेजे गये नमूनों का विश्लेषण करने के लिए एक विश्लेषक अधिकारी नियुक्त कर सकेगी। ऐसा अधिकारी प्रयोगशाला में आये हुए नमूनों का विश्लेषण करके बोर्ड को अपनी रिपोर्ट देगा।

धारा 30 के उपबन्ध के अनुसार कोई भी ऐसा दस्तावेज जिस पर विश्लेषक का हस्ताक्षरित रिपोर्ट होना तात्पर्यित है अथवा हस्ताक्षरित है, को साक्ष्य के रूप में न्यायालय में प्रस्तुत किया जा सकता है।

धारा 31 के अनुसार राज्य बोर्ड के आदेश से पीड़ित व्यक्ति अपील प्रस्तुत कर सकता है। अपील एक अपीलीय अधिकारी को की जाती है। ऐसी अपील आदेश के 30 दिन के अन्दर की जा सकेगी। यदि तीस दिन के बाद कोई युक्तियुक्त कारण हो तथा अपीलीय अधिकारी सन्तुष्ट हो जाये तो स्वीकार की जा सकती है। उक्त प्रकार के अपीलीय अधिकारी सरकार द्वारा नियुक्त किये जा सकते है। ये एक, दो या तीन हो सकते हैं अपीलीय प्राधिकारी द्वारा निश्चित फीस एवं विहित रीति से प्रस्तुत अपील स्वीकार की जा सकेगी तथा पीड़ित पक्षकार, व बोर्ड दोनों को सुनवाई का उचित अवसर देने के बाद यथा सम्भव शीघ्र ही अपील का निपटारा करेगा।

सुमा ट्रेडर्स बनाम चेयरमेन के वाद में कहा गया कि यदि कोई उद्योग गन्दी हवा फेंके तो बोर्ड को यह अधिकार है कि इस प्रकार के उद्योग को बन्द करने का आदेश पारित करें।

सन्तोष कुमार बनाम पर्यावरण मन्त्रालय के वाद में कहा गया कि टेम्पो से भी वायु प्रदूषण होता है अत: ग्वालियर जैसे बड़े शहर में पर्यावरण को कम करना आवश्यक है। यह तभी हो सकता है जब केन्द्र सरकार इस कार्य में कोई ठोस कदम उठाये।

मनोज कुमार राय बनाम अपील प्राधिकरण के मामले में निर्णय दिया गया कि राज्य अपीलीय प्राधिकारी अपने आदेशों का पुनर्विलोकन नहीं कर सकता।

धारा 31क के अनुसार किसी भी व्यक्ति को अथवा अधिकारी को किसी उद्योग संक्रिया को बन्द करने, निषेधित करने या प्रतिबन्धित करने या विनियमित करने से सम्बन्धित निर्देश दे सकती है। उक्त प्रकार के निर्देश राज्य बोर्ड द्वारा दिया जा सकता है जो कि केन्द्रीय सरकार या राज्य सरकार द्वारा जारी निर्देशों के अधीन ही होंगे। इस प्रकार के निर्देशों का पालन करने में व्यक्ति की विफलता इस अधिनियम की धारा 37 के अन्तर्गत दण्डनीय अपराध है।

एनीमल फीड बनाम उड़ीसा के वाद में कहा गया कि धारा 31क के अन्तर्गत निर्देश देने की शक्ति का प्रयोग करने से पूर्व केन्द्रीय बोर्ड अथवा केन्द्रीय सरकार से अनुमति लेने की आवश्यकता नहीं है। हाल ही में **गुजरात प्रदूषण नियंत्रण मण्डल बनाम परमार देउसिंह शेरसिंह व अन्य** के मामले में निर्णय दिया गया कि राज्य बोर्ड की अनुमति से स्थापित उद्योग से पीड़ित व्यक्ति जो यह साबित कर सकता है कि ऐसे उद्योग से प्रदूषण बढ़ेगा, वह व्यक्ति पक्षकार न होने पर भी ऐसी अनुमति के विरुद्ध अपील कर सकता है।

वायु (प्रदूषण निवारण तथा नियंत्रण) अधिनियम, 1981 के अध्याय-5 में अधिनियम के लक्ष्यों की पूर्ति हेतु वित्तीय संसाधनों, लेखें तथा उनके अंकेक्षण सम्बन्धी प्रावधानों का उल्लेख **धारा 32 से 36** में किया गया है। इसमें धारा 32 से 35 निधि व धारा 36 लेखा तथा लेखा परीक्षा से सम्बन्धित है।

धारा 32 - केन्द्रीय सरकार द्वारा अभिदाय- केन्द्रीय सरकार संसद के, विधि द्वारा इस निमित्त किए गये सम्यक् विनियोग के पश्चात् हर एक वित्तीय वर्ष में केन्द्रीय बोर्ड को ऐसे अभिदाय कर सकती है जो उस बोर्ड को इस अधिनियम के अधीन अपने कृत्यों के पालन के लिए समर्थ बनाने के लिए आवश्यक समझे। परन्तु इस धारा की कोई भी चीज जल (प्रदूषण निवारण तथा नियन्त्रण) अधिनियम, 1974 की धारा 4 के अधीन जल राज्य प्रदूषण नियन्त्रण बोर्ड पर लागू नहीं होगी जो उस अधिनियम द्वारा अपनी निधि से वायु प्रदूषण के निवारण, नियन्त्रण अथवा उपशमन के लिए भी तत्समय प्रवृत किसी विधि के अधीन भी अपने कृत्यों के पालन के लिये धन खर्च करने में सशक्त हो।

धारा 33 - बोर्ड की निधि-(1) इस अधिनियम के प्रयोजन के लिए प्रत्येक राज्य बोर्ड की अपनी स्वयं की निधि होगी और समस्त धनराशियों जो समय-समय पर इसको केन्द्रीय सरकार और उस बोर्ड की समस्त अन्य प्राप्तियाँ (जो अभिदाय द्वारा यदि कोई है, राज्य सरकार

से, फीस उपहार, स्वीकृति, दान सुविधाओं अथवा अन्यथा से प्राप्त हुआ है।) बोर्ड की निधि में चली जाएँगी एवं बोर्ड द्वारा किये गये भुगतान उस निधि से होंगे।

(2) इस अधिनियम के अधीन अपने कृत्यों का पालन करने के लिए प्रत्येक राज्य बोर्ड ऐसी धनराशि जो यह ठीक समझे खर्च कर सकता है तथा यह धनराशि उस बोर्ड से देय खर्च मानी जायेगी।

(3) इस धारा की कोई भी चीज जल (प्रदूषण निवारण तथा नियन्त्रण) अधिनियम, 1974 की धारा 4 के अधीन जल प्रदूषण के निवारण एवं नियन्त्रण हेतु गठित राज्य बोर्ड पर लागू नहीं होगी जो उस अधिनियम द्वारा अपनी निधि से वायु प्रदूषण के निवारण, नियन्त्रण अथवा उपशमन के लिए तत्समय प्रवृत किसी विधि के अधीन की अपने कृत्यों के पालन करने के लिए धन खर्च करने में सशक्त है।

धारा 33क – बोर्ड की उधार लेने की शक्ति–बोर्ड, केन्द्र सरकार या यथास्थिति राज्य सरकार की सहमति से या उसके द्वारा दिये गये किसी साधारण या विशेष प्रकार के निर्बन्धनों के अनुसार ऋण या बन्धपत्र, डिबेन्चर या ऐसे अन्य लिखतों के जिसे वह ठीक समझे, माध्यम से इस अधिनियम के अधीन अपने कृत्यों में से सभी अथवा किसी के निर्वहन के लिए किसी स्रोत से धन उधार ले सकेगा।

धारा 34 – बजट– केन्द्रीय बोर्ड या राज्य बोर्ड हर एक वित्तीय वर्ष के दौरान आगामी वित्तीय वर्ष की बाबत् ऐसे प्रारूप में और ऐसे समय पर, जो विहित किया जाए, बजट तैयार करेगा जिसमे प्राक्कलित प्राप्तियाँ एवं व्यय दर्शित होंगे तथा उसकी प्रतियाँ, यथास्थिति केन्द्रीय सरकार अथवा राज्य सरकार को प्रेषित की जाएँगी।

धारा 35 – वार्षिक रिपोर्ट–(1) केन्द्रीय बोर्ड, हर एक वित्तीय वर्ष के दौरान ऐसे प्रारूप में जैसा कि विहित किया जाए, एक वार्षिक रिपोर्ट तैयार करेगा जिसमें पूर्व वित्तीय वर्ष के दौरान इस अधिनियम के अधीन उसके क्रियाकलापों का पूर्ण विवरण दिया जायेगा और उसकी प्रतिलिपि पूर्व वित्तीय वर्ष की अन्तिम तिथि से नौ मास के भीतर प्रत्येक ऐसी रिपोर्ट को संसद के दोनों सदनों के समक्ष रखवाएगी।

(2) प्रत्येक राज्य बोर्ड हर एक वित्तीय वर्ष के दौरान ऐसे प्रारूप में, जैसा कि विहित किया जाए एक वार्षिक रिपोर्ट तैयार करेगा, जिसमें पूर्व वित्तीय वर्ष के दौरान इस अधिनियम के अधीन उसके क्रिया–कलापों का पूर्व विवरण दिया जाएगा और उसकी प्रतिलिपि पूर्व वित्तीय वर्ष की अन्तिम तिथि से चार मास के भीतर राज्य सरकार को अग्रसरित की जाएगी और सरकार पूर्व वित्तीय वर्ष की अन्तिम तिथि से नौ मास के भीतर प्रत्येक रिपोर्ट को विधानमण्डल के समक्ष रखवाएगी।

धारा 36 – लेखा और लेखा परीक्षा–

(1) इस अधिनियम के अधीन प्रत्येक बोर्ड समुचित लेखा एवं अन्य सुसंगत, अभिलेख रखेगा तथा लेखाओं का वार्षिक विवरण ऐसे प्रारूप में तैयार करेगा जो यथास्थिति केन्द्रीय सरकार अथवा राज्य सरकार द्वारा विहित किया जाए।

(2) बोर्ड के लेखाओं की लेखा परीक्षा ऐसे लेखा परीक्षकों द्वारा की जाएगी जो कम्पनी अधिनियम 1956 की धारा 226 के अधीन कम्पनियों के लेखा परीक्षक के रूप में कार्य करने के लिये सम्यक् रूप में अर्हित है।

(3) उक्त लेखा परीक्षक यथास्थिति केन्द्रीय सरकार या राज्य सरकार द्वारा भारत के नियन्त्रक और महालेखा परीक्षक की सलाह पर नियुक्त किया जायेगा।

(4) इस अधिनियम के अधीन बोर्ड के लेखाओं को लेखा परीक्षा करने के लिये नियुक्त प्रत्येक लेखा परीक्षक की बहियों, लेखाओं सम्बद्ध वाउचरों और दस्तावेजों तथा कागज पत्रों के प्रस्तुत किए जाने की माँग करने तथा बोर्ड के कार्यालय में से किसी कार्यालय का निरीक्षण करने का अधिकार होगा।

(5) प्रत्येक ऐसा लेखा परीक्षक लेखाओं की लेखा परीक्षा प्रति सहित अपनी रिपोर्ट की एक प्रति यथास्थिति केन्द्रीय सरकार अथवा राज्य सरकार को भेजेगा।

(6) केन्द्रीय सरकार उपधारा (5) के अधीन लेखा परीक्षा रिपोर्ट की प्राप्ति के पश्चात् यथाशीघ्र, उसे संसद के दोनों सदनों के समक्ष रखवाएगी।

(7) राज्य सरकार उपधारा (5) के अधीन लेखा परीक्षा रिपोर्ट की प्राप्ति के पश्चात् यथास्थिति, उसे राज्य के विधान मण्डल के समक्ष रखवाएगी।

टिप्पणी

धारा 32 के अनुसार केन्द्रीय सरकार प्रत्येक वित्त वर्ष में राज्य बोर्ड के कार्यों को करने के लिए जितना कि वह आवश्यक समझे, आवश्यकतानुसार अपना अशंदान राज्य बोर्ड को प्रदान करेगी। इस प्रकार का अशंदान जल प्रदूषण तथा वायु प्रदूषण अधिनियम के अन्तर्गत अलग अलग दिया जायेगा तथा यदि किसी प्रदेश में दोनों कार्य एक ही बोर्ड द्वारा किये जा रहे हो या वायु प्रदूषण निवारण एवं नियन्त्रण बोर्ड के लिये अलग कोष स्थापित करने हेतु विधि द्वारा निर्धारित धन इसमें केन्द्रीय सरकार द्वारा दिया जायेगा।

धारा 33 के अनुसार प्रत्येक राज्य बोर्ड अपने एक अलग कोष की स्थापना करेगा, तथा केन्द्रीय सरकर इस कोष के लिये हर साल एक निश्चित अंश देगी। अन्य प्रसार में भी उस कोष की राशि है तथा राज्य बोर्ड उक्त कोष से अपने कार्य हेतु जैसा वह ठीक समझे उतनी राशि खर्च कर सकता है।

धारा 33क के अनुसार बोर्ड अपने कार्यों को पूर्ण करने के लिये जैसा बोर्ड को आवश्यक हो तथा उचित प्रतीत हो उधार ले सकता है।

एम. सी. मेहता बनाम भारत संघ के वाद में उच्चतम न्यायालय ने कहा कि प्रत्येक नागरिक को शुद्ध वायु का अधिकार है अतः तात्कालिक प्रभाव में कार्य बन्द करने का आदेश दिया जा सकता है।

एनिमल फिडस् डेयरी एण्ड केमिकल लि. बनाम उड़ीसा प्रदूषण निवारण तथा नियन्त्रण परिषद् के वाद में कहा गया कि यह स्पष्ट है कि इस अधिनियम के अन्तर्गत निर्देश जारी करने का अधिकार सिर्फ परिषद् को है परिषद् का अर्थ राज्य बोर्ड या केन्द्रीय बोर्ड से है। बोर्ड का यह कार्य बोर्ड के सदस्य सचिव द्वारा निष्पादित नहीं किया जा सकता।

धारा 34 केन्द्रीय तथा राज्य बोर्ड के लिये आने वाले वित्तीय वर्ष के लिये बजट का प्रावधान करती है।

धारा 35 वार्षिक रिपोर्ट के बारे में उपबन्ध करते हुए कहती है कि बोर्ड अपनी वर्ष भर की सभी सूचनायें, कार्यों व प्रगति की रिपोर्ट केन्द्रीय बोर्ड की दशा में केन्द्रीय सरकार को तथा राज्य बोर्ड की दशा में केन्द्रीय बोर्ड तथा राज्य सरकार को विहित रीति तथा प्रारूप में भेजेगी। केन्द्रीय सरकार संसद में तथा राज्य सरकार विधान मण्डल में इस प्रकार प्राप्त रिपोर्ट को प्राप्ति के क्रमशः 6 महिने तथा 9 महिने के अन्दर प्रस्तुत करेगी।

धारा 36 यह उपबन्ध करती है कि प्रत्येक बोर्ड, अधिनियम द्वारा निर्धारित प्रक्रिया में खाते एवं अन्य रिकार्ड रखेगा सक्षम आडिटर द्वारा उक्त खातों की ऑडिट करवायेगा तथा इस प्रकार ऑडिटर अपनी रिपोर्ट केन्द्रीय सरकार अथवा राज्य सरकार को प्रस्तुत करेगा। केन्द्रीय सरकार संसद में तथा राज्य सरकार राज्य विधान मण्डल में रिपोर्ट को यथाशीघ्र पुष्टि के लिये रखवायेगी।

प्रत्येक अधिनियम में उसके प्रावधानों की पालना को सुनिश्चित किये जाने हेतु शास्ति अर्थात् दाण्डिक उपबन्धों का उल्लेख होता है। वायु (प्रदूषण निवारण तथा नियंत्रण) अधिनियम, 1981 के अध्याय 6 में शास्तियाँ और प्रक्रिया सम्बन्धी प्रावधान दिये गये हैं। **धारा 37 से 46** इन्हीं प्रावधानों से सम्बन्धित हैं।

धारा 37 – धारा 21 या धारा 22 के उपबन्धों अथवा धारा 31क के अधीन जारी किए गए निर्देशों का पालन करने में असफल रहना– (1) जो कोई धारा 31क के अधीन दिये गये निर्देशों का पालन करने में असमर्थ रहता है, वह ऐसी हर एक असमर्थतता पर कारावास से, जिसकी अवधि एक वर्ष 6 मास से कम नहीं होगी किन्तु 6 वर्ष तक की हो सकेगी या जुर्माने से, और प्रथम असफलता के लिये दोष सिद्धि किए जाने के पश्चात् ऐसे प्रत्येक दिन के लिए जिसके दौरान ऐसी असफलता जारी रहती है, पाँच हजार रुपये तक का हो सकता है, दण्डनीय होगा।

(2) यदि उपधारा (1) में निर्दिष्ट असमर्थता दोष सिद्धि के पश्चात् एक वर्ष की अवधि के परे जारी रहती है तो अपराधी ऐसी अवधि के कारावास से, जो दो वर्ष से कम नहीं होगी किन्तु सात वर्ष तक की हो सकेगी, दण्डनीय होगा।

धारा 38 – कतिपय कार्यों के लिये शास्ति– जो कोई (क) बोर्ड प्राधिकार द्वारा या उसके अधीन भूमि पर लगाये गये किसी स्तम्भ, थम्ब, खूंटे को या प्रस्तुत अन्तर्लिखित या रखी

गई किसी सूचना या अन्य पदार्थ को नष्ट करेगा, गिराएगा, हटायेगा, क्षति पहुचायेगा या विरुपित करेगा, अथवा

(ख) बोर्ड के आदेशों या निर्देशों के अधीन कार्य करने वाले किसी व्यक्ति को इस अधिनियम के अन्तर्गत अपनी शक्तियों का प्रयोग तथा अपने कृत्यों का पालन करने में बाधित करेगा, या

(ग) बोर्ड के किसी संकर्म या सम्पत्ति को क्षति पहुँचायेगा, या

(घ) बोर्ड अथवा बोर्ड के किसी प्राधिकारी अथवा बोर्ड के किसी अन्य कर्मचारी को ऐसी जानकारी देने में असफल रहेगा जिसकी वह इस अधिनियम के प्रयोजन के लिए अपेक्षा करे, या

(ङ) धारा 23 की उपधारा (1) के अधीन वायुमण्डल में वायु प्रदूषकों का राज्य बोर्ड द्वारा निर्धारित मानक से अधिक निःसरण की घटना या ऐसी घटना की आशंका की सूचना राज्य बोर्ड और अन्य विहित प्राधिकारियों या अभिकरणों को देने में असफल रहेगा, या

(च) कोई ऐसी जानकारी देने में, जिसका दिया जाना उससे इस अधिनियम के अधीन अपेक्षित है, जानते हुए या जानबूझकर ऐसा कथन करता है जिसका कोई महत्त्वपूर्ण अंश मिथ्या है, या

(छ) धारा 21 के अधीन कोई सहमति प्राप्त करने के प्रयोजन के लिए ऐसा कथन करता है जिसका कोई महत्त्वपूर्ण अंश मिथ्या है वह कारावास से, जिसकी अवधि तीन महीने तक हो सकती है, अथवा जुर्माने से, जो दस हजार रुपये तक का हो सकता है या दोनों से दण्डित होगा।

धारा 39 - इस अधिनियम के कतिपय उपबन्धों के उल्लंघन के लिए शास्ति– जो कोई इस अधिनियम के प्रावधानों में से किसी अथवा इसके अधीन जारी किये गये किसी भी निर्देश का उल्लंघन करता है जिसके लिये इस अधिनियम में किसी शास्ति का उपबन्ध नहीं किया गया है वह ऐसी अवधि के कारावास से जो तीन मास तक की हो सकेगी या जुर्माने से, जो दस हजार रुपये तक हो सकेगा या दोनों से और उल्लंघन जारी रहने के मामले में प्रत्येक दिन के लिए, जिसके दौरान प्रथम ऐसे उल्लंघन के लिए दोषसिद्धी के बाद ऐसा उल्लंघन जारी रहता है अतिरिक्त जुर्माने से, जो दस हजार रुपये तक का हो सकेगा, दण्डनीय होगा।

धारा 40 - कम्पनियों द्वारा अपराध–(1) जहाँ इस अधिनियम के अधीन कोई अपराध किसी कम्पनी द्वारा किया गया हो, वहाँ प्रत्येक व्यक्ति जो उस अपराध के किये जाने के समय उस कम्पनी के कारोबार के संचालन के लिए उस कम्पनी का भारसाधक एवं उसके प्रति उत्तरदायी था तथा साथ ही वह कम्पनी भी उस अपराध के दोषी समझे जायेंगे और तदनुसार अपने विरुद्ध कार्यवाही किए जाने एवं दण्डित किए जाने के भागी होंगे।

परन्तु इस उपधारा की कोई बात ऐसे व्यक्ति को इस अधिनियम में उपबन्धित किसी दण्ड का भागी नहीं बनायेगी यदि वह यह सिद्ध कर दे कि अपराध उसकी जानकारी के बिना

किया गया था या उसने ऐसे अपराध के किए जाने का निवारण करने के लिए सब सम्यक् तत्परता बरती थी।

(2) उपधारा (1) में किसी बात के होते हुए भी जहाँ इस अधिनियम के अधीन कोई अपराध कम्पनी द्वारा किया गया है और यह सिद्ध हो कि वह अपराध कम्पनी के किसी निर्देशक, प्रबन्धक, सचिव या अन्य अधिकारी की सहमति या मौनानुकूलता से किया गया है या अपराध का किया जाना उसकी किसी अपेक्षा से किया गया है या अपराध का किया जाना उसकी किसी अपेक्षा के कारण हुआ माना जा सकता है। वहाँ ऐसा निदेशक प्रबन्धक सचिव या अन्य अधिकारी भी उस उपराध का दोषी समझा जाएगा और तद्नुसार अपने विरुद्ध कार्यवाही किए जाने और दण्डित किये जाने का भागी होगा।

स्पष्टीकरण– इस धारा के प्रयोजनों के लिए

(क) 'कम्पनी' से कोई निगमित निकाय अभिप्रेत है और इसके अन्तर्गत फर्म या व्यष्टियों का अन्य संगम भी है, तथा

(ख) फर्म के सम्बन्ध में 'निदेशक' से उस फर्म का भागीदार अभिप्रेत है।

धारा 41 – सरकारी विभागों द्वारा अपराध–(1) जहाँ इस अधिनियम का कोई अपराध किसी सरकारी विभाग द्वारा किया गया है वहाँ विभागाध्यक्ष को अपराध का दोषी समझा जाएगा और तद्नुसार वह अपने विरुद्ध कार्यवाही किए जाने एवं दण्डित किए जाने का भागी होगा,

परन्तु इस धारा की कोई बात किसी विभागाध्यक्ष को किसी दण्ड का भागी नहीं बनायेगी यदि वह यह सिद्ध कर दे कि अपराध उसकी जानकारी के बिना किया गया था या उसने ऐसे अपराध किए जाने का निवारण करने के लिए सम्यक् तत्परता बरती थी।

(2) उपधारा (1) में किसी बात के होते हुए भी, जहाँ इस अधिनियम के अन्तर्गत कोई अपराध किसी सरकारी विभाग द्वारा किया जाता है तथा यह सिद्ध हो कि अपराध विभागाध्यक्ष से भिन्न किसी अधिकारी की सहमति अथवा मौनानुकूलता से किया गया है अथवा अपराध का किया जाना उसकी किसी अपेक्षा के कारण हुआ माना जा सकता है वहाँ ऐसा अधिकारी भी उस अपराध का दोषी समझा जाएगा एवं तद्नुसार वह अपने विरुद्ध कार्यवाही किये जाने और दण्डित किये जाने का भागी होगा।

धारा 42 – सद्भावनापूर्वक की गई कार्यवाही के लिए संरक्षण– कोई भी वाद अभियोजन या अन्य विधिक कार्यवाही भी ऐसी बात में जो इस अधिनियम अथवा तद्धीन बनाए गए नियमों के अनुसरण में सद्भावनापूर्वक की गई हो अथवा की जाने के लिए आशायित हो सरकार या कोई सदस्य या कोई अधिकारी या बोर्ड के अन्य कर्मचारी के विरुद्ध नहीं होगी।

धारा 43 – अपराधों का संज्ञान–(1) कोई न्यायालय इस अधिनियम के अधीन किसी अपराध का संज्ञान–

(क) बोर्ड या उसके द्वारा इसके लिए प्राधिकृत किसी अधिकारी, अथवा

(ख) किसी व्यक्ति जिसने विहित प्रारूप में अभिकथित अपराध एवं बोर्ड या पूर्वोक्त रूप में प्राधिकृत अधिकारी को परिवाद करने के अपने आशय की न्यूनतम साठ दिनों पूर्व सूचना ही है, के द्वारा किये गये परिवाद के सिवाय नहीं लेगा तथा महानगर मजिस्ट्रेट या प्रथम श्रेणी के न्यायिक मजिस्ट्रेट से अब कोई न्यायालय इस अधिनियम के अधीन दण्डनीय किसी अपराध का विचारण नहीं करेगा।

(2) जहाँ परिवाद उपधारा (1) के खण्ड (ख) के अधीन किया गया है वहाँ बोर्ड ऐसे व्यक्ति द्वारा माँग पर, उस व्यक्ति के अपने कब्जे की सुसंगत रिपोर्ट को उपलब्ध कराएगा।

परन्तु बोर्ड ऐसे व्यक्ति को कोई ऐसी रिपोर्ट उपलब्ध कराने से इन्कार कर सकेगा, यदि यह उसकी राय में लोकहित के विरुद्ध है।

धारा 44 - बोर्ड के सदस्यों, अधिकारियों और सेवकों का लोक सेवक होना– बोर्ड के सभी सदस्य अधिकारी और सेवक जब वे इस अधिनियम और तद्धीन बनाए गए नियमों के किसी उपबन्ध के अनुसरण में कार्य कर रहे हो या जब उनका ऐसे कार्य करना तात्पर्यित हो, भारतीय दण्ड संहिता की धारा 21 के अर्थ में लोक सेवक समझे जाएँगे।

धारा 45 - रिपोर्ट तथा विवरणियाँ– इस अधिनियम के अधीन अपने कृत्यों के सम्बन्ध में केन्द्रीय बोर्ड केन्द्रीय सरकार को और अपने कृत्यों के सम्बन्ध में राज्य बोर्ड राज्य सरकार को और केन्द्रीय बोर्ड ऐसी रिपोर्ट विवरणियाँ, सांख्यिकी, लेखाएँ एवं अन्य जानकारी देगा जिनकी यथास्थिति वह सरकार अथवा केन्द्रीय बोर्ड समय-समय पर अपेक्षा करे।

धारा 46 - अधिकारिता का वर्जन– किसी सिविल न्यायालय को किसी ऐसे मामले की बात, कोई वाद या कार्यवाही ग्रहण करने की अधिकारिता नहीं होगी, जिसका अवधारण करने के लिए इस अधिनियम के अधीन गठित किसी अपील प्रधिकारी को इस अधिनियम द्वारा अथवा उसके अधीन सशक्त किया गया है और इस अधिनियम द्वारा या उसके अधीन प्रदत्त किसी शक्ति के अनुसरण में की गई अथवा की जाने वाली किसी कार्यवाही की बाबत कोई न्यायालय अथवा अन्य प्राधिकरी कोई व्यादेश नहीं देगा।

टिप्पणी

धारा 37 के अनुसार धारा 21, 22 या धारा 37 के अधीन जारी निर्देशों का पालन करने में असफल होने पर कम से कम 18 महिने तथा अधिकतम 6 वर्ष तक का कारावास या जुर्माना यदि यह असफलता जारी रहती है तो पाँच हजार रुपये तक प्रत्येक दिन का जुर्माना प्रथम असफलता की दिनाँक से जारी रहना गिना जायेगा तथा यदि इस प्रकार की असफलता एक वर्ष से अधिक समय तक लगातार रहती है तो कम से कम दो वर्ष तथा अधिक से अधिक सात वर्ष की अवधि का कारावास एवं जुर्माने का दण्ड दिया जा सकता है।

गुजरात प्रदूषण निवारण तथा नियन्त्रण परिषद् बनाम ऋषभ उद्योग के वाद में प्रदूषण की गम्भीरता को देखते हुए प्राकृतिक नियम के सिद्धान्त का यथावत् पालन किया जाना आवश्यक नहीं है।

धारा 38 के उपबन्धों के अनुसार यदि कोई व्यक्ति बोर्ड के किसी प्रधिकारी के द्वारा दिये गये किसी निर्देश के पश्चात् अथवा लिखित आदेश के विरुद्ध कोई कार्य करता है या बोर्ड के किसी अधिकारी अथवा कर्मचारी द्वारा माँगी गई कोई सूचना देने में असमर्थ रहता है या धारा 38(ङ) के अन्तर्गत किसी दुर्घटना की जानकारी बोर्ड को देने में असमर्थ रहता है, ऐसी जानकारी देना अनिवार्य है। ऐसा कोई कार्य जिसको करने के लिए पूर्व स्वीकृति आवश्यक है, किन्तु स्वीकृति नहीं ली गई है तो उक्त सभी दोषों के लिये धारा 38 के अन्तर्गत तीन माह का कारावास अथवा दस हजार रुपये के जुर्माने अथवा दोनों दण्ड दिये जा सकते हैं।

धारा 39 के उपबन्ध के अनुसार उक्त उपबन्धों के अलावा अन्य किसी भी प्रकार के उल्लंघन के लिये तथा ऐसा अपराध जिसका वर्णन इस अधिनियम में नहीं किया गया, के लिये तीन मास का कारावास तथा दस हजार रुपये का दण्ड अथवा दोनों दिये जा सकते हैं। उपबन्धों का उल्लंघन जारी रहने पर दस हजार रुपये अतिरिक्त जुर्माने के दण्ड का प्रावधान है।

धारा 40 कम्पनियों द्वारा अपराध के बारे में प्रावधान करती है जिसके अनुसार यदि कोई अपराध कम्पनी द्वारा किया जाता है तो कम्पनी का अध्यक्ष इसके लिये उत्तरदायी माना जाता है परन्तु यदि कोई अध्यक्ष अथवा अन्य उत्तरदायी व्यक्ति यह सिद्ध कर देता है कि उक्त अपराध उसकी जानकारी के बिना अथवा उसकी सहमति के बिना किया गया हो तो उसे दोषी नहीं माना जायेगा। परन्तु यदि सिद्ध हो जाता है कि उक्त अपराध के होने के समय वह मौन था तो इसे स्वीकृति मानी जायेगी तथा दोषी मान कर दण्डित किया जायेगा।

वी.के. वर्मा बनाम मद्रास कॉरपोरेशन के वाद में कहा गया कि कम्पनी के विरुद्ध अभियोजन दाखिल किया होना चाहिए, तब कम्पनी के प्रभारी तथा उत्तरदायी व्यक्ति के विरुद्ध अभियोजन प्रारम्भ किया जाना चाहिए।

म्युनिसिपल कॉरपोरेशन दिल्ली बनाम जे. बी. बोटलिंग कं. प्रा. लि. के वाद में कहा गया कि कम्पनी एक विधिक व्यक्ति है, यदि किसी व्यक्ति को कारावास से दण्डित किया जाना सम्भव नहीं हो तो उसे जुर्माने से दण्डित किया जा सकता है।

धारा 41 के अनुसार सरकारी विभागों द्वारा इस तरह का कोई अपराध किया जाता है, तो विभागाध्यक्ष इसके लिये उत्तरदायी ठहराया जाता है। परन्तु यदि विभागाध्यक्ष यह सिद्ध कर देता है कि उक्त अपराध उसकी जानकारी के बिना अथवा उसकी सहमति के बिना किया गया है तो उसे दोषी नहीं माना जायेगा परन्तु यदि यह सिद्ध हो गया कि उक्त अपराध के होने के समय वह मौन था तो इसे मौन स्वीकृति मानकर उसे दण्डित किया जा सकेगा।

धारा 42 के अनुसार यदि कोई कार्यवाही सद्भावना पूर्वक की गई है, तो बोर्ड के किसी कर्मचारी अथवा अधिकारी का एक अच्छा बचाव होगा।

सद्भाव से तात्पर्य ''एक बात सद्भावपूर्वक की गई समझी जायेगी, जहाँ तथ्यत: वह ईमानदारी पूर्वक की गई हो चाहे उसे उपेक्षा पूर्ण ढ़ंग से किया गया हो अथवा नहीं।'' **धारा 43** अपराधों के संज्ञान के बारें में प्रावधान करती है कि प्रथम श्रेणी मजिस्ट्रेट अथवा महानगर मजिस्ट्रेट से नीचे का कोई भी न्यायालय अपराध का संज्ञान नहीं ले सकता। उक्त मजिस्ट्रेट तथा इनके ऊपर के मजिस्ट्रेट ही संज्ञान ले सकते हैं वो भी किसी बोर्ड द्वारा अथवा उसके अधिकारी द्वारा आवेदन करने पर जो कि 60 दिन के नोटिस की सूचना के बाद दिया गया हो तथा किसी अन्य व्यक्ति द्वारा बोर्ड के विरुद्ध शिकायत करने पर भी 60 दिन की सूचना वाली शर्तें लागू होती हैं। यदि कोई व्यक्ति इस प्रकार की शिकायत करता है तथा कोई रिपोर्ट बोर्ड से माँगता है तो वह रिपोर्ट बोर्ड को देनी होती है। इसी प्रकार बोर्ड कोई सूचना माँगता है तो वह भी बोर्ड को दी जाती है।

एस. एम दुबाश बनाम वी.एन. भोसले के वाद में कहा गया कि कम्पनी के विरुद्ध अभियोजन चलाने की संस्तुति विशिष्ट होनी चाहिए तथा कम्पनी के विरुद्ध अभियोजन के मामले में निदेश को तथा अधिकारिता का चुनाव मनमाने ढ़ंग से नहीं होना चाहिए।

धारा 44 के अनुसार बोर्ड के सदस्य, अधिकारी व कर्मचारीयों भारतीय दण्ड संहिता की धारा 21 के अर्थ में 'लोक सेवक' समझे जायेंगे।

धारा 45 के अनुसार केन्द्रीय बोर्ड अपनी रिपोर्ट तथा कार्यों का विवरण आदि केन्द्रीय सरकार को तथा राज्य बोर्ड द्वारा उक्त रिपोर्ट केन्द्रीय बोर्ड को तथा राज्य सरकार को समय-समय पर देने का प्रावधान बताया गया है।

धारा 46 के अनुसार यदि कोई अपील या विवाद अपीलीय प्राधिकारी की देख-रेख में चल रहा हो अथवा अपीलीय प्राधिकारी द्वारा सुना जा रहा हो तो अन्य किसी सिविल न्यायालय को ऐसे कार्यवाही के लिये सुनने का अधिकार नहीं होगा।

वायु (प्रदूषण निवारण तथा नियंत्रण) अधिनियम, 1981 के अंतिम अध्याय 7 में विविध प्रावधान जो कई विषयों से सम्बन्धित हैं के बारे में उपबन्ध किया गया है। ये सभी प्रावधान **धारा 47 से 54** तक में दिये गये हैं।

धारा 47 - राज्य सरकार की राज्य बोर्ड को अधिक्रमित करने की शक्ति-

(1) यदि किसी समय केन्द्रीय सरकार की यह राय हो-

(क) कि इस अधिनियम के अधीन गठित राज्य बोर्ड ने इस अधिनियम द्वारा या उसके अधीन अपने को अधिरोपित कृत्यों के पालन में बार-बार व्यतिक्रम किया है, अथवा

(ख) कि ऐसी परिस्थितियाँ विद्यमान है जिनमें ऐसा करना लोकहित में आवश्यक है तो राज्य सरकार राजपत्र में अधिसूचना द्वारा राज्य बोर्ड का छः महिने से अनधिक की ऐसी कालावधि के लिए जो अधिसूचना में विनिर्दिष्ट की जाए, अतिष्ठित कर सकेगी, परतु खण्ड (क) में उल्लेखित कारणों के लिए इस उपधारा के अधीन अधिसूचना जारी करने के पूर्व राज्य सरकार, राज्य बोर्ड यह हेतुक दर्शित करने के लिए युक्तियुक्त अवसर देगी कि उसे अतिष्ठित क्यों न किया जाये, तथा राज्य बोर्ड स्पष्टीकरणों और आक्षेपों पर यदि कोई हो, विचार करेगी।

(2) राज्य बोर्ड को अतिष्ठित करने वाली उपधारा (1) के अधीन अधिसूचना के प्रकाशन पर–

(क) अतिष्ठित की तारीख से सभी सदस्य अपने पद रिक्त कर देंगे।

(ख) ऐसी सभी शक्तियाँ कृत्य और कर्त्तव्य जो इस अधिनियम द्वारा इसके अधीन राज्य बोर्ड को उपधारा (3) के अधीन पुनर्गठित नहीं किया जाता है, तब ऐसी व्यक्ति या व्यक्तियों द्वारा प्रयोग, पालन या निर्वहन किए जाँएगे जिसे अथवा जिन्हें राज्य सरकार निर्देश दे,

(ग) राज्य बोर्ड के स्वामित्वाधीन या नियन्त्रणाधीन सभी सम्पत्ति जब तक बोर्ड को उपधारा (3) के अधीन पुनर्गठित नहीं किया जाता है, राज्य सरकार में निहित होगी।

(3) उपधारा (1) के अधीन जारी की गई अधिसूचना में विनिर्दिष्ट अतिष्ठित की अवधि की समाप्ति पर राज्य सरकार–

(क) अतिष्ठित की कालावधि को छः महिने से अधिक की ऐसी और अवधि के लिए बढ़ा सकती है, जिसे वह आवश्यक समझे,

(ख) राज्य बोर्ड, यथास्थिति नये नाम-निर्देशन या नियुक्ति द्वारा पुनर्गठित कर सकती है, और ऐसी दशा में वह व्यक्ति जिसने उपधारा (2) के खण्ड (क) के अधीन अपना पद रिक्त कर किया है नाम-निर्देशन या नियुक्ति के लिए अनर्हित नहीं समझा जाएगा।

परन्तु राज्य सरकार अतिष्ठित की कालावधि की समाप्ति के पूर्व किसी भी समय, चाहे वह कालावधि उपधारा (1) के अधीन आरम्भ में विनिर्दिष्ट हो अथवा इस उपधारा के अधीन जैसी बढ़ाई गई हो, इस उपधारा के खण्ड (ख) के अधीन कार्यवाही कर सकती है।

धारा 48 - जल (प्रदूषण निवारण तथा नियन्त्रण) अधिनियम 1974 के अधीन गठित केन्द्रीय बोर्ड या राज्य बोर्ड के अतिष्ठित किये जाने की दशा में विशेष प्रावधान– जहाँ जल (प्रदूषण निवारण तथा नियन्त्रण) अधिनियम, 1974 के अधीन गठित केन्द्रीय बोर्ड या राज्य बोर्ड यथास्थिति केन्द्रीय सरकार अथवा राज्य सरकार द्वारा इस अधिनियम के अधीन अधिक्रमित होता है वहाँ, इस अधिनियम के अधीन केन्द्रीय बोर्ड की या ऐसे राज्य बोर्ड की समस्त शक्तियाँ कृत्य और कर्त्तव्य का प्रयोग, पालन या निर्वहन करने वाला व्यक्ति अथवा व्यक्तियों द्वारा किया जायेगा।

धारा 49 – इस अधिनियम के अधीन गठित राज्य बोर्ड का विघटन – जैसे ही तथा जब किसी राज्य में जल (प्रदूषण निवारण तथा नियन्त्रण) अधिनियम, 1974 प्रवृत होता है तथा राज्य सरकार द्वारा इस अधिनियम के अधीन राज्य प्रदूषण नियन्त्रण बोर्ड गठन करती है, राज्य सरकार द्वारा इस अधिनियम के अधीन गठित राज्य बोर्ड विघटित समझा जाएगा एवं उस राज्य में द्वितीय उल्लिखित बोर्ड की शक्तियों का प्रयोग एवं कृत्यों का पालन प्रथम उल्लिखित बोर्ड करेगा।

(2) इस अधिनियम के अधीन गठित राज्य बोर्ड के विघटित होने पर–

(क) सभी सदस्य अपना पद उसी रूप में रिक्त कर देंगे,

(ख) ऐसे विघटन की निधि भी सम्मिलित है जो कि राज्य बोर्ड के स्वामित्वाधीन है, या उसमें निहित है, वह राज्य प्रदूषण नियन्त्रण बोर्ड को अन्तरित एवं उसमें निहित समझा जायेगा।

(ग) ऐसे विघटन से ठीक पूर्व राज्य बोर्ड के अधीन सेवारत प्रत्येक अधिकारी और अन्य कर्मचारी राज्य प्रदूषण नियन्त्रण बोर्ड को अन्तरित हो जायेंगे तथा उसी के अधिकारी तथा अन्य कर्मचारी उसी कार्यकाल, एवं उसी पारिश्रमिक और सेवाओं के उन्हीं निर्बन्धनों तथा शर्तों पर जैसे कि इस अधिनियम के अधीन गठित राज्य बोर्ड विघटित ही न हुआ होता, वह उन्हें वैसे ही धारण किए रहेगा तथा करता रहेगा जब तक कि राज्य प्रदूषण नियन्त्रण बोर्ड ऐसा कार्यकाल पारिश्रमिक और सेवा के निर्बन्धन और शर्तें यथाविधि परिवर्तित नहीं कर देता है।

परन्तु राज्य सरकार की पूर्व अनुमति के बिना किसी भी ऐसे अधिकारी या अन्य कर्मचारी का कार्यकाल पारिश्रमिक तथा सेवाओं के निर्बन्धन एवं शर्तें परिवर्तित नहीं की जायेंगी।

(घ) ऐसे विघटन से ठीक पूर्व राज्य बोर्ड के समस्त दायित्व और किसी भी प्रकार के आभार राज्य प्रदूषण नियन्त्रण बोर्ड के दायित्व तथा आभार समझे जायेंगे और विघटन से ठीक पूर्व इस अधिनियम के अधीन गठित राज्य बोर्ड द्वारा या उनके विरुद्ध ऐसे दायित्व अथवा आभार के सम्बन्ध में कोई भी कार्यवाही या वाद कारण जो लम्बित या विद्यमान हो, जल प्रदूषण के निवारण तथा नियन्त्रण के लिए राज्य बोर्ड द्वारा या के विरुद्ध जारी एवं प्रवर्तित रहेंगे।

धारा 50 – अनुसूची में संशोधन की शक्ति के बारे में उपबन्ध करती थी, 1987 वायु (प्रदूषण निवारण तथा नियन्त्रण) संशोधन अधिनियम के द्वारा निरसित कर दी गई है।

धारा 51 – रजिस्टर का अनुरक्षण–(1) प्रत्येक राज्य बोर्ड एक रजिस्टर रखेगा जिसमें उन व्यक्तियों की विशिष्टियाँ जिनको धारा 21 के अधीन अनुमति प्रदान की गई है इस अनुमति के सम्बन्ध में इसके द्वारा निःसरण के निर्धारित मानक एवं अन्य विशिष्टियाँ जो विहित हो, अन्तर्विष्ट होगी। (2) उपधारा (1) के अधीन अनुरक्षित रजिस्टर सभी युक्तियुक्त समय में किसी भी हितबद्ध या निःसरण के लिए निर्धारित मानक से प्रभावित व्यक्ति अथवा इस सम्बन्ध में ऐसे व्यक्ति द्वारा अधिकृत अन्य व्यक्ति द्वारा निरीक्षण के लिए खुला रहेगा।

धारा 52 - अन्य विधियों का प्रभाव–परमाणु ऊर्जा अधिनियम, 1962 द्वारा अथवा के अधीन अन्यथा उपबन्धित के सिवाय इस अधिनियम से अन्य किसी अधिनियम में विकिरणशील वायु प्रदूषण के सम्बन्ध में किसी भी बात के असंगत होते हुए भी इस अधिनियम के उपबन्ध प्रभावी होंगे।

धारा 53 - केन्द्रीय सरकार की नियम बनाने की शक्ति– (1) केन्द्रीय सरकार केन्द्रीय बोर्ड से परामर्श करके राजपत्र में अधिसूचना द्वारा निम्नलिखित विषय के सम्बन्ध में नियम बना सकती है अर्थात्–

(क) वे अन्तराल तथा वह समय और स्थान जिन या जिस पर केन्द्रीय बोर्ड की अथवा उसके किसी समिति के अधिवेशन किये जायेंगे तथा ऐसे अधिवेशनों पर अनुसरित की जाने वाली प्रक्रिया जिसके अन्तर्गत धारा 10 की उपधारा (1) के अधीन एवं धारा 11 की उपधारा (2) के अधीन कामकाज करने के लिए आवश्यक गणपूर्ति भी है,

(ख) केन्द्रीय बोर्ड की किसी समिति के सदस्यों को धारा 11 की उपधारा (3) के अधीन बोर्ड के सदस्य न हो, संदत्त की जाने वाली फीस और भत्ते,

(ग) वह रीति जिसमें और वे प्रयोजन जिनके लिए धारा 12 की उपधारा (1) के अधीन केन्द्रीय बोर्ड के साथ सहयुक्त किए जा सकेंगे,

(घ) फीस और भत्ते, जो धारा 12 की उपधारा (1) के अधीन केन्द्रीय बोर्ड से सहयुक्त व्यक्तियों को धारा 12 की उपधारा (3) के अधीन भुगतान किये जायेंगे,

(ङ) धारा 16 की उपधारा (2) के खण्ड (ङ) के अधीन केन्द्रीय बोर्ड द्वारा किये जाने वाले कृत्य,

(च) प्रारूप जिसमें और समय, जिसके अन्तर्गत केन्द्रीय बोर्ड का बजट तैयार किया जा सकेगा और धारा 34 के अधीन केन्द्र सरकार को अग्रसरित किया जा सकेगा,

(चच) प्रारूप जिसमें केन्द्रीय बोर्ड के लेखे जो धारा 35 के अधीन तैयार किये जा सकेंगे,

(छ) वह प्रारूप जिसमें केन्द्रीय बोर्ड के लेखे जो धारा 36 की उपधारा (1) के अधीन रखे जा सकेंगे।

(2) इस अधिनियम के अधीन केन्द्रीय सरकार द्वारा बनाये गये प्रत्येक नियम बनाये जाने के पश्चात् यथाशीघ्र ससंद के प्रत्येक सदन के समक्ष, जब वह सत्र में हो, तीस दिन की अवधि के लिए रखा जाएगा। यह अवधि एक सत्र में अथवा दो या अधिक आनुक्रमिक सत्रों में पूरी हो सकेगी। यदि उस सत्र के पूर्वोक्त आनुक्रमिक सत्रों के ठीक बाद के सत्र के अवसान के पूर्व दोनों सदन उस नियम में कोई परिवर्तन करने के लिए सहमत हो जाएँ तो तत्पश्चात् वह ऐसे परिवर्तित रूप में ही प्रभावी होगा। यदि उक्त अवसान के पूर्व दोनों सदन सहमत हो जाएँ कि वह नियम नहीं बनाया जाना चाहिए तो तत्पश्चात् वह निष्प्रभावी हो जाएगा। किन्तु नियम के ऐसे परिवर्तित या निष्प्रभाव होने से उसके अधीन पहले की गई किसी बात की विधिमान्यता पर प्रतिकूल प्रभाव नहीं पड़ेगा।

धारा 54 – राज्य सरकार की नियम बनाने की शक्ति–(1) उपधारा (3) के अधीन उपबन्धों के रहते हुए, राज्य सरकार राजपत्र में अधिसूचना द्वारा इस अधिनियम के प्रयोजनों को कार्यान्वित करने के लिए उन विषयों के बाबत् जो धारा 35 की परिधि में नहीं आते, नियम बना सकेगी।

(2) विशिष्टतः और पूर्वगामी शक्ति की व्यापकता पर प्रतिकूल प्रभाव डाले बिना ऐसे नियम निम्नलिखित सभी विषयों के लिये या उनमें से किसी के लिए उपबन्ध कर सकेंगे अर्थात्–

(क) अधिनियम के अधीन गठित राज्य बोर्ड के सदस्य सचिव के रूप में नियुक्ति के लिए अपेक्षित प्रदूषण नियन्त्रण के वैज्ञानिक अभियान्त्रिकी अथवा प्रबन्धन पहलुओं की अर्हता ज्ञान एवं अनुभव,

(कक) धारा 7 की उपधारा (7) के अधीन इस अधिनियम के अधीन गठित राज्य बोर्ड के अध्यक्ष और अन्य सदस्यों (सदस्य सचिव के अतिरिक्त) के सेवा की शर्तें और निबन्धन,

(ख) वे अन्तराल एवं वह समय और स्थान जिन या जिस पर राज्य बोर्ड के या इस अधिनियम के अधीन गठित उसकी किसी समिति के अधिवेशन किए जाएँगे, तथा ऐसे अधिवेशनों पर अनुसरित की जाने वाली प्रक्रिया जिसके अन्तर्गत धारा 12 की उपधारा (1), तथा धारा 11 की उपधारा (2) के अधीन कामकाज करने के लिए आवश्यक गणपूर्ति भी है।

(ग) राज्य बोर्ड की किसी समिति के ऐसे सदस्यों को, जो धारा 11 की उपधारा (3) के अधीन बोर्ड के सदस्य न हो, संदत्त की जाने वाली फीस एवं भत्ते,

(घ) वह रीति जिसमें और वे प्रयोजन जिनके लिए राज्य बोर्ड के साथ व्यक्ति सहयुक्त किए जा सकेंगे,

(ङ) धारा 12 की उपधारा (1) के अधीन राज्य बोर्ड से सहयुक्त व्यक्तियों को धारा 12 की उपधारा (3) के अधीन सदंत्त फीस और भत्ते,

(च) इस अधिनियम के अधीन गठित राज्य बोर्ड के सदस्य सचिव की धारा 14 की उपधारा (1) के अधीन सेवा का निर्बन्धन और शर्तें,

(छ) धारा 14 की उपधारा (3) के अधीन राज्य बोर्ड के सदस्य सचिव द्वारा शक्तियों एवं कर्त्तव्यों का प्रयोग एवं निर्वहन,

(ज) वे शर्तें जिनके अधीन राज्य बोर्ड ऐसे अधिकारी या अन्य कर्मचारी नियुक्त करता है जिन्हें वह धारा 14 की उपधारा (3) के अधीन अपने कृत्यों के दक्ष पालन के लिए आवश्यक समझता है,

(झ) वे शर्तें जिनके अधीन राज्य बोर्ड धारा 14 की उपधारा (5) के अधीन एक परामर्श दाता नियुक्त कर सकता है।

(ञ) धारा 17 की उपधारा (1) के खण्ड (i) के अधीन राज्य बोर्ड द्वारा किये जाने वाले कृत्य,

(ट) वह रीति जिसमें धारा 19 की उपधारा (1) के अधीन किसी क्षेत्र या क्षेत्रों को वायु प्रदूषक नियन्त्रण क्षेत्र घोषित किया जा सकता है,

(ठ) धारा 21 की उपधारा (2) के अधीन राज्य बोर्ड की अनुमति के लिए अनुवेदन का प्रारूप उसके लिए संदेय फीस ऐसे अनुवेदन करने की कालावधि और इनकी विशिष्टियाँ,

(ड) धारा 21 की उपधारा (3) के अधीन किसी जाँच के सम्बन्ध में अनुसरण की जाने वाली प्रक्रिया,

(ढ़) वे प्राधिकारी और अभिकरण जिन्हें धारा 23 की उपधारा (1) के अधीन सूचना प्रस्तुत करनी होती हैं,

(ण) धारा 26 की उपधारा (1) के अधीन वह रीति जिससे वायु या निःसरण के नमूने लिये जाते है,

(त) धारा 26 की उपधारा (3) में निर्दिष्ट नोटिस का प्रारूप,

(थ) धारा 27 की उपधारा (1) के अधीन राज्य बोर्ड की रिपोर्ट का प्रारूप,

(द) धारा 27 की उपधारा (3) के अधीन सरकारी विश्लेषक की रिपोर्ट का प्रारूप,

(ध) धारा 28 की उपधारा (2) के अधीन राज्य वायु प्रयोगशला के कृत्य उक्त प्रयोगशाला में वायु अथवा निःसरण के नमूनों के विश्लेषण या परीक्षण के लिए प्रस्तुति की प्रक्रिया उस पर प्रयोगशाला की रिपोर्ट का प्रारूप इस प्रकार की रिपोर्ट के सम्बन्ध में सदेंय फीस और दूसरे विषय जो प्रयोगशाला को अपने कृत्यों को करने के लिए उपयुक्त तथा आवश्यक हो,

(न) धारा 29 की उपधारा (1) के अधीन सरकारी विश्लेषक के लिए अपेक्षित अर्हताएँ,

(प) धारा 29 की उपधारा (2) के अधीन राज्य बोर्ड विश्लेषण के लिए अपेक्षित अर्हताएँ,

(फ) वह प्रारूप और रीति जिसमें अपीलें फाइल की जा सकेगी ऐसी अपीलों की बाबत् संदेय फीस और धारा 31 की उपधारा (3) के अधीन अपीलों के निपटाने में अपील प्राधिकरण द्वारा अनुसरित की जाने वाली प्रक्रिया,

(ब) निबन्धन जिसमें और समय जिसके अन्तर्गत धारा 34 के अधीन राज्य बोर्ड का बजट तैयार किया जा सकेगा और राज्य सरकार को अग्रसरित किया जा सकेगा,

(बब) प्रारूप जिसमें धारा 35 के अधीन राज्य बोर्ड की वार्षिक रिपोर्ट तैयार की जा सकेगी,

(भ) वह प्रारूप जिसमें धारा 36 की उपधारा (1) के अधीन राज्य बोर्ड के लेखे अनुरक्षित किये जा सकते हैं,

(भभ) वह ढंग जिसमें धारा 43 के अधीन परिवाद करने के आशय की सूचना दी जाएगी,

(म) धारा 51 के अधीन अनुरक्षित रजिस्ट्रट में अन्तर्विष्ट विशिष्टियाँ,

(य) कोई अन्य विषय जो विहित हैं,

(3) राज्य बोर्ड के प्रथम गठन के पश्चात् उपधारा (2) में निर्दिष्ट किसी भी विषय की बाबत् उसके खण्ड (कक) में निर्दिष्ट से भिन्न कोई नियम या उस बोर्ड के बिना परामर्श के न बनाया जाएगा, न परिवर्तित किया जाएगा, न संशोधित किया जाएगा, न निरस्त किया जाएगा।

टिप्पणी

धारा 47 के उपबन्धों के अनुसार यदि राज्य सरकार को लगे की राज्य बोर्ड अपने कार्यों व उद्देश्यों की पूर्ति में असफल रहा है या लोकहित के विपरीत कार्य हो रहा है, तो लोकहित की सुरक्षा के लिये राज्य सरकार ऐसे बोर्ड को अतिष्ठित कर सकती है। अतिष्ठित करने से पहले बोर्ड को युक्तियुक्त सुनवाई का अवसर दिया जाएगा, तथा बोर्ड को 6 माह से अनधिक की अवधि के लिये अतिष्ठित कर सकेगी।

बोर्ड के अतिष्ठित होने पर बोर्ड के सदस्य सूचना की दिनाँक से अपना पद छोड़ दिया माने जायेंगे। इस अधिनियम के अन्तर्गत दिये गये कार्य, अधिकार एवं अन्य प्रक्रियायें राज्य सरकार द्वारा अधिकृत किसी अन्य व्यक्ति या संस्था द्वारा किये जायेंगे। बोर्ड की सम्पत्ति राज्य सरकार में निहित हो जायेगी।

राज्य सरकार ऐसी अवधि को 6 महीने के लिये और बढ़ा सकती है तथा राज्य सरकार चाहे तो पुन: बोर्ड स्थापित कर सकती है। सभी सदस्य नये या फिर कुछ नये तथा कुछ पुरानों के साथ बोर्ड पुनर्गठित कर सकती है।

धारा 48 के अनुसार यदि किसी वायु प्रदूषण एवं जल प्रदूषण अधिनियम के अन्तर्गत अतिष्ठित की गई हो तो ऐसी स्थिति में इस अधिनियम के कार्यों को जल प्रदूषण निवारण एवं नियन्त्रण बोर्ड द्वारा किया जायेगा।

धारा 49 के अनुसार राज्य में जल प्रदूषण अधिनियम, 1974 प्रवृत होता है, तथा राज्य प्रदूषण बोर्ड का गठन होता है तो राज्य सरकार द्वारा गठित बोर्ड को विघटित समझा जायेगा।

धारा 51 के अनुसार प्रत्येक राज्य बोर्ड को अपने कार्यों तथा अन्य निर्धारित मानक एवं विशिष्टियों के सम्बन्ध में एक रजिस्टर रखना होगा, तथा इस प्रकार का रजिस्टर युक्तियुक्त समय के भीतर निरीक्षण किया जा सकेगा।

धारा 52 के अनुसार इस अधिनियम के लागू होने पर अन्य विधियाँ निष्प्रभावी हो जायेंगी सिवाय परमाणु ऊर्जा अधिनियम 1962 के।

अब्दुल हमीद बनाम ग्वालियार रेयन सिल्क मेंन्यूफैक्चरिंग कम्पनी लि. के वाद में कहा गया कि दण्ड प्रक्रिया संहिता के अध्याय 10 के विहित वायु प्रदूषण सम्बन्धित प्रावधान वायु प्रदूषण अधिनियम द्वारा विवक्षित रूप से निरसित हुए नहीं समझे जा सकते हैं।

गणेश प्रसाद सारंगी बनाम बिहार के वाद में पटना उच्च न्यायालय ने यह मत व्यक्त किया, कि दण्ड प्रक्रिया संहिता, 1973 की धारा 133 तथा वायु एवं जल प्रदूषण अधिनियम में के प्रावधानों का संयुक्त अभिप्राय यह है कि प्रदूषण अधिनियमों के लागू हो जाने से अन्य अधिनियमों के प्रावधान अभिव्यक्त या विवक्षित रूप से प्रभावी नहीं होंगे। अन्य अधिनियम के वही प्रावधान लागू नहीं होंगे जो अधिनियम के प्रावधानों से विसंगत या असंगत प्रतिकूल हो।

धारा 53 के प्रावधान केन्द्रीय सरकार को केन्द्रीय बोर्ड से परामर्श करके बोर्ड के लिये निम्न विषयों पर नियम बनाने की शक्ति प्रदत्त करतें है–

केन्द्रीय बोर्ड की मीटिंग का समय, स्थान एवं प्रक्रिया समिति के बारे में भी उक्त समय, स्थान, बैठक इत्यादि के बारे में बोर्ड के सदस्यों के अलावा समिति के सदस्यों के पारिश्रमिक, भत्ते इत्यादि से सम्बन्धित नियम, अस्थायी व्यक्तियों की नियुक्ति, फीस एवं उद्देश्य से सम्बन्धित नियम, बोर्ड द्वारा सरकार को दी जाने वाली रिपोर्ट, बजट व अन्य नियम इत्यादि, के बारे में नियम बना सकती हैं।

केन्द्रीय सरकार द्वारा नियम बनाये जाने के बाद उन्हें ससंद के सत्र में प्रस्तुत किया जायेगा। संसद द्वारा उनमें परिवर्तन करने के बाद लागू हो जायेंगे, यदि संसद कोई परिवर्तन नहीं करती तो नियम यथावत् लागू हो जायेंगे।

धारा 54 के उपबन्धों के अनुसार राज्य सरकार राज्य बोर्ड के लिये निम्न विषयों पर नियम बना सकती है–

(i) राज्य बोर्ड के अध्यक्ष एवं सचिव के अलावा अन्य सदस्यों की सेवा शर्तों तथा इससे सम्बन्धित अन्य नियम,

(ii) बोर्ड की मीटिंग अथवा समिति की बैठक के गणपूर्ति के बारें में नियम,

(iii) समिति जो राज्य बोर्ड द्वारा बनाई गई हो के सदस्यों की फीस एवं भत्ते के बारे में नियम, इस प्रकार किसी विशेष उद्देश्य के लिये नियुक्त व्यक्ति के फीस एवं भत्ते के बारे में नियम,

(iv) बोर्ड के सचिव की सेवा शर्तें, समयकाल के बारे में शर्तें, एवं कार्यों तथा शक्तियों के बारे मे नियम,

(v) कार्यों को सम्पन्न कराने के लिए किसी अधिकारी एवं कर्मचारी की नियुक्ति की प्रक्रिया एवं अन्य शर्तें,

(vi) किसी क्षेत्र को वायु प्रदूषण क्षेत्र घोषित करने की रीति एवं प्रक्रिया से सम्बन्धित नियम,

(vii) किसी प्रकार का शुल्क तथा फीस या आर्थिक दण्ड,

(viii) किसी जाँच में अपनायी जाने वाली प्रक्रिया,

(ix) उन प्राधिकारियों एवं संस्थाओं के निर्धारण सम्बन्धी नियम जिन्हें किसी व्यक्ति द्वारा कोई दुर्घटना होने पर सूचना देना अनिवार्य है,

(x) **धारा 54 (क से य)** तक वर्णित अन्य विषयों से सम्बन्धित विषयों पर सरकार द्वारा निर्धारित नियम,

(xi) बोर्ड की सहमति से किसी धारा अथवा नियम को विहित रीति से संशोधित व निरसन करने सम्बन्धी नियम।

उक्त नियमों का पूर्व प्रकाशन राजपत्र में प्रकाशन होना अनिवार्य है। ताकि सम्बन्धित लोगों को सुनवाई का उचित अवसर मिल सके।

◘◘◘

14

पर्यावरण अधिनियम 1986

पर्यावरण संरक्षण जैसा कि नाम से ही स्पष्ट है कि हमारे चारों ओर के वातावरण को दूषित होने से बचाना, पर्यावरण को सुरक्षित रखना। संयुक्त राष्ट्र के मानवीय पर्यावरण सम्मेलन में जो जून, 1972 में स्टॉकहोम में सम्पन्न हुआ था और जिसमें भारत ने भी भाग लिया था, यह विनिश्चय किया गया था कि ''मानवीय पर्यावरण के संरक्षण और सुधार के लिए समुचित कदम उठायें जायें।'' इस संकल्प को पूरा करने के लिये भारत में पर्यावरण संरक्षण अधिनियम, 1986 पारित किया गया। इस अधिनियम में कुल 26 धाराएँ, तथा 4 अध्याय है। इस अधिनियम के लागू होने के पश्चात् पर्यावरण सम्बन्धी पूर्व में बनाये गये कानूनों पर कोई प्रभाव नहीं पड़ेगा अर्थात् जल (प्रदूषण निवारण तथा नियंत्रण) अधिनियम, 1974 तथा वायु (प्रदूषण निवारण तथा नियंत्रण), अधिनियम, 1981 यथावत् लागू रहेंगे।

धारा 1 – संक्षिप्त नाम, विस्तार और प्रारम्भ–(1) यह अधिनियम पर्यावरण (संरक्षण) अधिनियम, 1986 कहलायेगा।

(2) इसका विस्तार सम्पूर्ण भारत पर है।

(3) यह ऐसी तिथि को प्रभावशाली होगा जिसे केन्द्रीय सरकार द्वारा शासकीय राजपत्र में अधिसूचना द्वारा नियत किया जाये, तथा इस अधिनियम के विभिन्न उपबन्धों को विभिन्न तिथियों से तथा विभिन्न क्षेत्रों के लिए लागू किया जा सकेगा।

धारा 2 – परिभाषायें– इस अधिनियम में, जब तक सन्दर्भ में अन्यथा अपेक्षित न हो–

(क) 'पर्यावरण' के अन्तर्गत जल, वायु और भूमि तथा जल और वायु, वायु तथा मानवीय प्राणी, अन्य जीवित प्राणी, पौधे सूक्ष्म जीवाणु तथा सम्पत्ति में और उनके बीच विद्यमान अन्तर्सम्बन्ध सम्मिलित है,

(ख) 'पर्यावरण प्रदूषक' से ऐसा ठोस, द्रव या गैसीय पदार्थ अभिप्रेत है जो ऐसी सांद्रता में विद्यमान है जो पर्यावरण के लिए क्षतिकर हो सकता है या जिसका क्षतिकार होना सम्भाव्य है,

(ग) 'पर्यावरण प्रदूषण' से पर्यावरण में पर्यावरण प्रदूषकों का विद्यमान होना अभिप्रेत है,

(घ) ''किसी पदार्थ के सम्बन्ध में हथलाना'' से अभिप्रेत है ऐसे पदार्थ का विनिर्माण, प्रसंसकरण, अभिक्रियान्वयन, पैकेज, भण्डारकरण, परिवहन, उपयोग, संग्रहण, विनाश सम्परिवर्तन, विक्रय के लिए प्रस्थापना, अन्तरण या वैसी ही संक्रिया,

(ङ) ''परिसंकटमय पदार्थ'' से ऐसा पदार्थ या निर्मित अभिप्रेत है जो अपने रासायनिक या भौतिक, रासायनिक गुणों के या हथलाने के कारण मानवों अन्य जीवित प्राणियों पादपों, सूक्ष्म जीव, सम्पत्ति या पर्यावरण को अपहानि कारित कर सकती है।

(च) किसी कारखाने या परिसर के सम्बन्ध में 'अधिष्ठाता' से कोई ऐसा व्यक्ति अभिप्रेत है और किसी पदार्थ के सम्बन्ध में ऐसा व्यक्ति इसके अन्तर्गत है जिसके कब्जे में वह पदार्थ है,

(छ) 'विहित' से इस अधिनियम के अधीन बनाए गए नियमों द्वारा विहित अभिप्रेत है।

टिप्पणी

धारा 1 के उपबन्धों के अनुसार इस अधिनियम का विस्तार सम्पूर्ण भारत क्षेत्र पर होगा जिसके अन्तर्गत जम्मू कश्मीर राज्य भी शामिल है। यह अधिनियम 12 नवम्बर 1986 को लागू कर दिया गया था तथा इसका नाम पर्यावरण (संरक्षण) अधिनियम, 1986 है।

वर्तमान समय में मानव जीवन को प्रदूषण से होने वाले खतरे को देखते हुए, तथा 1972 के स्टॉकहोम सम्मेलन में जो पर्यावरण प्रदूषण के प्रति चिन्ता व्यक्त की गई थी को देखते हुए ही इस अधिनियम को लागू किया गया क्योंकि वायु, जल, मिट्टी, ध्वनि इत्यादि प्रदूषणों से चारों तरफ का पर्यावरण एक संकट से घिर गया तथा मानव जीवन को खतरा उत्पन्न हो गया। इस अधिनियम का मुख्य उद्देश्य समूचे वातावरण पर्यावरण को सभी तरह से पर्यावरण प्रदूषण से बचाकर मानव अस्तित्व को सुरक्षित रखना है।

धारा 2 में विभिन्न पदों की परिभाषायें दी गई हैं। पर्यावरण अधिनियम में पर्यावरण की परिभाषा अत्यन्त व्यापक है जिसके अन्तर्गत पर्यावरण में जल, हवा और भूमि तथा मानवीय प्राणी अन्य जीवित प्राणी पौधे सूक्ष्म जीवाणु तथा सम्पत्ति में और उनके बीच विद्यमान अन्तर्सम्बन्ध सम्मिलित हैं।

पर्यावरण प्रदूषक से तात्पर्य ऐसे ठोस, द्रव तथा गैस पदार्थ से है जो पर्यावरण में एक जगह एकत्र होकर क्षति पहुँचाते हैं अथवा प्रयास करते हैं। जैसे–कूड़ा–करकट, मलमूत्र मृतजीव, कार्बन मोनो अक्साइड, गैस, औद्योगिक अपशिष्ट इत्यादि।

पर्यावरण प्रदूषण से तात्पर्य पर्यावरण को प्रदूषित करने वाला कोई भी प्रदूषक तत्त्व जो अपनी उपस्थिति से पर्यावरण को दूषित करता है पर्यावरण प्रदूषण की परिभाषा में आता है। जो कि मानव जीवन व अन्य जीवों के लिये भी घातक है।

किसी पदार्थ के सम्बन्ध में **हथलाना** से तात्पर्य ऐसे पदार्थ का निर्माण (बनाना), उपयोग करना, भेजना, एकत्र करना, पैकेज विनाश (नष्ट) विक्रय के लिये प्रस्तुत करना, अन्तरण करना या ऐसा ही अन्य कार्य अभिप्रेत हैं।

परिसंकट मय पदार्थ से तात्पर्य ऐसे पदार्थ से है जो मानव जीवन तथा स्वास्थ्य के साथ–साथ अन्य जीवों को क्षति पहुँचाता हो, जिससे पौधों–वृक्षों इत्यादि को नुकसान पहुँचाना भी शामिल है। अर्थात् ऐसा पदार्थ जिससे पेड़–पौधों मानव तथा अन्य जीवधारियों पर घातक प्रभाव पड़ता है परिसंकट मय पदार्थ कहलाता है।

एम.सी. मेहता बनाम भारत संघ के वाद में यह अभिनिर्धारित किया गया कि चमड़े के कारखानों से निकलने वाला नुकसानदायक पानी इसी श्रेणी में आता है।

अधिष्ठाता से तात्पर्य ऐसे व्यक्ति से है जिसके कब्जे में इस प्रकार का कोई परिसर मकान अथवा उद्योग है अत: कोई व्यक्ति जो किसी पदार्थ पर आधिपत्य रखता है वह उसका अधिभोगी, (अधिष्ठाता) कहलाता है। किरायेदार भी अधिष्ठाता की श्रेणी में आता है।

विहित अभिप्राय इस अधिनिमय के अधीन बनाये गये नियमों के अनुसार विहित।

अन्य अधिनियमों की भाँति पर्यावरण (संरक्षण) अधिनियम, 1986 के अध्याय 2 में भी केन्द्रीय सरकार को पर्यावरण संरक्षण में उचित कदम उठाने हेतु कुछ साधारण शक्तियाँ प्रदत्त की गई हैं। अधिनियम की **धारा 3 से 6** में इन शक्तियों के प्रावधान उल्लेखित है –

धारा 3 केन्द्रीय सरकार की पर्यावरण के संरक्षण और उसमें सुधार के लिए उपाय करने की शक्तियाँ–(1) इस अधिनियम के उपबन्धों के अध्यधीन रहते हुए पर्यावरण की गुणवत्ता में सुधार लाने तथा उसके संरक्षण के लिए और पर्यावरणीय प्रदूषण के निवारण, नियन्त्रण तथा उपशमन के लिए केन्द्रीय सरकार को वे सारे उपाय करने की शक्ति होगी जो वह आवश्यक समझे।

(2) विशिष्टतयाँ और उपधारा (1) के उपबन्धों की व्यापकता पर प्रतिकूल प्रभाव डाले बिना ऐसे उपायों के अन्तर्गत निम्नलिखित सभी या किन्हीं विषयों के सम्बन्ध में उपाय हो सकेंगे अर्थात्–

(i) राज्य सरकारों अधिकारियों और अन्य प्राधिकरणों की–

(क) इस अधिनियम या इसके अधीन बनाए गए नियमों के अधीन या,

(ख) इस अधिनियम के उद्देश्यों से सम्बन्धित तत्समय प्रवृत किसी अन्य विधि के अधीन, कार्यवाहियों का समन्वय,

(ii) पर्यावरण प्रदूषण के निवारण, नियन्त्रण और उपशमन के लिए राष्ट्रव्यापी कार्यक्रम की योजना बनाना और उसको निष्पादित करना,

(iii) पर्यावरण के विभिन्न आयामों के सम्बन्ध में उसकी क्वालिटी के लिए मानक अधिकथित करना,

(iv) विभिन्न स्त्रोतों से पर्यावरण प्रदूषकों के उत्सर्जन या निःस्सरण की क्वालिटी या सम्मिश्रण को ध्यान में रखते हुए भिन्न-भिन्न स्त्रोतों से उत्सर्जन या निःस्सरण के लिए इस खण्ड के अधीन भिन्न मानक अधिकथित किए जा सकेंगे,

(v) उन क्षेत्रों का निर्बन्धन जिनमें कोई उद्योग संक्रियाएँ या प्रसंस्करण या किसी वर्ग के उद्योग संक्रियाएँ नहीं चलाए जायेंगे या कुछ रक्षोपायों के अधीन रहते हुए चलाए जायेंगे,

(vi) ऐसी दुर्घटनाओं के निवारण के लिए प्रक्रिया और रक्षोपाय अधिकथित करना जिनमें पर्यावरण प्रदूषण हो सकता है और ऐसी दुर्घटनाओं के लिए उपचारी उपाय अभिकथित करना,

(vii) परिसंकटमय पदार्थों को हथलाने के लिये प्रक्रिया और रक्षोपाय अधिकथित करना,

(viii) ऐसी विनिर्माण प्रक्रियाओं, सामग्री और पदार्थों की परीक्षा करना जिनसे पर्यावरण प्रदूषण होने की सम्भावना है,

(ix) पर्यावरण प्रदूषण की समस्याओं के सम्बन्ध में अन्वेषण और अनुसन्धान करना और प्रायोजित करना

(x) किसी परिसर संयन्त्र, उपस्कर, मशीनरी, विनिर्माण या अन्य प्रक्रिया सामग्री या पदार्थों का निरीक्षण करना और ऐसे प्राधिकरणों, अधिकारियों या व्यक्तियों को आदेश द्वारा ऐसे निर्देश देना जो वह पर्यावरण प्रदूषण के निवारण, नियन्त्रण और उपशमन के लिए कार्यवाही करने के लिए आवश्यक समझे,

(xi) इस अधिनियम के अधीन न्यस्त किये जाने वाले कृत्यों के पालन के लिए पर्यावरणीय प्रयोगशालाओं तथा संस्थानों की स्थापना करना अथवा मान्यता प्रदान करना,

(xii) पर्यावरणीय प्रदूषण से जुड़े विषयों के सम्बन्ध में सूचनाएँ संग्रहित करना तथा उनका प्रचार-प्रसार करना,

(xiii) पर्यावरणीय प्रदूषण के निवारण, नियन्त्रण तथा उपशमन से सम्बन्धित नियम–पुस्तिकायें, संहितायें अथवा मार्ग दर्शिकायें तैयार करना,

(xiv) इस अधिनियम के उपबन्धों के प्रभावी क्रियान्वयन को सुनिश्चित करने हेतु अन्य वे सारे विषय जिन्हें केन्द्रीय सरकार आवश्यक समझे।

(3) इस अधिनियम के प्रयोजनों के लिए यदि केन्द्रीय सरकार की राय में ऐसा किया जाना आवश्यक है तो वह शासकीय राजपत्र में प्रकाशित आदेश द्वारा केन्द्रीय सरकार की ऐसी शक्तियों के प्रयोग तथा कृत्यों के निर्वहन के प्रयोजन हेतु (धारा 5 के अधीन निर्देश जारी करने की शक्ति सहित) और उपधारा (2) में निर्देशित विषयों के सम्बन्ध में केन्द्रीय सरकार के पर्यवेक्षण तथा नियन्त्रण के अधीन रहते हुए उपाय करने के लिए किसी भी ऐसे नाम से जो आदेश में विनिर्दिष्ट किया जाये, किसी प्राधिकरण अथवा प्राधिकरणों का गठन कर सकेगी और ऐसे प्राधिकरण ऐसी शक्तियों का प्रयोग अथवा कृत्यों का निर्वहन कर सकेंगे मानों ऐसे उपाय करने के लिए तथाकथित शक्तियों के प्रयोग तथा कृत्यों के निर्वहन के लिए वे इस अधिनियम द्वारा सशक्त किये गये हों।

धारा 4 - अधिकारियों की नियुक्ति और उनकी शक्तियाँ तथा कृत्य –(1) धारा 3 और उपधारा (3) के उपबन्धों पर प्रतिकूल प्रभाव डाले बिना केन्द्रीय सरकार इस अधिनियम के प्रयोजनों के लिए ऐसे पदनामों से जैसा वह उचित समझे, अधिकारियों की नियुक्ति कर सकेगी और उन्हें ऐसी शक्तियाँ तथा कृत्य न्यस्त कर सकेगी जैसा वह उचित समझे।

(2) उपधारा (1) के अधीन नियुक्त अधिकारी केन्द्रीय सरकार के साधारण नियन्त्रण तथा निदेशाधीन रहेंगे और यदि सरकार निर्देशित करे तो वे धारा 3 की उपधारा (3) के अधीन गठित प्राधिकरण, प्राधिकारी अथवा अधिकारी के अधीन भी होंगे।

धारा 5 - निर्देश देने की शक्ति– किसी अन्य विधि में किसी बात के होते हुए भी लेकिन इस अधिनियम के उपबन्ध के अध्यधीन रहते हुए इस अधिनियम के अधीन अपनी शक्तियों के प्रयोग तथा कृत्यों के निर्वहन में के केन्द्रीय सरकार किसी भी व्यक्ति, प्राधिकारी अथवा अधिकारी को लिखित में निर्देश जारी कर सकेगी और ऐसे व्यक्ति, अधिकारी या प्राधिकारी ऐसे निर्देशों का पालन करने के लिए आबद्ध होंगे।

स्पष्टीकरण– शंकाओं के निवारण के लिए यह घोषणा की जाती है कि इस धारा के अधीन निर्देश जारी करने की शक्तियों के अन्तर्गत निम्नांकित के बारे में निर्देश जारी करने की शक्ति होगी–

(क) किसी भी उद्योग, संक्रिया या प्रक्रिया को बन्द करने, प्रतिषेध करने अथवा विनियमित करने, तथा

(ख) विद्युत जल अथवा अन्य किसी सेवा के प्रदाय को बन्द करने या विनियमित करने ।

धारा 6 – पर्यावरण प्रदूषण का विनियमन करने के नियम–

(1) इस अधिनियम के उपबन्धों के अधीन रहते हुए केन्द्रीय सरकार राजपत्र में अधिसूचना द्वारा धारा 3 में निर्दिष्ट सभी या किन्हीं विषयों की बाबत नियम बना सकेगी।

(2) विशिष्टतया और पूर्वगामी शक्ति की व्यापकता पर प्रतिकूल प्रभाव डाले बिना ऐसे नियमों में निम्नलिखित सभी या किन्हीं विषयों के लिए उपबन्ध किया जा सकेगा, अर्थात्–

(क) विभिन्न क्षेत्रों के लिए विभिन्न पर्यावरण प्रदूषकों की (ध्वनि सहित) सान्द्रता की अधिकतम अनुज्ञेय सीमा,

(ग) परिसंकटमय पदार्थों के हथलाने के लिए प्रक्रिया और रक्षोपाय,

(घ) भिन्न-भिन्न क्षेत्रों में परिसंकटमय पदार्थों के हथलाने पर प्रतिषेध और निर्बन्धन,

(ङ) विभिन्न क्षेत्रों में उद्योगों की अवस्थिति और प्रक्रिया तथा संक्रिया चलाने की बाबत निषेध और निर्बन्धन,

(च) ऐसी दुर्घटनाओं की जिनमें पर्यावरणीय प्रदूषण कारित होना सम्भाव्य हो, रोकथाम के लिए प्रक्रिया तथा रक्षोपाय और ऐसी दुर्घटनाओं के निवारण के लिए उपाय सुनिश्चित करना।

टिप्पणी

धारा 3 के उपबन्धों के अनुसार केन्द्रीय सरकार पर्यावरण के प्रदूषण को घटाने अथवा कम करने तथा उसे नियन्त्रण करने के लिये, सुधारने के लिए आवश्यक कदम जो उचित प्रतीत हो उठा सकती है। केन्द्रीय सरकार निम्न विषयों के सम्बन्ध में भी ऐसे कदम उठा सकती है, उपाय कर सकती है या कर सकेगी।, जो वह आवश्यक समझें।

(i) केन्द्रीय सरकार इस अधिनियम के नियमों के अनुसार राज्य सरकार से सामन्जस्य स्थापित कर सकती है।

(ii) पर्यावरण प्रदूषण के निवारण नियन्त्रण के लिये राष्ट्रीय स्तर पर योजना बनाकर अभियान चला सकती है।

(iii) पर्यावरण गुणवत्ता के मानक निर्धारित कर सकती है।

(iv) पर्यावरण प्रदूषण के उत्सर्जन निःस्सरण के मानक निर्धारित करना परन्तु उक्त निर्धारण अलग-अलग स्त्रोतों के लिये अलग-अलग हो सकता है।

(v) कतिपय क्षेत्रों में विभिन्न कार्यकलापों, उद्योगों पर तब तक नियन्त्रण लगाना जब तक कि वे सुरक्षा के मानक उपायों को न अपना लें।

(vi) प्रदूषण की दुर्घटना रोकने के लिये उपचार करने, या दुर्घटना होने के बाद उपायों को निर्धारित करना।

(vii) घातक पदार्थों के बारे में निर्धारण करना।

(viii) प्रदूषण फैलाने वाले पदार्थों का निरीक्षण करना

(ix) पर्यावरण प्रदूषण से जुड़ी समस्याओं के बारे में अध्ययन करके हल निकालने के बारे में नियम बनाना।

(x) समय-समय पर व्यावसायिक परिसरों का निरीक्षण करना तथा उन्हें उचित आदेश देना।

(xi) प्रयोगशालाओं को मान्यता देना।

(xii) पर्यावरण प्रदूषण से सम्बन्धित विषयों के बारे में सूचनाएँ एकत्र करना तथा उनका प्रचार करना।

(xiii) इस अधिनियम को प्रभावी ढंग से लागू करने के लिये कोई कार्य जो केन्द्रीय सरकार आवश्यक समझती है।

सुगरकेन बनाम तमिलनाडु के वाद में यह निर्धारित किया गया कि प्रदूषण का मामला सार्वजनिक हित का मामला होता है अत: बोर्ड अपनी स्वेच्छा से कुछ नहीं कर सकता।

बी. एस. ई. एस. लि. बनाम भारत संघ के मामले में महाराष्ट्र में दहानू नामक स्थान पर दहानू तालूका पर्यावरण संरक्षण प्राधिकरण ने धारा 3(3) के अन्तर्गत याची कम्पनी को अपने पावर प्लांट को 6 माह में फ्यूल गैस डिसल्फ्यूराइजेशन में परिवर्तित करने के आदेश दिये। इस आदेश के विरुद्ध कम्पनी ने कहा कि कम्पनी तभी प्लांट बदलेगी जब कि वर्तमान में लगे प्लांट से दहानू क्षेत्र का पर्यावरण दूषित हो रहा है ऐसा सिद्ध हो जाये।

इस मामले में मुम्बई हाईकोर्ट ने कम्पनी की याचिका को खारिज कर दिया और दहानू पर्यावरण संरक्षण अधिनियम के आदेश को सही ठहराया।

एम.सी. मेहता बनाम भारत संघ के वाद में न्यायालय ने दिल्ली राष्ट्रीय राजधानी क्षेत्र में ईंटों के कारखानों से प्रदूषण उत्पन्न होने के कारण उन्हें दूर ले जाने का आदेश दिया। इसी तरह **एम.सी. मेहता बनाम भारत संघ** के मामले में धुएँ व ध्वनि प्रदूषण को दिल्ली में कम करने, रोकने हेतु सीएनजी बसों के उपयोग किये जाने के सम्बन्ध में आदेश दिया।

धारा 4 के उपबन्ध के अनुसार केन्द्रीय सरकार इस अधिनियम के अन्तर्गत रहते हुए इसके उद्देश्यों के लिए अधिकारियों की नियुक्त कर उन्हें शक्तियों से सुसज्जित कर सकती है। परन्तु ऐसे अधिकारी केन्द्रीय सरकार के नियन्त्रण में व निर्देशानुसार कार्य करेंगे।

धारा 5 के उपबन्ध के अनुसार केन्द्रीय सरकार को निर्देश देने की शक्ति है जो किसी उद्योग को बन्द करने, नियन्त्रित करने अथवा उद्योग को पानी, बिजली जैसी अन्य सेवाओं पर रोक लगाने सम्बन्धी हो सकती हैं।

महावीर सोप एण्ड गुदाखु फैक्टरी बनाम भारत संघ व अन्य के वाद में कहा गया कि धारा 5 के प्रावधानों के अनुसार कार्यवाही किये जाने के पूर्व सम्बन्धित पक्षकार को युक्तियुक्त रूप से सुनवाई का अवसर प्रदान किया जाना कोई आवश्यक नहीं होता।

सच्चिदानन्द पाण्डे बनाम पश्चिम बंगाल राज्य के वाद में उच्चतम न्यायालय ने कहा कि न्यायालयों का यह भी कर्त्तव्य है कि जब कोई भी व्यक्ति मूल अधिकारों या राज्य की नीति निदेशक तत्त्वों की प्रयोज्यता के लिये न्याय की गुहार करता है तो उसे नीति निर्देशकों के भरोसे न छोड़े परन्तु सही दिशा-निर्देश जारी करें।

ईश्वर सिंह बनाम हरियाणा स्टेट के वाद में उच्च न्यायालय ने कहा कि निर्देशों के अधीन पर्यावरण प्रदूषण रोकने के लिए पत्थर तोड़ने वाली इकाइयों को आबादी से दूर स्थापित करने के लिये निर्देश दिये जा सकते हैं।

धारा 6 के उपबन्धों के अनुसार पर्यावरण प्रदूषण को कम करने के लिए केन्द्रीय सरकार राजपत्र में प्रकाशित करके निम्न विषयों के सम्बन्ध में नियम बना सकती है।

(i) विभिन्न क्षेत्रों तथा उद्देश्यों के लिये वायु, जल तथा भूमि के मानक की गुणवत्ता।

(ii) विभिन्न क्षेत्रों में अधिकतम प्रदूषण के बारे में मानक (ध्वनि प्रदूषण सहित)

(iii) घातक पदार्थों के रख-रखाव तथा सुरक्षा प्रक्रिया

(iv) उद्योगों के स्थान से सम्बन्धित नियन्त्रण

(v) दुर्घटना के बचाव की प्रक्रिया तथा मानक जिससे दुर्घटना को टाला जा सके।

वी. लक्ष्मी पति बनाम स्टेट ऑफ कर्नाटक के वाद में उच्च न्यायालय ने कहा कि मानव जीवन के लिए स्वच्छ पर्यावरण आवश्यक है तथा यह अनुच्छेद 21 के अन्तर्गत प्राण एवं दैहिक स्वतन्त्रता का मूल अधिकार है सरकार को इस दिशा में सभी आवश्यक उपाय करने चाहिए चाहे इसके लिये आवासीय बस्तियों में स्थित औद्योगिक इकाइयों की प्रक्रियाओं पर रोक लगानी पड़े।

मै. नरुला डांइग बनाम यूनियन ऑफ इण्डिया के वाद में कहा गया कि यदि पर्यावरण प्रदूषण की रोकथाम के लिए उचित कदम नहीं उठाये जाये तो उसकी फैक्ट्री बन्द कर दी जाये।

जेकब बनाम केरल राज्य के वाद में उच्च न्यायालय द्वारा राज्य सरकार को समुद्र तट के नजदीक पारिस्थितिकी को सुधारने के लिये नियम बनाने के बारे में निर्देश दिये गये।

पर्यावरण (संरक्षण) अधिनियम, 1986 को पारित किये जाने का मुख्य उद्देश्य पर्यावरण प्रदूषण का निवारण, नियंत्रण और उसका उपशमन करना है। इस उद्देश्य की प्राप्ति हेतु अधिनियम की **धारा 7 से 17** तक में प्रावधान दिये गये हैं। इन प्रावधानों के अन्तर्गत केन्द्रीय सरकार को पर्यावरण प्रदूषण का निवारण, नियंत्रण और उपशमन करने के लिए कार्य और उपाय करने की शक्तियाँ प्रदान की गई हैं।

धारा 7 - उद्योग, संक्रिया– आदि चलाने वाले व्यक्तियों को मानक से अधिक मात्रा में पर्यावरणीय प्रदूषणकारी के उत्सर्जन अथवा निस्सरण की अनुज्ञा नहीं होगी– कोई भी उद्योग संक्रिया या प्रक्रिया चलाने वाला व्यक्ति ऐसे मानक से अधिक मात्रा में जो विहित किये जाये पर्यावरणीय प्रदूषणकारी का न तो नि:स्सरण कर सकेगा और न ही उत्सर्जन और न उसे ऐसा करने की अनुज्ञा दी जा सकेगी।

धारा 8 - परिसंकटमय पदार्थों से व्यवहार करने वाले व्यक्ति द्वारा प्रक्रियात्मक रक्षोपायों का पालन किया जाना– कोई भी व्यक्ति किसी परिसंकटमय पदार्थ के सम्बन्ध में विहित प्रक्रिया का अनुसरण तथा रक्षोपायों का अनुपालन किये बिना व्यवहार नहीं करेगा।

धारा 9 - कतिपय मामलों में प्राधिकारियों और अभिकरणों को जानकारी का दिया जाना– (1) जहाँ किसी घटना, दुर्घटना अथवा आकस्मिक कृत्य के कारण विहित मानकों से अधिक मात्रा में पर्यावरणीय प्रदूषणकारी का निस्सरण हुआ हो अथवा होने की आशंका हो, वहाँ ऐसे निस्सरण लिए उत्तरदायी व्यक्ति तथा उस स्थान का जहाँ ऐसे निस्सरण हुआ है अथवा होने की आशंका है, प्रभारी व्यक्ति ऐसे निस्सरण से कारित पर्यावरणीय प्रदूषण को रोकने अथवा प्रशमित करने के लिए आबद्ध होगा, तथा इसके साथ ही वह विहित प्राधिकारी अथवा अभिकरण को–

(क) ऐसी घटना की सूचना देगा, तथा

(ख) माँग किये जाने पर उसे सभी प्रकार की सहायता देगा।

(2) उपधारा (1) में निर्दिष्ट प्रकार की घटना की सूचना मिलने पर, चाहे वह किसी भी प्रकार से मिले, वह प्राधिकारी अथवा अभिकरण ऐसे पर्यावरणीय प्रदूषण को रोकने के लिए यावत्साक्ष्य यथाशीघ्र वे सारे उपचार करेगा जो आवश्यक हो।

(3) उपधारा (2) में निर्दिष्ट उपचारात्मक कार्यों में यदि प्राधिकारी अथवा अभिकरण द्वारा कोई व्यय किया जाता है तो ऐसे व्यय की राशि माँग किये जाने की तिथि से संदत्त किये जाने की तिथि तक ऐसी दर से ब्याज सहित जो सरकार द्वारा नियत की जाये सम्बन्धित व्यक्ति से भू राजस्व के बकाया की तरह वसूल की जा सकेगी।

धारा 10 प्रवेश और निरीक्षण की शक्तियाँ– (1) इस धारा के उपबन्धों के अधीन रहते हुए केन्द्रीय सरकार द्वारा इस निमित्त सशक्त किसी व्यक्ति को यह अधिकार होगा कि वह किसी भी समय ऐसी सहायता से, जो वह आवश्यक समझे, किसी स्थान में निम्नलिखित प्रयोजनों के लिए प्रवेश करें–

(क) उसे सौपें गये केन्द्रीय सरकार के कृत्यों में से किसी का पालन करना,

(ख) यह अवधारित करने के प्रयोजन के लिए कि क्या और यदि हाँ तो किसी रीति से ऐसे किन्हीं कृत्यों का पालन किया जाना है या क्या इस अधिनियम या तद्धीन बनाये गये नियमों

के किन्हीं उपबन्धों का या इस अधिनियम के अधीन तामील की गई सूचना के किये गये आदेश, दिये गये निर्देश अथवा अनुदत्त प्राधिकरण का पालन किया जा रहा है या किया गया है,

(ग) किसी संयन्त्र अभिलेख, रजिस्टर, दस्तावेज या किसी अन्य सारवान् पदार्थ की परीक्षा करने के प्रयोजन से अथवा किसी ऐसे स्थान की तलाशी लेने के लिए जिसके सम्बन्ध में उसे यह विश्वास करने का कारण हो कि उसके भीतर इस अधिनियम या तद्धीन बनाये गये नियमों के अधीन कोई अपराध किया गया है या किया जा रहा है या किया जाने वाला है, तथा किसी ऐसे संयन्त्र, अभिलेख, रजिस्टर, दस्तावेज या अन्य सारवान् पदार्थ का उस दशा में अभिग्रहण करने के लिये जब उसे यह विश्वास करने का कारण हो कि उससे इस अधिनियम या बनाये गये नियमों के अधीन दण्डनीय किसी अपराध के करने का साक्ष्य दिया जा सकेगा अथवा ऐसा अभिग्रहण पर्यावरणीय प्रदूषण के निवारण के लिए अथवा दूर करने के लिए आवश्यक है।

(2) किसी भी उद्योग, संक्रिया या प्रक्रिया को चलाने वाले अथवा किसी परिसंकटमय पदार्थ से व्यवहार करने वाले व्यक्ति का यह कर्त्तव्य होगा कि वह उपधारा (1) के अधीन केन्द्रीय सरकार द्वारा सशक्त किये गये व्यक्ति को उक्त उपधारा के अधीन कृत्यों के निर्वहन में सीधे आवश्यक सहायता उपलब्ध कराये और यदि वह ऐसा करने में बिना किसी युक्तियुक्त कारण के असफल रहता है तो वह इस अधिनियम के अधीन अपराध का दोषी होगा।

(3) यदि कोई व्यक्ति उपधारा (1) के अधीन केन्द्रीय सरकार द्वारा सशक्त किसी व्यक्ति को, उसके कृत्यों के निर्वहन में जानबूझकर विलम्ब करेगा या बाधा पहुँचायेगा तो वह इस अधिनियम के अधीन अपराध का दोषी होगा।

(4) दण्ड प्रक्रिया संहिता, 1973 के उपबन्ध या जम्मू कश्मीर राज्य किसी ऐसे क्षेत्र में जिसमें वह संहिता प्रवृत नहीं है उस राज्य क्षेत्र में प्रवृत किसी तत्स्थानीय विधि के उपबन्ध जहाँ तक हो सके, इस धारा के अधीन किसी तलाशी या अभिग्रहण को वैसे ही लागू होंगे जैसे वे यथास्थिति उक्त संहिता की धारा 94 के अधीन या उक्त विधि के तत्स्थानी उपबन्ध के अधीन जारी किए गए वारण्ट के प्राधिकार के अधीन की गई किसी तलाशी या अभिग्रहण को लागू होते हैं।

धारा 11 – नमूना लेने की शक्ति और उसके सम्बन्ध में अनुसरित की जाने वाली प्रक्रिया–(1) केन्द्रीय सरकार या उसके द्वारा इस निमित सशक्त किसी अधिकारी को यह शक्ति होगी कि वह विश्लेषण के प्रयोजन के लिए किसी कारखानें, परिसर अथवा अन्य स्थान से वायु जल–मिट्टी या अन्य पदार्थ का उस रीति में जैसे विहित की जाये नमूना ले।

(2) उपधारा (1) के अधीन लिए गए किसी नमूने के किसी विश्लेषण का परिणाम किसी विधिक कार्यवाही में साक्ष्य में तब तक ग्राह्य नहीं होगा जब तक कि उपधारा (3) और (4) के उपबन्धों का पालन न कर दिया जाये।

(3) उपधारा (4) के उपबन्धों के अधीन रहते हुए उपधारा (1) के अधीन नमूना लेने वाला व्यक्ति–

(क) उस स्थान के अधिष्ठाता व्यक्ति को अथवा ऐसे अधिष्ठाता के किसी अभिकर्त्ता को वही तत्काल उसके विश्लेषण करने के अपने किसी आशय की सूचना की तामिल ऐसे प्रारूप में करेगा जो विहित किया जाये,

(ख) अधिष्ठाता या अधिष्ठाता के अभिकर्त्ता या किसी व्यक्ति की उपस्थिति में विश्लेषण के लिए नमूना संग्रहित करेगा,

(ग) ऐसे नमूने को एक आधान में रखवायेगा जिसे चिन्हित और सील बन्द कर दिया जायेगा और नमूना लेने वाले व्यक्ति और अधिष्ठाता या उसके अभिकर्त्ता अथवा किसी अन्य व्यक्ति और अधिष्ठाता या उसके अभिकर्त्ता अथवा किसी अन्य व्यक्ति दोनों द्वारा हस्ताक्षरित भी किया जायेगा,

(घ) ऐसा आधान या ऐसे आधानों को बिना किसी विलम्ब के धारा 12 के अधीन केन्द्रीय सरकार द्वारा स्थापित अथवा मान्यता प्राप्त प्रयोगशाला को भेजेगा।

(4) जब उपधारा (1) के अधीन विश्लेषण के लिए कोई नमूना लिया जाता है और नमूना लेने वाला व्यक्ति अधिष्ठाता या उसके अभिकर्त्ता या व्यक्ति पर उपधारा (3) के खण्ड (क) के अधीन सूचना की तामील करता है तब–

(क) ऐसे मामले में जहाँ अधिष्ठाता उसका अभिकर्त्ता या व्यक्ति जानबूझकर अनुपस्थित रहता है वहाँ नमूना लेने वाला व्यक्ति विश्लेषण के लिए नमूना आधान या आधानों में रखवाने के लिए लेगा, जिसे चिन्हित और सीलबन्द किया जाएगा और नमूना लेने वाला व्यक्ति भी उस पर हस्ताक्षर करेगा, और

(ख) ऐसे मामले में जहाँ नमूना लिए जाने के समय अधिष्ठाता या उसका अभिकर्त्ता या व्यक्ति उपस्थित रहता है किन्तु उपधारा (3) के खण्ड (ग) के अधीन अपेक्षित रूप से नमूने के चिन्हित और सीलबन्द आधान या आधानों पर हस्ताक्षर करने से इन्कार करता है वहाँ चिन्हित और सीलबन्द आधान या आधानों पर नमूना लेने वाला व्यक्ति आधान और आधानों को धारा 12 के अधीन स्थापित या मान्यता और ऐसा व्यक्ति धारा 13 के अधीन नियुक्त या मान्यता प्राप्त सरकारी विश्लेषक को अधिष्ठाता या उसके अभिकेर्त्ता या व्यक्ति के यथास्थिति जानबूझकर अनुपस्थित रहने वाला आधान या आधानों पर हस्ताक्षर करने से इन्कार करने के बारे में लिखित जानकारी देगा।

धारा 12 – पर्यावरणीय प्रयोगशालायें– (1) केन्द्रीय सरकार राजपत्र में अधिसूचना द्वारा

(क) एक अथवा एक से अधिक पर्यावरणीय प्रयोगशाला स्थापित कर सकेगी,

(ख) इस अधिनियम के अधीन पर्यावरणीय प्रयोगशाला को सौंपे गये कृत्य करने के लिए किसी एक अथवा अधिक प्रयोगशाला या संस्थान को पर्यावरणीय प्रयोगशाला के रूप में मान्यता प्रदान कर सकेगी–

(2) केन्द्रीय सरकार राजपत्र में अधिसूचना द्वारा निम्नलिखित को विनिर्दिष्ट करने के लिए नियम बना सकेगी।

(क) पर्यावरण प्रयोगशाला के कृत्य,

(ख) हवा, जल; मिट्टी अथवा अन्य पदार्थ के नमूने विश्लेषण या परीक्षण के लिए उक्त प्रयोगशाला को भेजने के लिए प्रक्रिया उस पर प्रयोगशाला की रिपोर्ट का प्रारूप और ऐसी रिपोर्ट के लिए संदेय फीस,

(ग) ऐसे अन्य विषय जो उस प्रयोगशाला को अपने कृत्य करने के लिए समर्थ करने की दृष्टि से आवश्यक या समीचीन हो।

धारा 13 – सरकारी विश्लेषक– केन्द्रीय सरकार राजपत्र में अधिसूचना द्वारा ऐसे व्यक्तियों को जिन्हें वह ठीक समझे और जो विहित अर्हतायें रखते हैं, धारा 12 की उपधारा (1) के अधीन स्थापित या मान्यता प्राप्त पर्यावरणीय प्रयोगशाला को विश्लेषण के लिए भेजे गये वायु, जल, मिट्टी या अन्य किसी पदार्थ के नमूनों के विश्लेषण के प्रयोजन के लिए सरकारी विश्लेषक नियुक्त कर सकेगी या मान्यता दे सकेगी।

धारा 14 – सरकारी विश्लेषकों की रिपोर्ट– कोई दस्तावेज जिसका विश्लेषक द्वारा हस्ताक्षरित रिपोर्ट होना तात्पर्यित है इस अधिनियम के अधीन किसी कार्यवाही में उसमें कथित तथ्यों के साक्ष्य के रूप में उपयोग किया जा सकेगा।

धारा 15 – अधिनियम के उपबन्धों, नियमों, आदेशों और निदेशों के उल्लंघन के लिए शास्ति–(1) जो कोई इस अधिनियम के उपबन्धों अथवा उसके अधीन बनाये गये नियमों अथवा जारी किये गये आदेशों या निदेशों का उल्लंघन करेगा अथवा उनका पालन करने में असफल रहेगा, ऐसे प्रत्येक उल्लंघन या असफलता के लिए ऐसी अवधि के कारावास से जो पाँच वर्ष तक की हो सकेगी अथवा ऐसे जुर्माने से जो एक लाख रुपये तक का हो सकेगा अथवा दोनों से दण्डित किया जा सकेगा और यदि ऐसा जुर्माने से जो प्रथम असफलता के दोषसिद्ध किये जाने के पश्चात् ऐसे प्रत्येक दिन के लिये जिसके दौरान ऐसी असफलता जारी रहती है, पाँच हजार रुपये तक के जुर्माने से दण्डनीय होगा।

(2) उपधारा (1) में निर्दिष्ट असफलता अथवा उल्लंघन यदि दोषसिद्धी की तिथि से एक वर्ष के पश्चात् भी जारी रहता है तो अपराधी दोषसिद्धी पर कारावास से जिसकी अवधि सात वर्ष तक की हो सकेगी, दण्डनीय होगा।

धारा 16–कम्पनियों द्वारा अपराध– (1) जहाँ इस अधिनियम के अधीन कोई अपराध किसी कम्पनी द्वारा किया गया है वहाँ प्रत्येक व्यक्ति जो उस अपराध के किए जाने के समय उस कम्पनी के कारोबार के संचालन के लिए उस कम्पनी का सीधे भारसाधक और उसके प्रति उत्तरदायी था और साथ ही वह कम्पनी भी ऐसे अपराध के दोषी समझे जायेंगे और तद्नुसार अपने विरुद्ध कार्यवाही किए जाने और दण्डित किए जाने के भागी होंगे,

परन्तु इस उपधारा की कोई बात किसी ऐसे व्यक्ति को इस अधिनियम के अधीन उपबन्धित दण्ड का भागी नहीं बनाएगी, यदि वह यह साबित कर देता है कि अपराध उसकी जानकारी के बिना किया गया था या उसने ऐसे अपराध किए जाने का निवारण करने के लिए सब सम्यक् तत्परता बरती थी।

(2) उपधारा (1) में किसी बात के होते हुए भी जहाँ इस अधिनियम के अधीन कोई अपराध किसी कम्पनी द्वारा किया गया है और यह साबित हो जाता है कि वह अपराध कम्पनी के किसी निदेशक प्रबन्धक सचिव या अन्य अधिकारी की सहमति या मौनानुकुलता से किया गया है या उस अपराध का किया जाना उसकी किसी उपेक्षा के कारण माना जा सकता है वहाँ ऐसा निदेशक, प्रबन्धक, सचिव या अन्य अधिकारी भी उस अपराध का दोषी समझा जाएगा और तद्नुसार अपने विरुद्ध कार्यवाही किए जाने और दण्डित किए जाने का भागी होगा।

स्पष्टीकरण– इस धारा के प्रयोजन के लिए–

(क) कम्पनी से कोई निगमित निकाय अभिप्रेत है तथा इसके अन्तर्गत फर्म या व्यक्तियों का अन्य संगठन भी है,

(ख) फर्म के सम्बन्ध में निदेशक से उस फर्म का भागीदार अभिप्रेत है।

धारा 17 – सरकारी विभागों द्वारा अपराध–

(1) जहाँ इस अधिनियम के अधीन कोई अपराध किसी सरकारी विभाग द्वारा किया गया है वहाँ विभागाध्यक्ष को अपराध का दोषी समझा जायेगा और तद्नुसार अपने विरुद्ध कार्यवाही किये जाने और दण्डित किये जाने का भागी होगा,

परन्तु इस धारा की कोई बात किसी विभागाध्यक्ष को किसी दण्ड का भागी नहीं बनायेगी यदि वह यह साबित कर दे कि अपराध उसकी जानकारी के बिना किया गया था या उसने ऐसे अपराध के किये जाने का निवारण करने में सब सम्यक् तत्परता बरती थी।

(2) उपधारा (1) में किसी बात के होते हुए भी जहाँ इस अधिनियम के अधीन कोई अपराध किसी विभागाध्यक्ष द्वारा किया गया हो और यह साबित हो कि वह अपराध विभागाध्यक्ष से भिन्न किसी अधिकारी की सहमति या मौनानुकूलता से किया गया है या अपराध का किया जाना उसकी किसी उपेक्षा के कारण हुआ माना जा सकता है वहाँ ऐसा अधिकारी भी उस अपराध का दोषी समझा जायेगा और तद्नुसार अपने विरुद्ध कार्यवाही किये जाने और दण्डित किये जाने का भागी होगा।

टिप्पणी

धारा 7 के उपबन्ध के अनुसार यदि कोई व्यक्ति किसी उद्योग को चलाता है तो इस प्रक्रिया से वह पर्यावरण प्रदूषकों का निस्सरण व उत्सर्जन निधारिक मानक से अधिक करने का अधिकारी नहीं होगा अर्थात् वह मानक के मानदण्डों के अनुसार ही प्रदूषकों को उत्सर्जित व निःसृत कर सकेगा

एम. सी. मेहता बनाम भारत संघ के वाद में उच्चतम न्यायालय ने कहा कि केन्द्रीय सरकार या राज्य सरकार किसी विशिष्ट उद्योग, संयन्त्र तथा प्रक्रिया के सम्बन्ध में अधिक कठोर नियमों का प्रतिपादन कर सकती है। इसी प्रकार का निर्णय मुम्बई उच्च न्यायालय की खण्डपीठ ने **गोवा फाउन्डेशन व अन्य बनाम गोवा राज्य** में दिया गया। मामले में पेड़ों की कटाई को तुरन्त प्रभाव से रोकने के आदेश जारी किये गये क्योंकि इससे पर्यावरणीय परत को नुकसान पहुँच रहा था।

धारा 8 के उपबन्ध के अनुसार यदि कोई उद्योग घातक पदार्थ रखता है तो वह अधिनियम के अनुसार उनके रखरखाव के बारे में प्रक्रिया अपनायेगा।

एम.सी. मेहता बनाम भारत संघ के वाद में उच्चतम न्यायालय ने कहा कि पर्यावरणीय प्रदूषण को रोकना प्रत्येक व्यक्ति का कर्त्तव्य है तथा उसके लिये उसे हर सम्भव प्रयास करना चाहिए।

छत्तीसगढ़ हाईड्रेड लाइम इण्डस्ट्रीज बिसलपुर बनाम स्पेशल एरिया डवलपमेण्ट अथोरिटी बिसलपुर के मामले में मध्य प्रदेश उच्च न्यायालय ने कहा कि धारा 7 में व्यवहार एवं प्रज्ञा का नियम प्रतिपादित किया गया है अधिकारिता का नहीं।

रूरल लिटिगेशन एण्ड एनटाइटलमेण्ट केन्द्र बनाम स्टेट ऑफ उत्तरप्रदेश वाद में यह कहा गया कि वन एवं पर्यावरण प्रदूषण को रोकने का प्रयास करना सरकार का प्रथम कर्त्तव्य है पर्यावरणीय संरक्षण के लिए सरकार को सभी समुचित प्रयास करने चाहिए।

धारा 8 के प्रावधान आज्ञात्मक हैं तथा इसके उल्लंघन पर धारा 15 के अन्तर्गत दण्ड दिया जा सकता है।

धारा 9 के उपबन्धों के अनुसार उद्योग के संचालक या इस निमित्त बनाये गये अधिकारी का यह दायित्व है कि वह किसी भी प्रकार की दुर्घटना अथवा आकस्मिक कार्य जिससे मानक से अधिक प्रदूषक प्रर्यावरण में फैले या सम्भावना हो या इस प्रकार की घटना कि सम्भावना हो या घटना होने पर उसके कारण इत्यादि की सूचना विहित प्राधिकारी या अभिकरण को देवें, तथा प्राधिकारी द्वारा माँगी जाने वाली सूचना तथा सहायता उपलब्ध करावें। इसके पश्चात् ऐसे प्राधिकारी का कर्त्तव्य है कि वह इस प्रकार की घटना, दुर्घटना या आकस्मिक कृत्य की सूचना मिलने पर उससे निपटने के हर सम्भव प्रयास करें।

उक्त प्रकार के प्रयास में लगे खर्च को उद्योग के संचालन से वसूल किया जा सकेगा जिसमें ब्याज भी वसूल किया जा सकेगा।

एस. सी. मेहता बनाम भारत संघ के मामले में उच्चतम न्यायालय ने निर्णय दिया कि परिसंकटमय प्रभाव वाले उद्योग दिल्ली में नहीं लगाने चाहिए और उन्हें दिल्ली से अन्यन्त्र कहीं ले जाना चाहिए क्योंकि दिल्ली घनी आबादी वाला शहर है इससे वहाँ रहने वाले व्यक्तियों पर प्रदूषित पर्यावरण का बुरा प्रभाव पड़ता है।

धारा 10 के अनुसार केन्द्रीय सरकार किसी व्यक्ति को अथवा प्राधिकरण को प्रवेश और निरीक्षण की शक्तियाँ दे सकेगी। जिसके अनुसार जब वह आवश्यक समझे, युक्तियुक्त समय के भीतर किसी उद्योग तथा जहाँ संयन्त्र संचालित किया जाता है, में प्रवेश कर निरीक्षण कर सकता है। वह अधिकारी जिसे केन्द्रीय सरकार ने उक्त कार्य सौपा है, निरीक्षण के लिये अथवा किसी उपकरण, परीक्षण, मशीनरी, प्रलेख, रजिस्टर विलेख आदि के निरीक्षण के लिये उस स्थान में प्रवेश कर सकता है जहाँ पर उक्त सामान पड़ा है।

यदि उक्त प्रकार के निरीक्षण से कोई परिसंकटमय पदार्थ उचित रखरखाव के बिना रखा गया है तो इस प्रकार का व्यक्ति जो उसके लिये जिम्मेदार है दण्ड का भागी होगा। इसी प्रकार यदि कोई व्यक्ति किसी अधिकारी के कार्य में जानबूझकर विलम्ब या बाधा पहुँचायेगा तो वह भी दण्ड का भागी होगा।

इस संदर्भ में दण्ड प्रक्रिया संहिता, 1973 के वही नियम लागू होंगे जो जब्ती और तलाशी के सम्बन्ध में लागू होते हैं अथवा वे नियम लागू होंगे जो सम्बन्धित स्थान पर प्रभावी हैं। यह प्रावधान जम्मू कश्मीर राज्य को भी प्रभावित करते हैं तथा दण्ड प्रक्रिया संहिता, 1973 की धारा 94 के अन्तर्गत जब्ती या तलाशी के लिए जारी वारंण्ट के तहत् कार्यवाही की जायेगी।

धारा 11 के उपबन्ध में केन्द्रीय सरकार द्वारा नियुक्त अधिकारी द्वारा नमूना लेने की शक्ति तथा प्रक्रिया का प्रावधान बताया गया है। जिसके अनुसार केन्द्रीय सरकार द्वारा अधिकृत प्राधिकारी द्वारा किसी उद्योग के अधिभोगी अथवा उसके अभिकर्त्ता को पूर्व सूचना देने के बाद (जो कि विहित प्रारूप में दी जायेगी) अधिभोगी या उसके एजेण्ट की उपस्थिति में अधिकारी द्वारा नमूना लिया जायेगा तथा इस प्रकार लिये गये नमूने को एक आधान (बर्तन या डिब्बे) में रखवायेगा। उस पात्र को बन्द करके सील लगाकर नमूना लेने वाले अधिकारी तथा अधिभोगी या उसके एजेण्ट द्वारा हस्ताक्षरित किया जायेगा, तथा उसके बाद उसे केन्द्रीय सरकार की प्रयोगशाला में भेज दिया जायेगा।

यदि किसी अधिभोगी या उसके अभिकर्त्ता को सूचना देने के बाद भी जानबूझकर अनुपस्थित रहता है, या उपस्थित रहता है परन्तु हस्ताक्षर करने से मना कर देता है तो उक्त दोनों स्थितियों में नमूना अधिकारी नमूने को सीलबन्द कर मोहर लगाकर स्वयं अपने हस्ताक्षर करके प्रयोगशाला को भेज देगा तथा अधिभोगी व उसके एजेण्ट की जानबूझकर अनुपस्थित रहने या हस्ताक्षर करने से मना कर देने के बारे में लिखित में जानकारी देगा। केन्द्रीय सरकार को अधिभोगी या उसके एजेण्ट के इरादों के बारे में लिखित में सूचना द्वारा अवगत करायेगा।

धारा 12 के उपबन्धों के अनुसार केन्द्रीय सरकार इस अधिनियम के तहत् लिये गये नमूनों के परीक्षण के लिये एक या अधिक प्रयोगशाला स्थापित कर सकती है अथवा किसी पूर्व स्थापित प्रयोगशाला को मान्यता प्रदान कर सकती है। ऐसी स्थापित या मान्यता प्राप्त प्रयोगशालाओं का मुख्य कार्य हवा, मिट्टी, जल अथवा अन्य पदार्थों के नमूनों का परीक्षण, विश्लेषण इत्यादि करके अपनी रिपोर्ट तैयार करना, तथा अधिकारी को प्रेषित करना है। प्रयोगशाला ऐसे कार्य के लिये निर्धारित फीस लेती है ऐसी फीस केन्द्रीय सरकार द्वारा विहित की गई होती है।

धारा 13 के अनुसार केन्द्रीय सरकार **धारा 12** में स्थापित प्रयोगशालाओं के लिये एक विश्लेषक की नियुक्ति कर सकती है वह जलवायु तथा भूमि के नमूनों का विश्लेषण कर सके तथा उसके पास वांछित योग्यता हो जैसे– (i) वह मान्यताप्राप्त विश्वविद्यालय से स्नातक होना चाहिए। तथा उसे पर्यावरणीय जाँच परीक्षण तथा विश्लेषण में लगी प्रयोगशाला में कार्य करने का पाँच वर्ष का अनुभव होना चाहिए।

(ii) वह विज्ञान अभियांत्रिकी, चिकित्सा के समतुल्य किसी विषय का स्नात्तकोत्तर उपाधिधारक होने के साथ-साथ पर्यावरण के अनुसन्धान, परीक्षण या विश्लेषण में लगी किसी प्रयोगशाला में कार्य करने का दो वर्ष का अनुभव रखता हो।

(iii) वह मान्यता प्राप्त विश्वविद्यालय का अधिस्नातक हो इसके साथ-साथ पर्यावरण अनुसंधान परीक्षण तथा विश्लेषण में लगी प्रयोगशाला में कार्य करने का दो वर्ष का अनुभव रखता हो।

उक्त योग्यता इस अधिनियम के नियम 10 में दर्शायी गई हैं।

धारा 14 के अनुसार धारा 12 व 13 के दौरान बनाई गई विश्लेषक की रिपोर्ट इस अधिनियम के तहत् किसी भी तरह से साक्ष्य में ग्रहण की जाती है।

धारा 15 के उपबन्धों के अनुसार जो कोई इस अधिनियम के तहत् बनाये गये उपबन्धों, नियमों, आदेशों, और निर्देशों का उल्लंघन करेगा तो वह पाँच वर्ष के कारावास अथवा एक लाख रुपये तक के जुर्माने अथवा दोनों का पात्र होगा। इस प्रकार प्रथम दण्ड के बाद भी अपराध जारी रहता है, तो वह प्रतिदिन के पाँच हजार रुपये का अतिरिक्त आर्थिक दण्ड का पात्र होगा तथा इस प्रकार असफलता यदि एक वर्ष तक लगातार जारी रहती है तो वह 7 वर्ष तक की अवधि के लिये कारावास के दण्ड का भागी होगा।

साथ ही इस धारा के अन्तर्गत अपराध के लिए दण्ड अधिरोपित करने के पहले अपराधी की स्थिति, आयु तथा उसके द्वारा अपराध की स्वीकारोक्ति और दुराशय आदि बातों पर ध्यान दिया जाना चाहिए।

ए.एस. सुलोचना बनाम सी. धर्मालिंगम के वाद में उच्चतम न्यायालय ने कहा कि यह धारा एक दाण्डिक प्रावधान है। अत: निर्वचन के नियमों के अनुसार इनका कठोरता से पालन किया जाना चाहिए इसका उद्देश्य दोषी को दण्डित करना है निर्दोष को नहीं।

धारा 16 कम्पनियों के द्वारा किये गये अपराध के बारे में उपबन्ध करती हुई कहती है कि कम्पनी के द्वारा किये गये अपराध के समय कम्पनी के संचालन के भारसाधक को इस प्रकार के अपराध के लिये दोषी समझा जायेगा, जब तक कि वह यह साबित न कर दें कि उक्त अपराध उस की जानकारी में नहीं था या उसने इस प्रकार के अपराध के निवारण के लिये सम्यक् प्रयास किये थे। यदि इस प्रकार के अपराध पर भारसाधक की मौनानुकूलता साबित हो जाती है या किसी प्रकार की उपेक्षा साबित होती है तो भारसाधक दण्ड का पात्र होगा।

धारा 19 अपराधों के संज्ञान के बारे में कहती है कि केन्द्रीय सरकार अथवा केन्द्रीय सरकार द्वारा प्राधिकृत कोई व्यक्ति जिसने 60 दिन की पूर्व सूचना दे दी है, विहित रीति से आवेदन करता है, तो उसकी आपत्ति पर ही न्यायालय इस अधिनियम की इस धारा के अन्तर्गत अपराध का संज्ञान लेगा। उक्त धारा में 60 दिन की पूर्व सूचना का उपबन्ध सरकार तथा उसके द्वारा प्राधिकृत व्यक्ति पर लागू न होकर अन्य व्यक्ति पर लागू होगा।

धारा 20 के उपबन्ध के अनुसार केन्द्रीय सरकार समय-समय पर अथवा जब वह चाहे किसी व्यक्ति, अधिकारी, राज्य सरकार अथवा अन्य प्राधिकारी से सांख्यिकी, रिपोर्ट, लेखा-जोखा तथा अन्य सूचनाएँ माँग सकेगी। अन्य व्यक्ति तथा राज्य सरकार इस प्रकार की सूचनाएँ देने के लिए बाध्य हैं।

धारा 21 के अनुसार पर्यावरण नियन्त्रण अधिनियम के अन्तर्गत आने वाले सभी अधिकारी और कर्मचारी भारतीय दण्ड संहिता 1860 की धारा 21 के अनुसार 'लोक सेवक' समझे जायेंगे।

धारा 22 के अनुसार इस अधिनियम के संदर्भ में केन्द्रीय सरकार द्वारा दिये गये आदेशों या निर्देशों में अथवा कोई कार्यवाही में किसी सिविल न्यायालय को इस प्रकार के मामले में हस्तक्षेप करने का अधिकार न होगा।

धारा 23 के अनुसार केन्द्रीय सरकार अपनी शक्तियों को आवश्यकतानुसार किसी अधिकारी, राज्य सरकार या प्राधिकरण को प्रत्यायोजित कर सकती है। परन्तु इस अधिनियम की धारा 3 की उपधारा (3) के अन्तर्गत प्राधिकारण के गठन तथा प्राधिकरण को अपने कार्यों को प्रदत्त करने के अन्तर्गत प्राप्त शक्तियों को प्रत्यायोजित नहीं किया जा सकता।

रामसेवक सिंह बनाम स्टेट ऑफ बिहार के मामले में उच्च न्यायालय ने कहा कि ऐसे प्रत्यायोजन से प्रत्यायोजित अधिकारी अपनी शक्तियों से पूर्णतया निराकृत नहीं हो जाता है।

धारा 24 के उपबन्धों के अनुसार यदि किसी अन्य अधिनियम का कोई नियम अथवा आदेश इस अधिनियम के विपरीत है तो यह अधिनियम प्रभावी होगा अर्थात् यह अधिनिमय अन्य अधिनियमों पर अपना प्रभाव रखता है। यदि इस अधिनियम में किसी बात के बारे में कोई उपबन्ध नहीं है तथा ऐसा उपबन्ध किसी अन्य विधि में से है तो ऐसी अन्य विधि लागू होगी।

धारा 25 केन्द्रीय सरकार को निम्न उपबन्धों को लागू करने के लिये नियम बनाने की शक्ति प्रदान करती है।

(i) प्रदूषक उत्सर्जन या नि:स्सरण का मानक निर्धारण,

(ii) घातक पदार्थों के रख-रखाव के बारे में मापदण्ड,

(iii) पर्यावरणीय प्रदूषण के नि:स्सरण या उत्सर्जन से सम्बन्धित घटना की सूचना तथा प्राधिकारी के बारे में तथा प्रक्रिया के बारे में,

धारा 17 सरकार, विभागों द्वारा किये गये अपराध के बारे में सरकारी विभाग के विभागाध्यक्ष को दण्ड का पात्र ठहरा सकती है, यदि उक्त प्रकार का अपराध उसकी उपेक्षा या मौनानुकूलता के कारण हुआ हो। यदि विभागाध्यक्ष यह साबित कर देता है कि उक्त प्रकार का अपराध घटित होने के समय उसकी जानकारी में नहीं था तो वह दण्ड का भागी नहीं होगा।

यदि उक्त प्रकार के अपराध किसी अन्य अधिकारी (विभागाध्यक्ष के अतिरिक्त) की सहमति से या मौनानुकूलता से हुआ है तो वहाँ पर ऐसा अधिकारी उक्त अपराध के लिये दण्ड का भागी होगा।

इस अधिनियम में सामान्य नागरिकों को भी लोकहित में मुकदमा दायर करने का अधिकार प्राप्त है।

पर्यावरण (संरक्षण) अधिनियम, 1986 के अध्याय 4 में **धारा 18 से 26** में विभिन्न बातों के बारे में उपबन्ध किये गये हैं।

धारा 18 - सद्भावपूर्वक की गई कार्यवाही के लिए संरक्षण– कोई भी वाद या अन्य विधिक कार्यवाही किसी भी ऐसी बात के बारे में जो इस अधिनियम या तद्धीन बनाये गये नियमों के अनुसरण में सद्भावपूर्वक की गई हो या की जाने के लिए आशायित हो, सरकार या सरकार के किसी अधिकारी या कर्मचारी अथवा अधिनियम के अधीन गठित प्राधिकरण या उसके किसी सदस्य, अधिकारी या कर्मचारी के विरुद्ध न होगी।

धारा 19 - अपराधों का संज्ञान– कोई भी न्यायालय इस अधिनियम के अधीन किसी अपराध का संज्ञान ऐसे परिवाद पर करने के सिवाय नहीं करेगा–

(क) केन्द्रीय सरकार अथवा सरकार द्वारा इस निमित्त प्राधिकृत किसी प्राधिकारी अथवा अधिकारी द्वारा किया जाये, अथवा

(ख) किसी ऐसे व्यक्ति द्वारा केन्द्रीय सरकार अथवा उसके अधिकृत किसी प्राधिकारी या अधिकारी को विहित रीति से ऐसे अपराध की उसके लिए परिवाद प्रस्तुत करने के आशय की लिखित सूचना जो साठ दिन से कम की नहीं होगी, देकर किया जाये।

धारा 20 - सूचनायें, रिपोर्ट और विवरणियाँ– केन्द्रीय सरकार इस अधिनियम के अधीन कृत्यों के सम्बन्ध में, समय-समय पर किसी भी व्यक्ति, अधिकारी, राज्य सरकार या अन्य प्राधिकारी अथवा किसी भी विहित प्राधिकारी अथवा अधिकारी से रिपोर्ट, विवरणियाँ, सांख्यकीय, लेखायें और अन्य सूचनाएँ देने की अपेक्षा कर सकेगी और ऐसा व्यक्ति, अधिकारी, राज्य सरकार अथवा अन्य प्राधिकारी ऐसा करने के लिए आबद्ध होगा।

धारा 21 - धारा 3 के अधीन गठित प्राधिकरण के सदस्यों, अधिकारियों एवं कर्मचारियों का लोक सेवक होना–धारा 3 के अधीन गठित (यदि गठित किया गया हो) प्राधिकरण के सभी सदस्य तथा उसके सभी अधिकारी और कर्मचारी जब वे इस अधिनियम और तद्धीन बनाये गये नियमों के किसी उपबन्ध के अनुसरण में कार्य कर रहे हों या जब उनका ऐसे

कार्य करना तात्पर्यित हो, भारतीय दण्ड संहिता, 1860 की धारा 21 के अर्थ में लोक सेवक समझे जायेंगे।

धारा 22 अधिकारिता का वर्जन– किसी सिविल न्यायालय को किसी ऐसे मामले की बाबत् कोई वाद या कार्यवाही ग्रहण करने की अधिकारिता नहीं होगी जो इस अधिनियम के अधीन कृत्यों के सम्बन्ध में प्रदत्त शक्तियों के अनुसरण में अथवा केन्द्रीय सरकार द्वारा दिये गये आदेशों या जारी किये गये निदेशों के अनुसरण में की गई बात अथवा कार्यवाही से सम्बन्धित हो।

धारा 23 – प्रत्यायोजन करने की शक्ति– धारा 3 की उपधारा (3) के उपबन्धों पर प्रतिकूल प्रभाव डाले बिना केन्द्रीय सरकार राजपत्र में अधिसूचना द्वारा ऐसी शर्तों और निर्बन्धनों के अधीन रहते हुए जो अधिसूचना में विनिर्दिष्ट किए जाएँ इस अधिनियम के अधीन अपनी ऐसी शक्तियों और कृत्यों को (उस शक्ति को छोड़कर जो धारा 3 की उपधारा (3) के अधीन किसी प्राधिकरण का गठन करने और धारा 25 के अधीन नियम बनाने के लिए है) जो वह आवश्यक समझे, किसी अधिकारी, राज्य सरकार या प्राधिकरण को प्रत्यायोजित कर सकेगी।

धारा 24 – अन्य विधियों का प्रभाव– (1) उपधारा (2) के उपबन्धों के अध्यधीन रहते हुए इस अधिनियम के उपबन्ध और इनके अन्तर्गत बनाये गये नियम तथा आदेश इस अधिनियम से भिन्न किसी अधिनियम में उन में असंगत किसी बात के होते हुए भी प्रभावी होंगे।

(2) जहाँ किसी कार्य अथवा लोप इस अधिनियम अथवा अन्य किसी विधि के अधीन भी किसी अपराध का गठन करता है तब ऐसे अपराध का दोषसिद्ध व्यक्ति अन्य विधि के अधीन दण्डित किए जाने का भागी न होगा न कि इस अधिनियम के अधीन।

धारा 25 – नियम बनाने की शक्तियाँ– (1) केन्द्रीय सरकार राजपत्र में अधिसूचना द्वारा इस अधिनियम के उपबन्धों को क्रियान्वित करने के लिए नियम बना सकेगी।

(2) विशिष्टतया और पूर्वगामी शक्ति की व्यापकता पर प्रतिकूल प्रभाव डाले बिना, ऐसे नियम निम्नलिखित सभी या उनमें से किसी विषय के सम्बन्ध में उपबन्ध कर सकेंगे–

(क) धारा 7 के अधीन वह मानक जिससे अधिक पर्यावरणीय प्रदूषणकारी का निःस्सरण अथवा उत्सर्जन नहीं किया जा सकेगा,

(ख) धारा 8 के अधीन परिसंकटमय पदार्थों से व्यवहार किये जाने की बाबत अनुसरण की जाने वाली प्रक्रिया तथा पालन किये जाने वाले रक्षोपाय,

(ग) वे प्राधिकरण या अभिकरण जिनको विहित मानकों से अधिक पर्यावरण प्रदूषकों के निःस्सरण होने की या उसके होने की आशंका के तथ्य की सूचना दी जाएगी और जिनको धारा 9 की उपधारा (1) के अधीन सभी सहायता दिया जाना आबद्धकर होगा,

(घ) वह रीति जिससे विश्लेषण के प्रयोजनों के लिए वायु, जल, मृदा या अन्य पदार्थों के नमूने धारा 11 की उपधारा (1) के अधीन लिए जायेंगे,

(ङ) वह प्रारूप जिससे विश्लेषण के प्रयोजन के लिए वायु, जल, मृदा या अन्य पदार्थों के नमूने धारा 11 की उपधारा (1) के अधीन लिए जायेंगे।

(च) पर्यावरण प्रयोगशालाओं के कृत्य, विश्लेषण या परीक्षण के लिए वायु, जल, मृदा और अन्य पदार्थों के नमूने ऐसी प्रयोगशालाओं को भेजने के लिए प्रक्रिया प्रयोगशाला रिपोर्ट का प्रारूप ऐसी रिपोर्ट के लिए संदेय फीस और धारा 12 की उपधारा (2) के अधीन अपने कृत्य करने के लिए प्रयोगशाला को समर्थ बनाने के लिये अन्य विषय,

(छ) धारा 13 के अधीन वायु, जल, मृदा या अन्य पदार्थों के नमूनों के विश्लेषण के प्रयोजन के लिए नियुक्त या मान्यता प्राप्त सरकारी विश्लेषकों की अर्हताएँ,

(ज) वह रीति जिससे अपराध को और केन्द्रीय सरकार को परिवाद करने के आशय की सूचना धारा 19 के खण्ड ख के अधीन दी जाएगी,

(झ) वह प्राधिकरण या अधिकारी जिसको रिपोर्ट, विवरणियाँ, आकड़ें, लेखे और अन्य जानकारी धारा 20 के अधीन दी जाएगी,

(ञ) कोई अन्य विषय जो विहित किया जाना अपेक्षित है या किया जाए।

धारा 26 – इस अधिनियम के अधीन बनाये गये नियम का संसद के समक्ष रखा जाना– इस अधिनियम के अधीन केन्द्रीय सरकार द्वारा बनाया गया प्रत्येक नियम बनाये जाने के पश्चात् यथाशीघ्र संसद के प्रत्येक सदन के समक्ष जब वह सत्र में हो, तीस दिन की अवधि के लिए रखा जायेगा। एक सत्र में अथवा दो या अधिक आनुक्रमिक सत्रों के ठीक बाद के सत्र के अवसान के पूर्व दोनों सदन उस नियम में कोई परिवर्तन करने के लिए सहमत हो जायें, तो तत्पश्चात् वह ऐसे परिवर्तित रूप में ही प्रभावी होगा। यदि उक्त अवसान के पूर्व दोनों सदन सहमत हो जायें कि वह नियम नहीं बनाया जाना चाहिए, तो तत्पश्चात् वह निष्प्रभावी हो जायेगा। किन्तु नियम के ऐसे परिवर्तित या निष्प्रभावी होने से उसके अधीन पहले की गई किसी बात की विधिमान्यता पर प्रतिकूल प्रभाव नहीं पड़ेगा।

टिप्पणी

धारा 18 के अनुसार कोई कार्यवाही जो कि सरकार के द्वारा अधिकृत व्यक्ति या अधिकारी, कर्मचारी द्वारा इस अधिनियम के प्रयोजनों के अनुसरण में सद्भावपूर्वक की गई हो, तो उसके विरुद्ध कोई विधिक कार्यवाही या वाद नहीं चलाया जा सकता।

सद्भाव प्रत्येक मामले की परिस्थितियों तथा तथ्यों पर निर्भर करता है। यह एक विस्तृत शब्दावली है जो अपने साथ उपर्युक्त सावधानी तथा ईमानदारी अनिवार्य रूप से शामिल करती है।

(iv) नमूना लेने की सम्पूर्ण प्रक्रिया के बारे में जिसमें सूचना से लेकर विश्लेषण के लिये भेजने तक की प्रक्रिया शामिल है के बारे में,

(v) प्रयोगशालाओं की प्रक्रिया रिपोर्ट तथा फीस के बारे में प्रयोगशाला से सम्बन्धित अन्य विषय,

(vi) सरकारी विश्लेषकों की योग्यता से सम्बन्धित विषय,

(vii) अपराध की सूचना की व्यवस्था के बारे में, प्रक्रिया के बारे में,

(viii) उन प्राधिकारियों या अधिकारियों के बारे में तथा उनके द्वारा दी गई रिपोर्ट, विवरणी सांख्यिकी, लेखों तथा अन्य सूचनाओं के बारे में,

(ix) अन्य कोई विषय जो इस अधिनियम के उद्देश्यों के लिये विहित किए जायें।

करोम थारटी ची. इस्टेट लि. बनाम केरल राज्य के वाद में उच्चतम न्यायालय ने कहा कि इस धारा के अन्तर्गत प्रदत्त शक्तियों के अधीन केन्द्रीय सरकर द्वारा निर्मित नियमों का वही प्रभाव होता है जैसे कि ये नियम इस अधिनिमय में उपबन्धित होने के कारण अधिनिमय के प्रावधान हों।

सल्वा एण्ड ऐसोसियेट्स बनाम देहली राष्ट्रीय राजधानी क्षेत्र के मामले में न्यायालय ने वाहनों की मरम्मत, डेटिंग, पेटिंग से उठने वाले शोर को घ्वनि प्रदूषण माना और इसके निवारण हेतु आदेश जारी किये।

धारा 26 के अनुसार इस अधिनियम के अन्तर्गत बनाया गया नियम यथाशीघ्र संसद के दोनों सदनों में जब सदन सत्र में हो तीस दिन की अवधि के लिये रखा जायेगा। यदि संसद उसमें परिवर्तन करती है तो परिवर्तन सहित अथवा ऐसे ही लागू किया जायेगा। यदि संसद के दोनों सदन असहमत हों तो उक्त नियम निष्प्रभावी होगा तथा पहले के नियम यथावत् लागू होंगे।

3 दिसम्बर, 1984 की अर्द्धरात्रि के बाद एक ऐतिहासिक औद्योगिक दुर्घटना

तथ्य– भोपाल स्थित यूनियन कार्बाइड इण्डिया लिमिटेड, न्यूयॉर्क (अमेरिका) स्थित एक बहुराष्ट्रीय निगम की एक सहायक अथवा गौण कम्पनी है। इसमें 3 दिसम्बर, 1984 को जहरीली गैस [M.I.C.] मिथाइल आइसोसाइनाइड के रिसाव से 3,000 से अधिक व्यक्तियों की मृत्यु हो गई तथा 20,000 व्यक्ति घायल और प्रभावित हुए।

यूनियन कार्बाइड इण्डिया लिमिटेड से प्रतिकर प्राप्त करने के लिये तथा उसका दायित्व निर्धारित करने के लिए भोपाल में 3,500 दीवानी तथा फौजदारी वाद दायर किये गये। इन दावों को समेकित करने तथा दावे की शीघ्रता, प्रभावशाली तथा साम्यापूर्ण रूप से दावेदारों के अधिक लाभ के लिये केन्द्रीय सरकार को वाद चलाने के लिये शक्ति प्रदान करने के लिये भारतीय संसद ने भोपाल गैस रिसाव विनाश अधिनियम, 1985 पारित किया जिसके द्वारा केन्द्रीय सरकार को एकमात्र अधिकार प्रदान किया गया कि वह भोपाल गैस रिसाव से सम्बन्धित दावे कर सके।

भारत संघ ने न्यूयॉर्क के दक्षिणी जिले में अमेरिकन न्यायालय में न्यायमूर्ति जान.एफ. कीन के सम्मुख 8 अप्रैल, 1985 को वाद दायर किया। भारतीय संघ की ओर से कहा गया कि भोपाल गैस रिसाव घटना का मुख्य कारण यह था कि भारत में स्थित सहायक कम्पनी सुरक्षा के उन मापदण्डों का पालन करने में असफल रही जो मूलतः कम्पनी अपने देश में करती हैं। इसके अलावा बहुराष्ट्रीय निगम के प्राथमिक पूर्ण तथा गैर-प्रत्यायोजित कर्त्तव्य तथा दायित्व हैं। अपने परिसंकटमय या घातक कृत्य उस देश तथा वहाँ के व्यक्तियों के लिये होते हैं जहाँ वह कार्य करती है। प्रतिवादी ने अपने उक्त कर्त्तव्य का उल्लंघन किया तथा जोखिम वाली व खतरनाक गैस रिसाव द्वारा भोपाल शहर के निवासियों को क्षति पहुँचाई। प्रतिवादी के आचरण से हजारों व्यक्तियों की मृत्यु हुई। लाखों व्यक्ति घायल हुए तथा भोपाल शहर तथा आसपास के गाँवों का पर्यावरण दूषित हो गया जिसके दूरगामी कुप्रभाव हुए। घायल व्यक्तियों को अकथनीय यातना तथा कष्ट सहना पड़ा जो व्यक्ति उस समय पैदा भी नहीं हुए थे वह भी उस गैस रिसने से बुरी तरह प्रभावित हुए। अतः न्यायालय से प्रार्थना की गई की वह भारत के नागरिकों की सुरक्षा की जानबूझकर और विद्वेषपूर्ण तथा घोर अवहेलना के लिए दण्डात्मक नुकसानी भी प्रदान करें।

यूनियन कार्बाइड कम्पनी के तर्क– भारतीय संघ के वाद के उत्तर में यूनियन कार्बाइड कम्पनी ने तर्क दिया कि वाद भारत में ही दायर किया जाना चाहिए था। इस सम्बन्ध में कम्पनी के फोरम नान कनविनियन्स के सिद्धान्त का हवाला दिया। इस सिद्धान्त के अनुसार वाद उसी स्थान पर दायर किया जाना चाहिए। जहाँ उसका चालाया जाना सुविधाजनक हो। कम्पनी की ओर से यह तर्क दिया गया कि वाद चलाने के लिए भारत अधिक सुविधाजनक स्थान होगा, अतः अमेरिकी न्यायालय को इस आधार पर वाद खारिज कर देना चाहिए।

भारत संघ के तर्क– उपयुक्त तर्कों के जवाब में भारतीय संघ ने तर्क दिया कि वाद के लिए अमेरिका ही सुविधाजनक स्थान है तथा न्याय की दृष्टि से भी उचित होगा। भारतीय न्यायालयों में प्रक्रिया सम्बन्धी तथा व्यावहारिक क्षमता की कमी है। अमेरिकी न्यायालय इस प्रकार के वादों के लिए अधिक उपयुक्त है।

प्रतिवादी समर्थन में प्रसिद्ध विधिशास्त्री तथा अधिवक्ता एन. ए. पालखीवाला ने 18 दिसम्बर, 1985 के अपने शपथ पत्र में इस बात पर बल दिया कि भारतीय न्यायपालिका प्रस्तुत वाद को निर्णित करने के लिये पूर्ण रूप से सक्षम है तथा अपने 35 वर्ष के इतिहास में इसने इससे भी अधिक जटिल मामलों में सफलतापूर्वक निर्णय सुनाये हैं।

न्यूयॉर्क न्यायालय का निर्णय– वादी तथा प्रतिवादी के उपर्युक्त तर्कों, बहस आदि पर विचार करने के पश्चात् न्यूयॉर्क डिस्ट्रिक्ट न्यायालय के न्यायाधीश जान. एफ. ने 12 मई 1986 को निर्णय दिया कि वाद दायर करने के लिए भारत सुविधाजनक स्थान होगा। इस प्रकार उन्होंने अपना निर्णय यूनियन कार्बाइड कम्पनी के पक्ष में दिया। परन्तु इसके साथ ही उन्होंने अपने निर्णय यूनियन में कार्बाइड पर तीन शर्तें लगाई जो बहुत महत्त्वपूर्ण है :-

(1) यूनियन कार्बाइड कम्पनी भारतीय न्यायालयों की अधिकारिता के प्रति अपनी सम्मति देगी।

(2) यूनियन कार्बाइड कम्पनी भारतीय न्यायालय द्वारा किये गये निर्णय को सन्तुष्ट करने के लिए स्वीकृति देगी, तथा

(3) पूर्व परीक्षण खोज में भारत सरकार ने संयुक्त राष्ट्र में यूनियन कार्बाइड कम्पनी फैक्ट्री आदि के सम्बन्ध में पेश किये दस्तावेज तथा गवाह साक्ष्य के रूप में प्राप्त कर सकती थी।

यूनियन कार्बाइड कम्पनी द्वारा अमेरीकी संघीय न्यायालय में अपील यू.सी.सी ने पूर्व परीक्षण खोज के मामले पर अमेरिकी संघीय न्यायालय में अपील की। भारत ने इसका विरोध किया। कोर्ट ऑफ अपील ने अपना निर्णय यू.सी.सी. के पक्ष में देते हुए अवधारित किया कि यू.सी.सी. इस मामले में अमेरिकी कानूनों के अधीन नहीं है इस प्रकार न्यायमूर्ति कीन के द्वारा लगाई तीसरी शर्त समाप्त हो गई।

भारत संघ द्वारा भोपाल के जिला एवं सत्र न्यायालय में दावा

न्यायालय में यू.सी.सी. के विरुद्ध दावा— भारत संघ ने भोपाल के जिला एवं सेशन न्यायालय में यू.सी.सी. के विरुद्ध प्रतिकर प्राप्त करने के लिए 5 सितम्बर, 1996 को वाद दायर किया। भारत संघ ने न्यायालय से प्रार्थना की कि वह 3,900 करोड़ रुपये नुकसान की पूर्ति कराये।

नवम्बर, 1987 में भारत सरकार ने घोषणा के द्वारा कहा कि यू.सी.सी. न्यायालय के बाहर समझौता करने का प्रयास कर रही है। 18 नवम्बर, 1987 को भारत सरकार तथा यू.सी.सी. ने भोपाल जिला न्यायालय को सूचित किया कि वह समझौता करने में असफल रहे हैं। 17 दिसम्बर, 1987 को भोपाल जिला न्यायालय के न्यायाधीश एम.एम. देव ने अन्तरिम प्रकृति का एक आदेश जारी किया कि यू.सी.सी. 1984 के गैस पीड़ितो के प्रतिकर तथा कल्याण के लिये 450 करोड़ रुपये न्यायालय में दो माह के भीतर जमा करें। चूँकि यह आदेश अन्तरिम प्रकृति का था अतः न्यायाधीश देव ने अपने आदेश में स्पष्ट किया कि यह आदेश अन्तिम आदेश के अधीन होगा तथा इससे पक्षकारों के उन अधिकारों तथा दायित्वों पर प्रतिकूल प्रभाव नहीं पड़ेगा जो अन्तिम रूप में अधिनिर्णित किये जायेंगे।

यू.सी.सी. ने उक्त आदेश के विरुद्ध उच्च न्यायालय में याचिका दायर की। उच्च न्यायालय ने उक्त अन्तरिम धनराशि को 450 करोड़ रुपये से घटाकर 250 करोड़ कर दी परन्तु इस आदेश के विरुद्ध यू.सी.सी. ने उच्चतम न्यायालय में अपील कर दी।

यू.सी.सी. ने उच्चतम न्यायालय में अपील दाखिल की। उच्चतम न्यायालय में यह विवाद काफी दिनों तक चला दोनों पक्षों की तरफ से वाद विवाद हुआ, साक्ष्य पेश हुए। उच्चतम न्यायालय ने 14 फरवरी, 1989 को 47 करोड डालर अर्थात् 715 करोड़ रुपयों का प्रतिकर प्रदान किया। यह प्रतिकर उच्चतम न्यायालय ने मामले की योग्यता के आधार पर प्रदान न करके भारतीय संघ तथा यूनियन कार्बाइड कम्पनी के मध्य हुए समझौते के आधार पर दिया।

उक्त प्रतिकर राशि प्राप्त करने के लिए भारतीय संघ ने उच्चतम न्यायालय द्वारा पूर्व में निर्णित **ओलियम गैस रिसाव वाद** में निर्धारित सिद्धान्तों का उल्लेख किया था जिसमें यह तय हुआ था कि उद्यम जितना बड़ा और समृद्धशाली हो, प्रतिकर की धन राशि उतनी ही अधिक हो। उच्चतम न्यायालय ने इस सिद्धान्त पर ध्यान नहीं दिया और कदाचित न्यायालय ने समझौते को इसलिये स्वीकार कर लिया कि पीड़ितों को जल्द ही राहत राशि मिल सकें।

उच्चतम न्यायालय ने आदेश दिया कि उक्त धन 23 मार्च, 1989 तक जमा करा दिया जाये। यू.सी.सी. इस निर्णय से पूर्णतया सन्तुष्ट थी अतः उसने इस राशि को उक्त तिथि तक जमा करा दिया। उच्चतम न्यायालय ने भी यह स्पष्ट किया कि 47 करोड़ डालर की धनराशि का हर्जाना दण्ड या दण्डात्मक नुकसानी समझा जाए तथा इस निर्णय से भोपाल गैस रिसाव त्रासदी से सम्बन्धित सभी वाद पूर्ण रूप से समाप्त हो जायेंगे। न्यायालय के अनुसार सभी तथ्यों, विधि परिस्थितियों को ध्यान में रखते हुए 47 करोड़ डालर प्रतिकार न्यायोचित, साभ्यतापूर्ण तथा युक्तियुक्त है।

प्रतिपादित सिद्धान्त

(1) किसी जहरीली गैस के रिसाव के लिये, जहरीली गैस रखने वाला पक्षकार का पूर्ण दायित्व होगा।

(2) जहरीली गैस रिसाव से पीड़ित व्यक्ति प्रतिकर के हकदार होंगे।

(3) पीड़ित व्यक्तियों की तरफ से प्रतिकर हेतु वाद भारत संघ द्वारा प्रस्तुत किया जा सकता है।

(4) पीड़ितों की तरफ से प्रतिकर की राशि जल्दी प्राप्त करने हेतु भारत संघ विपक्षी पक्षकार से समझौता कर सकता है।

(5) भारत संघ के विपक्षी पक्षकार से समझौते के अन्तर्गत हर्जाने, दण्ड या दण्डात्मक नुकसानी से सम्बन्धित सभी मामले समाप्त हो जायेंगे।

रुरल लिटिगेशन एण्ड इन्टाइटिलमेन्ट केन्द्र देहरादून

बनाम

उत्तर प्रदेश राज्य

(AIR 1985 SC 652)

यह वाद देहरादून वेली लिटिगेशन के नाम से भी जाना जाता है। यह पर्यावरणीय सन्तुलन तथा पारिस्थितिकीय समग्रता से सम्बन्धित है।

तथ्य– यह मामला तब प्रकाश में आया जब हिमालय की मन्सूरी पहाड़ी रेन्ज में लाइम स्टोन खदानों की अन्धाधुन्ध खुदाई की गई। खदान मालिकों ने डाइनामाइट से हजारों एकड़ पहाड़ी क्षेत्र को नष्ट कर दिया तथा पहाड़ियों को काफी अन्दर तक खोदा गया तथा

उनमें बहुत गहरे गुफा जैसे गड्डे बना दिये। यह कार्य बिलकुल अवैध था। इससे पहाड़िया वनस्पति विहीन हो गई तथा पहाड़ियों के खिसकने से अनेक गाँव वालों की मौते हो गई, पशु मारे गये, घर बर्बाद हो गये और कृषि भूमि भी नष्ट हो गई। इस प्रकार अन्धाधुन्ध खुदाई ने देहरादून घाटी में पानी की समस्या खड़ी कर दी। झरने सूख गये साथ ही खानों की खुदाई से निकले मलबे ने पहाडियों से निकलती नदियों के रास्तों को रोक दिया जिसके कारण बरसात के मौसम में बाढ़ आ गई।

उत्तर प्रदेश सरकार खान कानूनों के अन्तर्गत खानों की खुदाई के नियमन करने में पूर्णतः विफल रही हालाँकि सन् 1961 में खान राज्य मन्त्री ने इस क्षेत्र में खानों की खुदाई पर काफी रोक लगाई। लेकिन खान मालिकों ने अपना एक संगठन बनाकर राज्य सरकार के विरुद्ध प्रदर्शन किया और उसे खानों की खुदाई हेतु 20 साल के नवीन पट्टे जारी करवायें, साथ ही अन्य कई खानों की खुदाई गैर-कानूनी रूप से होती रही। सन् 1982 में राज्य ने घाटी क्षेत्र में पारिस्थितिकी सन्तुलन हेतु 18 खानों के नवीनीकरण हेतु प्राप्त पट्टों को निरस्त कर दिया। लेकिन इलाहाबाद उच्च न्यायालय ने राज्य सरकार के विरुद्ध निषेधाज्ञा जारी कर खानों की खुदाई का आदेश देकर उस कार्य को इस आधार पर जारी रखा कि पारिस्थितिकी कारक की वनस्पति आर्थिक पक्ष से ज्यादा महत्वपूर्ण है, परन्तु सन् 1983 में भारत के उच्चतम न्यायालय ने रुरल लिटिगेशन एण्ड इन्टाइटिलमेंन्ट केन्द्र देहरादून से प्राप्त एक पत्र को भारत के संविधान के अनुच्छेद 32 के अन्तर्गत पर्यावरण विनाश की शिकायत को याचिका के रूप में स्वीकार किया। यह मामला अत्यन्त पेचीदा बन गया जब उच्चतम न्यायालय ने देहरादून घाटी के खदान मालिकों को कारण बताओ नोटिस जारी किये। सैकड़ों खदान मालिकों ने संयुक्त होकर उच्चतम न्यायालय के निर्देश का विरोध किया।

रुरल लिटिगेशन एण्ड इन्टाइटिलमेन्ट केन्द्र, देहरादून ने मंसूरी पहाड़ी रेन्ज में समस्त खानों की खुदाई के काम को अविलम्ब रुकवाने पर जोर दिया तथा कहा कि यदि इन खानों की खुदाई का कार्य तत्काल बन्द नहीं किया गया तो देहरादून घाटी में लोगों का रहना जीना दूभर हो जायेगा क्योंकि इन खानों के अन्धाधुन्ध खुदाई से पर्यावरण का विनाश हो रहा है, तथा घाटी का पारिस्थितिकी तन्त्र टूट गया है अतः इन खानों की खुदाई का कार्य तत्काल बन्द किया जायें।

उक्त याचिका के तर्कों के विरुद्ध खदान मालिकों ने अपने आर्थिक पक्ष को उठाया तथा कहा कि यदि खान मालिकों को खानों की खुदाई के अधिकार से वंचित कर दिया जायेगा तो उन्हें तथा उनके परिवारों के लालन-पालन के लाले पड़ जायेंगे उनके पास अन्य कोई विकल्प नहीं है जिससे वे अपनी व परिवार की रोजी-रोटी कमा सके। पर्यावरण सन्तुलन व संरक्षण से पहले व्यक्ति के जीवन की आधारभूत आवश्यकताओं की पूर्ति आवश्यक है जिसके लिए कुछ आर्थिक क्रियायें किया जाना आवश्यक है। चूँकि खदान मालिकों के पास में खदान की खुदाई के अलावा और ऐसा कोई रोजी-रोटी कमाने का साधन नहीं है जिससे सम्मानपूर्वक जीवनयापन कर सके।

रुरल लिटिगेशन एण्ड इन्टाइटिलमेन्ट केन्द्र देहरादून ने अपने पक्ष को बहस के दौरान संविधान के अनुच्छेद 21 के अधीन पुष्ट करने का प्रयास किया। तथा कहा कि अनुच्छेद 21 के अधीन प्राण व दैहिक स्वतन्त्रता के मौलिक अधिकार में प्रत्येक व्यक्ति को शुद्ध व स्वस्थ पर्यावरण का मूल अधिकार है। यदि उसका पर्यावरण इस तरह दूषित हो जाता है कि जहाँ उसका जीवन जीने योग्य न रहे तो ऐसी अवस्था में उसके मूल अधिकार का खुले आम उल्लंघन होता है।

उच्चतम न्यायालय ने इस मामले में दोनों पक्षों के तर्कों को सुना और अपनी भूमिका निभाते हुए उसने देहरादून घाटी में खानों की खुदाई की राष्ट्रीय जरूरत तथा पर्यावरण सन्तुलन सम्बन्धी दोनों पक्षों का विस्तृत अवलोकन किया और अपना निर्णय दिया।

न्यायालय ने सन् 1983 में खानों में विस्फोटक कार्य पर रोक लगा दी। जब तक कि खान अधिनियम, 1952 के अधीन खानों की खुदाई को सुरक्षा मापदण्डों के अनुरूप नहीं किया जाता है तथा साथ ही खानों के निर्धारण हेतु एक विशेषज्ञ समिति अर्थात् भार्गव समिति नियुक्त की न्यायालय ने मार्च, 1985 में भार्गव समिति की सिफारिशों के आधार पर खानों को तीन भागों में बाँटते हुए निम्न आदेश दिये–

(i) सबसे अधिक खतरनाक खानों को जो मंसूरी सिटी बोर्ड सीमा में आती है को पट्टे नहीं दिये जाये और उनके संचालन को तत्काल बन्द किया जाये।

(ii) कुछ खानों का संचालन तब तक बन्द रखा जाये जब तक की एक अन्य समिति खान मालिकों द्वारा पर्यावरण संरक्षण के सम्बन्ध में अपनाये जाने वाले समुचित मापदण्डों की सिफारिश न कर दे।

(iii) तीसरे प्रकार की कुछ खानों के लिये आदेश दिया कि वे राज्य के कुछ बड़े खदान कार्य भी शामिल थे, खदान कार्य को जारी रख सकते हैं क्योंकि उनमें पर्यावरण प्रदूषण बहुत ही हल्के स्तर का होता है जो अनुच्छेद 21 के अन्तर्गत प्राण एवं दैहिक स्वतन्त्रता को भयंकर खतरे में नहीं डालता।

प्रतिपादित सिद्धान्त

(i) पर्यावरण प्रदूषण से सम्बन्धित किसी शिकायती पत्र को जनहित में संविधान के अनुच्छेद 32 के अन्तर्गत उच्चतम न्यायालय याचिका मान सकता है।

(ii) शुद्ध व स्वस्थ पर्यावरण किसी भी व्यक्ति का मूल अधिकार है।

(iii) शुद्ध व स्वस्थ पर्यावरण किसी भी व्यक्ति के लिये उसकी आर्थिक क्रियाओं से भी अधिक महत्त्वपूर्ण है।

(iv) विकास और पर्यावरण सन्तुलन किसी भी विकासशील राष्ट्र की आधारभूत आवश्यकता है इसलिये दोनों में समुचित सन्तुलन जरूरी है। यदि विकास की क्रियायें अन्धाधुन्ध व अनियन्त्रित रूप से सम्पन्न होती हैं जिससे सामान्य जनजीवन अस्तव्यस्त हो जाये,

वनस्पति का नाश हो जाये, कृषि भूमि खगित हो जाये, पशुओं को चारे की समस्या हो जाये तो ऐसे विकास, स्वस्थ पर्यावरण के लिए असहनीय है अत: रोका जा सकता है।

एम. सी. मेहता

बनाम

भारत संघ

(AIR 1986 SC)

यह वाद श्रीराम गैस लीक केस के नाम से सम्बन्धित है यह मामला भारत के उच्चतम न्यायालय के पर्यावरणविद् वकील श्री एम.सी. मेहता द्वारा प्रस्तुत जनहित याचिका संख्या 12 799, 1985 से हुआ इस याचिका में याचिकाकर्त्ता ने दिल्ली स्थित श्रीराम कम्पनी को स्टिक क्लोरिन तथा सल्फ्यूरिक एसिड़ प्लान्ट्स को बन्द करने का न्यायालय से अनुरोध किया।

तथ्य– 4 दिसम्बर, 1985 को श्रीराम फूड्स एण्ड फर्टिलाइजर इन्डस्ट्रीज को दिल्ली स्थित एक इकाई में ओलियम गैस से लोगों पर बुरा असर पड़ा। इन लोगों में कर्मकार तथा जनता के लोग सम्मिलित थे। याचिकाकर्त्ता के अनुसार तीस हजारी न्यायालय के एक एडवोकेट की उक्त गैस से मृत्यु हो गई। इस रिसन का कारण यह था कि ओलियम गैस से भरा टैंक जिस ढाँचे पर रखा था उसके ढह जाने से टेंक फट गया इससे पहले की लोग राहत की सांस लेते, दो दिन के अन्दर गेस रिसने की एक और दुर्घटना हुई और दिल्ली प्रशासन के जिला मजिस्ट्रेट ने 6 दिसम्बर, 1985 को एक आदेश जारी कर श्रीराम इन्डस्ट्रीज (डी.सी.एम. की एक इकाई है) को निर्देश दिया कि दो दिन के अन्दर जोखिम वाली तथा जहरीली गैसे (क्लोरिन ओलियम, सुपरक्लोरिन, फास्फेट इत्यादि) का निर्माण दिल्ली में बन्द कर दें तथा सात दिन के अन्दर ऐसे रासायनिकों तथा गैसों को उक्त स्थान से हटा दें। उन्हें दोबारा वहाँ न रखें, तथा 17 दिसम्बर को जिला मजिस्ट्रेट के न्यायालय में उपस्थित होकर कारण बताये कि क्यों न उक्त आदेश लागू किया जाये। इससे पूर्व न्यायालय ने विशेषज्ञों की एक समिति बनाई तथा निरीक्षण से यह बात प्रकट हुई कि उक्त समिति की अधिकतम सिफारिशों का पालन किया गया था, इसके पश्चात् एक और समिति बनाई जिसे श्रीराम इण्डस्ट्रीज का निरीक्षण कर रिपोर्ट प्रस्तुत करने को कहा गया।

उक्त कार्यवाही याचिकाकर्त्ता एम.सी.मेहता ने अनुच्छेद 21 व 32 के अन्तर्गत लोकहित के तहत् की थी।

उच्चतम न्यायालय का निर्णय– उच्चतम न्यायालय के समक्ष एक विचाराधीन प्रश्न यह भी था कि जब तक यह तय नहीं हो जाता कि श्रीराम उद्योग को किसी ऐसे अन्य स्थान पर ले जाया जाये या नहीं, तब तक उद्योग को कार्य पुन: प्रारम्भ करने की अनुमति दी जाये या नहीं। उच्चतम न्यायालय ने कहा कि यह नि:सन्देह सही है कि क्लोरिन गैस मानव जीवन तथा स्वास्थ्य के लिये खतरनाक होती है, तथा यदि उत्पादन के दौरान यह टैकों से बच निकले तो इससे कर्मकारों तथा आसपास रहने वाले लोगों के स्वास्थ्य पर बुरा प्रभाव पड़ने की सम्भावना होती

है। न्यायालय ने आगे कहा कि जब तक यह तय नहीं हो जाता कि श्री राम उद्योग को वर्तमान स्थल से हटाया जाये तब तक उद्योग का कार्य कड़ी शर्तों के अधीन होगा। उच्चतम न्यायालय ने यह भी सुझाव दिया कि केन्द्रीय बोर्ड के परामर्श से सरकार को उच्चशक्ति प्राप्त प्राधिकार स्थापित करना चाहिए, जो ऐसे जोखिम वाले उद्योगों के कार्यों का पर्यवेक्षण करें तथा यह सुनिश्चित करें कि उनके डिजाइन आदि में कोई त्रुटि कभी न हो तथा उनके रख-रखाव में कोई उपेक्षा न बरती जाये।

उच्चतम न्यायालय ने कहा कि यह भी विचार आवश्यक है की जीवन स्तर को ऊँचा उठाने के लिए विज्ञान तथा तकनीक का प्रयोग अधिक से अधिक किया जा रहा है तथा ऐसे जोखिम व खतरों को पूर्णतया समाप्त करना सम्भव नहीं है। हम यह नीति नहीं अपना सकते कि ऐसे रासायनिक या जोखिम वाले उद्योगों को न लगाये, क्योंकि इनसे समुदाय को खतरा सम्भाव्य है। यदि ऐसी नीति अपनायी जाये तो इसका अर्थ होगा सभी उन्नति तथा विकास का अन्त। ऐसे उद्योगों को लगाया जायेगा चाहे उसमें जोखिम ही क्यों न हो क्योंकि आर्थिक विकास तथा उद्योगों को उपयुक्त स्थान पर लगाकर जोखिम को कम कर सकते हैं। अतः सरकार को इस सम्बन्ध में एक एक राष्ट्रीय नीति बनानी चाहिए कि ऐसे उद्योगों को उन स्थानों पर लगाये जहाँ कि जनसंख्या कम है तथा समुदाय का जोखिम कम हो साथ ही यह ध्यान रखा जाये कि ऐसे स्थानों पर मनुष्यों की संख्या बढ़ने न दी जायें। ऐसे जोखिम वाले उद्योगों के चारों और 5 किलोमीटर तक हरित पट्टी होनी चाहिए।

उच्चतम न्यायालय ने अपने निर्णय में आगे कहा कि श्रमसेवी पिटिशनर ने लोकहित मुकदमे के अन्तर्गत न्यायालय के समक्ष रिट दायर करके बड़ा ही सराहनीय कार्य किया है। यदि वह ऐसा न करता तो ऐसे उद्योगों की मशीनरी उनकी बनावट तथा सुरक्षा मानकों आदि में समुचित गुणात्मक विकास न हो पाता और इससे भी अधिक खतरनाक दुर्घटना घटित हो सकती थी।

पिटिशनर ने अकेले ही श्रीराम उद्योग जैसी बड़ी फर्म के विरुद्ध यह साहसिक कदम उठाया है इसलिये न्यायालय ने श्रीराम उद्योग को आदेश दिया कि वह पिटिशनर को उनके द्वारा किये गये संघर्ष के फलस्वरूप 10, 000 रु. अदा करे।

प्रतिपादित सिद्धान्त

(1) न्यायालय ने प्रतिपादित किया कि ऐसे उद्योग जो जोखिम वाले तथा खतरनाक प्रकृति के हैं उन्हें घनी आबादी क्षेत्र से हटा कर अन्यत्र कहीं स्थापित किया जाना चाहिए।

(2) किसी देश की उन्नति तथा विकास के लिए जोखिम वाले उद्योग लगाना सम्भव नहीं है, परन्तु ऐसे उद्यमों को सुरक्षित स्थानों पर लगाकर उनकी जोखिम को न्यून करना चाहिए।

(3) जोखिम वाले उद्योगों के चारों और 5 किलोमीटर तक हरित पट्टी हो।

(4) जोखिम वाले तथा अन्तर्निहित खतरनाक उद्योगों के लिए पूर्ण दायित्व का सिद्धान्त अपनाया जाना चाहिए।

एम.सी. मेहता
बनाम
भारत संघ

(AIR1988 SC)

यह मामला गंगा प्रदूषण के वाद से भी जाना जाता है इसमें एम.सी. मेहता ने न्यायालय से प्रार्थना की कि वह सरकारी अधिकारियों तथा कानपुर के निकट स्थित जाजमऊ में स्थित चर्म शोधन शालाओं से गंगा को प्रदूषित होने से बचाने के लिये आदेश देवें। न्यायालय ने प्रस्तुत वाद को निपटाने के लिये दो भागों में बाँटा, पहले मामले में न्यायालय ने चर्मशोधक शालाओं के विरुद्ध मामला तय किया तथा बाद में न्यायालय ने नगर परिषद् तथा अन्य सरकारी प्राधिकारियों के विरुद्ध वाद तय किया।

तथ्य– चर्म शोधनशाला के विरुद्ध श्री एम.सी. मेहता ने अपनी याचिका में प्रस्तुत किया कि कानपुर के निकट जाजमऊ में स्थित चर्म शोधनशालाओं से निकलने वाले गन्दे पानी, तथा मलबे से गंगा का पवित्र जल प्रदूषित हो रहा है। याचिकाकर्त्ता ने यह याचिका न्यायालय में लोकहित वाद के रूप में प्रस्तुत की, जिसमें उसने स्पष्ट लिखा कि इन चर्म शोधनशालाओं से निकलने वाला अपशिष्ट गंगा के जल को बुरी तरह प्रदूषित करता है, जो पर्यावरण तथा जन जीवन के लिए हानिकारक है। याचिकाकर्त्ता ने अपनी याचिका में चर्म शोधनशालाओं के मालिकों पर आरोप लगाते हुए कहा कि इन शालाओं के मालिकों ने अपशिष्ट जल की प्राथमिक अभिक्रिया के लिए किसी प्रकार के संयन्त्र नहीं लगाये हैं। याचिका कर्त्ता ने अपनी याचिका में पर्यावरण प्रदूषण के अनेक तथ्यों तथा प्रभावों को प्रकट किया तथा न्यायालय से प्रार्थना की कि जब तक चर्मशोधन शालाओं के मालिक इन से निकलने वाले अपशिष्ट जल की प्राथमिक अभिक्रिया के लिए समुचित संयन्त्र नहीं लगाते हैं तो इन्हें तत्काल बन्द किया जाये।

याचिकाकर्त्ता ने कहा कि गंगा नदी विश्व में बहुत प्राचीन नदियों में से एक है तथा यह नदी सब शुद्धिकरण का आधार मानी जाती है। यदि इस नदी का जल बराबर प्रदूषित होता रहा तो मानव समाज के लिये यह एक बहुत बड़ी त्रासदी होगी। प्रत्यर्थी चर्म शोधनशालाओं के मालिकों की तरफ से यह तर्क दिया कि चर्म शोधनशालाओं से अपशिष्ट जल सीधा गंगा नदी में नहीं डाला जाता है, वे अपना अपशिष्ट म्युनिसिपलिटी के नालों में प्रवाहित करते हैं यह म्युनिसिपलिटी का काम है कि वह उस अपशिष्ट को गंगा नदी में प्रवाहित होने से रोकें। दूसरा अपशिष्ट जल की प्राथमिक अभिक्रिया के लिए संयन्त्र लगाने का खर्चा बहुत अधिक है और कारखाने बन्द होने से बेरोजगारी तथा राजस्व की हानि होगी।

याचिकाकर्त्ता ने प्रत्यर्थियो के तर्कों को पर्यावरण संरक्षण के महत्त्व के सामने न्यून बताया तथा जोर दिया कि जल प्रदूषण मानव समुदाय के लिये बहुत बड़ा संकट है यह बहुसंख्यक लोगों के जीवन व स्वास्थ्य के प्रति खिलवाड़ है अत: पर्यावरण एवं पारिस्थितिक का संरक्षण हर सूरत में अपरिहार्य है।

निर्णय – उक्त मामले में न्यायालय ने दोनों पक्षों के तर्कों को सुनने के बाद अपने निर्णय में कहा कि बेरोजगारी और राजस्व की अपेक्षा लोगों के जीवन, स्वास्थ्य तथा परिवेश का सन्तुलन कही अधिक महत्त्वपूर्ण है इसलिये न्यायालय ने उन चर्म शोधनशालाओं के बन्द किये जाने के आदेश पारित किये जो चर्म शोधनशालाओं के अपशिष्ट जल की प्राथमिक अभिक्रिया करने में विफल रहे हैं।

प्रतिपादित सिद्धान्त

(1) गंगाजल प्रदूषण के सम्बन्ध में कोई भी समाजसेवी व्यक्ति संविधान के अनुच्छेद 32 के अन्तर्गत न्यायालय में याचिका प्रस्तुत कर सकता है

(2) राज्य में बेरोजगारी तथा राजस्व की हानि की अपेक्षा लोगों का जीवन स्वास्थ्य तथा परिवेश का संरक्षण अधिक महत्त्वपूर्ण है।

(3) गंगाजल प्रदूषण एक बहुत बड़ी त्रासदी है इसलिये इसका निवारण अपरिहार्य है।

◘◘◘

15

भारत में वन संरक्षण कानून

वन संरक्षण के लिए और उससे सम्बन्धित या उसके आनुषंगिक या अनुगत मामलों के लिए प्रावधान करने के लिये अधिनियम :

भारत गणराज्य के इकत्तिसवें वर्ष में संसद द्वारा निम्नलिखित ढंग से अधिनियमित किया जाता है।

धारा 1 – संक्षिप्त नाम, विस्तार तथा प्रारम्भ–

(1) यह अधिनियम वन (संरक्षण) अधिनियम, 1980 कहा जा सकेगा।

(2) इसका विस्तार जम्मू और कश्मीर राज्य के सिवाय सम्पूर्ण भारत पर है।

(3) यह 25 अक्टूबर, 1980 के पचीसवें दिन प्रवृत हुआ माना जाएगा।

धारा 2 – वनों के अन-आरक्षण पर या गैर-वन प्रयोजन के लिए वन भूमि के प्रयोग पर प्रतिबन्ध– राज्य में तत्समय प्रवर्तित किसी अन्य विधि में किसी अन्य चीज के अन्तर्विष्ट होते हुए भी, कोई राज्य सरकार या अन्य प्राधिकारी केन्द्रीय सरकार के पूर्व अनुमोदन के सिवाय यह निर्देशित करते हुए आदेश नहीं दे सकेगी–

(i) कि कोई आरक्षित वन (उस राज्य में तत्समय प्रवर्तित किसी विधि में 'आरक्षित वन' पद के अर्थान्तर्गत) और उसका कोई भाग आरक्षित होना समाप्त हो जायेगा,

(ii) कि कोई वन भूमि या उसका कोई भाग किसी गैर–वन प्रयोजन के लिए प्रयुक्त किया जा सकेगा,

(iii) कि कोई वन भूमि या उसका कोई भाग पट्टा या अन्यथा के रूप में किसी प्राइवेट व्यक्ति या किसी अन्य प्राधिकारी, सरकार के स्वामित्व, प्रबन्ध या नियन्त्रण के अधीन न रहने वाले किसी निगम, अभिकरण या किसी अन्य संगठन को समनुदेशित किया जा सकेगा,

(iv) कि कोई वन, भूमि या उसके किसी भाग में से पेड़ों को, जो उस भूमि या उसके भाग में प्राकृतिक रूप से उपजा हो, पुनः वन रोपण के लिए इसके प्रयोग के प्रयोजन के लिए उन्मूलित किया जा सकेगा।

स्पष्टीकरण– इस धारा के प्रयोजन के लिए "गैर–वन प्रयोजन" का तात्पर्य–

(क) चाय, काफी मसाले, रबड़, नारियलों, तेल उत्पादन संयन्त्र, बागवानी फसलें या मेडिकर वनस्पति के लिए,

(ख) पुनः वनरोपण के अतिरिक्त किसी प्रयोजन के लिए किसी वन भूमि या उसके भाग के उन्मूलन या सफाई से।

परन्तु वन और जंगली जीव से सम्बन्धित किसी कार्य या से आनुषंगिक संरक्षण, विकास और प्रबन्ध यथा चौकी की स्थापना, अग्नि रेखा, बेतार, संचार और बाड़े का संनिर्माण, पुलों और पुलियाँ, बाँधो, गड्ढों, खाई चिन्ह, सीमा रेखा, नल तन्त्र, या अन्य समान प्रयोजनों को शामिल नहीं करेगा।

धारा 3 – सलाहकार समिति का गठन–केन्द्रीय सरकार ऐसी संख्या के व्यक्तियों को शामिल करते हुए समिति का गठन कर सकेगी जैसा कि वह उस सरकार को–

(i) धारा 2 के अधीन अनुमोदन की स्वीकृति, और

(ii) वनों के संरक्षण से सम्बन्धित किसी अन्य मामले, जो इसे केन्द्रीय सरकार द्वारा निर्दिष्ट किया जा सकेगा, के सम्बन्ध में सलाह देने के लिए उचित समझे।

धारा 3क – अधिनियम के प्रावधानों के उल्लंघन के लिये शास्ति–जो कोई धारा 2 के प्रावधानों में से किसी का उल्लंघन करता है या उल्लंघन करने के लिए दुष्प्रेरित करता है साधारण कारावास से इतनी अवधि के लिये, जो पन्द्रह दिनों तक की हो सकेगी, दण्डित किया जाएगा।

धारा 3ख – प्राधिकारियों और सरकारी विभागों द्वारा अपराध– (1) जहाँ इस अधिनियम के अधीन कोई अपराध किया गया है–

(क) सरकार के किसी विभाग, विभागाध्यक्ष द्वारा, या

(ख) किसी प्राधिकारी द्वारा प्रत्येक व्यक्ति जो अपराध कारित किए जाने के समय प्राधिकारी के कारोबार के संचालन के लिए प्रभार में तथा प्राधिकारी के प्रति दायी था,

अपराध का अपराधी माना जायेगा और तद्नुसार अपने विरुद्ध कार्यवाही किये जाने के लिए सजा प्राप्त करने के लिए दायी होगा,

परन्तु इस धारा में अन्तर्विष्ट कोई बात विभागाध्यक्ष या खण्ड (ख) में निर्दिष्ट किसी व्यक्ति को किसी सजा के लिए दायी नहीं बना देगा, यदि यह साबित होता है कि अपराध बिना उसके ज्ञान के कारित किया गया था या कि उसने ऐसे अपराध को कारित किये जाने से रोकने के लिए सभी सम्यक् तत्परता का प्रयोग किया था।

उपधारा (1) में किसी बात के अन्तर्विष्ट होते हुए भी अधिनियम के अधीन दण्डनीय अपराध सरकार के विभाग या उपधारा (1) में के खण्ड (ख) में निर्दिष्ट किसी प्राधिकारी द्वारा कारित किया गया है और यह साबित हो जाता है कि विभागाध्यक्ष के अतिरिक्त किसी अधिकारी की सम्मति या मौनानुकूलता से कारित किया गया है या उसकी और से किसी उपेक्षा के कारण हुआ माना जा सकता है या प्राधिकारी उपधारा (1) के खण्ड (ख) में निर्दिष्ट व्यक्तियों के अतिरिक्त किसी व्यक्ति के मामले में ऐसा अधिकारी या व्यक्ति उस अपराध का अपराधी होना माना जायेगा और तद्नुसार अपने विरुद्ध कार्यवाही किये जाने और दण्डित किये जाने के लिये दायी होगा।

धारा 4 - नियम बनाने की शक्ति– (1) केन्द्रीय सरकार राजपत्र में अधिसूचना द्वारा इस अधिनियम के प्रावधानों के कार्यान्वयन कार्यौन्वयन के लिए नियमों को बना सकेगी।

(2) इस अधिनियम के अधीन बनाए गए सभी नियम, बनाये जाने के पश्चात् यथा साध्य शीघ्र संसद के अधिवेशन के दौरान संसद के प्रत्येक सदन के समक्ष चौदह दिनों की पूर्व अवधि के लिए रखे जायेंगे जो एक अधिवेशन या दो से अधिक उत्तरवर्ती अधिवेशनों में शामिल होगा और पूर्वोक्त अधिवेशन या अधिवेशनों को तत्काल अनुसरण करने वाले अधिवेशन के अवसान से पहले दोनों सदन नियम में किसी उपान्तरण को करने के लिये सहमत है या दोनों सदन नियम में किसी उपान्तरण को करने के लिए सहमत है या दोनों सहमत है या दोनों सदन सहमत होते है कि नियम नहीं बनाया जाना चाहिए इसके पश्चात् नियम का प्रवर्तन ऐसे उपान्तरित रूप में होगा या नहीं होगा, जैसा कि मामला हो, जबकि कोई ऐसा उपान्तरण या बातिलीकरण उस नियम के अधीन पूर्व में किये गये किसी चीज की वैधता पर प्रभाव नहीं डालेंगे।

धारा 5 - निरसन और व्यावृत्ति–

(1) वन (संरक्षण) अध्यादेश 1980 (1980 का 17) एतद् द्वारा निरस्त किया जाता है।

(2) ऐसे निरसन के होते हुए भी कथित अध्यादेश के प्रावधानों के अधीन की गई कोई कार्यवाही या की गई कोई बात इस अधिनियम के तत्स्थानी उपबन्धों के अधीन की गई मानी जाएगी।

वन (संरक्षण) नियम, 1981

वन (संरक्षण) अधिनियम, 1980 (1980 का 69) की धारा 4 की उपधारा (1) द्वारा प्रदत्त शक्तियों के प्रयोग सरकार द्वारा एतद् द्वारा निम्नलिखित नियमों को बनाती है। यथा–

धारा 1 – संक्षिप्त नाम, विस्तार और प्रारम्भ–

(1) ये नियम वन (संरक्षण) नियम 1981 कहे जा सकेंगे,

(2) इनका विस्तार जम्मू और कश्मीर राज्य के सिवाय सम्पूर्ण भारत पर होगा,

(3) ये शासकीय राजपत्र में अपने प्रकाशन की तिथि से प्रवृत होंगे।

धारा 2 – परिभाषायें– इन नियमों में जब तक सन्दर्भ से अन्यथा अपेक्षित न हो–

(क) 'अधिनियम' से वन (संरक्षण) अधिनियम, 1980 (1980 का 69) अभिप्रेत है,

(ख) 'समिति' से धारा 3 के अधीन गठित समिति अभिप्रेत है,

(ग) 'अध्यक्ष' से समिति का अध्यक्ष अभिप्रेत है,

(घ) 'सदस्य' से समिति का सदस्य अभिप्रेत है,

(ङ) 'धारा' से अधिनियम की धारा अभिप्रेत है।

धारा 2क – समिति की संरचना– (1) समिति की संरचना निम्नलिखित सदस्यों से की जायेगी–

(i) वन महानिरीक्षक वन, और पर्यावरण मन्त्रालय– अध्यक्ष

(ii) अपर वन महानिरीक्षक, वन और पर्यावरण मन्त्रालय– सदस्य

(iii) संयुक्त आयुक्त (भूमि संरक्षण) कृषि मन्त्रालय–सदस्य

(iv) तीन प्रसिद्ध पर्यावरण वैज्ञानिक (अशासकीय)– सदस्य

(v) उपवन महानिरीक्षक (वन संरक्षण) वन और पर्यावरण मन्त्रालय–सदस्य

धारा 2ख – अशासकीय सदस्यों की नियुक्ती की शर्तें निम्न प्रकार होंगी–

(i) अशासकीय सदस्य दो वर्ष की अवधि के लिये पद धारण करेगा,

(ii) अशासकीय सदस्य पद धारण करने से प्रवरित हो जायेगा यदि वह मर जाता है, पद त्याग देता है, विकृतचित्त हो जाता है, दिवालिया हो जाता है, या नैतिक भ्रष्टाचार को शामिल करने वाले आपराधिक अपराधों पर विधि के न्यायालय द्वारा दोषसिद्ध किया जाता है।

(iii) उपनियम (ii) में वर्णित किसी कारण से उत्पन्न सदस्यता में कोई रिक्ति 2 वर्ष की अवधि के अनवसित भाग के लिए सरकार द्वारा भरी जायेगी।